Johannes Rogalla von Bieberstein
Der Mythos von der Verschwörung

JOHANNES ROGALLA VON BIEBERSTEIN

DER MYTHOS VON DER VERSCHWÖRUNG

Philosophen, Freimaurer, Juden, Liberale
und Sozialisten als
Verschwörer gegen die Sozialordnung

marixverlag

Es ist nicht gestattet, Abbildungen und Texte dieses Buches zu scannen,
in PCs oder auf CDs zu speichern oder mit Computern zu verändern
oder einzeln oder zusammen mit anderen Bildvorlagen zu manipulieren,
es sei denn mit schriftlicher Genehmigung des Verlages.

Alle Rechte vorbehalten.

Copyright © by Marix Verlag GmbH, Wiesbaden 2008
Der Text wurde überarbeitet und neu gesetzt nach der Ausgabe
„Die These von der Verschwörung", Flensburg 1992
Covergestaltung: Grafikdesign Morian & Bayer-Eynck, Coesfeld
Bildnachweis: akg-images GmbH, Berlin
Das Bildmotiv zeigt das Gemälde „Strassenkämpfe in der Rue de Rohan"
von Hippolyte Lecomte (1781- 1857)
Frankreich, Julirevolution 27.-29. Juli 1830 (Erhebung von Buergertum u.
Arbeiterschaft gegen die Bourbonen), Paris, Musée Carnavalet.
Satz und Bearbeitung: C&H Typo-Grafik, Miesbach
Gesetzt in der Palatino
Gesamtherstellung: GGP Media GmbH, Pößneck
Printed in Germany

ISBN: 978-3-86539-162-9

www.marixverlag.de

Inhaltsverzeichnis

Vorwort 1

1. Einführung 11
1.1. Untersuchungsgegenstand 11
1.2. Forschungsstand und methodologische
 Vorüberlegungen 13

2. Voraussetzungen der Verschwörungsthese 19
2.1. Die historische Ausgangslage 19
2.2. Vernunft wider Offenbarung 25
2.3. Reaktion der Gegenaufklärer 32
2.4. Die These von der „philosophischen Conjuration" .. 37
2.5. Absolutistisch-ständestaatliche Gesellschaft und
 ‚geheime Gesellschaften' 51
2.6. Die Freimaurer als Subjekt der Verschwörung 59
2.7. Die Sprengung der freimaurerischen Esoterik:
 Der Illuminaten-Orden 1776–1785 72

**3. Die Entstehung und Ausformung der
 Verschwörungsthese** 83

3.1. Die Geburt der Verschwörungsthese 83
3.2. Cagliostro als „Chef der Illuminaten" 92
3.3. Die Verdichtung der Verschwörungsthese zu einer
 Drahtzieher-Theorie 99
3.4. Die Entfaltung der Verschwörungsthese 114

**4. Freimaurerisch aufgezogene Gesellschaften,
 Verschwörungen und Verschwörungsängste
 1791–1825** 127

4.1. Logen im Dienste absolutistischer Ziele in Ungarn
 1791–1794 127
4.2. Freimaurerische politische Gesellschaften und
 Verschwörungsängste in der napoleonischen Ära .. 134

4.3. Das ‚Comité directeur' der europäischen
Revolution 1818–1823 146
4.4. Verschwörungen und Verschwörungsängste 1815–
1825 153

5. Die Verschwörungsthese als christlich-
konterrevolutionäre Strategie 165

5.1. Die Einbeziehung der Juden unter die Verschwörer   165
5.2. Die Verschwörungsthese als Erkenntnis- und
Repressionsinstrument 178

6. Die Verwendung der Verschwörungsthese durch
die kirchliche Orthodoxie und die säkulare
Rechte 1848–1917 197

7. Der Mythos von den jüdischen Drahtziehern der
plutokratischen und bolschewistischen
Verschwörung 1917–1945 217

7.1. Der Verschwörungsmythos nach 1917 217
7.2. Die „Protokolle der Weisen von Zion" nach 1917 .. 222
7.3. Der Jude als „Weltbolschewist" 233
7.4. Das „jüdische Komplott" als „plutokratische" und
„bolschewistische" Doppelverschwörung gegen
Deutschland 237

8. Anmerkungen 245

9. Quellen- und Literaturverzeichnis 321

9.1. Verzeichnis der Abkürzungen 321
9.2. Übersicht über die Barruel-, Robison- und
Mounier-Ausgaben 322
9.3. Literaturverzeichnis 323

10. Personen- und Sachregister 363

Vorwort

Mit dem Buch über den Verschwörungsmythos lege ich auf Anregung des Marix Verlages eine bearbeitete und erweiterte Fassung meiner „These von der Verschwörung 1776–1945" von 1976 vor. Der Titel wurde verändert, weil der Begriff Mythos besser den Kern des ganzheitlichen, ideologischen Verschwörerdenkens trifft und weil in den letzten Jahrzehnten den früher nicht von der Forschung gewürdigten Verschwörungskonstrukten eine Flut von Veröffentlichungen gewidmet worden sind. Meine ins Japanische übersetzte Publikation gilt als Pionierarbeit zur Genese und zum politischen Wirksamwerden der Vorstellung von einer umfassenden Verschwörung der Freimaurer. Diese als Gottlose dämonisierten Konspirateure haben nach kirchlichen und weltlichen Verteidigern des Ancien Regime die Herrschaft von Thron und Altar zunächst untergraben und dann umgestoßen.

Der Mythos von der Verschwörung liefert eine gegenrevolutionäre Erklärung für die Ursachen der Französischen Revolution. Zugleich stellt er eine Kampfansage gegen die ruchlosen Umstürzler dar. Er nimmt in Anspruch, die im Verborgenen wirkenden Drahtzieher der geistigen und politischen Umwälzungen zu entlarven und stellt sie an den Pranger. Welche Bedeutung dem zukam, lässt sich daraus ermessen, daß die im Namen hehrer Ideale agierende Französische Revolution viele tausend Priester, fromme Bauern, Adelige, und auch die königliche Familie ermordet und in ihrer jakobinischen Phase mit der Guillotine eine wahre Schreckensherrschaft ausgeübt hat.

Für Deutschland ist von Bedeutung, daß der Verschwörungsmythos in seiner zugespitzten Form den Vorwurf erhebt, das „Ungeheuer" der Französischen Revolution wäre nicht in Paris geboren, vielmehr sei der diabolische Verschwörungsplan in Deutschland ausgeheckt worden! Und

Vorwort

zwar von dem legendär gewordenen freimaurerischen Illuminaten-Orden, den der Ingolstädter Professor Adam Weishaupt 1776 gegründet und gemeinsam mit dem berühmten Freiherrn Adolf Knigge geleitet hat.

Dieser radikalaufklärerische Orden hat sich die Freimaurerei zum Vorbild genommen, weil deren Logen Adam Weishaupt als „schickliches Kleid für höhere Zwecke" erschienen. Denn die reguläre Johannisfreimaurerei kannte lediglich die drei Grade des Lehrlings, Gesellen und Meisters und pflegte in ihren Logen mit ihren Ritualen und kosmopolitischen Idealen eine politisch harmlose, esoterische Geselligkeit. Außer in einigen katholischen Staaten waren die Freimaurer von der Obrigkeit zu einem Zeitpunkt zugelassen, als es im absolutistischen Staat noch keine Vereinsfreiheit gab.

Den Strategen des Illuminatenordens erschien eine für spezielle Zwecke eingerichtete Loge als hochwillkommener Deckmantel für politische Ziele. Ihre verborgenen eigentlichen Absichten enthüllten sie nur wenigen Eingeweihten. Es ging dabei nicht weniger als um das kühne Projekt, den „Feinden der Vernunft und der Menschheit nach und nach auf den Leib zu gehen", und die „Despoten" ohne Gewaltausübung zu entmachten. Darunter konnte niemand anders verstanden werden als die durch den Zufall der Geburt bestimmten legitimen Regenten.

Mein Buch wurde nach seinem Erscheinen im Peter Lang Verlag von vielen wissenschaftlichen und auch freimaurerischen Organen rezensiert und fand auch in überregionalen Zeitungen wie der Frankfurter Allgemeinen, der Süddeutschen Zeitung und der Frankfurter Rundschau Beachtung. Es wurde am 17. Juni 1977 von Norman Cohn, dem Experten für die eine angebliche jüdische Verschwörung entlarvenden „Protokolle der Weisen von Zion" unter der Überschrift „In persuit of the irrational" in „Times Literary Supplement" besprochen. Noch heute gilt die 1992 wieder aufgelegte „Verschwörungsthese" als grundlegend. Professor W. Daniel Wilson berief sich auf sie in seinem vieldiskutierten Buch „Geheimräte gegen Geheimbünde. Ein unbekanntes Kapitel der klassisch-romantischen Geschichte Weimars". Darin schrieb dieser Kalifornier dem deutschen Dichterfürsten und Minister Johann Wolfgang Goethe provozierend und unbillig eine reaktionäre Rolle zu. Auch in dem Essay des amerikanischen Politikwissenschaftlers Daniel Pipes „Verschwörung. Faszination und Macht des Geheimen" von 1998 wurde die „Verschwörungsthese" angesprochen.

Als Bibliothekar, der in Bielefeld eine renommierte sozialwissenschaftliche Fachbibliothek aufgebaut hat, habe ich an der Erforschung der Verschwörerthese als meinem Hobby weitergearbeitet. Als Fachmann für den Verschwörungsmythos wurde ich zu einer Vielzahl von Vorträgen und Beiträgen gebeten. So hat mich Dr. Léon Poliakov, der Verfasser der „Geschichte des Antisemitismus", nach Paris ins Maison des Sciences de l'Homme geladen und Professor Yehuda Bauer in sein Seminar in der Hebräischen Universität. Mein Jerusalemer Vortrag erschien 1977 als „The Story of the Jewish-Masonic Conspiracy, 1776–1945" in „Patterns of Prejudice"[1]. Auch habe ich als Referent an zwei Kongressen über „Verschwörertheorien" und „Typologien des Verschwörungsdenkens" teilgenommen. Diese wurden vom Deutschen Historischen Institut in Warschau und in der Universität Innsbruck in den Jahren 1999 und 2001 veranstaltet.[2]

In meinem Beitrag über die „freimaurerisch-illuminatische Verschwörung" für den Katalog „Geheime Gesellschaft. Weimar und die deutsche Freimaurerei" der Stiftung Weimarer Klassik merkte ich 2002 an, daß „Verschwörungsthesen Hochkonjunktur" haben. Diese artikuliert sich keineswegs nur in wissenschaftlichen Analysen, sondern bringt auch für ein breiteres Publikum bestimmte publizistische Arbeiten hervor. Von ihnen seien hier Matthias Bröcker's „Verschwörungen. Verschwörungstheorien und die Macht der Geheimnisse des 11. September" von 2002 sowie Tobias Jaecker's „Antisemitische Verschwörungstheorien nach dem 11. September" von 2004 erwähnt.

Die Grenzen solch ernst zu nehmender Schriften zu vollkommen abgehobenen konspirologischen Veröffentlichungen, welche auch fragwürdige, esoterische und okkultistische Interessen bedienen, sind fließend. Obgleich letztere vielfach mit antijüdischen Stereotypen arbeiten und etwa so weit gehen, Adam Weishaupt ebenso wie die „Weisen von Zion" als Agenten des Bankiers Mayer Amschel Rothschild zu porträtieren, dürfen sie nicht ausschließlich rechtem Gedankengut zugeordnet werden.

In ihnen begegnet uns ein auch der Unterhaltung dienendes Gebräu, welches die Macht des Kapitals, der Hochfinanz, der Bilderberger, der Nazis, der Illuminati und Freimaurer dämonisiert und bei dem die Grenzen zwischen rechts und links verschwimmen. Um die Illuminaten/Illuminati, die Erleuchteten, welchen das Bestreben nach Erlangung der Weltherrschaft nachgesagt wird, und ihren bayerischen Gründer hat sich ein beispielloser medialer Mythos entfaltet. Zu Adam Weishaupt, der gern als Kryptojude mystifiziert wird und überdies von vielen als personengleich mit George Washington ausgegeben wird, liegen im Weltnetz 129.000 Seiten vor!

In solch phantastischen Erdichtungen von Verschwörungen wird also eine Meta-Welt konstruiert, in der Tatsachen von Fiktionen nicht zu trennen sind, was die subkulturellen Adepten derartiger Konstrukte nicht stört. Ein vielgelesener, antisemitische Klischees benützender Esoteriker behauptete etwa in seinem durch Gerichtsbeschluß verbotenen Bestseller, Adolf Hitler sei Anfang 1945 auf einem Ufo entkommen und agiere in der Arktis weiter. Da nicht nur im Rahmen solcher Spinnereien, sondern auch von rechtskonservativen Publizisten wie Edouard Drumont, dem Fürsten zu Salm-Horstmar sowie endlich Winston Churchill der katholische Kirchenrechtler Adam Weishaupt skrupellos als „Jude" ausgegeben worden ist, vermochte sich solche Desinformation sogar in nützliche Sachbücher wie die Schrift „Freimaurer. Aufklärung eines Mythos" einschleichen. Robert A. Wilson durfte somit 1998 in seinem Lexikon „Wer steckt dahinter? Die 99 wichtigsten Verschwörungstheorien" sarkastisch anmerken: „Es gibt Verschwörertheorien zu jedem Mist".

Außer solchem in der esoterischen Szene grassierenden Verschwörungs-Unsinn sind jedoch auch solche Verschwörungsmythen entwickelt worden, die eine direkte und – wenngleich partiell wahnhafte – subjektiv ehrliche Antwort auf reale Vorgänge wie die Französische oder die Russische

Revolution darstellen und als propagandistisch eingesetzte Kampfinstrumente erhebliche politische Wirkungen ausgelöst haben. Sie verdienen trotz ihrer Überzeichnungen und Diffamierungen als weltanschaulich gebundene Verschwörungsmythen eine eingehende Analyse und Darstellung. Auch über den sozialistischen (Aber-)Glauben von einer sinistren Verschwörung des Kapitals würde man sich eine ausführliche Darstellung wünschen. Denn das große Geld wird in der linken Ikonographie als Drache personifziert, dem mit einer Lanze zu Leibe gerückt wird. Gabor T. Rittersporn ist 1999 auf diesen Verschwörungsmythos in seinem Referat „Die sowjetische Welt als Verschwörung" eingegangen.[3] Darin legte er dar, daß Stalin das Versagen der sowjetischen Planwirtschaft durch subversive Machenschaften angeblicher Sowjetfeinde wegzuerklären suchte.

Als der Verfasser in den Jahren 1964/65 in London an seiner Doktorarbeit über geheime politische Gesellschaften in der napoleonischen Ära arbeitete, fiel ihm auf, daß Freimaurerlogen als organisatorisches Vorbild und Denkmantel für solche Bünde gedient haben und daß die durch sie hervorgerufenen Ängste, die zu elaborierten Verschwörungsmythen verdichtet wurden, Beachtung verdienen. Daher hat er das Thema seiner Arbeit abgewandelt und sich dabei an den Grundsatz gehalten, daß Verschwörungsmythen, so sie denn ein Minimum von Seriosität aufweisen, jeweils auf Bezüge zur Realität abzuklopfen sind.

Reine Phantasien nach Art der angesprochenen „Konspirologen" konnten dagegen ausgeklammert werden. Ebenso wie natürlich Verschwörungen nach dem amerikanichen Recht, die – wie z.B. ein Banküberfall – eine Verbindung darstellen von „zwei oder mehreren Personen, zu dem Zweck eine illegale oder verbrecherische Tat zu verüben".

Hier geht es dagegen um eine auf die illegitime, gewaltsame Umgestaltung der Welt abzielende Verschwörung, die nach einem politisch-ideologischen Konzept abläuft. Dieser von Konterrevolutionären unterstellte und enthüllte Plan beinhaltet, daß die religiöse und politische Ordnung von „Thron und Altar" durch die Französische Revolution von 1789 ungestoßen worden ist. Schließlich sei in seiner Fortsetzung auch noch die auf dem Privateigentum beruhende bürgerliche Ordnung durch die jüdisch gesteuerten Kommunisten vernichtet worden.

Diese Umwälzugen sind jeweils mit der blutigen Verfolgung und Enteignung von hunderttausenden Priestern, Adeligen, Bauern und Kapitalisten sowie auch mit der Vertreibung oder Ermordung der regierenden Dynastien verbunden gewesen. All dies hat Millionen aufgewühlt und Angst, Schrecken und Fluchtbewegungen großen Ausmaßes ausgelöst und die bohrende Frage nach den tieferen Ursachen dieser Katastrophen aufgeworfen. Die Wortführer der Gegner der Revolution verdichteten als konterrevolutionäre und konservative Intellektuelle die tatsächlichen oder auch unterstellten Absichten der Verursacher dieses Unheils zu regelrechten Verschwörungsmythen. Diese entbehren nicht immer einer gewissen Logik und inneren Wahrheit.

Letztlich beinhalten die Verschwörungsmythen, die dem Zufall keinen Raum geben und irrigerweise einen planmäßigen Ablauf der geschichtlichen Ereignisse unterstellen, eine dualistische Sicht vom Kampf der Bösen gegen die Guten. Somit entwerfen sie extrem vereinfachte, mythisierte Geschichtsbilder. Diese sind durch eine Reduktion der komplexen Realität und nicht selten auch durch einen okkulten Charakter gekennzeichnet. Dieser beruht darauf, daß angeblich hinter der Scheinhaftigkeit der Alltagswelt ein Zugang zu einer verborgenen Realität sichtbar gemacht wird, in welcher sich das Wesentliche vollzieht.

Indem also Verschwörungsmythen vereinfachte und scheinbar eingängige Erklärungen für komplexe Vorgänge liefern, nehmen sie für ihre Anhänger und Gläubigen eine Orientierungsfunktion wahr. Für die von solchen Mythen Gebrandmarkten hingegen stellen diese geistigen Artefakte eine potentielle oder gar akute Gefahr dar. Sie werden nämlich als brandgefährliche Feinde der Gesellschaft stigmatisiert und somit der Gefahr ausgesetzt, verfolgt und äußerstenfalls sogar vernichtet zu werden.

Was die Fortschritte der Wissenschaft seit Erscheinen der „These von der Verschwörung 1776–1945" angeht, so ist hier dieses festzustellen: Zu der Frühgeschichte des ursprünglichen antifreimaurerischen Verschwörungsmythos sind keine wesentlichen Entdeckungen dazugekommen. Es ist allerdings darauf hinzuweisen, daß die Erforschung der Freimaurerei und speziell des Illuminatenorden in den letzten Jahrzehnten große Fortschritte gemacht hat und somit das Umfeld des Verschwörungsmythos aufgehellt worden ist.

Hiervon zeugt die von Professor Helmut Reinalter seit 1999 herausgegebene „Zeitschrift für Internationale Freimaurerforschung" (IF). Hervorzuheben ist der 1983 von ihm herausgegebene Sammelband „Freimaurer und Geheimbünde im 18. Jahrhundert in Mitteleuropa" sowie weiter seine Publikation von 1997 „Der Illuminatenorden 1776–1785/87. Ein politischer Geheimbund der Aufklärungszeit". Hermann Schüttler hat 1991 in München „Die Mitglieder des Illuminatenordens 1776–1787/93" publiziert und 2005 den ersten Band der „Korrespondenz des Illuminatenordens 1776–1781" mit herausgegeben.

Auf der Innsbrucker Tagung „Aufklärung und Geheimgesellschaften" vom 1992 konnte Schüttler aufgrund der Auswertung der „Schwedenkiste" über „Die Intervention des deutschen Illuminatenordens auf dem Konvent der Philalethen in Paris 1787"[4] berichten. Diese bisher nur vage bekannte und von Verschwörungsmythen umrankte Paris-Reise des Illuminaten Johann Joachim Christoph Bode (1730–1793) ist nunmehr gut dokumentiert. Sie zeugt von hochinteressanten Verbindungen zwischen deutschen und französischen Aufklärern, denen jedoch Verschwörungstheoretiker zu Unrecht nachgesagt haben, sie hätten die Mine für den Ausbruch der Französischen Revolution gelegt.

In ihrem Buch „Esoterische Bünde und bürgerliche Gesellschaft" ist Monika Neugebauer-Wölk 1995 der Verbindung der Aufklärung mit der Esoterik nachgegangen. Dabei gelangte sie zu dem Ergebnis, daß der Transformationsprozeß vom Ancien Regime zur modernen Welt tatsächlich durch die sich politisierenden geheimen Bünde mitbestimmt worden ist. Bei aller Überspitzheit, ja Wahnhaftigkeit ihrer Thesen haben somit einige Verschwörungstheoretiker tatsächlich eine wichtige Spur aufgenommen.

Vorwort

Diese Thematik wurde 1997 auf einer Tagung in Wolfenbüttel vertieft, aus welcher der 1999 publizierte und ebenfalls von Monika Neugebauer-Wölk herausgegebene Sammelband „Aufklärung und Esoterik" hervorgegangen ist. Nach ihm wurzelt das politisierte Utopische bei den Illuminaten im esoterischen Denken, das noch durch die Vormoderne bestimmt gewesen ist. Schließlich ist hier noch anzumerken, daß Sylva Schaeper-Wimmer 1985 eine Biographie über den Jesuitenpater Augustin Barruel, den Hauptrepräsentanten der Verschwörerthese, vorgelegt hat. Ingo Hermann hat 2007 in Berlin eine Biographie über den Baron Knigge publiziert, der den Illuminatenorden im Norden Deutschlands aufgezogen hat. Hingegen fehlt bis heute eine Biographie über den in die Verschwörungsmythologie eingegangenen Adam Weishaupt. Eine solche hat Martin Mulsow 1997 in Wolfenbüttel in Ausicht gestellt.

Während der Verschwörungsmythos in der zweiten Hälfte des 19. Jahrhunderts – ebenso wie die wegen der Liberalisierung der Gesellschaft an Einfluß einbüßende Freimaurerei – keine dominierende Rolle mehr spielte, haben ihm dann im 20. Jahrhundert die epochalen Umwälzungen von Erstem Weltkrieg und Weltrevolution einen geradezu explosiven Auftrieb und eine sogar tödliche Brisanz verliehen.

Im Rahmen der Erforschung des Dritten Reiches und seines mörderischen Antisemitismus sind wichtige Studien vorgelegt worden. Unter ihnen ist der 1993 in Wien publizierte „Antisemitisch-antifreimaurererische Verschwörungsmythos in der Weimarer Republik und im NS-Staat" von Armin Pfahl-Traughber hervorzuheben. Das 2003 herausgekommene Buch von Wolfgang Meyer zu Uptrup „Kampf gegen die ,jüdische Weltverschwörung'. Propaganda und Antisemitismus der Nationalsozialisten 1919–1945" (Berlin 2003) stellt hingegen in erster Linie eine enorme Quellensammlung zur NS-Propaganda dar.

Der Verfasser hat 1997 auf der deutsch-polnischen Tagung „Das Stereotyp des Juden in Polen und Deutschland" im Jüdischen Kulturzentrum zu Krakau über seine neueren Forschungen zur antijüdisch-antikommunistischen Verschwörerthese referiert. Sein Vortrag ist im Jahre 2000 als Aufsatz unter dem Titel „Der Mythos vom ‚jüdischen Bolschewismus'. Der Teufelskreis von Judenhaß, Hinwendung von Juden zum Sozialismus und einen ‚neuen' Antisemitismus" publiziert worden.[5] In dem neu geschriebenen Schlusskapitel[6] des vorliegenden Buches wird diese Weiterentwicklung des Verschwörungsmythus dargestellt. Dabei werden die Forschungen des Historikers Jeffrey Herf über den „The Jewish Enemy" der nationalsozialistischen Propaganda von 2006 vorgestellt.

Diese gelten dem Mythos von einer jüdisch-freimaurerisch-plutokratischen Verschwörung, deren Marionetten Franklin Roosevelt und Winston Churchill gewesen seien. Somit konnte es dank deren Kriegsbündnis mit Stalin gegen das „Dritte Reich" in der wahnhaften Vorstellungswelt von Josef Goebbels zu einer paradoxen jüdisch-plutokratisch-bolschewistischen Doppelverschwörung gegen Deutschland kommen. Diese Variante des Verschwörungsmythos hat nach Norman Cohn als „Freibrief für den Völkermord" gedient.

Belegt wird, daß die NS-Ideologen teilweise unmittelbar an den christlich-konterrevolutionären Verschwörungsmythos angeknüpft haben. Allerdings muß dabei bedacht werden, daß es wegen des rabiaten und mörderischen Antisemitismus im Zarenreich zu einer so starken Präsenz von jüdischen Funktionären in den revolutionären Parteien gekommen ist, daß viele Agitatoren auf elaborierte Verschwörermythen verzichtet und lediglich eine brutale Gleichsetzung von Jude = Bolschewik vorgenommen haben.

Solch eine Gleichsetzungstheorie (equation theory), die durch die Propagierung der „Protokolle der Weisen von Zion" verstärkt und überwölbt wurde, hat der Autoindustrielle Henry Ford in seinem Weltbestseller „Der Internationale Jude" vorgenommen. Darin brandmarkte er „den" Juden als „Weltbolschewiken". Die in Russland geborene Hassformel vom „jüdischen Bolschewismus" ist weltweit in Umlauf gewesen. Zwar verblasste diese durch die Fakten widerlegte Kollektivschuldthese nach dem Abklingen der revolutionären Turbulenzen bald wieder, sie erlebte jedoch im nationalsozialistischen „Dritten Reich" als Staatsideologie des „Dritten Reichs" eine verhängnisvolle Neugeburt.

Vorwort

Abschließend sei angemerkt, daß die antisemitischen „Protokolle der Weisen von Zion" auch heute noch weltweit Anhänger finden, besonders in der islamischen Welt.[7] Dies hat Bassam Tibi 1993 in seinem Buch „Die Verschwörung. Das Trauma arabischer Politik" ausgeführt.

Leopoldshöhe, im Dezember 2007
Johannes Bieberstein

1. Einführung

1.1. Untersuchungsgegenstand

Allgemein gesprochen sind Verschwörungsthesen als Erklärungsmodelle zu kennzeichnen, welche die vermeintlich unter der Oberfläche verborgen liegenden wahren Ursachen als illegitim und gefährlich erachteter Veränderungsprozesse zu entlarven vorgeben. Hier soll nicht über Verschwörungsthesen als solche, sondern vielmehr über diejenige gehandelt werden, die eine konterrevolutionäre Antwort auf die Französische Revolution erteilte und die bis ins 20. Jahrhundert hinein eine erhebliche praktisch-politische Bedeutung gehabt hat.

Wie die Gegnerschaft gegen die „Ideen von 1789" politisch-weltanschaulicher Natur war, so ist auch die Verschwörungsthese mehr durch Interessen und Ressentiments als durch ein distanziertes und unparteiisches Erkenntnisstreben gekennzeichnet gewesen. Es handelt sich also vor allem um ein politisch-ideologisches Kampfinstrument, welches sowohl in gutem Glauben als auch manipulativ eingesetzt worden ist. In ihrer ausgebildeten und systematisierten Form, die sie erstmals in den Jahren (1797-98) durch den im englischen Exil lebenden französischen Jesuitenpater Augustin Barruel erhalten hat[1], unterstellt sie eine: „dreyfache Verschwörung ... in welcher, lange vor der Revolution, der Ruin der Kirche, der Ruin des Thrones, und endlich der Ruin der ganzen bürgerlichen Gesellschaft geschmiedet wurde, und noch geschmiedet wird."[2]

Um die innere Geschlossenheit, die Struktur und die Dynamik dieser Konzeption aufzuzeigen, soll hier der entscheidende, die Verschwörungsthese in gedrängter Form referierende Passus aus der Vorrede der „Denkwürdigkeiten" Barruels zitiert werden:

„1. Viele Jahre vor dieser französischen Revolution, komplottierten Menschen, die sich Philosophen nennen ließen, gegen den Gott des Evangeliums, gegen das ganze Christen-

1. Einführung

tum ohne Ausnahme, ohne Unterschied der protestantischen oder katholischen, der englischen oder bischöflichen Kirche. Diese Verschwörung hatte zum wesentlichen Zweck, alle Altäre Jesu Christi zu zerstören. Sie war die Verschwörung der Sophisten des Unglaubens und der Gottlosigkeit.

2. In der Schule dieser Sophisten des Unglaubens bildeten sich bald die Sophisten des Aufruhrs, und diese, indem sie mit der Verschwörung der Gottlosigeit gegen die Altäre Christi noch die Verschwörung gegen alle Throne der Könige verbanden, vereinigten sich mit der alten Sekte, deren Komplotte das wahre Geheimnis der höhern Grade einiger Zweige der Freimaurerei ausmachten, wo aber nur den Auserwählten der Auserwählten dieses Geheimnis ihres eingewurzelten Hasses gegen die christliche Religion und die Fürsten mitgeteilt wurde.

3. Aus den Sophisten des Unglaubens und der Empörung entstanden die Sophisten der Anarchie, und diese komplottierten nicht mehr gegen das Christenthum allein, sondern gegen jede Religion, selbst gegen die natürliche; nicht bloß gegen die Könige, sondern gegen jede Regierungsform, gegen jede bürgerliche Gesellschaft, und selbst gegen jede Art des Eigenthums.

Diese dritte Sekte vereinigte sich unter dem Namen der Illuminaten, mit denen gegen Christus und gegen Christus und die Könige zugleich verschworenen Sophisten und (Frei-)Maurern. Aus dieser Coalition der Adepten des Unglaubens, der Adepten der Empörung und der Adepten der Anarchie, entstanden die Klubs der Jakobiner."[3]

Hier werden also die Urheber der Revolution benannt, welche die überkommene Sozial- und Wertordnung dadurch erschüttert haben sollen, daß sie ihre geistigen Fundamente zerstörten. Es werden die Verschwörer gegen das Königtum sozial lokalisiert, und es wird behauptet, daß die beiden gegen Thron und Altar gerichteten Verschwörungen letztlich in einer sich zwangsläufig ergebenden, apokalyptischen dritten Verschwörung kulminieren würden. Diese habe sich in der Jakobinerherrschaft erstmalig abgezeichnet.

Die vorliegende Arbeit stellt sich zur Aufgabe, die Voraussetzungen dieser Verschwörungsthese zu untersuchen, ihre

1.2. Forschungsstand und methodologische Vorüberlegungen

Genese zu rekonstruieren und ihre praktische Wirkung als Bewußtseinshaltung sowie als agitatorisches Kampfinstrument zu bestimmen.

1.2. Forschungsstand und methodologische Vorüberlegungen

Die Tatsache, daß den konterrevolutionären Verschwörungstheoremen erst seit kurzem die ihnen zukommende Beachtung geschenkt wird, erklärt sich vor allem dadurch, daß sie einstmals für „unseriös" und daher einer wissenschaftlichen Beschäftigung unwürdig erachtet wurden. Sofern sie nicht das „Märchen von der freimaurerischen Weltverschwörung"[1] mit Schweigen übergingen, beschränkten sich die Historiker in der Regel auf abwertende Bemerkungen gegenüber dem Abbé Barruel und seinen Anhängern. Auch Karl Theodor von Heigel, der 1899 in seiner materialreichen „Deutschen Geschichte vom Tode Friedrichs des Großen bis zur Auflösung des alten Reiches" erstmals einige der einschlägigen Quellen referiert hat[2], ließ es dabei bewenden, die extreme Variante der Verschwörungsthese, welche den deutschen Illuminaten die Verantwortung für die Französische Revolution zuweist, als „Schauermärchen"[3] abzutun.

In seiner Monographie über den Illuminatenorden hat Le Forestier 1914 die anti-illuminatische Version der Verschwörungsthese zum ersten Mal in groben Zügen skizziert.[4] Doch auch bei dem Freimaurer-Historiker Le Forestier, der fast ausschließlich auf den Illuminatenorden bezogene Quellen herangezogen hat, blieben allgemeingeschichtliche Fragestellungen, der ideologiegeschichtliche Bezugsrahmen, die weitere Vorgeschichte sowie schließlich die praktisch-politische Relevanz des Verschwörungsdenkens unberücksichtigt.

Wie diese Untersuchung deutlich macht, sind die grundlegenden Vorarbeiten für die wissenschaftliche Behandlung der Verschwörungsthese sowie für die Einschätzung ihrer geschichtlichen Substanz vornehmlich von der Freimaurer-Forschung geleistet worden, welche nach dem Zweiten Weltkrieg zunächst vor allem in Frankreich intensiviert worden ist.[5] Diese Vorarbeiten haben es Jacques Godechot erlaubt, im

1. Einführung

Rahmen seiner 1961 publizierten Arbeit über die Konterrevolution zwar kursorisch, aber doch abgewogen auf die Verschwörungsthese einzugehen. Dabei hat er freilich übersehen, in wie starkem Maße der Abbé Barruel von deutschen Autoren abhängig gewesen ist.[6] Nachdem Jacques Droz im gleichen Jahre eben auf diese deutschen Ursprünge der Verschwörungsthese im engeren Sinn hingewiesen hatte[7], widmete ihnen Klaus Epstein in seiner Darstellung der Genesis des deutschen Konservatismus ein längeres Kapitel.[8] Allerdings beschäftigte er sich weniger mit der „conspiracy theory of history" als mit einigen ihrer prominentesten deutschen Protagonisten. Seine vornehmlich auf der Auswertung der Sekundärliteratur basierende und überwiegend referierende Darstellung des Verschwörungsdenkens hält sich jedoch im traditionellen Rahmen und trägt wenig zu den hier aufgeworfenen Fragen bei.

Die Übernahme der Wahnvorstellung von einer freimaurerisch-jüdischen Weltverschwörung in die nationalsozialistische Ideologie hat der Erforschung der Verschwörungsthese einen wichtigen Impuls gegeben. Das wissenschaftspolitische Interesse der Nationalsozialisten selber hat im übrigen einige mit entsprechenden Vorzeichen versehene Monographien zur Folge gehabt, in welchen gleichwohl wichtiges Quellenmaterial aufgearbeitet worden ist.[9] Nachdem noch in der von John S. Curtiss verfaßten Monographie über die sogenannten „Protokolle der Weisen Zion"[10] der Zusammenhang der rechtsradikal-faschistischen mit den konterrevolutionären Verschwörungstheoremen nicht gesehen worden ist, hat ihn Norman Cohn in seiner dem gleichen Thema gewidmeten Arbeit von 1967 erkannt.[11] Allerdings gibt er lediglich die Thesen von Barruel wieder, ohne dabei auf dessen Quellen und Voraussetzungen einzugehen und das konterrevolutionäre Verschwörungsdenken systematisch zu untersuchen.[12] Dagegen hat Léon Poliakov den Ursprung der modernen Verschwörungsthese 1968 im dritten Band seiner „Histoire de l'Antisémitisme" bereits im Zusammenhang mit christlich-anti-emanzipatorischen Tendenzen kurz skizziert.[13]

In der 1970 erschienenen Arbeit „The Politics of Unreason. Right-Wing Extremism in America, 1790–1970" von Seymor

1.2. Forschungsstand und methodologische Vorüberlegungen

Martin Lipset und Earl Raab sind die noch nicht abgebrochene Kontinuität der Inanspruchnahme der anti-illuminatischen Verschwörungsthese durch amerikanische Rechtsradikale[14] sowie die Voraussetzungen für die politische Resonanz dieser amerikanischen Agitation herausgearbeitet worden. Auch Lipset und Raab haben darauf verzichtet, die Genesis der konterrevolutionären Verschwörungsthese auch nur zu skizzieren und gehen ohne nähere Analyse von den beiden großen synthetischen Darlegungen dieser These aus. Dies sind die „Mémoires pour servir à l'histoire du Jacobinisme" des Abbé Barruel sowie die gleichfalls 1797 erschienenen „Proofs of a Conspiracy against all the Religions and Governments of Europe, carried on in the Secret Meetings of Free Masons, Illuminati and Reading Societies" des Edinburgher Professors John Robison. Dieser Überblick über den Forschungsstand dürfte deutlich gemacht haben, daß eine Arbeit über die real- und ideologiegeschichtlichen Voraussetzungen, die Entstehung, die unterschiedlichen Ausprägungen sowie die praktisch-politische Relevanz der konterrevolutionären Verschwörungstheoreme eine Forschungslücke schließen kann.

Mit der im Jahre 1970 von dem Jerusalemer Soziologen Jacob Katz vorgelegten Arbeit: „Jews and Freemasons in Europe, 1723–1939" ist inzwischen ein Teilbereich dieser Lücke geschlossen worden. Daher braucht hier auf den von Katz herausgearbeiteten sozialen Unterbau der auf die Juden bezogenen Verschwörungsthese nicht ausführlich eingegangen werden.

Obgleich die vorliegende Arbeit nicht primär als eine sozialgeschichtliche Untersuchung konzipiert worden ist, muß eine Skizze des geschichtlichen Hintergrundes schon deshalb ihre Grundlage bilden, weil es eine vom „Fleisch und Blut der allgemeinen Geschichte" abgetrennte „Ideengeschichte"[15] nicht geben kann. Im übrigen würde es eine rein ideengeschichtliche Analyse nicht erlauben, die praktische Bedeutung der hier behandelten Theoreme abzuschätzen. Im Unterschied zu der traditionellen Ideengeschichte, welche eine „Innenbetrachtung" der Ideen vornimmt, kommt es der hier unternommenen wissenssoziologischen „Außenbetrachtung"

1. Einführung

nicht so sehr auf eine immanent-phänomenologische Beschreibung und Analyse von Ideen an, als auf die Feststellung des Interdependenzverhältnisses von Theoremen und sozialen Gegebenheiten.[16]

Es sind also sowohl real vorhandene soziale Gruppen wie solche Denkmuster, welche bestimmte Verhaltenserwartungen voraussetzen und Verhaltensweisen präformieren, zu untersuchen. Dabei ist die sozialpsychologische Kategorie der Angst zu berücksichtigen, welche dadurch zu einem „zentrale(n) Problem der Wissenschaft"[17] wird, daß die echte oder reale Angst in Krisensituationen dazu tendiert, zu einer neurotischen Verfolgungsangst zu werden.

Indem aufgezeigt wird, daß für die vielfach durch wahnhafte Angstvisionen charakterisierte Vorstellung der Existenz einer gegen die überkommene Sozial- und Wertordnung gerichteten Verschwörung traditionelle, insbesondere jedoch religiöse Denkkategorien konstitutiv gewesen sind, kann die Max Webersche These verifiziert werden, nach der Weltbilder „sehr oft als Weichensteller die Bahnen bestimmt (haben), in denen die Dynamik der Interessen das Handeln fortbewegte."[18]

Ihrer Natur nach sind die benutzten Quellen disparat, denn es werden sowohl die politisch relevante Publizistik im weitesten Sinn – angefangen von anonymen Pamphleten und periodischen Zeitschriften bis hin zur zeitgenössischen schöngeistigen und religiösen Literatur – als auch veröffentlichte diplomatische Relationen, private Korrespondenzen und schließlich Geheimpolizeiberichte herangezogen.

Was die Quellenausschöpfung anbelangt, ist mit der von Otto Hintze gebrandmarkten „falschen gelehrten Vornehmheit" gebrochen worden, die es lange Zeit verboten habe, sich ernsthaft mit einer „Irrlehre" zu befassen, obgleich diese doch vielfach als Wahrheit aufgenommen werde.[19] In Abkehr von einer „Gratwanderung" in der Manier Friedrich Meineckes, welcher hauptsächlich die „großen Persönlichkeiten" konsultierte und die „breite Ebene der sogenannten öffentlichen Meinung" sowie die „kleine politische Tagesliteratur"[20] möglichst mied, mußte versucht werden, eben jene bislang vernachlässigten Regionen aufzusuchen.[21]

1.2. Forschungsstand und methodologische Vorüberlegungen

Wenngleich nicht auf die erst im Erprobungsstadium befindliche und nur für ein homogenes Quellenmaterial in Frage kommende automatisierte Literaturerschließung zurückgegriffen werden konnte, so wurde doch als Ziel die Vornahme einer qualitativen Inhaltsanalyse angestrebt.[22] Durch eine funktionale Zusammenhänge aufzeigende Inhaltsanalyse sollten zum einen qualitative Aussagen und zum anderen die Aufstellung empirisch abgesicherter Hypothesen ermöglicht werden. Diesem Ziel war auch durch eine Kombination der deskriptiven, chronologisch-historischen mit der systematischen Darstellungsform Rechnung zu tragen, welche weniger Respekt vor der historischen Individualität hat und „die Daten der Geschichte und Gegenwart mit Hilfe eines unabhängigen Kategoriensystems"[23] zu ordnen und interpretieren sucht.

Der Dokumentation war schon deshalb eine besondere Bedeutung zuzumessen, weil die aufgearbeiteten Materialien in der Regel nicht nur weitgehend unbekannt, sondern auch trotz ihres publizistischen Charakters vielfach nur unter großen Mühen und mit sehr viel Geduld zu beschaffen gewesen sind.[24]

2. Voraussetzungen der Verschwörungsthese

2.1. Die historische Ausgangslage

Die Aushöhlung der überkommenen, ständischen Sozialordnung sowie des mit dieser Ordnung korrespondierenden mittelalterlichen Weltbildes, die gelegentlich bereits vor 1789 von christlich-konservativer Seite auf verschwörerische Aktivitäten von Philosophen und Freimaurern zurückgeführt wurde, ist durch komplexe sozial- und bewußtseinsgeschichtliche Prozesse bedingt gewesen.

Das sich nach langwierigen Auseinandersetzungen mit den Ständen in den wichtigsten kontinental-europäischen Staaten durchsetzende absolutistische Regierungssystem hat tiefgreifenden Veränderungen in der sozialen und ideologischen Struktur der Gesellschaft den Weg bereitet. Dieses System, das zwar die ständische Gesellschaftsstruktur nicht abschaffte, aber doch überlagerte, und das durch eine in den Händen des Monarchen zentralisierte administrative und militärische Macht gekennzeichnet ist, entstand als Reaktion auf politische Herausforderungen. Besonders die Kriege des 17. und 18. Jahrhunderts hatten allen jenen Staaten, welche sich im europäischen Machtkonzert zu behaupten suchten, die Notwendigkeit der Aufstellung und damit auch der Finanzierung von Berufsheeren vor Augen geführt. Dies wiederum machte es erforderlich, die Bürokratie zu einem leistungsfähigen, mit der vollen Ausschöpfung und bewußten Vermehrung der Ressourcen betrauten Instrument auszubauen.

Auf der Bewußtseinsebene spiegelte sich dieser Modernisierungsprozeß in dem für die Intelligenz des 18. Jahrhunderts so charakteristischen naiven Fortschrittsoptimismus wider.[1] Dieser hat seinerseits durch die einen religiösen Relativismus begünstigende geographische Erschließung der Welt[2] sowie durch die naturwissenschaftlichen Entdeckungen und technischen Erfindungen Anstöße erhalten.[3] Dage-

2. Voraussetzungen der Verschwörungsthese

gen hat die kirchliche Orthodoxie aufgrund der von ihr für unmittelbare Wahrheit erachteten biblischen Kosmologie die Resultate der Naturwissenschaften zu unterdrücken versucht, durch ihren Autoritätsanspruch die freie Entfaltung der Individuen behindert und schließlich durch ihre in der Erbsündenlehre begründete skeptische Anthropologie sowie durch ihre Jenseitsorientiertheit dem innerweltlichen Fortschrittsglauben Schranken gesetzt. Deshalb vermochten radikale Aufklärer, die sich vom „Licht" der Vernunft erleuchtet glaubten, die Kirche als Inkarnation der Fortschrittsfeindlichkeit und als Relikt des dunklen, vernunftlosen Mittelalters polemisch abzuwerten.[4]

Die großen europäischen Kriege des 16. und 17. Jahrhunderts, die wesentlich durch konfessionelle Streitigkeiten verursacht waren und somit von den Aufklärern als Ausgeburt eines schädlichen Fanatismus betrachtet wurden[5], waren auch in ideologischer Hinsicht zum Geburtshelfer des aufgeklärten absolutistischen Staates geworden, welcher das Signum der Modernität trug. Da nämlich in den Religionskriegen Gesinnung gegen Gesinnung gestanden hatte und die konfessionellen Streitigkeiten als ein die soziale Ordnung gefährdendes Moment in Erscheinung getreten waren, mußte gleichsam oberhalb der streitenden Parteien, bei denen sich ständisch-partikulare Interessen und konfessionelle Motive vielfach verzahnt hatten, eine friedensstiftende Autorität etabliert werden. Ideologisch geschah dies durch die Ausbildung der Doktrin der „absoluten" Souveränität, der zufolge die Fürsten nur Gott verantwortlich waren und keiner irdischen Instanz, weder den Ständen noch der Kirche, Rechenschaft schuldeten.

Positiv beruhte die vom absoluten Souverän in Anspruch genommene Aufgabe der Friedensstiftung auf einer sich rationalen Zielen – insbesondere der Förderung der „öffentlichen Wohlfahrt" – verpflichtet wissenden Verantwortungsethik. Diese wurde aus antiken, christlichen und humanistischen Quellen gespeist. Vom Boden einer derartigen Grundhaltung aus, welche man beispielsweise bei den französischen „politiques" des 16. und 17. Jahrhunderts beobachten kann, wurde wohl erstmals der moderne Ideologieverdacht erhoben. So

2.1. Die historische Ausgangslage

warfen beispielsweise französische Juristen im Verlaufe der säkularen Auseinandersetzung zwischen Frankreich und dem habsburgischen Spanien, welches sich in seiner Kriegspropaganda als Verteidigerin des Katholizismus ausgab, den Spaniern vor, daß für sie die Religion nur ein Vorwand sei, während sie in Wirklichkeit den Rezepten Machiavellis folgten.[6]

Es ergab sich also eine auf paralleler Interessenlage beruhende gemeinsame Frontstellung von absolutem Herrscher und weltlicher Intelligenz, welcher der Staatsdienst soziale Aufstiegschancen eröffnete, gegenüber den durch die überkommene ständische Ordnung privilegierten Gruppen. Deren Hauptinteresse richtete sich auf die Verteidigung ihres jeweiligen Besitzstandes. Dazu gehörte nicht zuletzt auch das Erziehungsmonopol der Kirche.

Das Aufbrechen dieser partiellen Interessenidentität zwischen absolutem Herrscher und aufgeklärter Intelligenz ist Ausdruck der Doppelgesichtigkeit des Absolutismus.[7] Denn dieser hatte nicht nur die Stände politisch entmündigt und die politische Macht monopolisiert, sondern zugleich auch die Entstehung jener individuellen Freiräume toleriert oder gar begünstigt, in denen sich das moderne Persönlichkeitsideal, die ihrer religiösen Fesseln befreite Philosophie und die modernen mathematischen Naturwissenschaften ausbilden und entfalten konnten. Die im optimistischen Fortschrittsglauben vollzogene Übertragung der allgemeingültige Gesetze voraussetzenden „mathematischen Denkmethode" auf die aufklärerische Sozialphilosophie, der Versuch, auch über die Natur des Menschen und der Gesellschaft zu Aussagen mit einem den Naturgesetzen korrespondierenden universellen Geltungsanspruch zu kommen[8], mußte letztlich zu einer Sprengung des absolutistischen Ordnungsgefüges beitragen.

Denn die in aufgeklärt-absolutistischen Staaten geübte Regierungspraxis war von Aufklärern nur zu leicht als inkonsequent und freier Bürger unwürdig zu durchschauen. Denn zwar war ein „Raisonnieren" über alle möglichen nichtpolitischen Fragen möglich und antiklerikale Äußerungen wurden vielfach toleriert, zugleich wurde jedoch die Erörterung aller politischen Fragen als Einmischung in die Prärogativen

2. Voraussetzungen der Verschwörungsthese

des Souveräns rigoros unterbunden. In seinem berühmten Brief an Friedrich Nikolai vom 25.08.1769 hat dies Lessing so formuliert: „Sagen Sie mir von Ihrer Berlinischen Freiheit zu denken und zu schreiben ja nichts. Sie reduziert sich einzig und allein auf die Freiheit, gegen die Religion soviel Sottisen zu Markte zu bringen, als man will. Und dieser Freiheit muß sich der rechtliche Mann nun bald zu bedienen schämen ... lassen Sie einen in Berlin auftreten, der für die Rechte der Untertanen, der gegen Aussaugung und Despotismus seine Stimme erheben wollte ... und Sie werden bald die Erfahrung haben, welches Land bis auf den heutigen Tag das sklavischste Land von Europa ist."[9]

Die Tatsache etwa, daß es der katholischen Orthodoxie in Frankreich nur vorübergehend gelang, ein Verbot der von ihr als „Satansfibel"[10] bezeichneten und nach 1789 zu den Vorbereitern der Revolution gerechneten[11] Enzyklopädie (1751–1780) zu erwirken, macht deutlich, daß sie durch ihre aufgeklärten Kritiker so in die Defensive gedrängt worden war, daß sie zunehmend weniger auf den repressiven Beistand der Obrigkeit rechnen konnte. Wenngleich es zu einer Reihe erbitterter Auseinandersetzungen von Repräsentanten der kirchlichen Orthodoxie mit ihren aufgeklärten Antagonisten kam, unter denen in Deutschland der zwischen dem Hamburger Hauptpastor Goeze und Lessing ausgetragene „Fragmentenstreit" (1774–1780)[12] sowie die Auseinandersetzungen um das preußische „Religionsedikt" von 1788[13] und in Frankreich der durch die Intervention Voltaires zu europäischer Berühmtheit gelangte Justizmord an Calas[14] hervorragen, so verbieten sich doch einseitige Urteile über das Verhältnis von Christentum bzw. Kirche und Aufklärung. Apodiktische Behauptungen wie etwa diejenigen Paul Hazards, welcher dem 18. Jahrhundert bescheinigt hat, es habe „das Kreuz zu Boden zu schlagen" versucht und einen „Prozeß gegen das Christentum" angestrengt[15], bedürfen einer Korrektur.[16] Sie basieren auf dem als polar und eindeutig vorgestellten Dualismus von Christentum und Atheismus und werden der Komplexität der Frontstellungen – insbesondere auch auf christlicher Seite – keineswegs gerecht.

2.1. Die historische Ausgangslage

Vor allem Kiernan hat vor einer monolithischen Interpretation der Aufklärung gewarnt und eindringlich darauf hingewiesen, daß nach philosophischen Kategorien die große aufklärerische Diskussion zwischen den sich auf Descartes und Newton berufenen Anhängern des mechanistischen und deistischen Weltbildes sowie den Verfechtern lebensphilosophischer Doktrinen geführt wurde.[17] Geht man von diesem Kategorienschema aus, so entdeckt man eine Vielzahl von Fronten und Überschneidungen, wobei sich Deisten und Atheisten untereinander bekämpfen und Christen auf beiden Seiten anzutreffen sind.

Ein derartiger Ansatz erlaubt es auch, die verschieden gearteten und hier nicht näher zu untersuchenden Adaptionen der christlichen Heilslehre an die veränderten Umstände, die Transponierung der christlichen Botschaft in moderne Denkformen besser einzuschätzen.[18] Eine dieser Adaptionen stellt die zu charakterisierende Freimaurerideologie dar, welche auf dem physikotheologischen Gottesbeweis fußt. Sofern man diese grundlegenden Unterscheidungen nicht trifft, läuft man Gefahr zu übersehen, daß sich die aufklärerische Kritik zwar gegen die dogmatische Starre, den Autoritätsanspruch, eine einseitige Jenseitsorientiertheit sowie schließlich gegen den Charakter der Kirche als weltliches Herrschaftsinstitut richtete. Sie hat jedoch in aller Regel keineswegs das Christentum an sich in Frage gestellt. Vielmehr ist nicht zufällig gerade auch ein recht hoher Prozentsatz der Geistlichkeit Träger aufklärerischer Ideale gewesen.

Tocqueville hat daher in der Mitte des 19. Jahrhunderts zu Recht darauf verwiesen, daß der Antiklerikalismus der Philosophen und ihrer republikanisch-demokratischen Nachfolger keineswegs generell Ausdruck einer genuin antichristlichen Haltung gewesen ist. Die christliche Kirche habe deshalb aus der Revolution so ungeschoren, ja gestärkt hervorgehen können, weil sie sich von den Bindungen an das Ancien Régime zu befreien gewußt und damit legitimen Vorwürfen den Boden entzogen habe.[19] Schließlich hat ja auch der politische Sieg der Konterrevolution und der kirchliche Traditionalismus des 19. Jahrhunderts die Tatsache aus dem Bewußtsein verdrängt, daß es bereits zu Ende des 18. Jahrhunderts An-

2. Voraussetzungen der Verschwörungsthese

sätze für eine christlich-demokratische Entwicklung gab, auf welche sich die christlich-demokratischen Parteien Westeuropas heute berufen.[20]

Der Umstand, daß eine derartige, mit politischen Implikationen behaftete Adaption der christlichen Lehre sowohl vom hohen katholischen Klerus als auch von der Ordensgeistlichkeit schon aus materiellen Gründen meist nicht akzeptiert werden konnte, erklärt, warum die Verschwörungsthese von dieser Seite besonders intensiv propagiert worden ist. Denn eine reformierte Kirche hatte für die im 18. Jahrhundert fast ausschließlich aus dem Adel rekrutierte hohe katholische Geistlichkeit, die in der Regel nicht aus innerer Berufung, sondern aus Versorgungsgründen die kirchliche Laufbahn einschlug, landesherrliche Funktionen wahrnahm und vielfach ein unpriesterliches Leben führte, keinen Platz. Die Ordensgeistlichkeit war der Kritik deshalb besonders ausgesetzt, weil sie nach aufgeklärt-utilitaristischen Vorstellungen parasitär schien und weil sie vielfach nicht nur die weltliche Aufklärung, sondern auch innerhalb der Kirche aufgetretene aufklärerische Tendenzen von Anfang an scharf bekämpft hatte.

Dadurch, daß die Kirche und das Christentum im 18. Jahrhundert zunehmend in die innerweltlichen ideologischen Diskussionen einbezogen wurden, ist der Prozeß der Säkularisierung beschleunigt worden.[21] Auch wegen des utilitaristischen Charakters des aufklärerischen Rationalismus geriet die Religion in Gefahr, des von ihr beanspruchten autonomen Charakters entkleidet, nach ihrem sozialen und moralischen Nützlichkeitswert bewertet und schließlich in extremen Situationen als ein rein weltliches ideologisches Kampfmittel eingesetzt zu werden. Diese neue Situation hat Rivarol bereits 1788 konstatiert, wie aus seiner gegenüber Necker getroffenen Äußerung hervorgeht: „Einstmals diskutierte man über die Wahrheit der Religion, heute diskutiert man nur noch über ihre Nützlichkeit" (On ne disputait autrefois que de la vérité de la religion, an ne dispute aujourdhui que de son utilité)."[22]

2.2. Vernunft wider Offenbarung

Nachdem der allgemeingeschichtliche Bezugsrahmen abgesteckt worden ist, soll nunmehr die Kampfansage der Aufklärung wider die kirchliche Tradition ins Auge gefaßt werden. Da diese Kampfansage für die Verschwörungsthese konstitutiv geworden ist, werden vor allem solche Stellungnahmen und Argumentationen heranzuziehen sein, die das Verschwörungsdenken abzustützen und zu legitimieren scheinen.

Der Konflikt zwischen den sich überwiegend als Christen verstehenden Aufklärern und den Anhängern des orthodoxen Offenbarungsglaubens resultiert aus dem aufklärerischen Glauben an die Autonomie der Vernunft. Die Antinomie von abstrakter Vernunft und überkommenem Offenbarungsglauben ist von Diderot in seinem Enzyklopädie-Artikel „Philosophe" 1765 so gekennzeichnet worden: „Die Vernunft bedeutet für die Philosophie, was die Gnade für den Christen bedeutet. Die Gnade bestimmt den Christen zum Handeln, die Vernunft den Philosophen ... Der philosophische Geist ist also ein beobachtender und richtig arbeitender Geist, der alles auf seine Prinzipien zurückführt."[1]

Wenn im Anschluß an solche antithetischen Formulierungen das Aufklärungszeitalter als ein Kampfplatz verstanden wird, auf dem das Licht wider das Dunkel, Vernunft wider Obskurantismus, Pfaffenherrschaft und Tyrannei stritten, wobei das aufklärerische Licht seinerseits von der christlichen Orthodoxie als satanisch qualifiziert wurde,[2] so wird nur zu leicht übersehen, in wie starkem Maße aufklärerische Impulse und Kategorien in die zeitgenössische Theologie – vor allem die protestantische – eingeflossen sind. Protestantische Geistliche hatten in einem derartigen Umfang eine Synthese zwischen überlieferter christlicher Lehre und Aufklärungsideologie herzustellen versucht[3], daß Lessing 1774 übertreibend zu sagen vermochte: „Die Kanzeln, anstatt von Gefangennehmung der Vernunft unter den Gehorsam des Glaubens zu ertönen, ertönen nun von nichts als vom innigen Bande zwischen Vernunft und Glauben ... Die ganze geoffenbarte Religion ist nichts als eine erneute Sanktion der Vernunft."[4]

2. Voraussetzungen der Verschwörungsthese

In Abwehr derartiger rationalistischer Tendenzen hatte der Hallenser Theologe Lange, ein Gegner Christian Wolffs, bereits 1736 erklärt, daß er zwar nicht gegen den Gebrauch der Vernunft auch in der Theologie einträte, daß aber weiterhin „das principium rationis mit dem principio revelationis jederzeit in eine gehörige subordination gesetzt" werden müsse.[5] Angesichts des sowohl von den orthodoxen Anhängern des Offenbarungsglaubens als auch von den Rationalisten erhobenen Absolutheitsanspruches konnte es zwar in der Praxis, nicht aber in der Theorie vermittelnde Positionen geben.[6]

Ein extremes, aber doch wiederum charakteristisches Beispiel für die hier angesprochenen Konflikte ist die Biographie des kontroversesten deutschen Populäraufklärers und protestantischen Theologen Karl Friedrich Bahrdt.[7] Dieser wurde zu einem engagierten Antiklerikalen, gab wesentliche christliche Grundpositionen auf[8] und wird vielfach in unmittelbarem Zusammenhang mit der Verschwörungsthese genannt. Bahrdt stellte 1789 in seiner Schrift „Über Aufklärung und die Beförderungsmittel derselben" als „Gesetz der Aufklärung" die Maxime auf: „Glaube nie etwas um der Autorität willen allein"[9] und forderte provozierend: „Die Kirche hat sich um gar nichts zu bekümmern, hat gar nichts anzuordnen und zu befehlen, weil sie aus Mitgliedern besteht, die alle gleiche Rechte haben."[10] Endlich verlangte er, daß der Glaube des Volkes an seine Priester keine „blinde Ehrfurcht und Scheu" sein müsse, mit denen der „katholische Pöbel an seinen Pfaffen und Mönchen hängt".[11] Der „aufgeklärte Selbstdenker" handle vielmehr nach dem Rat des Apostels: „Prüfet alles und das Beste behaltet."[12]

Wenn sich derartige Kritik in erster Linie gegen die Kirche richtete, so deshalb, weil der kirchliche Autoritätsanspruch zugleich umfassend wie rational nicht erklärbar war und weil sie auch von aufgeklärt-absolutistischen Herrschern und ihren Funktionären solange toleriert oder gar gebilligt werden konnten, als sie sich nicht gegen die politische Verfassung richtete. Sobald jedoch die aufklärerische Kritik, welche wegen des der Vernunft zugeschriebenen Souveränitätsanspruches auch eine politische Relevanz hatte,[13] den ihr zuge-

2.2. Vernunft wider Offenbarung

standenen Freiraum überschritt, mußte sie von den herrschenden Mächten als überaus gefährlicher Sprengstoff betrachtet werden. Schließlich wurde ja die Kirche auch von persönlich areligiösen Monarchen – wie etwa Friedrich II. von Preußen – als Erzieherin von loyalen Untertanen geschätzt. Gerade auch die absolutistische Version der Lehre vom Gottesgnadentum,[14] nach der die Fürsten ausschließlich von Gott abhängig und ihm allein verantwortlich waren und die den kirchlichen Anspruch auf ein Oberaufsichtsrecht über die weltliche Gewalt zurückwies, bot Ansatzpunkte für eine gegen die absolutistische Staatsphilosophie gerichtete, nicht selten christlich inspirierte Ideologiekritik. Ein frühes Zeugnis für eine solche Kritik, welche diesen spezifisch absolutistischen Rechtfertigungszusammenhang zugleich aufdeckte und bekämpfte, stellen die von dem französischen Dorfprediger Jean Meslier (gest. 1737) hinterlassenen Aufzeichnungen dar, welche von Voltaire illegal publiziert worden sind.[15] Meslier nannte darin nicht nur die Wissenschaft von Theologie eine „fortwährende Beleidigung der menschlichen Vernunft"[16], sondern erklärte vor allem das göttliche Recht der Fürsten zu der „absurdesten, lächerlichsten und gehässigsten Anmaßung"[17]. Durch eine Berufung auf dieses Recht versuchten die Fürsten sich ihrer irdischen Verantwortung zu entziehen, da sie leichter mit den Göttern als mit den Menschen fertig werden könnten.

Die Argumentation Mesliers macht deutlich, daß aus der Vergegenwärtigung der Tatsache, daß in massiver Weise der Versuch gemacht wurde, die Religion zur Rechtfertigung politischer Verhältnisse in Anspruch zu nehmen, eine ressentimentgeladene Ablehnung des Christentums überhaupt abgeleitet werden konnte. Offensichtlich aus diesem Grund lieferte Meslier eine die historischen Tatsachen geradezu auf den Kopf stellende Theorie: „Die alleinige Absicht der religiösen Prinzipien ist, die Tyrannei der Könige zu verewigen und ihnen die Völker zu opfern[18] ... Das Christentum hat sich dadurch ausgebreitet, weil es dem Despotismus zusagte, dessen festeste Stütze es, wie überhaupt jede Religion ist."[19] Im gleichen Argumentationsrahmen bewegte sich Holbach, als er behauptete, daß das Dogma vom Fortleben nach dem

2. Voraussetzungen der Verschwörungsthese

Tode „für diejenigen von großem Nutzen war, die dem Volk Religion gaben und sich zu Priestern machten", denn die Religion sei zur „Grundlage ihrer Macht", „Quelle ihrer Reichtümer" und zur „beständigen Ursache von Blindheit und Schrecken"[20] geworden.

Eine derartige Ideologiekritik am Ancien Régime, die auch von der marxistischen Kritik des 19. Jahrhunderts an Schärfe kaum noch überboten werden konnte, blieb im 18. Jahrhundert auf esoterische Zirkel beschränkt. Wohl nicht nur deshalb, weil sich ihre Urheber einem großen persönlichen Risiko aussetzten, sondern sicherlich noch mehr deswegen, weil die ursprüngliche christliche Lehre in historisch durchaus zutreffender Weise als Religion für die Erniedrigten und Bedrückten angesehen wurde. Im Unterschied zu den teilweise atheistisch orientierten Repräsentanten der französischen Aufklärung suchten besonders die deutschen Aufklärer das originär „revolutionäre" Potential des Christentums zu aktivieren. Zu diesem Zweck legten sie das Christentum auf eine spezifisch rationalistische Weise aus. Dieses Verfahren war um so erfolgversprechender, als es auch von Geistlichen angewandt werden konnte.[21]

Wegen ihrer ursächlichen Bedeutung für die Entstehung der Verschwörungsthese muß hier auf die revolutionäre Interpretation der christlichen Lehre durch radikalaufklärerische Kreise eingegangen werden. Der bereits erwähnte protestantische Theologe Karl Friedrich Bahrdt, welcher um den Jahreswechsel 1777/78 in eine Londoner Loge eingetreten war[22] und später die radikalaufklärerischen Zielen verpflichtete und indirekt an den Illuminaten-Orden anknüpfende – allerdings ein bloßes Projekt gebliebene – „Deutsche Union" (1788)[23] gründete, porträtierte 1784 Jesus in seinem Buch: „Ausführung des Plans und Zwecks Jesu" als Chef einer Geheimgesellschaft, deren Mission es gewesen sei, Vernunft auf der Erde zu verbreiten. „Mein Jesus", so lautet es in der Autobiographie Bahrdts, „sollte nicht mehr als Gott und Wunderthäter die Vernunft empören."[24] In Entsprechung dazu heißt es in dem vermutlich von Knigge verfaßten „Unterricht" zur Aufnahme in die dritte Klasse der Illuminatengrade: „Dieses Volk (das jüdische, d.Vf.) lehrte er die Vernunft

2.2. Vernunft wider Offenbarung

und um sie desto wirksamer zu machen, machte er sie zur Religion ... Das Rettungsmittel ward zu unserer Unterdrückung angewandt. Da entstand das herrliche Ding, die Theologie, das Pfaffen- und Schurkenregiment, das Papstthum, der geistliche Despotismus."[25]
Wenngleich man den aufklärerischen Einsatz der christlichen Lehre für emanzipatorische Zwecke zumindest teilweise noch als Ausdruck einer subjektiv-ehrlichen, freilich unorthodoxen christlichen Grundüberzeugung einschätzen kann[26], wurde also von den Ideologen des Illuminatenordens bereits eine bewußte, ja geradezu machiavellistisch kalkulierte politische Manipulation der christlichen Lehre vorgenommen. Ausgehend von der Feststellung, daß die „Betrügerey der Pfaffen fast alle Menschen gegen die christliche Religion aufgebracht" habe und daß gleichzeitig die „Schwärmerei" – damit ist der gegenaufklärerische Mystizismus der Rosenkreutzer gemeint – wieder einreiße, gelangte Adam Weishaupt zu dem Schluß, daß man „eine Erklärung der christlichen Religion erfinden (müßte), die den Schwärmer wieder zur Vernunft brächte, und den Freygeist bewöge, nicht das Kind mit dem Bade auszuschütten, dies zum Geheimnis der Freimaurerei machen und auf unsere Zwecke anwenden. Wir sagen also: Jesus hat keine neue Religion einführen, sondern nur die natürliche Religion und die Vernunft wieder in ihre alten Rechte setzen wollen." Auf diese Weise werde dem Zank der Sekten ein Ende gesetzt, denn jeder finde einen vernünftigen Sinn in der Lehre Jesu: „es sey nun wahr oder nicht".[27]
Während hinter dieser Inanspruchnahme von Jesus für radikalaufklärerische Ziele ein geschichtsphilosophischer Optimismus stand, hielten sich die gleichfalls antiklerikalen, aber elitär-aristokratischen aufklärerischen Skeptiker wie Voltaire an die Maxime: „Für das Volk braucht man einen Gott" („Il faut un Dieu pour le peuple").[28] Dies geschah aus der Überlegung heraus, daß jeweils nur eine kleine Minderheit fähig sei, zu vernunftgeleiteten Persönlichkeiten zu werden, während die breite Masse stets gefühlsbetont reagiere und es daher unerläßlich wäre, ihr mittels der Religion verbindliche Verhaltensnormen anzugewöhnen.[29]

2. Voraussetzungen der Verschwörungsthese

Nachdem die Französische Revolution die politische Szenerie gleichsam schlagartig und in unvorhersehbarer Weise geändert hatte, glaubten die christlichen Anhänger der Revolution erstmals eine Synthese zwischen christlicher Lehre und dem Prinzip der Volkssouveränität vornehmen zu können. Der seit 1792 in Frankreich unternommene Versuch der Unterordnung der Kirche unter den Staat, die auch durch eine Priesterverfolgung gekennzeichnete Schreckensherrschaft sowie der Versuch der Etablierung der Vernunftreligion haben die Tatsache verdeckt, daß die Revolution anfänglich einen alles andere als antichristlichen Charakter hatte.[30] Die Beschwerdehefte (Cahiers de doléances) sind voll von Loyalitätserklärungen gegenüber der katholischen Religion, was nicht ausschloß, daß in ihnen der Ruf nach einer grundlegenden Reform der katholischen Kirche erhoben wurde. So taucht dort wiederholt die Forderung nach aktivem Wahlrecht für den niederen Klerus bei der Bischofswahl, d.h. das Verlangen nach einer demokratischen Legitimation für die Kirchenoberen auf. Daß sich die Mehrheit der in die Generalstände gewählten Geistlichen gegen den Willen der Bischöfe der Nationalversammlung anschloß, nachdem sich der Dritte Stand am 17. Juni 1789 dazu erklärt hatte, ist ein beredter Ausdruck der Unzufriedenheit vieler Geistlicher mit dem Ancien Régime.[31] Diesen Vorgang hat der Abbé Barruel bereits 1789 in einer bislang unbeachteten Stellungnahme als Folge des Eindringens des „demokratischen Geistes" („esprit démocratique") in den niederen Klerus gebrandmarkt.[32]

Für eine Verschmelzung christlicher und revolutionärer Ideale setzte sich speziell der in Paris von Nicolas de Bonneville und Fauchet gegründete, vom Jakobinerklub als Konkurrenz empfundene und im April 1791 aufgelöste „Cercle Social" ein, der es sich zum Ziel gesetzt hatte, alle Freimaurerlogen zu einer universalen „Konföderation der Freunde der Wahrheit" („Confedération des Amis de la Vérité") zusammenzuschließen.[33] Nicolas de Bonneville[34], der wie die Mehrzahl der zeitgenössischen Literaten Freimaurer war, hatte in den Jahren 1782–1785 in Paris das „Deutsche Theater" („Théatre allemand") herausgegeben. In ihm machte er das französische Publikum mit Übersetzungen von deutschen

2.2. Vernunft wider Offenbarung

Schriftstellern wie Lessing, Goethe und Schiller bekannt. Da er ein Vermittler deutscher Kultur in Frankreich war und damit beinahe zwangsläufig mit deutschen Freimaurern und Illuminaten in Berührung kam, ist Bonneville später von manchen Verfechtern der Verschwörungsthese nicht nur zum Importeur des „Illuminatismus" nach Frankreich, sondern fälschlicherweise auch zum Mitglied dieses Ordens gemacht worden.

Aus seinem 1792 in Paris erschienenen, wegen seines theosophisch-martinistischen Charakters nur schwer lesbaren Werk „Über den Geist der Religionen" („De l'esprit des religions") lassen sich religionspolitische Aussagen wie etwa die, daß die „Stimme des Volkes die Stimme Gottes"[35] sei und daß alle europäischen Völker bislang die „Vasallen des Klerus"[36] gewesen seien, nur mit einiger Mühe extrapolieren. Die von Bonneville propagierte „universelle und humane Religion" („religion universelle et humaine") verlangte, daß man sich seines Verstandes und seiner Augen bedienen solle, um denjenigen zu verehren, der alle Menschen „frei und gleich"[37] geschaffen habe.

Der durch Rousseau beeinflußte Priester Fauchet, der am Bastille-Sturm beteiligt gewesen war, auf die dort Gefallenen die Totenrede gehalten hat und zusammen mit Bonneville die Zeitung „Der Eisenmund" („La Bouche de Fer") herausgab, ist der erste „konstitutionelle" Bischof gewesen, welcher mit pathetischen Worten die Einheit von Christentum und Revolution verkündete.[38] Obgleich Lamourette, der konstitutionelle Bischof von Lyon, es am 21.11.1791 in der gesetzgebenden Versammlung für unmöglich erklärt hatte, „die lichtvollen Prinzipien der christlichen Demokratie zu unterdrücken" („d' étouffer les principes lumineux de la démocratie chrétienne")[39], vermochte sich diese Richtung im französischen Katholizismus nicht durchzusetzen. Weil in Frankreich diejenigen politischen Kräfte die Oberhand behielten, welche eine Unterwerfung auch der in der Erneuerung begriffenen Kirche unter den revolutionären Staat durchzusetzen suchten, kam es zu dem für die europäische Geschichte so folgenreichen und wohl ohnehin unvermeidlichen Bruch zwischen Katholizismus und Demokratie.

2. Voraussetzungen der Verschwörungsthese

Angesichts der in den Septembermorden von 1792 an katholischen Priestern verübten Greueltaten vermochte beispielsweise die Propaganda Héberts, der Jesus zu einem „wirklichen Revolutionär, der durch die Hände der Priester zugrunde gegangen ist" („veritable sans-culotte, qui n'a péri que de les mains des prêtres", ja zu dem „engagiertesten Jakobiner von ganz Judäa" („Jacobin le plus enragé de la Judée")[40] stempelte, kaum noch eine werbende Kraft auszuüben. Sie mußte vielmehr in den Augen der meisten als blasphemischer Zynismus erscheinen: „Christus war kein Revolutionist, er hat keine Guillotine zur Überzeugung seiner Lehre erfunden"[41], stellte dazu eine deutsche konterrevolutionäre Zeitschrift lakonisch fest.

Dadurch, daß der anfänglich revolutionären Zielen aufgeschlossene niedere Klerus praktisch in das Lager der politischen Gegenrevolution sowie in die Arme des kirchlichen Traditionalismus zurückgetrieben wurde, vermochte das Verschwörungsdenken einen relativ breiten sozialen und ideologischen Rückhalt zu gewinnen. Der sich der Devise: „Ein Glaube, ein Gesetz, ein König" („Une foi, une loi, un roi") bedienende politische und kirchliche Traditionalismus[42] war seinerseits Anlaß dafür, daß der europäische Republikanismus und die aus ihm hervorgehende demokratische und sozialistische Bewegung nicht nur einen antiklerikalen, sondern weithin auch einen laizistischen Akzent erhielt. Schon Gracchus Babeuf vermochte deshalb die Christen als auf das Jenseits hin fixiert festzunageln, während er die konkrete Sorge für die Vermenschlichung der irdischen Lebensbedingungen für die Republikaner reservierte: „Liegt nicht das Paradies der Christen darin, daß sie, um zur ewigen Seligkeit zu gelangen, am elendesten im Diesseits gestellt sein müssen? Der Republikaner ist der Mensch dieser Zeit, sein Paradies liegt im Diesseits".[43]

2.3. Reaktion der Gegenaufklärer

Während sich die Aufklärer mit deutlicher Spitze gegen die Ansprüche der kirchlichen Orthodoxie sowie auch gegen das pietistische Gefühlschristentum zum Ideal des nur der auto-

2.3. Reaktion der Gegenaufklärer

nomen Vernunft verpflichteten „aufgeklärten Selbstdenkers"[1] bekannten und sich also aus ihrer „selbst verschuldeten Unmündigkeit"[2] zu befreien suchten, wurde ein derartiges Unterfangen seitens der christlichen Traditionalisten als frevelhaft und als verhängnisvoller Irrweg betrachtet.[3] In seinem mehrfach aufgelegten „Philosophischen Katechismus oder Sammlung von Überlegungen, die geeignet sind, die christliche Religion gegen ihre Feinde zu verteidigen" („Catéchisme philosophique ou recueil d'observations propre à défendre la religion chrétienne contre ses ennemis") suchte der Luxemburger Ex-Jesuit und Herausgeber des einflußreichen „Journal historique et littéraire"[4], Franz Xaver von Feller (1735–1802), die überlieferte christliche Gegenposition herauszuarbeiten. Er erklärte, die fundamentalste aller Erkenntnisse sei diejenige des souveränen Gottes, des Herren der Welt, des Anfangs und Endes aller Dinge.[5]

Derartige programmatische Stellungnahmen kennzeichnen die Gegenpole von radikaler Aufklärung und überlieferten christlichen Positionen. Solange man sich über die wechselseitige Subordination von Vernunft und Offenbarung stritt, konnte keine allgemein akzeptable Lösung gefunden werden.[6] Dieses Dilemma hat der Pietist Jung-Stilling 1775 mit logischer Schärfe aufgewiesen: „Ist aber die Vernunft über die Offenbarung, so wäre sie nicht nötig, ist aber die Offenbarung über die Vernunft, so arbeiten die Theologen, welche sie nach ihr reformieren wollen zum Verderben".[7] Zu seiner theoretischen Auflösung hat am meisten Immanuel Kant beigetragen. Denn obgleich Kant dafür eintrat, daß sich Religion wie Staat der Kritik unterziehen müßten[8], hat er doch zugleich die Vulgäraufklärung einer vernichtenden Kritik unterworfen und dem naiven und grenzenlosen Vertrauen in eine abstrakte Vernunft in seiner „Kritik der reinen Vernunft" unübersteigbare Schranken gesetzt. Da gebildete Christen vielfach unter dem Dilemma der Antinomie von Vernunft und Offenbarung litten, konnte die Philosophie Kants als befreiender Durchbruch empfunden werden. Vor allem dadurch läßt sich die schnelle Rezeption Kants auch auf katholischer Seite erklären.[9]

2. Voraussetzungen der Verschwörungsthese

In der Autobiographie Jung-Stillings wird die praktische Auswirkung Kantischer Gedankengänge geradezu enthusiastisch beschrieben: „Kant beweist durch unwiderlegliche Gründe, daß die menschliche Vernunft außer den Grenzen der Sinnenwelt ganz und gar nichts weiß ... Jetzt war Stillings Seele wie emporgeflügelt, es war ihm bisher unerträglich gewesen, daß die menschliche Vernunft ... der Religion, die ihm über alles teuer war, schnurgerade entgegen seyn sollte, aber nun fand er alles passend und Gott geziemend."[10] Somit war der Weg für diejenige Konzeption gebahnt worden, die sowohl der säkularen Vernunft als auch der Religion, welche von einer inneren Erfahrung getragen wird und weder einer Widerlegung noch eines Gottesbeweises zugänglich ist, eine autonome Sphäre zubilligt.

Bis sich diese eine Art von Koexistenz ermöglichende Konzeption durchzusetzen vermochte, bedurfte es freilich eines langwierigen, von Rückschlägen gekennzeichneten Prozesses.

Nicht zufällig ist die anti-aufklärerische und antifreimaurerische katholische Polemik konstitutiv für die Aufstellung der Verschwörungsthese geworden. Dies läßt sich besonders an der Persönlichkeit des Ex-Jesuiten und Ingolstädter Theologieprofessors Benedikt Stattler nachweisen.[11] Stattler, der 1787 eine antiilluminatische Entlarvungsschrift[12] herausgab, 1791 mit dem Pamphlet „Unsinn der französischen Freyheitsphilosophie ..." hervortrat und 1790 geistlicher Rat und Zensurrat in München wurde, hat 1788 einen dreibändigen „Anti-Kant" veröffentlicht. In diesem umfangmäßig monumentalen Pamphlet warf Stattler dem als „Diktator einer neuen Logik"[13] qualifizierten Königsberger Philosophen vor, er „raisonniert uns alle Beweise vom Dasein unserer Seele als Substanz, des Weltalls und eines Gottes, rein weg"[14]. Dadurch habe er eine „Erschütterung aller ersten Grundwahrheiten der Religion und der Sitten"[15] bewirkt.[16]

Auch in Preußen wurde nach dem Tode Friedrichs des Großen und der Thronbesteigung des unter gegenaufklärerisch-rosenkreutzerischen Einfluß geratenen Königs Friedrich Wilhelm II. schon seit 1786 dem aufklärerischen Rationalismus[17] der Kampf angesagt.[18] In der Kabinettsorder vom 26. Juli 1787 heißt es programmatisch: „Das aber werde ich

2.3. Reaktion der Gegenaufklärer

nie leiden, daß man in meinem Land die Religion Jesu untergräbt, dem Volke die Bibel verächtlich mache und das Panier des Unglaubens, des Deismus und des Naturalismus öffentlich aufpflanze".[19]

Trotz bzw. wegen der in Deutschland fast ausschließlich ideologischen Bedrohung des Ancien Régime durch naturrechtlich-rationalistische Theorien wurde die Notwendigkeit einer metaphysischen Legitimierung der überkommenen Ordnung von ihren Trägern zunehmend als dringliches Erfordernis betrachtet. Bezeichnenderweise stellt die Chiffre vom symbiotisch verstandenen Bündnis von „Thron und Altar", welche zu einer populären konservativen Devise des 19. Jahrhunderts geworden ist, eine unmittelbare Reaktion auf die Französische Revolution dar. Die Tatsache, daß sie offensichtlich erstmals von royalistischer französischer Seite ins Spiel gebracht worden zu sein scheint, ist ein beredter Ausdruck ihres defensiven Ursprungs.[20]

Wenngleich der keineswegs in allen europäischen Staaten zum Zuge gekommene und durch staatskirchliche sowie antiklerikale Tendenzen charakterisierte aufgeklärte Absolutismus sich der Tatsache bewußt war, daß sich mit der Vernunft ein Gottesgnadentum nicht begründen ließ und er sich folglich eine innerweltliche Legitimitätsgrundlage zu verschaffen suchte, so stellte sich doch deren mangelnde Tragfähigkeit bald heraus. Mit einer rationalen Ableitung und Legitimierung des Absolutismus[21] war nämlich eine Entzauberung des Gottesgnadentums verbunden, welche zwangsläufig zu der in der Praxis nicht immer realisierbaren Forderung nach einem vollkommenen Herrscher führte, der sich als „erster Diener" und somit als Organ des Staates verstand.[22] Eine ideologisch derart transformierte Monarchie vermochte zwar in dem neuzeitlichen Patriotismus eine neue und starke Stütze zu gewinnen, jedoch war diese ambivalent, weil dieser auch eine republikanische oder gar demokratische Färbung annehmen konnte. Damit war dieser Patriotismus geeignet, das in der Maxime: „Alles für das Volk, nichts durch das Volk"[23] treffend zum Ausdruck gebrachte absolutistische Selbstverständnis in Frage zu stellen. Aus diesen Gründen entbehrt die im Moment potentieller oder gar akuter Bedro-

2. Voraussetzungen der Verschwörungsthese

hung vorgenommene Rückbesinnung auf die sakralen Grundlagen der Herrschaft, welche im Restaurationszeitalter zu der Ausbildung der Ideologie vom „christlichen Staat" führte, keineswegs einer inneren Konsequenz.[24] Bereits 1786 konnte daher die Warnung ausgesprochen werden: „Sind Fürsten überhaupt nichts weiter als Menschen, so ist ihr Nimbus dahin."[25]

Dank der durch die radikalaufklärerische Kritik hervorgerufenen Verunsicherung auch der staatlichen Autoritäten bot sich der lange Zeit in die Defensive gedrängten religiösen Orthodoxie eine sogleich wahrgenommene Chance. Kennzeichnend dafür ist beispielsweise, daß die von Augsburger Ex-Jesuiten herausgegebene Zeitschrift „Neueste Sammlung" (1783–1788) im Zusammenhang mit der anti-illuminatischen Propaganda 1785 die Geistlichen „als die treuesten Untertanen ihrer Fürsten" pries, welche den freimaurerischen Anschlägen gegen die Kirche und die Throne „hauptsächlich noch im Wege"[26] ständen. Indem kirchliche Kreise sich als Schutzwall gegen den drohenden Umsturz anboten, erhielt die aufklärerisch-antiklerikale Kritik, die in der vielberufenen Maxime Mirabeaus: „Um Frankreich zu revolutionieren, muß man beginnen, es zu dekatholisieren" („Pour révolutionner la France, il faut commencer la décatholiser")[27] kulminiert, eine neue Aktualität.[28]

Dieser Polarisierungsprozeß veranlaßte 1785 den bayerischen Mystiker Carl von Eckartshausen (1752–1803)[29] in seiner Akademierede „Über literarische Intoleranz unseres Jahrhunderts" unter charakteristischer Verwertung aufklärerisch-antiklerikaler Ressentiments warnend zu behaupten, daß der „irregeleitete, verrohte Geist" nicht mehr im „Mönchsrock", sondern unter der „Doktorkappe" sitze.[30] Ein Jahr später prognostizierte Eckartshausen, daß jene Freiheit, mit der man heutzutage so unverschämt die Religion angreife, „eines der größten Unglücke Europas" sei und daß die „Republik des Bayle" – sollte sie kommen – sich nur „vermittels der Galgen und Räder"[31] für einige Zeit behaupten könnte.

Der konkrete Anlaß für derartige Visionen, die in den Augen vieler schon wenige Jahre später zu einer bedrückenden Wirklichkeit geworden sind, ist die in der deutschen und speziell in der bayerischen Öffentlichkeit mit Leidenschaft geführte Diskussion über den noch zu behandelnden, 1785 verbotenen radikalaufklärerischen Illuminatenorden gewesen. Die mit behördlicher Rückendeckung geführte antiilluminatische Offensive trug bereits einen präventiv-konterrevolutionären Charakter. Da das Theorie-Praxis-Problem in der antifreimaurerischen Polemik bereits ausführlich diskutiert worden war, ist die antifreimaurerische Verschwörungsthese in Deutschland bereits vor 1789 präformiert worden. So heißt es in der „Neuesten Sammlung" bereits 1785 von den Freimaurern: „Was soll man denken von einem Haufen Leute, die nichts als Freiheit atmen, die nichts als Zügellosigkeit sich erlauben und ausüben? Sie dürfen frei denken und schreiben, werden sie nicht auch frei handeln wollen"?[32] Die Einseitigkeit solcher abstrakt-ideologischer und scheinbar durch die revolutionäre Entwicklung in Frankreich vollauf bestätigter Lagerbeurteilungen liegt auf der Hand. Nicht in Deutschland, sondern in Frankreich brach die Revolution aus, und zwar weniger aus ideologischen, als aus hier nicht zu untersuchenden sozialen und politischen Ursachen.[33] Bevor die den Freimaurern und Illuminaten die Urheberschaft an der Revolution zuweisende Komplott-Theorie untersucht wird, muß die dieser Theorie zugrunde liegende allgemeinere und vagere Verschwörungsthese, die Vorstellung von einer „philosophischen Conjuration",[34] rekonstruiert und analysiert werden.

2.4. Die These von der „philosophischen Conjuration"

Die Ereignisse des Jahres 1789 sind von ideologischen Konterrevolutionären als die logische Folge der seit über zweihundert Jahren andauernden „Freiheitswuth verschworener Feinde der Religion und Monarchie"[1] angesehen worden. Damit sind die ersten beiden Komponenten der vom Abbé Barruel diagnostizierten „dreyfachen Verschwörung"[2] markiert. Diese Einschätzung kann um so weniger verwundern, als die Revolution auch von ihren Anhängern als „erste(r) praktischer Triumph der Philosophie, das erste Beispiel einer

2. Voraussetzungen der Verschwörungsthese

Regierungsform, die auf Prinzipien und auf ein zusammenhängendes konsequentes System gegründet ist"[3], begrüßt worden ist.

Eine derartige Beurteilung der Vorgänge in Frankreich war durch die der Revolution vorangegangenen ideologischen Auseinandersetzungen präformiert und durch die „Erklärung der Menschen- und Bürgerrechte" („Déclaration des droits de l'homme et du citoyen") nahegelegt worden. Denn dadurch, daß sich der Mensch als solcher[4] zum Subjekt der Geschichte zu machen suchte, wurde ein scharfer Bruch mit den überkommenen Ordnungsvorstellungen vollzogen, den Hegel später mit einem berühmt gewordenen Diktum so charakterisiert hat: „Solange die Sonne am Firmament steht und die Planeten um sie herumkreisen, war es nicht gesehen, daß der Mensch sich auf den Kopf, das ist auf den Gedanken stellt, und die Wirklichkeit nach diesem erbaut."[5]

Für die These von einer „philosophischen Conjuration" schien insbesondere auch die am 24. Oktober 1793 vom französischen Nationalkonvent verfügte Ersetzung des christlichen durch einen republikanischen Kalender zu sprechen. Dieser wurde als „philosophischer Kalender" („calendrier philosophique") gefeiert[6] und 1794 von Joseph de Maistre als „Verschwörung gegen die Religion"[7] gewertet. Wenngleich Marat in einem Artikel vom 10.11.1789 gegen die in gleicher Weise für viele Konterrevolutionäre wie Revolutionäre charakteristische einseitig-idealistische Erklärung der Ursachen der Revolution kritisch einwandte: „Worte genügen nicht, wir brauchen Taten, wem sonst außer dem Volksaufstand verdanken wir unsere Freiheit?", so geriet auch bei ihm die soziale Bedingtheit des revolutionären Bewußtseins, die Interdependenz von Ideologie und Interesse nur unscharf ins Blickfeld. Denn er räumte ein: „Die Philosophie hat die gegenwärtige Revolution vorbereitet, begonnen und begünstigt, das ist nicht zu bestreiten".[8]

Allerdings weist der im untersuchten Zeitraum zu beobachtende Gebrauch des Terminus „Philosophie" darauf hin, daß sein Begriffsumfang sehr groß war und daß er keineswegs nur die abstrakte Schul- und Sozialphilosophie, sondern zugleich auch sehr konkrete, naturrechtlich begründete Ord-

2.4. Die These von der „philosophischen Conjuration"

nungsvorstellungen abdeckte und er damit mit dem zu jener Zeit noch ungebräuchlichen Terminus „Ideologie" weitgehend identisch ist. Indem gerade auch konterrevolutionäre Publizisten die Dynamik und damit die praktische Bedeutung der sich vollziehenden Bewußtseinsveränderungen ungewöhnlich hoch einschätzten und zuweilen gleichsam ungewollt hymnisch porträtierten, gestanden sie implizit die Unaufhaltbarkeit der von ihnen für verderblich gehaltenen gesellschaftlichen Entwicklungen ein. So sagte beispielsweise J. A. Starck (1741–1816), der „deutsche Philosoph der Verschwörungsthese"[9], der Philosophie als Vorbereiterin der Revolution nach: „Die Triumphe Alexanders, Scipio's des Afrikaners, Cäsars, Dschingis-Chans, Temur-Lenkis und anderer berühmter Helden aus älteren und neueren Zeiten sind Kleinigkeiten im Vergleich mit diesem Triumph der Philosophie. Die größten Eroberer konnten nur einzelne Königreiche erobern; diese Philosophie hat beynahe die ganze kultivierte Welt erobert, und wohin sie gedrungen ist, sich alles unterthan gemacht".[10]

Eben weil die in Deutschland durch das französische Vorbild ermunterte revolutionäre Propaganda nicht nur mit abstrakt-philosophischen Ideen arbeitete, sondern auch erstmals die konkreten Interessen der Unterschichten anzusprechen suchte[11], wurde sie von den Regierungen für gefährlich angesehen. Obgleich keine ernsthafte revolutionäre Gefahr bestand[12] und die Mainzer Jakobiner ihre Herrschaft französischen Waffen verdankten, mußte etwa die Drohung, daß es „noch so kommen (würde) wie in Frankreich"[13], die alten Autoritäten verunsichern. Ihre sich vielfach zu Verschwörungsvorstellungen verdichtende Revolutionsfurcht resultiert daraus, daß die in Frankreich verkündeten universalen Freiheitsideen überkommene und bislang für selbstverständlich erachtete Loyalitäten bewußt außer Kraft setzten. Weil die deutschen Jakobiner überdies schon wegen ihrer zahlenmäßigen Schwäche große Erwartungen in das revolutionäre Frankreich gesetzt haben, glaubte etwa das einflußreiche konterrevolutionäre Journal „Politische Gespräche der Todten" in seiner Ausgabe vom 23. September 1790 warnen zu müssen: „Man raunt sich ins Ohr (dies sind unsere Freyheits-

2. Voraussetzungen der Verschwörungsthese

narren), daß die Franzosen viele Missionarien nach Deutschland geschickt haben, um die Freyheitspuppe auch bei uns auf den Altar zu stellen, und um ihre Lehre erstens heimlich, hernach tobend zu predigen."[14]

Die im Kern internationalistische, von den aufklärerischen „Philosophen" vorbereitete revolutionäre Gesinnung hat den Abbé Royou, einen Vertrauten des Abbé Barruel[15], veranlaßt, im Prospekt des erstmals am 7. Juni 1790 erschienenen royalistischen Blattes „Der Freund des Königs" („L'Ami du Roi") von „eine(r) entsetzlichen Verschwörung gegen Thron und Altar" zu sprechen, deren „Hirnverbranntheit ... klar ersichtlich die Folge jener falschen und arglistigen Philosophie (ist), die seit einem halben Jahrhundert das Volk gegen alles aufreizt, was ihm als der Verehrungswürdigste galt".[16]

Mit dieser Verschwörungsthese wurde ein griffiges Stichwort für die naturgemäß von den royalistischen Franzosen in besonderer Weise herbeigesehnte konterrevolutionäre Solidarität gegeben. Der Abschluß der Konvention von Reichenbach vom 27.07.1790 schuf schon wenig später die Basis für die Pillnitzer Deklaration vom 27.08.1791. Darin erklärten Kaiser Leopold und Friedrich Wilhelm II. von Preußen nach Beratungen mit den Brüdern des nach seinem gescheiterten Fluchtversuch inhaftierten Königs, daß die Situation, in der sich Ludwig XVI. befände, ein „gemeinsamer Interessengegenstand aller Souveräne in Europa" („objet d'interêt commun à tous les souverains de l'Europe")[17] sei. Sie seien entschlossen, die notwendigen Maßnahmen zu treffen, um die gemeinsamen Ziele zu erreichen.

In dem am 25. Juli 1792 verkündeten Manifest des Herzogs von Braunschweig, des Oberbefehlshabers der gegen Frankreich verbündeten österreichischen und preußischen Truppen, welches von dem nach Koblenz emigrierten Marquis de Limon entworfen worden war, wurden dementsprechend als Kriegsziele die Abstellung der gegen „Thron und Altar" gerichteten Angriffe sowie die Wiederherstellung der gesetzesmäßigen monarchischen Ordnung in Frankreich angegeben.[18]

Die Vorstellung einer gegen „Thron und Altar" gerichteten Verschwörung liegt der konterrevolutionären Propaganda fast durchgängig zugrunde, wobei freilich die „philosophi-

2.4. Die These von der „philosophischen Conjuration"

sche Conjuration" – von der Eckartshausen 1791 sprach[19] – nicht als Verschwörungsthese im Sinne einer Drahtziehertheorie begriffen wurde. Dies gilt auch für die 1792 in Paris unter dem Titel: „Verschwörung gegen die katholische Religion und die Souveräne, welche in Frankreich konzipiert wurde und in der ganzen Welt durchgeführt werden soll" („Conjuration contre la religion catholique et les souverains dont le projet, concu en France, doit s' exécuter dans le univers entier") erschienene Arbeit des Abbé Le Franc. Ihre Hauptthese lautet: „Die Philosophie revolutioniert jetzt Frankreich, um sich an die Stelle der Fürsten und Gottes zu setzen" („C'est donc pour se mettre à la place des princes et de Dieu même, que la philosophie bouleverse la France)."[20] Ferner trifft dies auf die 1794 verfaßte Schrift „Ursachen der Revolution in Frankreich" („Causas de la Revolucion de Francia") des spanischen Jesuiten Hervas y Panduro zu, welche mit der lapidaren These beginnt, daß der Verlust der Religion fundamentale Ursache der Französischen Revolution sei.[21] Wie Beik bereits 1956 in seiner Untersuchung über die konterrevolutionäre französische Publizistik festgestellt hat, war die aufklärerische Philosophie für die Konterrevolutionäre die am meisten genannte und wichtigste Ursache der Revolution, während Verschwörer im engeren Sinne des Wortes erst an zweiter Stelle rangierten.[22]

Bei einer Analyse der konterrevolutionären Propaganda hat man im wesentlichen zwei Grundpositionen zu unterscheiden, die man als absolutistisch und ständisch-konservativ bezeichnen kann. Während das ständisch-konservative Weltbild meist heilsgeschichtlich überhöht ist und eine besondere Affinität zum Verschwörungsdenken im engeren Sinne aufweist, ist die absolutistisch-antirevolutionäre Einstellung in der Regel durch Rationalismus und eine durch christliche Gebote kaum gemilderte repressive Tendenz charakterisiert.

Die in der Tradition des aufgeklärten Absolutismus stehende politische Propaganda, für die in Deutschland das einflußreiche, von Moritz Trenck von Tonder herausgegebene Journal „Das politische Elysium oder die Gespräche der Todten am Rhein"[23] das repräsentativste Beispiel ist, propagierte

2. Voraussetzungen der Verschwörungsthese

keine ausgeformte Verschwörungsthese. Sie beschränkte sich vielmehr auf die Geißelung der zersetzenden Wirkung revolutionärer Ideen und lobte die staatserhaltende Wirkung der überlieferten Institutionen und Vorstellungen. Der am 02.07.1790 ausgesprochenen Befürchtung, daß es sich erweisen würde, daß „die Franzosen mehr Eroberungen durch Opinionen machen können, als sie jemals durch Waffen gemacht haben"[24], wurde bereits am 17.08.1790 die Drohung nachgeschickt: „Also wenn die Völker ihre Meynungen nicht nach den Gesetzen fassen wollen, so bleibt nichts als das traurige Mittel übrig, die Beibehaltung der Ordnung auszubajonettieren".

Die Reflexion darüber, warum es zu einer solchen Entwicklung gekommen sei, führte bezeichnenderweise zu einer positiven Einschätzung des 1773 aufgelösten Jesuitenordens als eines politischen Herrschaftsinstruments: „So lang der Loyolismus der freien Denkart widerstehen konnte, war der Verstand in eine fast blinde Subordination eingewickelt. Aber Loyolas Kinder fielen, und mit ihnen fielen die Fesseln, die die Menschen in Ordnung festhielten. Alles schrie nach Freyheit; 1200 Solonen haben in Frankreich eine philosophische Regierungsart ausphilosophiert, und die alte Ordnung überhaufen geworfen".[25]

Da der Herausgeber der „Politischen Gespräche" davon ausgehen zu können meinte, daß „alle Mühe, die man sich in den revolutionierenden Landen gibt, die Opinionen in eine andere Richtung zu bringen" umsonst sei, wurde er zu einem dezidierten Befürworter einer unverhüllten Repressionspolitik: „Man muß die Opinionen nicht karessieren wie ein Mädchen, man muß sie mit Bajonetten und Kanonen erobern".[26] Konterrevolutionäre jeglicher Couleur maßen folglich einer einschneidenden Pressezensur eine besondere Bedeutung zu, da ihnen diese ein geeignetes Mittel schien, der ideologischen Infizierung der Bevölkerung vorzubeugen. In dem „Funken" von 1793 wurde diese Überlegung so formuliert:

„Ja! in Paris, da blitzte das Übel auf,
Geweckt von Afterweisen, empor gehaucht
Von Bösewichtern, und von argen Rotten

2.4. Die These von der „philosophischen Conjuration"

im Stillen umher gezettelt!
Erkenntnis wirket. Fürsten, die Feder ist
Ein mächtig Werkzeug, führet ein Meister sie!
Das Bajonett sinkt vor der Feder,
Und vor der Feder verstummt die Flinte".[27]

Der Ex-Jesuit und bayerische Zensurrat Stattler forderte daher in einer anonymen Schrift, auf welche im Zusammenhang mit dem antifreimaurerischen Verschwörungsdenken noch näher eingegangen wird: „Der Fürst muß daher mit seiner ganzen Macht, die ihm Gott gegeben hat, es zu verhindern suchen, daß jeder Bösewicht sein Gift ausstreuen, und Seelen verführen kann". Denn – so meinte er –: „Eine That ist vorübergehend, ein Buch ist etwas beständiger; eine That wird wieder vergessen, ein Buch wird im Angedenken aufbewahrt; eine That kann 10, 20 etwa auch hundert verführen, ein Buch kann ganze Länder und Königreiche, ja halbe Welttheile verführen".[28]

Eine sehr frühe und von einer heilsgeschichtlichen Position unternommene Gesamtdeutung der „großen Philosophenkonjuration"[29] hat Carl von Eckartshausen vorgelegt, der sich nach einer gemäßigt aufklärerischen Jugendphase zu einem konterrevolutionären christlichen Mystiker entwickelt hat.[30] Im Jahre 1791 veröffentlichte er seine von der zeitgenössischen Publizistik viel beachtete und mit seinem programmatischen Titel versehene Arbeit: „Über die Gefahr, die den Thronen, den Staaten und dem Christenthume den gänzlichen Verfall drohet, durch das Sistem der heutigen Aufklärung, und die kecken Anmaßungen sogenannter Philosophen, geheimer Gesellschaften und Sekten. An die Großen der Welt von einem Freunde der Fürsten und der wahren Aufklärung".

In dieser Schrift verurteilte Eckartshausen die „kecke und gottlose Sekte" der Philosophen, die es unternommen habe, Altäre und Throne umzustürzen und deren Ziel es sei, „den Glauben vollkommen auszulöschen, dem menschlichen Geist eine ganz andere Richtung sowohl im Religiösen als Bürgerlichen zu geben, um dadurch einen gänzlichen Umsturz zu bewirken".[31] Diese Analyse mündete in eine apokalyptische

2. Voraussetzungen der Verschwörungsthese

Vision von einer bevorstehenden Auflösung jeder Ordnung überhaupt, die der „philosophische Satanismus"[32] bewirkt habe. Grundlage für diese pessimistische Ortsbestimmung war ein integral-christliches Weltbild, welches dem Christentum „die sanftesten Tugenden zur Glückseligkeit des bürgerlichen Lebens, friedfertige Liebe, gegenseitige Unterstützung, Unterwürfigkeit, Gehorsam gegen die Regenten, Ehrfurcht für die Gesetze", der „Neuen Aufklärung" dagegen „Unruh, Empörung, Schwärmerei, Rachsucht, Verleumdung, Unterdrückung, Muthwillen"[33] zuordnete. Dieses Weltbild fußt auf der Durchdrungenheit von dem Bewußtsein, daß der durch Erbsünde gezeichnete Mensch einer autoritären Lenkung bedürftig sei und seine menschliche Qualität erst durch die freiwillige Unterwerfung unter die legitimen Autoritäten erlange: „Ohne Gesetz, ohne Religion ist der Mensch ein zügelloses Thier, von wilden Trieben geleitet".[34]

Während Eckartshausen als ein der praktischen Politik enthobener, sich mit geschichtstheologischen Fragestellungen beschäftigender Mahner in Erscheinung trat, sind die Schriften derjenigen Männer, welche die Verschwörungsthese als publizistisches Kampfinstrument konzipierten und propagierten, durch konterrevolutionäre Militanz gekennzeichnet. Zwar war auch für Eckartshausen die wechselseitige Bedingtheit von religiöser und politischer Einstellung, von Religion und Politik, eine fraglose Gewißheit, jedoch ließ sein christlich-konservatives Weltbild ein rein innerweltliches Inanspruchnehmen der christlichen Heilslehre nicht zu. Dagegen arbeiteten die in einem engeren Sinn politisch zu nennenden und vielfach dem Absolutismus verpflichteten konterrevolutionären Publizisten die herrschaftliche Funktion der Religion scharf heraus.

Um die Jahreswende 1791/92 legte der berühmte hannoversche Leib-Arzt und Schriftsteller Johann Georg Ritter von Zimmermann (1728–1795)[35], der als alter Mann ein erbitterter Gegner der Berliner Aufklärer gewesen ist, Kaiser Leopold II. eine Denkschrift „Über den Wahnwitz unseres Zeitalters und die Mordbrenner, welche ganz Deutschland und ganz Europa aufklären wollen",[36] vor. In ihr behauptete Zimmermann, daß „aus den geheimen (philosophischen) Mördergruben zuerst

2.4. Die These von der „philosophischen Conjuration"

in Deutschland der jetzt allgemein herrschende Geist" hervorgestiegen sei, welcher „alle Fürstengewalt unter dem Namen allgemeiner und unverletzlicher Menschenrechte" zu vernichten hoffe. Durch „religiöse und politische Aufklärung und philanthropische Schulmeisterey" sei ein großer Teil von Europa zu einem „Tollhaus" geworden.[37]

Im Anschluß an die Feststellung, daß man aus „den Fortschritten der französischen Philosophen, dieser erklärten Feinde des menschlichen Geschlechts", ersehen könne, daß der „Umsturz der Religion" zwangsläufig auch den der Throne zur Folge habe[38], äußerte sich Zimmermann lobend über das erste, von seinem Freunde Leopold Alois Hoffmann[39] herausgegebene Heft der „Wiener Zeitschrift". Er empfahl dem Kaiser nachdrücklich, dieses Journal mit einigen tausend Gulden zu unterstützen, da dessen Wirkung der von „fünfzigtausend Mann ... allerbester Truppen" gleichkomme.[40] In der „Wiener Zeitschrift"[41], deren Prolog die „zügellose Aufklärung", die „fanatische Philosophie" und eine „Horde kosmopolitischer und philantropischer Schriftsteller von Mirabeaus Geschlecht und Zweck" für den „jetzige(n) Freiheitstaumel in Europa, die Empörungen und Aufwiegelungen gutmütiger Nationen wider ihre Souveräne, alle politische(n) Gärungen, und de(n) heutigen Unglauben" verantwortlich macht[42], wird gleichfalls die politische ursächlich auf die „kirchliche Anarchie" zurückgeführt.[43]

Hoffmann erwartete keine Abhilfe von friedlicher Überzeugung und erklärte daher: „Ohne Zwang, ohne gewaltigen Zwang ist gegen die Feinde Gottes und der Menschheit nichts auszurichten".[44] Die in dem zitierten Artikel vorgenommene Analyse der politischen Funktion der Religion kommt den Aussagen der Psychoanalyse über den durch die Projektion eines Über-Ich verinnerlichten äußeren Zwang nahe. Es heißt dort nämlich, daß, wo keine „Religion" sei, die Regierungen „Despotismus, Zuchthäuser und Galgenpflöcke" zur Hilfe nehmen müßten. Denn: „Wer durch sich selbst gern und willig folgt, der braucht überhaupt keine Peitsche zum Antreiben. Jede Regierung hat Kinderarbeit hei einem religiösen und gottesfürchtigen Volke".[45]

2. Voraussetzungen der Verschwörungsthese

Noch direkter wird die politische Implikation der Behauptung: „Hättet ihr Religion, so würdet ihr gute und folgsame Menschen sein"[46], in den „Denkwürdigkeiten" des Abbé Barruel angesprochen. Dort heißt es: „Der Gott, der uns die Herrschaft und die Aufrechterhaltung der Gesetze, nur in der Subordination der Staats-Bürger unter die Obrigkeiten und Regenten, wahrnehmen lässet und zeiget, hat nicht jeden einzelnen Staatsbürger zum Regenten und zur Obrigkeit gemacht. Der Gott, der die Classen oder Abteilungen der bürgerlichen Gesellschaft durch die Verschiedenheit der Bedürfnisse, untereinander verbunden hat ... hat nicht dem Handwerker und dem Hirten das Recht des Fürsten verliehen, der öffentlichen Wohlfahrt oder des gemeinen Wesens vorzustehen."[47]

Die von Barruel herausfordernd formulierte sakrale Legitimation der ständischen Gesellschaft des Ancien Régime bildet zugleich die Folie für die zu einer antifreimaurerischen Drahtzieher-Theorie überhöhte Verschwörungsthese. Das dieser Sozialordnung korrespondierende und von den christlichen Konterrevolutionären überscharf herausgearbeitete Welt- und Menschenbild muß als eine bewußte Antithese zu den erstmals in der amerikanischen Unabhängigkeitserklärung zum politischen Programm gemachten Menschenrechten gewertet werden.[48]

Da der These von der „philosophischen Conjuration" eine solche politische Aktualität zugemessen wurde, daß Leopold Alois Hoffmann annahm, „das Schicksal künftiger Generationen" hänge von der Beantwortung der Streitfrage ab: „Sind Schriftsteller imstande, Revolutionen zu veranlassen und herbeizuführen?"[49], provozierte sie sowohl differenzierte Analysen als auch handfeste Polemiken. Zu der ersten Kategorie gehört beispielsweise die vom Kurmainzischen Statthalter in Erfurt, Karl Theodor von Dalberg, 1793 anonym herausgegebene Schrift: „Von dem Einflusse der Wissenschaft und schönen Künste in Beziehung auf öffentliche Ruhe". Darin unternahm der einstige Illuminat Dalberg eine Ehrenrettung der Aufklärung. Er erklärte es für ein schädliches Vorurteil, wenn man glaube, daß die öffentliche Ruhe durch Entfernung der Aufklärung und Begünstigung der Unwissenheit befördert

2.4. Die These von der „philosophischen Conjuration"

werden könne und der Staat die „selbstdenkenden Schriftsteller als gefährliche Männer ansehen und in fruchtloser Unthätigkeit erhalten müsse".

Wenn die menschliche Vernunft einmal aus ihrem Schlummer geweckt sei, schreite sie von einem Gegenstand zum anderen fort, ihr Nachdenken kenne keine anderen Grenzen als die der Wahrheit. Auf diese Weise würden Mißbräuche der Kirchen- und Staatsverfassung abgestellt werden können.[50] Im gleichen Jahre veröffentlichte der Göttinger Professor Abraham Gotthelf Kästner seine „Gedanken über das Unvermögen der Schrifsteller, Empörungen zu bewirken". In dieser Schrift behauptete Kästner apodiktisch, die Französische Revolution sei nicht „das Werk philosophischer Schriftsteller"[51], wie er sich überhaupt gegen eine Überschätzung der Literaten aussprach, die teilweise auf deren eigene Wichtigtuerei zurückzuführen sei. Im übrigen gab er seiner Überzeugung Ausdruck, daß die politische Situation in Deutschland keinen Anlaß zur Panik biete und folglich „Aufruhrriecherey"[52] unangebracht sei.

Während diese Stellungnahmen aus der Defensive heraus abgegeben wurden, einen abwiegelnden Charakter hatten und durch einen gemäßigt-aufklärerischen Grundtenor gekennzeichnet sind, gingen die von der konterrevolutionären Publizistik Angegriffenen vielfach zur Gegenoffensive über, wobei sie sich einer offenen und aggressiven Sprache bedienten.

Ausgehend von Beschuldigungen, nach denen die Aufklärung als „Quelle der Revolution", ja als „Majestätsverbrechen" diffamiert wurde, lieferte der Kölner katholische Priester und Kantianer J.B. Geich[53] in seinem Aufsatz „Über den Einfluß der Aufklärung auf Revolutionen"[54] vom Januar 1794 eine kühne Ehrenrettung der Aufklärung sowie eine indirekte Apologie der Französischen Revolution. Die von ihm mit „Fortschreiten im Selbstdenken und mithin auch in der Sittlichkeit"[55] definierte Aufklärung begünstige keinesfalls „gewaltsame Revolutionen", sie sei „im Gegenteil der einzige Weg", diesen entgegenzuarbeiten.[56] Aufklärung bestehe nicht aus dem „Nachbeten eines einzelnen großen Schriftstellers", vielmehr machten nur durch „Selbsttätigkeit erworbene

2. Voraussetzungen der Verschwörungsthese

Kenntnisse" wahrhaft aufgeklärt. Ein Volk dagegen – so stellte Gleich zusammenfassend fest – „das keine Aufklärung hat, ist das Spiel jedes heuchlerischen Fanatikers, der ihm aus allem den Befehl Gottes macht, was er zu seinen Absichten – Herrschsucht, Eigennutz oder wie sie immer heißen mögen – am ersprießlichsten findet ... Frankreich selbst, wäre es wahrhaft aufgeklärt gewesen, würde entweder seine Revolution nie angefangen oder gewiß besser ausgeführt haben."[57]

Anders als Gleich bemühte sich Adolf Freiherr Knigge in noch recht unbeholfener Weise auch darum, den Konnex von politischen Theorien und materiellen Interessen aufzudecken. In seiner 1792 herausgegebenen Schrift „Joseph von Wurmbrands politisches Glaubensbekenntnis mit Hinsicht auf die französische Revolution und deren Folgen", behauptete er, nicht die Schriftsteller, nach denen Leopold Alois Hoffmann mit „Gassenkoth" werfe, seien es, welche Aufruhr erwecken. Vielmehr rede „die allgemeine Stimme des Volkes"[58] durch diese.

Dieser Gedankengang wurde von Knigge in einer 1795 gleichfalls anonym herausgegebenen Schrift weitergeführt und differenziert. Darin heißt es pathetisch: „Die armen Schriftsteller als die Triebfedern so großer Revolutionen anzuklagen, das ist die Sprache derer, die die Wahrheit nicht gern laut lassen mögen und in Verewigung aller Art von Stumpfheit, Blindheit und Dummheit der Völker ihren Vorteil finden. Ihnen ist daran gelegen, die Schriftsteller, welche gewisse Dinge ans Licht bringen, verdächtig zu machen, um die Erden-Götter zu bewegen, ihnen Stillschweigen aufzulegen. Vernünftige und unpartheyische Leute aber wissen wohl, daß einzelne Büchermacher nicht die Denkungsart ganzer Nationen mit ihren Federkielen umschaffen können ..."[59]. Allerdings räumte Knigge ein, daß den Schriftstellern eine wichtige Funktion zukomme: „Wenn aber in allen guten Köpfen gewisse kühne Gedanken schon gähren; dann pflegen die Schriftsteller zu Hilfe zu kommen, und wohl etwa Gedanken zur Reife zu bringen, die jedoch auch ohne ihr Zuthun, obgleich nicht so früh, allgemein geworden seyn".[60]

Gegen das dem Verschwörungsdenken zugrunde liegende Weltbild wurde von der Gegenseite zum einen eine freilich

2.4. Die These von der „philosophischen Conjuration"

noch rudimentäre soziologische Bedingungsanalyse der revolutionären Prozesse und zum anderen die offensive Waffe der Ideologiekritik eingesetzt. So heißt es beispielsweise in dem Artikel: „Über die Anschuldigung des Illuminatismus" der „Berlinischen Monatsschrift" vom November 1795[61], daß der „Kunstgriff der schlechten Schriftsteller, ihre Sache zur Sache Gottes zu machen", noch nicht veraltet sei. Als ein noch wirksameres Mittel betrachteten diese es allerdings offensichtlich, „ihre Sache zur Sache der Fürsten (zu) erheben". Alle rechtschaffenden Männer, welche nicht ihrer Meinung wären, würden deshalb als „Jakobiner, Propagandisten, Demokraten und Illuminaten" diffamiert.[62]

Der Jakobiner August Lamey schließlich ließ einen Bauern „seinen aristokratischen Pastor" so anreden: „Herr Pastor, mach er uns nichts weis! Er schürt die Hölle mächtig heiß, um uns in Furcht zu jagen".[63] Nicht zuletzt der von kirchlicher Seite offensichtlich aus politischen Gründen erhobene Atheismus-Vorwurf[64] war es, der zu leidenschaftlichen Protesten Anlaß gab. In dem von Gerlands und Görres verfaßten „Aufruf des District-Bureaus der Cisrhenanischen Föderation"[65] vom 7. September 1797 wurde daher ein sarkastischer Gegenangriff geführt: „Eure Pfaffen ... haben Euch gepredigt: wir sind die Antichristen, die die Religion umstürzen wollten, Abgesandte des Teufels ... Ist es Religion, wenn Pfaffen Jahr aus Jahr ein fressen, saufen, schlemmen und für das alles lateinische Gebete herplärren und hermurmeln, während der arme Landmann sich kaum so viel erarbeitet hat, daß seine Familie nicht Hungers stirbt?"[66]

Wegen der politisch-sozialen Verflechtung der Kirche mit dem Ancien Régime konnte also von der meist keineswegs antichristlichen aufklärerischen und revolutionären Intelligenz der Schluß abgeleitet werden, daß die Kirche als „konterrevolutionäre" Einrichtung zu bekämpfen sei. Da die Fürsten ihre Macht von Gott abgeleitet und die Kirche zur Stütze der Throne gemacht hätten, wurde 1796 im „Politischen Thierkreis"[67] im Hinblick auf die Kirche gefordert: „Ihre Werke müßten geschleift werden ..., dann würden wohl auch die Throne wie einzelne Rohrstengel dastehen."[68]

2. Voraussetzungen der Verschwörungsthese

Solcher Radikalismus einer kleinen Minderheit der deutschen Intelligenz kann nicht nur als Reaktion auf die konterrevolutionäre Propaganda verstanden werden. Er ist zugleich Ausdruck der Erkenntnis, daß der aufklärerische Optimismus des 18. Jahrhunderts, welcher auf eine unblutige, durch die Moral zu bewirkende Realisierung von Zukunftserwartungen vertraute, sich als Illusion herausgestellt hat.[69] Das Ausbleiben einer dank des französischen Vorbilds erstmals in den Erwartungshorizont getretenen deutschen Revolution begünstigte tendenziell ein abruptes Umschlagen der aufklärerischen, evolutionistischen Orientierung in einen politischen Aktionismus.

So schrieb Jakob Salice Contessa, ein führendes Mitglied der radikalaufklärerisch-revolutionären schlesischen Geheimgesellschaft der „Evergeten"[70], am 29. März 1795 an einen Mitverschwörer:

„Schon besteht unser Bund im zweyten Jahr und was ist geschehen? was soll geschehen? Du handelst nach Idealen ... Ich bin überzeugt, daß ohne Voltaire und die Enzyklopädisten die französische Revolution nicht existieren würde. Es ist daher gut, so viele Köpfe unter den Gelehrten zu gewinnen, als wir können ... die Männer zur Ausführung, die letzten Mittel zum Zwecke sind sie nicht ... und diese mehr als jene, bedürfen wir durch den Zauber geheimer Verbindungen zu sammeln, zu vereinigen und zu stärken. Der Geist unseres Zeitalters ist der Ausführung näher; also brauchen wir auch directere Mittel zu näheren Zwecken.

1) Vorbereitung einer Revolution
2) Verbreitung republikanischer Gesinnungen und Grundsätze, hauptsächlich
3) Erziehung tüchtiger Werkzeuge und Demagogen, um die Giganten zu bekämpfen und auszurotten
4) bey einer entstehenden Veränderung der Dinge das Volk und die Revolution zu leiten oder doch leiten zu helfen ...

Was soll uns deine Tugendlehre, Deine Kantischen Prinzipien? Payne und dergleichen sind für den Augenblick gewiß weit zweckmäßiger. Ich bin überzeugt, daß Revolution der Vernunft ein Unding ist."[71]

2.5. Absolutistisch-ständestaatliche Gesellschaft

Die Tatsache, daß sich die Evergeten an freimaurerische Organisationsmodelle anlehnten[72] und einer von ihnen sich sogar auf den „praktischen Geist Weishaupts"[73] berief, ist ein zusätzlicher Anlaß, das Verschwörungsdenken ernster zu nehmen, als dies bislang meist der Fall war. Sie verweist nämlich auf den Sachverhalt, daß die zu einer anti-illuminatischen Drahtzieher-Theorie zugespitzte extremste Variante der Verschwörungsthese ein Reflex deutscher Konstellationen gewesen ist.

Während die Französische Revolution als ein von einem Großteil der Bevölkerung getragener Prozeß anzusprechen ist, stellten deutsche Konterrevolutionäre, die durch diese Revolution und ihre Ausstrahlungskraft verängstigt waren, in weitgehender Verkennung der französischen Verhältnisse die ideologischen Ursachen der Umwälzung in einseitiger Weise heraus. Sie glaubten, die eigentlichen Drahtzieher der Revolution in aufklärerischen Kleingruppen ausmachen zu können. Schon vor 1789 waren die Gegenaufklärer bei ihrer Suche nach den Trägern der von ihnen für verderblich erachteten aufklärerischen Philosophie auf die sogenannten „geheimen Gesellschaften" gestoßen, welche die ständisch-hierarchische Sozialordnung in Frage zu stellen schienen.

Nachdem der Versuch einer Analyse des ideologischen Moments des Verschwörungsdenkens unternommen worden ist, müssen daher nunmehr seine institutionellen Komponenten aufgezeigt werden. Denn durch die Lokalisierung als verschwörerisch gebrandmarkter Gruppen ist die Verschwörungsthese zu einer Agenten-Theorie verdichtet worden.

2.5. Absolutistisch-ständestaatliche Gesellschaft und ‚geheime Gesellschaften'

Die Korrespondenz aufklärerischer Theoreme mit sozialen Gruppenbildungen und solchen Institutionen, die aufgrund ihres auf dem Prinzip der Freiwilligkeit beruhenden Charakters eine Art Fremdkörper in der überkommenen Sozialordnung des Ancien Régime darstellten, ist sowohl den Vertretern der bürgerlichen Aufklärung als auch ihren Gegnern

2. Voraussetzungen der Verschwörungsthese

schon früh aufgefallen. So heißt es beispielsweise in einer bereits mehrfach zitierten Schrift Bahrdts aus dem Jahre 1789: „Aufklärung und geheime Gesellschaften sind die beiden merkwürdigen Steckenpferde, auf welchen sich die Thorheit und Weisheit unserer Zeitgenossen tummelt"[1]. Und Knigge vermochte gar in seinem „Umgang mit Menschen" in einer trotz ihrer übertreibenden Zuspitzung aufschlußreichen Wendung zu sagen: „Man wird heutzutage in allen Ständen wenig Menschen treffen, die nicht ... wenigstens eine Zeitlang Mitglieder einer solchen geheimen Verbrüderung gewesen waren."[2] Da sich gerade auch Aufklärer in derartigen Verbindungen zusammengeschlossen haben, nimmt es nicht Wunder, wenn die „geheimen Gesellschaften" als verschwörerische Vereinigungen gebrandmarkt wurden, deren Ziel nicht nur die Untergrabung von Thron und Altar, sondern der überkommenen Sozialordnung überhaupt gewesen sei. Schon im Titel der bereits erwähnten Schrift Eckartshausens vom Jahre 1791 ist dies klar zum Ausdruck gebracht worden.[3]

Das für das 18. Jahrhundert so charakteristische Phänomen der „geheimen Gesellschaften" ist nur dann adäquat erfaßbar, wenn es als integraler Bestandteil des emanzipatorischen Prozesses begriffen wird. Das Attribut „geheim" ist nämlich insofern irreführend, als es eine Assoziation mit dem „Geheimnis" im modernen Sinne nahelegt. Vielmehr ist der Begriff „geheim" als komplementär zu dem spezifisch absolutistischen Begriff der „Öffentlichkeit" zu verstehen.[4] Da die absolutistische Obrigkeit ein Monopol für die gesamte öffentliche Sphäre in Anspruch nahm, mußte sie jede gesellschaftliche Selbsttätigkeit – insbesondere aber vereinsartige Zusammenschlüsse wie etwa Freimaurerlogen – als „geheim", d.h. als nicht-öffentlich, ansehen. Im hier erörterten Zusammenhang haben daher die Begriffe „geheim" und „privat" als weithin synonym zu gelten.

Die Fundierung des vom absolutistischen Staat beanspruchten Monopols auf Öffentlichkeit kann hier nur skizziert werden. Wie bereits angedeutet wurde, suchte sich dieser Staat einerseits von der geistlichen Gewalt und ihren weltlichen Ansprüchen und andererseits von den aus dem Mittel-

2.5. Absolutistisch-ständestaatliche Gesellschaft

alter überkommenen Korporationen zu emanzipieren. Diese ehemals mit der nur schwach ausgebildeten Zentralgewalt konkurrierenden Gewalten wurden von dieser zwar nicht abgeschafft, aber doch mehr und mehr ausgehöhlt, indem sie ihrer öffentlich-rechtlichen Funktionen zunehmend beraubt und in den Status von Korporationen staatlichen Anstaltscharakters herabgedrückt wurden.[5] Wenngleich dieser politische Prozeß in seiner letzten Konsequenz auf die Schaffung eines homogenen Untertanenverbandes abzielte[6], schuf der absolutistische Staat noch keine allgemeine formale Rechtsgleichheit. So wurden beispielsweise im Preußischen Allgemeinen Land-Recht von 1794 Geburts- und Berufsstände noch als eigene Rechtskreise definiert.[7]

Die naturrechtliche Fiktion vom Gesellschafts- und Herrschaftsvertrag, gemäß derer die Menschen den Staat als Freie sowohl begründet als sich ihm zugleich als Untertanen unterworfen haben, beließ ihnen als natürliche und unveräußerliche Rechte nur die private Gewissensfreiheit, eine ständisch differenzierte Freiheit und das Recht auf Eigentum, nicht jedoch das Versammlungs- und Koalitionsrecht. Daß ein absolutistischer Staat freie Vereine als Gefahr anzusehen habe und diese nur aufgrund einer speziellen Genehmigung zulassen könne, bezeichnete der Franzose Merlin, einer der angesehensten Juristen seiner Zeit, 1775 geradezu als ein „triviales Axiom".[8]

Der polizeistaatliche Standpunkt, der unter Berufung auf die öffentliche Wohlfahrt Eingriffe auch in die individuelle Rechtssphäre zuließ, wurde von dem deutschen Kameralisten Justi auf eine geradezu klassische Weise formuliert: Im § 368 seiner 1756 erschienenen „Polizey-Wissenschaft" heißt es: „Die Polizey muß auch auf Zusammenkünfte Obacht haben, die unter dem Vorwand der Religion oder anderer Beschönigungen gehalten werden ... Da eine jede Regierung geneigt ist, alle guten Endzwecke zu befördern, so muß jede Gesellschaft, oder Versammlung, einen gegründeten Verdacht wider sich erregen, die nicht ihre Absichten der Regierung entdecket und ihre Bestätigung oder Bewilligung erwartet."[9] Ein derartiges Selbstverständnis des absolutistischen Obrigkeitsstaates implizierte prinzipiell die Illegitimität jeglicher an

2. Voraussetzungen der Verschwörungsthese

seinen Zielen und Maßnahmen öffentlich geübten Kritik. Dieser Staat suchte einer selbständigen gesellschaftlichen Willensbildung und somit der Bildung einer politischen Opposition von vornherein den Boden zu entziehen.

Unter Berufung auf das Naturrecht und im Gegenschlag gegen den monopolistischen Charakter der mittelalterlichen berufsständischen Zwangsinnungen[10] hat die französische Verfassung vom 3. September 1791 zwar das Versammlungsrecht garantiert, jedoch Berufsvereinigungen aller Art als mit dem Prinzip der Freiheit für unvereinbar erklärt und schlechthin verboten.[11] Durch diese wirtschaftsliberalistische Maßnahme sollte zugleich mit der Garantie der freien Entfaltungsmöglichkeit für alle das Gesamtwohl befördert werden. Eine derart motivierte Vorenthaltung des Koalitionsrechtes seitens des revolutionären französischen Regimes benachteiligte nicht nur die sozial Schwachen, sondern begünstigte – unbeabsichtigt – zugleich totalitäre Tendenzen. Denn auf der Folie eines als Ideal aufgestellten „allgemeinen Willens" („volonté générale") mußte die Verfolgung von „partikularen" Gruppeninteressen als desintegrierend und somit als öffentliche Gefahr angesehen werden. Die Erfahrung der hier angesprochenen, sich auf Rousseau berufenden jakobinischen Terrorherrschaft[12] sowie das Studium der politischen Verhältnisse in den Vereinigten Staaten haben später in Tocqueville die Einsicht reifen lassen, daß das Assoziationsrecht seiner Natur nach als ein ebenso unveräußerliches Recht wie die individuellen Freiheitsrechte zu gelten habe, ja, daß jenes die Individualrechte erst absichern könne.[13]

Wenngleich die Vorenthaltung des Koalitionsrechtes durch den absolutistischen Staat rational begründet worden war, so spielten bei der Legitimierung dieses Zustandes überkommene religiöse Vorstellungen eine erhebliche Rolle. Da die ständische Sozialordnung von den Kirchen als gottgewollt vorgestellt wurde, mußte eine Infragestellung dieser Ordnung nicht nur als politischer Ungehorsam und Rebellion, sondern zugleich auch als Auflehnung gegen Gottes Gebot betrachtet und geahndet werden.[14] Dies erklärt auch, daß in der katholischen konterrevolutionären Polemik zur Brandmarkung gegnerischer politischer Gruppen in der Regel der Begriff „Sekte"

2.5. Absolutistisch-ständestaatliche Gesellschaft

herangezogen und somit eine politische Normabweichung primär als religiöser Abfall dargestellt wurde.

Bezeichnenderweise sind in England, wo nach langen Kämpfen erstmals ein parlamentarisches, die politische Opposition als legitimen und integralen Bestandteil anerkennendes Regime errichtet wurde[15], auch die ersten Ansätze für die moderne Parteientheorie zu finden. In seinem Essay „Über Parteien im Allgemeinen" („Of Parties in General") (1741) bewertet zwar David Hume die „Faktionen", mit denen er auf konkrete materielle Interessengemeinschaften und gesellschaftliche Cliquen anspielte, noch durchaus negativ. Seine Bemerkungen über jene Parteien, die auf „abstrakte Prinzipien" gegründet seien und die ihrer Tendenz nach als moderne Weltanschauungsparteien anzusehen sind, reflektieren jedoch ein völlig neues politisches Bewußtsein und verraten einen erstaunlichen politischen Weitblick. Diese Art von Parteien –so erklärte Hume – habe man erst in der neuesten Zeit kennengelernt, sie seien möglicherweise „das außergewöhnlichste und unberechenbarste Phänomen, welches in menschlichen Angelegenheiten zu Tage getreten sein" („the most extraordinary and unaccountable phenomenon that has yet appeard in human affairs.")[16]

Im Unterschied zu England, wo die „Glorreiche Revolution" die Grundlage für ein parteienstaatliches parlamentarisches Regime geschaffen hatte, war im absolutistischen Staat für Parteien a priori kein Platz. Dieser konzedierte den Individuen lediglich die Gewissensfreiheit.[17] Solange nämlich der Untertan seinen staatsbürgerlichen Pflichten genügte, konnte dem Souverän dessen privates Gewissen und Konfession ziemlich gleichgültig sein. Der Untertan blieb, wie Hobbes formulierte, „im Privaten frei". In diesen freien Raum, der als ein nicht-öffentliches Refugium geblieben war, stieß die Aufklärung vor und weitete ihn allmählich in einer das absolutistische Ordnungsgefüge tendenziell sprengenden Weise aus.

Dabei spielte die dem Glauben an die autonome Vernunft innewohnende Dynamik eine hervorragende Rolle. Denn die Vernunft wurde von der bürgerlichen Intelligenz als ein „Richterstuhl"[18] begriffen, vor dem die strittigen Fragen ausgebreitet wurden. Sobald die Vernunft zur entscheidenden

2. Voraussetzungen der Verschwörungsthese

Instanz erklärt wurde, mußte die traditionelle Trennung von Mensch und Untertan, die strenge Scheidung der unpolitischen Privatsphäre von dem durch die Obrigkeit monopolisierten öffentlichen Bereich aufgehoben und hinfällig werden. Die politische Moral konnte fortan nicht mehr als „formale Gehorsamsmoral"[19] begriffen und gerechtfertigt werden, weil die Vernunft als die Richtschnur für die moralische Instanz des privaten Gewissens für souverän erklärt worden war.

Während sich die absolutistische Obrigkeit beispielsweise bei den Konflikten der Meister und Gesellen unter Eingriff in die Autonomie der Handwerkerkorporationen hinter die Meister stellte und die zünftischen Selbstverwaltungs- und Selbsthilfeeinrichtungen der Gesellen schon deshalb rigoros beschnitt und kontrollierte[20], weil hier ein sozialpolitischer Konfliktstoff zu Tage lag, übte sie gegenüber solchen sozialen Gruppenbildungen der aufstrebenden bürgerlichen Mittelschicht, welche keine unmittelbar sozialen und ökonomischen Ziele verfochten, in der Praxis ein erhebliches Maß von Toleranz.

Das spezifisch Neue an dem für das 18. Jahrhundert so charakteristischen bürgerlichen Vereinsleben ist darin zu sehen, daß sich die Beteiligten aufgrund gemeinsamer sozialer Bedürfnisse, neuartiger Wertvorstellungen und vielfach unter bewußter Umgehung der vorgegebenen ständischen Schranken zusammenschlossen. Charakteristisch für diese sich als unpolitisch verstehenden Gruppen wie Freimaurerlogen und literarisch-wissenschaftliche Gesellschaften war, daß sie sich in dem durch die Antinomie von Moral und Politik konstituierten Spannungsfeld befanden. Die strenge Scheidung zwischen Moral und Politik, wie sie besonders von den freimaurerischen Satzungen postuliert worden war, vermag darüber nicht hinwegzutäuschen. Sie zeigt vielmehr, daß sich die Freimaurer dieser unauflösbaren Problematik bewußt gewesen sind und schon zum Zwecke der Existenzsicherung der Logen entsprechende Vorsichtsmaßregeln treffen mußten.'[21] So geschützt vermochte der aufklärerische Vernunftglaube in derartigen Gruppenbildungen einen sozialen Stützpunkt zu finden. Ein Mitglied der 1785 in Lemberg gegründeten Loge

2.5. Absolutistisch-ständestaatliche Gesellschaft

„Zum Biedermann" konnte daher zum Beispiel über das Logenleben rückblickend erklären: „Nichts war da zu hören oder zu sehen, was vor dem Richterstuhle der Vernunft nicht die strengste Prüfung ausgehalten hätte."[22]

Habermas hat die Ursache für die Arkanpraxis der Aufklärung – wie sie in der Abkapselung vieler hier zur Diskussion stehender Gruppen zum Ausdruck kommt – darin gesehen, daß der „öffentliche Gebrauch des Verstandes" die Herrschaftsverhältnisse bedroht hätte und der Verstand aus diesem Grunde des „Schutzes vor der Veröffentlichung"[23] bedurft habe. Diese These ist nur bedingt richtig, da sie keineswegs an allen, ja wohl nur an einer Minderheit der „geheimen Gesellschaften" verifiziert werden kann. Wie schon Kant erkannt hat, ist die „veranlassende Ursache aller geheimen Gesellschaften" der „Geist der Freiheit" gewesen.[24] Dieser hat sich jedoch – anders als Kant und viele Aufklärer ursprünglich annahmen und erhofften – durchaus auch in gegenaufklärerischer, konterrevolutionärer und gouvernementaler Weise geäußert.

In einem aufschlußreichen Aufsatz: „Ueber die Klubbs und Klubbisten in Deutschland"[25] vom Jahre 1793 stellte daher der antirevolutionär orientierte Verfasser nüchtern fest, daß das „Grundgesetz der Empörung nicht zur Definition, nicht zur Wesenheit eines Klubbs"[26] gehöre. Wenn die konterrevolutionäre Propaganda dennoch die „geheimen Gesellschaften" – insbesondere die als „Verschwörungsspelunken"[27] diffamierten Freimaurerlogen – mit nicht geringem Erfolg als die eigentlichen Urheber der Revolution ausgeben konnte, so vornehmlich deshalb, weil sie trotz ihres überwiegend unpolitischen Charakters etwas Neuartiges darstellten und weil sich überdies die allgemeine Aufmerksamkeit hauptsächlich auf die kontroversen radikal-aufklärerischen Bünde wie den Illuminatenorden richtete. Der Gründer dieses Ordens, Adam Weishaupt, demzufolge „Gott selbst den Trieb nach geheimen Verbindungen in die edleren und schönern Seelen der Menschen" gelegt hat, verstand diesen als Ausdruck ursprünglicher und unveräußerlicher Freiheit interpretierten Trieb als einen zielgerichteten Impuls. Er habe den solchermaßen Berufenen die Verpflichtung auferlegt, „den übrigen

2. Voraussetzungen der Verschwörungsthese

zurückgebliebenen Theil der Menschheit zur Vollkommenheit, zur Glückseligkeit zu führen."[28] Da den „edleren und schönern Seelen" nach Weishaupt der Besitz der alleinigen Wahrheit zukam, leitete er daraus einen autoritären Führungsanspruch ab, der auch von Aufklärern selber als illegitim und gefährlich angesehen wurde.[29]

Weil sich einige Aufklärer nach Ausbruch der Französischen Revolution offen zum Republikanismus bekannten und als „deutsche Jakobiner" in Erscheinung traten[30], lag es nahe, daß man ihnen vorwarf, sich seit langem gegen das bestehende System verschworen zu haben. Da zudem der sich in der Bildung „geheimer Gesellschaften" manifestierende „Geist der Freiheit" ein Ausdruck bislang unerfüllter Bedürfnisse und somit eines neuartigen bürgerlichen Selbstbewußtseins war[31], welches Konflikte mit dem bevormundenden Obrigkeitsstaat heraufbeschworen hat, kann der Verschwörungsthese von vornherein ein Wahrheitskern nicht abgesprochen werden.

Das Infragestellen der überkommenen Institutionen und Werte durch die Französische Revolution, die Einsicht in die innere Schwäche des Ancien Régime sowie endlich auch die Erfahrung, daß das im Namen universaler Ideale etablierte revolutionäre Regime in eine Terrorherrschaft pervertierte, hat überdies eine fundamentale Verunsicherung hervorgerufen. Charakteristisch dafür ist eine in einer anonymen Pariser Schrift vom Jahre 1797 (?) entworfene „Théorie des Conspirations". In radikaler Abkehr vom naiv-aufklärerischen Fortschrittsoptimismus wird hier die Freiheit als chaotisch erfahren und mit dem Resümee: „Wir sind also alle Verschwörer ... durch den Willen der Natur" („Nous sommes donc tous des conspirateurs ... par le volu de la nature")[32] als eine Art Krieg aller gegen alle negativ definiert. Sowohl diese weit verbreitete Verunsicherung als auch der nicht unbedingt auf das Kriminelle zielende Gebrauch des Terminus „Conspiration" müssen bei einer Analyse des Verschwörungsdenkens berücksichtigt werden.

2.6. Die Freimaurer als Subjekt der Verschwörung

Da die Freimaurerlogen des 18. Jahrhunderts nicht nur als „geheime Gesellschaften" par excellence galten, sondern die Freimaurerei darüber hinaus von der konterrevolutionären Polemik als „Grund aller Revolutionen, die bisher vorgegangen sind und noch bevorstehen",[1] bezeichnet und das Régime der Französischen Revolution als „freimaurerisch"[2] diffamiert wurde, ist eine Diskussion der Freimaurerei im Rahmen der vorliegenden Fragestellung unerläßlich. Dies erscheint um so notwendiger, als es schwierig ist, sich ein auch nur einigermaßen zutreffendes Bild von der in verschiedene Observanzen zerfallenden Freimaurerei zu machen. Bernard Fay hat nicht ganz zu Unrecht bemerkt, daß kein Gegenstand häufiger und keiner schlechter behandelt worden ist.[3] Wenn man also auf generalisierende Behauptungen hinsichtlich der Freimaurerei stößt, tut man gut daran zu prüfen, ob diese nicht vielleicht nur für *eine* freimaurerische Observanz Gültigkeit beanspruchen können. Denn es ist unverkennbar, daß die entscheidenden politischen Frontlinien keineswegs immer zwischen der Freimaurerei und der profanen Außenwelt verlaufen, sondern daß diese sich auch innerhalb der Freimaurerei herausgebildet haben.

Die Freimaurerei muß, obwohl sie – wie noch an ihrem Namen erkenntlich ist – auf mittelalterliche Handwerkerbruderschaften zurückgeht, als Produkt der Neuzeit angesehen werden. Unter Rückgriff auf die alten Bruderschaften, ihre Organisationsformen und Rituale, wurde zu Beginn des 18. Jahrhunderts in London etwas spezifisch Neues geschaffen. Ihrer Ideologie nach ist die moderne „spekulative" Freimaurerei als eine Synthese aus dem rationalistisch-mechanistischen „Newton'schen" und dem seiner dogmatisch-konfessionellen Züge entkleideten christlichem Weltbild anzusehen. Durch die bewußte Transponierung christlichen Glaubensgutes in maurerische Formen konnte die Kluft, die sich zwischen Glaube und Wissen aufgetan hatte, überbrückt werden. Damit wurde eine entscheidende Grundlage für die optimistische Grundstimmung der Aufklärungszeit gelegt.[4]

2. Voraussetzungen der Verschwörungsthese

Die in dem freimaurerischen „Constitutionen-Buch" von 1723 entwickelte Kosmologie hat den Charakter eines neuen Evangeliums gehabt. Dort heißt es: „Nachdem der allmächtige Baumeister und Großmeister der ganzen Welt alle Dinge sehr gut und der Geometrie gemäß geschaffen hatte, so machte er zuletzt Adam nach seinem Ebenbilde und grub in dessen Herzen besagte edle Wissenschaft ein ..."[5] Die in diesen Worten zum Ausdruck kommende Zuversicht, die ihre Kraft aus der Überzeugung schöpft, daß die Welt nicht nur prinzipiell wissenschaftlich aufhellbar sei, sondern daß diese Aufhellung als Vollzug eines göttlichen Auftrags verstanden werden müsse, konkretisierte sich in den Prinzipien der Brüderlichkeit, der Humanität und Toleranz. Wegen ihres überkonfessionellen Charakters, der eine direkte Antwort auf das Zeitalter der konfessionellen Bürgerkriege war und somit eine bewußte Absage an die christliche Orthodoxie darstellte, und ihres praktischen Bekenntnisses zu den aufklärerischen Idealen, zu denen das Absehen von staatlich-nationalen und ständischen Schranken gehörte, konnte die Freimaurerei geradezu als ein Vorgriff auf eine ideale Wert- und Sozialordnung erfahren werden.

Denn in dem Institut der Logen manifestierte sich der aufklärerische Fortschrittsoptimismus, welcher durch ein sich von alten Fesseln befreit verstehendes neues „bürgerliches" Lebensgefühl gekennzeichnet war und geradezu enthusiastisch gefeiert werden konnte. So heißt es in einer charakteristischerweise „Schatten und Licht" betitelten Wiener Freimaurerschrift vom Jahre 1786: „Die Maurerei ... vereinigt Leute aus allen Nationen, von allen Religionen, von allen Ständen: der Mexikaner und der Sibirier, der Deutsche und der Japaner, der Christ und der Muselmann, und der Jude, der Minister, der Kapuziner und der Feldmarschall umarmen einander in der Loge: die Meinungen aller Sekten werden wechselseitig geduldet."[6]

Tatsächlich war innerhalb weniger Jahrzehnte ganz Europa und Nordamerika von einem relativ engen Netz von Freimaurerlogen überzogen worden, so daß dem schon im freimaurerischen „Constitutionen-Buch" angemeldeten Anspruch, „zwischen solchen Personen, die sonst in einer steti-

2.6. Die Freimaurer als Subjekt der Verschwörung

gen Entfernung voneinander leben, treue Freundschaften zu stiften"[7], bald ein Realitätsgehalt zugebilligt werden konnte. Trotz der geradezu hymnischen Übertreibungen Bonnevilles – er spricht 1788 von mehreren Millionen Freimaurern, deren Zahl täglich anwachse[8] – wird man ihm zugute halten müssen, daß er ein Gespür für die historische Bedeutung der Freimaurerei hatte, als er sie als ein „Phänomen in der Weltgeschichte"[9] charakterisierte.

Auch wenn sich die Freimaurerei intern auf den Boden des Gleichheitsprinzips stellte[10], sich über die ständischen und konfessionellen Schranken hinwegsetzte und die Idee der Brüderlichkeit nicht nur proklamierte, sondern innerhalb der Logen auch in die Praxis umsetzte, rekrutierten sich ihre Mitglieder vorwiegend aus sozial gehobenen Schichten. Formales Kriterium für die Initionsfähigkeit war zwar lediglich die persönliche Freiheit, bestimmte bildungsmäßige und materielle Qualifikationen – sowohl die Aufnahme- als auch die Mitgliedsgebühren waren recht hoch – wurden jedoch als selbstverständlich vorausgesetzt. Diese Exklusivität der sich auf dem Kooptationswege ergänzenden und somit geschlossene Vereine darstellenden Freimaurerlogen darf nicht übersehen werden, sie unterschied sich freilich prinzipiell von einer berufs- und geburtsständischen.

Insbesondere die katholische Kirche hat die prinzipielle Bedeutung der durch die Freimaurerei vorgenommenen Relativierung der konfessionellen und ständischen Schranken schon früh erkannt und daher die Freimaurerei scharf bekämpft. In der ersten gegen die Freimaurerei gerichteten päpstlichen Bannbulle vom 28. April 1738 („In Eminenti") heißt es: „Nachdem wir also die erheblichen Übel erwogen, welche meistenteils durch dergleichen Gesellschaften oder Zusammenkünfte nicht nur der Ruhe des Staates, sondern auch dem Heil der Seelen zugefügt werden, die also im geringsten weder mit bürgerlichen noch mit geistlichen Rechten bestehen können (haben wir) für gut befunden und beschlossen, benannte Gesellschaften ... unter dem Namen der Freimaurer ... aus apostolischer Vollgewalt zu verdammen und zu verbieten."[11]

2. Voraussetzungen der Verschwörungsthese

Die Attraktivität der Freimaurerei sowohl für das Bürgertum als auch für den Adel läßt sich selbstverständlich nicht nur durch eine Solidarisierung mit den freimaurerischen Idealen, sondern vor allem durch den Reiz dieser neuartigen Gesellungsform erklären, welche dem neuzeitlichen Individualismus in einer von obrigkeitlicher Aufsicht weitgehend freien Arkansphäre vielfältige Entfaltungsmöglichkeiten bot. Dieser Umstand erklärt auch, daß neben aufklärerisch-freimaurerischen Idealen in einigen Logen auch theosophisch-mystische, alchymistische und kabbalistische Tendenzen beobachtet werden können, die wiederum von Hochstaplern wie Cagliostro ausgenützt werden konnten. Nicht zuletzt schien eine Mitgliedschaft in einer Loge schon aus dem praktischen Grund erstrebenswert, weil eine solche sonst fehlende Kontaktmöglichkeiten erschloß.

In den Erinnerungen von Friedrich Wilhelm von Schütz, welcher um 1780 von Leipzig nach Hamburg übersiedelte, wo er später die christlich-jüdische Demokratenloge „Einigkeit und Toleranz" (1792–1793) gründete[12], spiegelt sich dies so wider: „In Hamburg fand ich es gerade so, wie es, was Gleichheit der Stände anbetrifft, in allen Logen sein sollte, Senatoren, Gelehrte, Kaufleute, Seeleute und Professionisten, alle bunt durcheinander, und auf äußern Rang und Titel wird hier, so wie überhaupt, am wenigsten aber in den Logen gesehen."[13] Da jeder Freimaurer das Recht auf Zutritt zu allen Logen hatte und der maurerische Händedruck als „Wechselbrief der Geselligkeit ... in ganz unbekannten Ländern und Städten beim ersten Eintritt interessante Bekanntschaften, angenehme Aufnahme, Unterstützung in Geschäften und Vergnügen"[14] verschaffte, erschien eine Logenmitgliedschaft als erstrebenswertes Ziel speziell auch für soziale Aufsteiger. Für Gracchus Babeuf zum Beispiel, welcher sich aus kleinsten Verhältnissen zum erfolgreichen Feldmesser und Spezialisten für das französische Feudalrecht emporgearbeitet hatte, wäre die von ihm erstrebte Logenmitgliedschaft so etwas wie eine formelle Bestätigung seines sozialen Aufstiegs gewesen. Eine ihm verfeindete kleinstädtische Honoratiorenclique in Roye wußte seine Initiation jedoch zu verhindern.[15]

2.6. Die Freimaurer als Subjekt der Verschwörung

Wenngleich ihre soziale Exklusivität nicht übersehen werden darf, trug doch die Freimaurerei dazu bei, ein mehr als nur theoretisches modernes Weltbürgergefühl, eine auf gemeinsamen Idealen beruhende Solidarität zu befördern, die der Freimaurer Ramsay 1737 so pries: „Die ganze Welt ist nichts als eine große Republik. Deren Nationen eine Familie und Menschen Kinder darstellen. Um diese universellen Grundsätze über die Natur des Menschen zu beleben und zu verbreiten, wurde unsere Gesellschaft gegründet" („Le monde entier n'est qu'une grande République, dont chaque Nation est une famille et chaque Particulier un Enfant. C'est pour faire revivre et répandre ces essentielles maximes prises dans la nature de l'Homme que notre Société fut d'abord etablie.")[16] Da die Freimaurerei innerhalb weniger Jahrzehnte zu einer sozialen Macht[17] geworden war, schien sie auch als ein politisch-moralischer Faktor in Rechnung gestellt werden zu können. Charakteristisch dafür erscheint ein Plan, den freimaurerischen Universalismus als Pfeiler für eine allgemeine Friedensordnung zu verwenden. Der 1782 von Pierre André Gorgaz vorgelegte Entwurf für einen ewigen Frieden: „Projekt über den Immerwährenden Frieden zwischen den Souveränen von Europa" („Projet de Paix Perpétuelle entre tous les Souverains de l'Europe") ist bei seiner Neuauflage von 1796/97 wohl nicht zufällig in „Sozialvertrag, genannt Freimaurerische Union" („Contrat Social, surnommé Union Francmaçonne ...") umbenannt worden.[18] Schon deshalb, weil verschiedene Versuche unternommen worden sind, das Institut der Freimaurerei in instrumentaler Weise in den Dienst der Realisierung radikalaufklärerischer und revolutionärer, aber auch konterrevolutionärer (!) Ziele zu stellen, und es somit zu einer im engeren Sinne politischen Organisation umzufunktionieren, ist es notwendig, auf die umstrittene Frage der Einschätzung der Rolle der Freimaurerei im emanzipatorischen Prozeß des 18. Jahrhunderts einzugehen.

Ideologisch ist die Freimaurerei sowohl Ausdruck als auch integraler Bestandteil der europäischen Aufklärung, so daß es einseitig und irreführend wäre, die Prinzipien der Freiheit, Gleichheit und Brüderlichkeit als spezifisch freimaurerisch anzusehen, wie dies die konterrevolutionäre Polemik darzu-

2. Voraussetzungen der Verschwörungsthese

stellen versuchte. Desgleichen übersieht diese Argumentation, daß jene Ideale eine spezifisch freimaurerische, d.h. nur für den Arkanbereich der Logen gültige Ausformung erfahren haben und daß ihre Übertragung auf den Profanbereich einen bewußten, „revolutionären" Akt voraussetzte. Denn die Beobachtung der im „Constitutionen-Buch" formulierten Pflicht: „Ein Maurer ist ein friedlicher Untertan, der sich niemals in Rotten und Empörungen wider den Staat einlässet, noch die Ehrerbietung gegen Unterobrigkeiten aus den Augen setzt"[19], kann keineswegs nur als eine der Existenzsicherung dienende Selbstbeschränkung bzw. Tarnung angesehen werden. Vielmehr entsprach sie dem weithin unpolitischen freimaurerischen Selbstverständnis.

Die vornehmlich auf die konterrevolutionäre Polemik zurückzuführende Konzentration des Interesses auf die dezidiert emanzipatorischen Logen läßt nur allzu leicht die fundamentale Tatsache vergessen, daß die überwältigende Mehrheit aller Freimaurerlogen des 18. Jahrhunderts alles andere als radikalaufklärerisch orientiert gewesen ist. Vielmehr hat man sich diese in der Regel als recht harmlose und introvertierte Klubs vorzustellen, denen „politische" Motive fremd waren. Dieser Sachverhalt läßt sich auch mit einem Brief belegen, den die über eine Freundin recht gut über die Freimaurerei unterrichtete Königin Marie Antoinette von Frankreich am 26.02.1781 an ihre Schwester gerichtet hat. In ihm wird der Freimaurerei dies nachgesagt: „Jedermann gehört ihr an ... Man hätte Grund sich darüber zu beunruhigen, wenn dies eine geheime politische Gesellschaft wäre ... Sie dient jedoch der Wohltätigkeit und dem Vergnügen, man isst dort, unterhält sich und singt, so daß man dem König sagen kann, wer singt und trinkt, der konspiriert nicht. Sie ist auch keineswegs eine Gesellschaft von deklarierten Atheisten, denn, wie man mir sagt, ist Gott dort in aller Munde."[20]

Wie ein Brief des Kurfürsten Max Franz von Köln vom 30.05.1786 zeigt, konnte diese Einschätzung bei politischen Realisten dazu führen, die Freimaurerei als „ein unnützes Possen- und Zeremonienspiel zur Abkürzung der Zeit für Langeweile habende Köpfe"[21] abzuqualifizieren. Allein der noch näher zu erläuternde Umstand, daß es in theosophisch-

2.6. Die Freimaurer als Subjekt der Verschwörung

rosenkreutzerischen Logen schon vor 1789 zu gegenaufklärerischen Gruppenbildungen gekommen ist, welche später für die Gegenrevolution eine erhebliche Bedeutung erlangt haben[22] und deren Mitglieder zu den entschiedensten Propagandisten der Verschwörungsthese geworden sind, verbietet es, in undifferenzierter Weise von einem „freimaurerischen Kreuzzug" des 18. Jahrhunderts zu sprechen, welcher den revolutionären Geist und damit auch die Revolution hervorgebracht habe.[23]

Es hieße allerdings die Bedeutung der Freimaurerei unterschätzen, wenn man in ihr lediglich eine „geheime Nachtreterin des Zeitgeistes" sähe und die Logen als das „verborgene Nest" charakterisierte, in welches dieser Geist seine „Eier" gelegt hätte, wie ein freimaurerischer Autor zu Anfang des 19. Jahrhunderts behauptet hat.[24] Denn der Zeitgeist ist von den Freimaurern mit geformt worden und darüber hinaus hat die Existenz von Logen ihrerseits zu sozialphilosophischen Spekulationen angeregt. So hat Lessing 1778 in seinen freimaurerischen Gesprächen „Ernst und Falk" Falk den Satz in den Mund gelegt: „Die Freymaurerey ist nichts entbehrliches; sondern etwas nothwendiges, das in dem Wesen des Menschen und der bürgerlichen Gesellschaft gegründet ist."[25]

Daß der Freimaurer Lessing die Freimaurerei mit der „bürgerlichen Gesellschaft" als einer von der überkommenen ständischen Gesellschaft qualitativ verschiedenen und höher stehenden Gesellschaft zu identifizieren suchte und damit utopische Hoffnungen verband[26], erlaubt freilich kaum den von Koselleck gezogenen Schluß: „Das Fernziel der Maurer besteht darin – Lessing deutet es nur an – die Staaten soweit wie möglich zu erübrigen."[27] Indem Lessing Falk sagen ließ, daß ihm das „Logen-Wesen", wie es gegenwärtig betrieben werde, gar nicht „zu Kopfe" wolle[28], räumte er ein, daß er von der bestehenden Freimaurerei keine hohe Meinung hatte. Gleich vielen betrachtete Lessing dasjenige, was die freimaurerische Praxis überwiegend ausmachte, mit einiger Geringschätzung. Zugleich glaubte er aber offensichtlich, daß der modellhafte und das spezifisch „Freimaurerische" transzendierende Charakter dieses Sozialinstituts ein Vehikel für emanzipatorische Ideale darstellen könnte.[29]

2. Voraussetzungen der Verschwörungsthese

Bei aller Skepsis gegenüber simplifizierenden Abstraktionen wird man der von Bruno Bauer aufgestellten These zustimmen können, daß der Freimaurerorden das „Zweideutige einer Übergangsepoche"[30] trug und ein von sensiblen Denkern schon früh erkanntes „revolutionäres" Moment enthielt.[31] Es manifestierte sich beispielsweise darin, daß Aristokraten im Arkanbereich der Loge mit Vertretern der bürgerlichen Mittelschicht das brüderliche Du austauschten und gewissermaßen auf demokratische Weise umgingen. Nach 1789 wurde ein solches Sozialverhalten in höchstem Maße beargwöhnt. In den 1791 vermutlich von Augsburger Ex-Jesuiten herausgegebenen „Projekten der Ungläubigen zur Aufhebung der Religiösen und geistlichen Güter" heißt es im Hinblick auf die Freimaurer lapidar:

„Eine Bruderschaft, die unter Personen von verschiedenen Ständen eingegangen wird, hat kein Verhältnis zu der Verschiedenheit der hierarchischen Ordnung, welche Gott zur guten Leitung der Welt eingesetzt hat, und daher folgt unnachläßlich der Umsturz des weltlichen und geistlichen Systemes."[32] Auf dem Hintergrund der durch die Französische Revolution veränderten Bewußtseinslage konnte sich daher auch ein bayerischer Aristokrat und Minister in einer Weise äußern, wie er es vor 1789 wohl kaum getan hätte: „Ich kann nicht begreifen, wie ein Edelmann Illuminat werden konnte, wenn er nach den Gesetzen des Ordens zum Schuster und Schneider Bruder sagen mußte."[33] Solche Stellungnahmen decken die dem noch detailliert zu untersuchenden antifreimaurerisch-konterrevolutionären Verschwörungsdenken immanente Logik auf.

Wie schon Mounier in seiner 1801 erschienenen Schrift: „Über den vorgeblichen Einfluß der Philosophen, Freymaurer und Illuminaten auf die französische Revolution" feststellte, wäre es kein sinnvolles Unterfangen, „alle die widersinnigen Behauptungen" widerlegen zu wollen, die im Zusammenhang mit der Verschwörungsthese aufgestellt und propagiert worden sind.[34] Diesen sind neben antifreimaurerischen Greuelmärchen vor allem die Komplott-Theorien im engeren Sinne zuzurechnen. Die extreme Variante der Verschwörungsthese, nach der die Revolution das Resultat eines von Freimaurern

2.6. Die Freimaurer als Subjekt der Verschwörung

generalstabsmäßig geplanten und durchgeführten Putsches war, bedarf mangels jeglicher Substanz keiner wissenschaftlichen Widerlegung.[35] Sie ist schon von der zeitgenössischen Polemik mit sarkastischen Bemerkungen quittiert worden: „Revolutionen lassen sich nicht wie Marionettenspiele von einigen Direktoren leiten"[36] – „Was für Männer hätten Bode und Bussche sein müssen, wenn sie um alle Stürme der Revolution hervorzurufen, sich nur einige Wochen in Paris aufzuhalten gebraucht hätten. Die Fabeln des Herkules sind nicht erstaunlicher."[37]

In dem von Gentz herausgegebenen „Historischen Journal" wurde 1799 konstatiert, daß die Zufluchtnahme bei „den sogenannten geheimen Triebfedern", worin „noch jetzt so mancher eingeschränkte oder irre geführte Kopf die wahren Aufschlüsse über die Revolution zu entdecken glaubte",[38] Ausdruck des Unvermögens war, den Vorgang der Französischen Revolution in angemessener Weise zu analysieren. Wenngleich die Rolle französischer Freimaurer bei der Entstehung der Französischen Revolution hier nicht zum Untersuchungsgegenstand gemacht werden kann, so müssen doch die neuesten einschlägigen Forschungsergebnisse referiert werden; denn diese stellen eine unerläßliche Bewertungsgrundlage für die Verschwörungsthese dar.

Für eine nüchterne Einschätzung des Anteils der Freimaurerei an der Französischen Revolution haben in jüngster Zeit einige sozialgeschichtlich angelegte französische Untersuchungen erstmals eine vergleichsweise solide Beurteilungsbasis gelegt.[39] Während bislang republikanisch orientierte und nicht selten auch freimaurerische französische Autoren vielfach unter bewußter Provokation der antifreimaurerischen Klerikalen und Monarchisten die emanzipatorische Rolle der Freimaurerei oft sehr hoch einschätzten[40], wurde diese von ihren Kontrahenten als zersetzerisch gebrandmarkt. In diesem Zusammenhang müssen vor allem Augustin Cochin, Bernard Fay und Franz Alfred Six[41] genannt werden.

In seinem 1935 erschienenen französischen Werk: „Die Freimaurerei und die geistige Revolution des 18. Jahrhunderts" mißt Fay untypischen Phänomenen wie der 1769 gegründeten „Philosophenloge" „Neuf Soeurs", der ein nicht

2. Voraussetzungen der Verschwörungsthese

unbeträchtlicher Teil der Elite der französischen Intelligenz und auch der amerikanische Gesandte in Paris, Benjamin Franklin, angehörte, eine überzogene Bedeutung zu und legt daher falsche Schlüsse nahe. Zwar ist der Umstand, daß Voltaire den Enkel Franklins in eben dieser Loge mit der Formel: „Gott und die Freiheit" segnete[42], in mehrfacher Hinsicht beachtenswert; jedoch hätte Fay billigerweise nicht darüber hinweggehen sollen, daß es neben der aufgeklärt-rationalistischen auch eine theosophische Richtung in der französischen Freimaurerei gab.[43] Noch vor dem später wegen Kollaboration mit den Nationalsozialisten zu lebenslangem Zuchthaus verurteilten Franzosen Fay hat Augustin Cochin bereits zu Anfang der zwanziger Jahre eine modernisierte Version der Verschwörungsthese vorgelegt.[44] Dabei nahm er folgende Zuordnung vor:

in der Philosophie	– die Sozialisation des Denkens (1750–1789)
in der Politik	– die Sozialisation der Menschen (1789–1792)
im revolutionären Staat	– die Sozialisation des Eigentums (1793–1794)[45]

Für den erklärten Konterrevolutionär Cochin war die „Freigeisterei" schlechthin eine „intellektuelle Sklaverei durch das Geheimnis der Loge"[46], den „revolutionären Zustand" setzte er gleich mit der „direkten Regierung durch das souveräne Volk, den Terror 1793–94"[47]. In seiner 1925 publizierten Untersuchung: „Die Diskussionsgesellschaften und die Revolution in der Bretagne" machte er dann politische Clubs, Freimaurerlogen, Lese- und Korrespondentenzirkel für den Ausbruch der Revolution verantwortlich. Wenngleich ihm zugute zu halten ist, daß er von der rein ideologiegeschichtlichen Betrachtungsweise hinwegzukommen suchte, so wird seinen Schlußfolgerungen jedoch nur der folgen können, der für das Ancien Régime Partei ergreift und folglich in den genannten Gruppen a priori zersetzerische Vereinigungen, nicht jedoch Vorformen der konstitutionellen Bewegung sieht. Jean Palou stellte kürzlich zu Recht fest, daß die von Cochin herausgearbeitete Tatsache, daß von 53 Deputierten, welche die Bretagne

2.6. Die Freimaurer als Subjekt der Verschwörung

Anfang 1789 in die Generalstände entsandte, 31 Freimaurerlogen angehörten, nicht eben viel besagt.[48] Schließlich gehörte damals „tout le monde" Logen an.

Antifreimaurerische Agitatoren und Wissenschaftler haben diesen für die Beurteilung der Freimaurerei so wichtigen Umstand nicht ohne Erfolg zu verschweigen und zu bagatellisieren versucht. Dies hat weitreichende Fehlschlüsse zur Folge gehabt. So fällt beispielsweise auf, daß der wichtigste Propagator der Verschwörungsthese, der Abbé Augustin Barruel, dem es recht peinlich war, vor 1789 selber Freimaurer gewesen zu sein, die wenig überzeugende Erklärung lieferte, er sei wider Willen in eine Loge initiiert worden![49] Insbesondere die von Bouton vorgelegte Untersuchung über die Freimaurerei in Le Mans hat für unvoreingenommene Betrachter ohnehin zu erwartene gewesene Ergebnisse gezeitigt, die wohl ziemlich repräsentativ für Frankreich sein dürften.[50]

Wenngleich nämlich die überwältigende Mehrheit der bürgerlichen sowie anfänglich auch nicht wenige adelige Maurer ursprünglich einen integralen Bestandteil der „nationalen Partei" ausgemacht haben, welche eine konstitutionelle Monarchie angestrebt hat, so spaltete sich doch die Freimaurerei in Le Mans bereits 1790 in zwei etwa gleichstarke Gruppen. Und zwar in eine gemäßigt-revolutionäre, d.h. reformistisch-konstitutionalistische, und eine gegenrevolutionäre, deren Mitglieder in die innere oder äußere Emigration gingen. Von einer Transformation der Freimaurerei oder auch nur von einer nennenswerten Fraktion derselben in den revolutionären Radikalismus kann gar keine Rede sein. Vielmehr gehörten die Freimaurer selber in aller Regel eher zu den Opfern des Jakobinismus.[51]

Die noch 1959 von Reinhard Koselleck vorgetragene pauschale Behauptung, daß die französische Freimaurerei vor 1789 „nicht nur in geistiger Hinsicht ein Kampforgan gegen den absolutistischen Staat, sondern zugleich ein soziales Gerüst (bildete), auf das sich nach dem Auftauchen der radikalen Elemente auch der jakobinische Parteiapparat stützen konnte"[52], wird durch die jüngeren Forschungen nicht bestätigt. Von solchen noch durch überkommene Annahmen geprägten Thesen sind neuerdings auch maßgebliche katholi-

69

2. Voraussetzungen der Verschwörungsthese

sche Wissenschaftler abgerückt. Nachdem der Jesuitenpater Michael Dierickxs 1967 mit den „unvorstellbaren Vorurteilen katholischer Kreise" gegenüber der Freimaurerei hart und engagiert ins Gericht gegangen war,[53] erklärte der katholische Kirchenhistoriker Roger Aubert 1971: „Kein ernst zu nehmender Historiker verficht heute noch die These, es habe in den Logen des 18. Jahrhunderts eine systematische Verschwörung gegen die Kirche gegeben."[54] Darüber hinaus hat Pierre Gaxotte darauf hingewiesen, daß Freimaurer nicht zufällig eine bedeutende Rolle bei der Renaissance des französischen Katholizismus und bei der Entstehung der Romantik gespielt haben.[55]

Solche Korrekturen tradierter Vorstellungen schließen keineswegs aus, daß die Funktion der Freimaurerei des 18. Jahrhunderts in einem allgemeinen Sinn als überwiegend emanzipatorisch gewertet werden muß. Die freilich recht unspezifische Feststellung Godechots, die Freimaurerei habe zur Schaffung einer „vorrevolutionären Mentalität" beigetragen[56], wird Bestand haben. Die These Aulards dagegen: „Es ist evident, daß die Freimaurerei eine der Schulen war, wo die Männer der Revolution ausgebildet wurden, eine Schule der Staatsbürger, jedoch keine der Verschwörer"[57], bedarf der Präzisierung: Zum einen trifft sie keineswegs auf alle freimaurerischen Observanzen zu, zum anderen aber kann sie lediglich für die gemäßigte Phase der Französischen Revolution Gültigkeit beanspruchen, welche Revolution in ihrem jakobinischen Stadium eine dezidiert antifreimaurerische Politik verfolgt hat.[58]

Schließlich muß noch ausdrücklich darauf hingewiesen werden, daß man sich nicht durch solche freimaurerische und profreimaurerische Stellungnahmen täuschen lassen darf, die der Freimaurerei aufgrund von Organisationspatriotismus, antiklerikaler Motivation oder einfach revolutionärem Enthusiasmus einen überdimensionierten Verdienst an der Herbeiführung der Revolution zusprechen und somit die Verschwörungsthese zu bestätigen suchen.[59]

So erklärte beispielsweise ein Freimaurer am 23. Juli 1789 in der Loge „Perfekte Union zu Rennes voller Enthusiasmus: „Der Triumpf der Freiheit und des Patriotismus ist der voll-

2.6. Die Freimaurer als Subjekt der Verschwörung

ständige Triumpf des wirklichen Freimaurers. Von unseren Tempeln und ihren Schülern sind die ersten Funken des heiligen Feuers ausgegangen", welches ganz Frankreich erfasst und die Herzen aller Bürger erwärmt habe."[60] Beinahe großsprecherisch heißt es in einem Zirkular der Loge „Heiliger Johannes von Schottland des Sozialkontrakts" vom 20. November 1790: Viele Jahrhunderte vor Rousseau, Mably, Raynal hätten die Freimaurer über die Menschenrechte geschrieben und das Licht der Aufklärung über Europa gebracht, in den Logen sei die wahre Geselligkeit praktiziert worden. Es hätte den Anschein, daß durch sie die Nationalversammlung von Frankreich zu der berühmten Erklärung der Menschenrechte inspiriert worden sei."[61]

Wie sich an dem 1793 in der konterrevolutionären „Wiener Zeitschrift" publizierten „Manifest der U(nbekannten) Ordens) O(beren)"[62] aufzeigen läßt, spielte ein solches freimaurerisches Eigenlob den konterrevolutionären Verfechtern der Verschwörungsthese in die Hände. Dort heißt es, daß die ursprünglich nur für den Arkanbereich konzipierte freimaurerische Bruderliebe dadurch zur „Brandfackel" geworden sei, daß ein „ganzer Kreis gleichgestimmter Grübler" sie zum universalen Prinzip gemacht habe, so daß das „große Geheimnis" des Bundes darin bestanden habe, „alle Menschen in den Stand der allgemeinen Bruderschaft zu setzen; die Verhältnisse von Oberherrschaft und Unterwürfigkeit aufzuheben; die Menschen zu ihrer natürlichen Freiheit zurückzuführen; und allen Unterschied von Stand, Ansehen und Würde und Vorzug in der bürgerlichen Gesellschaft zu verbannen! ... Hier ist nun die Grundquelle entdeckt, aus welcher die heutige, nun schon bis zur unsinnigsten Praxis übergangene Theorie der Freiheit und Gleichheit entsprungen ist."[63]

Da diese gemäßigte Version der Verschwörungsthese von der Annahme ausgeht, daß freimaurerische Ideale und Organisationsprinzipien vom freimaurerischen Binnenraum auf die politische Verfassung übertragen worden sind, wird im folgenden vorerst auf die von „innen" vorgenommene Sprengung der freimaurerischen Esoterik sowie auf den in diesem Zusammenhang wichtigen Illuminatenorden einzugehen sein. Denn dieser 1776 von Adam Weishaupt in Ingolstadt

2.7. Die Sprengung der freimaurerischen Esoterik: Der Illuminaten-Orden 1776–1785

Das Entstehen der bürgerlichen Öffentlichkeit war einer der entscheidenden gesellschaftlichen Prozesse des 18. Jahrhunderts. Das Prinzip der Öffentlichkeit, das als von publizistischen Organen getragene „öffentliche Meinung" konkret in Erscheinung trat,[1)] widersprach den von der traditionellen Freimaurerei und verwandten Vereinigungen gepflegten esoterischen Verhaltensweisen.[2)] Der Umstand, daß die Selbstdarstellung der Freimaurerei als einer selbstgenügsamen und von der bürgerlichen Gesellschaft isolierten „Kolonie der Weisen"[3)] viele Freimaurer nicht mehr zu befriedigen vermochte, kennzeichnet eine wichtige Stufe im Emanzipationsprozeß. Charakteristisch für die aus einem sich ausbreitenden Unmutsgefühl heraus unternommene Sprengung der als stickig empfundenen freimaurerischen Esoterik ist eine 1780 formulierte Aufforderung des Freimaurers Herder: „Laß also die Eule der Weisheit ihr Nest im geheimen Schoß der Minerva – verlassen und sich ans Taglicht wagen ... So gehts mit allen ungesunden Dämpfen; man öffne das Fenster und die bessere, freie, gesunde Luft verjagt sie ..."[4)] Durch eine derart proklamierte Öffnung erhielten die „geheimen Gesellschaften" – sofern sie nicht dem negativ eingeschätzten „bloßen Zeitvertreib"[5)] dienten – notwendig eine politische Relevanz, „vielleicht ohne das sie es selbst gewahr werden"[6)], wie Adam Weishaupt treffend feststellte.

Diesem hier nur angedeuteten Prozeß kann eine innere Konsequenz nicht abgesprochen werden. Er ist negativ auf die Einsicht zurückzuführen, daß der wenig reflektierte Optimismus der Aufklärung, der Glaube an eine rasche und konfliktlose Realisierung der aufklärerischen Ideale sich als naiv und trügerisch herausstellte. Daraus wurde von Weishaupt die Schlußfolgerung abgeleitet, daß „die Kirche sowohl als der Staat, sowie sie dermalen sind, die höchste Verede-

2.7. Der Illuminaten-Orden 1776–1785

lung der Absichten auf keine Art bewirken."[7] Ein solch grundsätzliches Mißtrauen gegenüber den etablierten Autoritäten, auf deren „aufgeklärten" Despotismus viele Aufklärer vertraut hatten, schuf die Voraussetzung für die Emanzipation, d.h. das Selbsttätigwerden der Gesellschaft. Diese aber mußte notwendig in einen Konflikt mit der absolutistischen Obrigkeit einmünden, deren Credo Friedrich Gentz 1819 so formuliert hat: „Kirche und Staat dürfen immer nur sich selbst reformieren; d.h., jede wahre Reform muß von den constituierten Autoritäten ausgehen. Sobald der einzelne oder das sogenannte Volk in dieses Geschäft eingreifen darf, ist keine Rettung mehr."[8]

Die radikalen Forderungen und utopischen Zielvorstellungen der Illuminaten können als noch unbeholfener Ausdruck eines seine Ansprüche anmeldenden bürgerlichen Selbstbewußtseins interpretiert werden. Dieses Selbstbewußtsein hat durch zwei geschichtliche Ereignisse von großer Tragweite und Signalwirkung eine Steigerung erfahren: Dies waren das päpstliche Verbot des Jesuitenordens von 1773 und der amerikanische Unabhängigkeitskrieg. Das dem Papst von den bourbonischen Höfen und Österreich abgetrotzte Verbot desjenigen Ordens, welcher in einigen katholischen Ländern ein Bildungsmonopol besessen und dort Reformtendenzen entgegengearbeitet hatte, wurde von den Aufklärern als ein epochaler Sieg gefeiert und zog vielerorts kleinliche Verfolgungen der dämonisierten Jesuiten nach sich.[9] Durch den amerikanischen Unabhängigkeitskrieg[10] erhielten die antijesuitisch gesonnenen, aufgeklärt-reformistischen Kreise sowie der Republikanismus großen Auftrieb.[11] Die amerikanische Revolution, deren Rückwirkungen auf Europa Condorcet schon 1788 eine längere Untersuchung gewidmet hat[12], beflügelte auch die Phantasie von Freimaurern. In Pariser Logen begeisterte man sich offen für den amerikanischen Freiheitskampf[13], und in den Lessingschen Freimaurergesprächen „Ernst und Falk" ist 1778 von einem Freimaurer die Rede, der zu denjenigen gehöre, „die in Europa für die Amerikaner fechten". Er habe „die Grille" – so heißt es weiter –, „daß der Congreß eine Loge ist, daß da endlich die Freymaurer ihr Reich mit gewafneter Hand gründen."[14]

2. Voraussetzungen der Verschwörungsthese

Alle die genannten Faktoren spielten bei der am 1. Mai 1776 im bayerischen Ingolstadt erfolgten Gründung des Illuminatenordens eine konstitutive Rolle. Dieser Orden hat sowohl für die Entstehung als auch für die Ausformung der konterrevolutionären Verschwörungsthese eine in mancher Beziehung ausschlaggebende Rolle gespielt.[15] Der Gründer des Illuminatenordens, Adam Weishaupt, welcher auf einer Jesuitenschule erzogen worden war, hatte im Jahre 1773 als 25jähriger – unmittelbar nach dem Verbot des Jesuitenordens – den Lehrstuhl für kanonisches Recht an der Universität Ingolstadt erhalten. Seine Berufung ist als Akt aufklärerisch-katholischer antijesuitischer Personalpolitik anzusehen, zumal der Lehrstuhl für kanonisches Recht bislang ausschließlich von Jesuiten besetzt gewesen war. Weishaupt geriet daher in das Schußfeld der auf der Universität immer noch mächtigen „jesuitischen Partei".

Die Angriffe der Jesuiten, die ihn – wie er später sarkastisch erklärte – auf der Schule gelehrt hatten, „das Vaterunser rückwärts ohne Anstand auswendig her(zu)sagen"[16], ließen ihn vollends zu einem entschlossenen Gegner unbefragt hinzunehmender kirchlicher Autoritätsansprüche werden. Das geistige Rüstzeug für den von ihm aufgenommenen Kampf suchte und fand Weishaupt in der aufklärerischen Philosophie, mit der er sich 1775 intensiv zu befassen begann. Gleichzeitig vertiefte er sich in freimaurerische Schriften, nachdem ihn ein 1774 nach Ingolstadt gekommener Protestant auf die Freimaurerei aufmerksam gemacht hatte.

Die Beschäftigung mit der Freimaurerei brachte Weishaupt auf die Idee, daß eine „geheime Gesellschaft" das geeignete Mittel sei, sich jesuitisch-gegenaufklärerischer Nachstellungen zu erwehren.[17] Vorerst dachte er nur daran, selbst einer Loge beizutreten, um auf diese Weise den gewünschten Rückhalt zu erlangen. Von diesem Vorhaben rückte er jedoch schon sehr bald wieder ab, weil er richtig erkannte, daß die traditionelle Freimaurerei seine auf eine Bundesgenossenschaft gerichteten Erwartungen nicht zu erfüllen vermochte. Was Weishaupt suchte, war nicht die weltabgewandte freimaurerische Esoterik, sondern eine politische Geheimgesellschaft, die als Instrument zur Realisierung seiner moralisch-

2.7. Der Illuminaten-Orden 1776–1785

politischen Ziele zu verwenden war. Deshalb entwarf er einen militanten Kampfbund, der die von Loyola nach militärischen Vorbildern konzipierte gegenreformatorische Gesellschaft Jesu zum Vorbild nahm.[18]

Dies kommt im hierarchischen Aufbau, in der Terminologie, in dem Verlangen nach unbedingtem Gehorsam gegenüber den „Oberen"[19] und in der Institutionalisierung der Selbstkritik zum Ausdruck, welche in den Dienst der Überwindung der „Vorurteile" und der Selbstdisziplinierung gestellt wurde und sich an der katholischen Beichte orientierte. Die Forderung nach Unterordnung unter die Oberen wurde damit legitimiert, daß diese bereits die „Vorurteile" erkannt hätten und folglich ihr Wissen und ihre Tatkraft in den Dienst der Realisierung derjenigen Ziele stellen würden, die eine als absolute Autorität vorgestellte Vernunft aufweise. Dabei ging Weishaupt von der Prämisse aus, daß eine solche Autorität sowohl real existiere als auch über eine für bereits Emanzipierte vernehmbare und sich klar und eindeutig äußernde Stimme verfüge. Die Korrespondenz von zentralistisch-diktatorischer Führung und der im folgenden zu skizzierenden Ideologie liegt auf der Hand.[20]

Die Ideologie der Illuminaten[21] ist insofern spezifisch aufklärerisch, als sie auf dem Glauben an die Möglichkeit einer steten Vervollkommnung der Menschen und der zwischenmenschlichen Beziehungen basiert. Dies kommt auch darin zum Ausdruck, daß die Satzung des Ordens ursprünglich mit „Statuten der Perfectibilisten" überschrieben war. Allerdings ist dieser aufklärerische Glaube dadurch modifiziert und seiner Naivität beraubt, als nicht mehr angenommen wird, daß sich der Vervollkommnungsprozeß gleichsam automatisch und konfliktlos vollziehen werde: „Mein Ziel ist, die Vernunft zur Geltung zu bringen", heißt es in einer programmatischen Äußerung Weishaupts vom Mai 1776.[22] Dieses Ziel erfordere, daß „den Feinden der Vernunft und der Menschheit nach und nach auf den Leyb zu gehen sey."[23] Dabei gingen die Führer der Illuminaten von einer sozial-utopistischen Betrachtungsweise aus, derzufolge eine „(Neu-) Gründung und Verbesserung unserer ökonomischen, politischen, philosophischen und religiösen Systeme"[24] notwendig sei.

2. Voraussetzungen der Verschwörungsthese

In seinem Überschwang hatte Weishaupt bei seiner Anwerbung des Freiherrn Adolph Knigge, der zum Hauptorganisator und – neben Weishaupt – zum wichtigsten Theoretiker des Ordens wurde, gar „einen neuen Himmel, eine neue Erde, ein Welt und Menschen umschaffendes System"[25] versprochen: „Warum soll der ewig geführt werden, der sich selbst zu führen versteht? Sollte es also unmöglich seyn, daß das menschliche Geschlecht, oder der gröste Theil dereinst volljährig werden?"[26], wurde der Initiant bei seiner Aufnahme in den „Priester-Grad" gefragt. Die vorgegebene Antwort lautete: „Jeder Volljährige kann sich selbst vorstehen: wenn die ganze Nation volljährig ist, so fällt der Grund ihrer Vormundschaft hinweg."[27] Das aufklärerische Moment bei der Strategie der Illuminaten, die es sich zum Ziele setzten, über die „bisherigen Unterdrücker einen ewigen Sieg zu erfechten"[28], war vor allem der Erziehungsgedanke. In ihrer Ordenspraxis haben sie größten Wert auf die Lektüre nicht nur sozial-philosophischer, sondern auch naturwissenschaftlicher Literatur gelegt; denn nach ihrer Überzeugung konnte der ewige Sieg nur durch „geheime Weisheitsschulen" errungen werden: „Durch sie wird der Mensch sich von seinem Fall erholen, Fürsten und Nationen werden ohne Gewaltthätigkeit von der Erde verschwinden, das Menschengeschlecht wird dereinst eine Familie und die Welt der Aufenthaltsort vernünftiger Menschen werden. Die Moral wird diese Veränderungen unmerkbar herbeyführen."[29]

Ohne Zweifel liegt es nahe, den eine abstrakte Utopie entwerfenden Illuminaten „bramabassierende Wichtigtuerei"[30] nachzusagen oder ihnen gar vorzuwerfen, nicht die „Unterstützung der Volksmassen" gesucht und sich über diese in „aufklärerischer Borniertheit"[31] erhoben zu haben. Dagegen muß eingewandt werden, daß der Versuch einer Aufwiegelung der „Volksmassen" unter den gegebenen Bedingungen wohl noch unrealistischer als die Strategie der Illuminaten gewesen wäre und daß eine grundsätzliche Gesellschaftskritik mit der Negierung bestehender Verhältnisse den Entwurf eines als Orientierungsrahmens dienenden utopischen Gegenbildes zu verbinden pflegt. Die Illuminaten verfuhren im übrigen gar nicht so unrealistisch wie es den Anschein hat. In

2.7. Der Illuminaten-Orden 1776–1785

durchaus nüchterner Weise vermochten sie sich eine kurzfristige Realisierung ihrer gesellschaftspolitischen Idealvorstellungen nur durch eine Auswanderung nach Nordamerika vorzustellen. Schon 1780 erwogen einige von ihnen, dort eine freiheitlich-urkommunistisch verfaßte Siedlungskolonie zu gründen, in welcher man „zusammen arbeiten" und sich „zusammen freuen" wollte. Deren ökonomische Grundlage sollten der Ackerbau und verschiedene Gewerbe sein, zum Zwecke der Erziehung sollten öffentliche Erziehungshäuser, eine Bibliothek und eine Druckerei errichtet werden.[32]

Wenn seitens der Illuminaten die bei der Aufnahme in den „Priestergrad" gestellte Frage: „Wie wäre es anzufangen, diese selige Periode und ein allgemeines Sittenregiment herbeyzuführen? Durch öffentliche Anstalten, durch gewaltsame Revolutionen, oder auf andere Art?"[33] zu ungunsten der Gewaltanwendung und zugunsten der Erziehungsidee beantwortet wurde, so beruht diese Parteinahme gegen die Gewaltanwendung – schon eine solche Erwägung war „revolutionär"! – neben grundsätzlichen aufklärerisch-humanitären Skrupeln sicherlich auch auf einer illusionslosen Einschätzung der vorgefundenen Situation. Die im illuminatischen „Operationsplan" niedergelegte Taktik bestand darin, durch eine zielstrebige Personalpolitik in den Freimaurerlogen sowie im Bildungswesen Fuß zu fassen und überdies auf „Militär-Schulen, Academien, Buchdruckereyen, Buchläden, Dom-Capitel"[34] Einfluß zu nehmen.

Der illuminatische Plan, über die Schulen auch Einfluß auf das „gemeine Volk"[35] zu nehmen, blieb kein bloßer Vorsatz. In dem 1774 in Dessau von Basedow gegründeten Philantropin haben dem Illuminaten-Orden angehörende oder nahestehende Erzieher wie Christian Gotthelf Salzmann eine praktische pädagogische Reformtätigkeit ausgeübt. Der Illuminat Salzmann, der 1785 eine eigene Erziehungsanstalt gründete, wo ihn Weishaupt mehrfach besuchte[36], predigte den Fortschritt als Weiterführung der „wünschenswerten Revolution", welche Christus eingeleitet habe, und orientierte sich in seiner pädagogischen Praxis an so demokratischen Maximen wie: „In dem geringsten Stand findet man Köpfe, aus denen die größten Männer würden geworden sein, wenn sie gehörig

2. Voraussetzungen der Verschwörungsthese

wären ausgebildet worden." Die Söhne aus den besseren Familien lehrte er die Hochschätzung körperlicher Arbeit und die Überwindung gelehrten und bildungsbürgerlichen Dünkels: „Männer mit starken Armen, die die beschwerlichen Arbeiten verrichten, sind oft nützlicher als die gelehrtesten."[37]

Da verschiedene der engagiertesten Illuminaten überdies eine große publizistische Aktivität entfalteten, die Französische Revolution lebhaft begrüßten und Knigge zu einem der einflußreichsten republikanischen Schriftsteller wurde[38], erstaunt es nicht, daß die von Illuminaten mitgetragene Reformpädagogik von der konterrevolutionären Publizistik attackiert wurde. Denn aus dieser Perspektive schienen die Illuminaten einen gegen die überkommene Sozialordnung gerichteten „Edukationskrieg in Europa"[39] entfesselt zu haben. In einer von Leopold Alois Hoffmann zitierten Stellungnahme spiegelt sich dies so wider: „Die Fürsten – ihre Minister mußten alle schlafen ... Es gibt ihrer, die sogar ihre Kinder an Philantropine schicken!!! ... Ich selbst bin Augenzeuge, habs gesehen, daß ein junger künftiger Regent wie ein Bauernjunge Du daselbst genannt, von Lehrern, Jungen und Bedienten wie jeder andere Junge gehalten und behandelt ward."[40]

Zusammenfassend muß der Illuminatenorden als ein radikalaufklärerischer Kampfbund charakterisiert werden, der, ohne im modernen Sinn politisch zu sein, doch im Spannungsfeld von Moral und Politik angesiedelt war.[41] Er ist zwar auch durch das Vorbild der Freimaurerei inspiriert worden, wurde jedoch im ausdrücklichen Gegensatz zu dieser konzipiert, wobei er sich der als harmlos geltenden Freimaurerei als eines „schicklichen Kleides für höhere Zwecke"[42] bediente. Der Illuminatenorden war besonders für engagiert-aufklärerische Freimaurer attraktiv, welchen wie Knigge die Lust an dem „betrügerischen Possenspiel"[43] der Maurerei vergangen war.

In dem von Weishaupt und Knigge verfaßten Unterricht zu dem illuminatischen Priester-Grad wurde mit der Freimaurerei konsequenterweise scharf abgerechnet: „Sie (die Freimaurer) erfanden Grade über Grade: sie suchten endlich den so

2.7. Der Illuminaten-Orden 1776–1785

natürlichen Hang der Menschen zum Wunderbaren zu reitzen, seine Einbildungskraft zu erhitzen, die Vernunft zu betrüben ... so gar die schädlichste aller Neigungen ... die Begierde nach Gold wurde gereitzt ... Hätten nicht doch die Edeln und Auserwählten im Hintergrund gestanden ... so wäre neues Verderben über das Menschengeschlecht hereingebrochen, und durch Regenten, Pfaffen und Freymaurer die Vernunft von der Erde verbannt worden."[44]

Weil die Illuminaten sich als auserwählte, mit einem moralischen Führungsanspruch ausgestattete Minderheit begriffen, glaubten sie diesen mit elitär-autoritären und konspirativen Methoden zur Geltung bringen zu können. Auf diese Methoden muß die panische Angst vor den Illuminaten und damit auch die Verschwörungsthese zumindest teilweise zurückgeführt werden. Gegen eine vielfach in der Literatur zu konstatierende, einseitig ideologiegeschichtliche Würdigung des Illuminatenordens müssen deshalb Bedenken angemeldet werden, weil dieser in der Praxis weniger ein autoritär geführter und hierarchisch gegliederter militanter Kampfbund, als vielmehr ein relativ lockerer Zusammenschluß von Gleichgesinnten gewesen ist. Vor allem darf der fast durchgängig verkannte Sachverhalt nicht übersehen werden, daß die oben dargelegten und vornehmlich von Weishaupt und Knigge entwickelten Ziele der Illuminaten bis zu ihrer zu Abschreckungszwecken vorgenommenen Publikation durch die bayerische Regierung[45] nur dem engsten Führungszirkel bekannt waren.[46]

Für die überwältigende Mehrheit der in die allergeheimsten „Mysterien" nicht eingeweihten Illuminaten stellte sich dieser Orden hingegen zumindest bis 1784 zwar als ein engagiert aufklärerischer, nicht jedoch als ein „revolutionärer" Bund dar. Viele der nur in die unteren Grade Eingeweihten – wie etwa Goethe, Karl August von Sachsen-Weimar und der Vater des Staatskanzlers Metternich – können kaum als „Illuminaten" im gebräuchlich gewordenen Sinne angesehen werden.

Der seit 1780 zu beobachtende Aufstieg des Illuminatenordens[47] muß im unmittelbaren Zusammenhang mit dem sich damals in der deutschen Freimaurerei vollziehenden Diffe-

2. Voraussetzungen der Verschwörungsthese

renzierungs- und Polarisierungsprozeß gesehen werden.[48] Auf dem berühmt gewordenen freimaurerischen Kongreß zu Wilhelmsbad von 1782[49] kam es zu einer offenen Konfrontation der rivalisierenden Richtungen, die ein „großes Schisma im Freimaurerorden"[50] zur Folge gehabt hat. Hier distanzieren sich sowohl die Anhänger der traditionellen Freimaurerei als besonders auch ihre dezidiert aufklärerischen Maurerbrüder von der Verfälschung der ursprünglichen, nur den Lehrlings-, Gesellen- und Meistergrad kennenden Johannis-Maurerer und ihrer Ersetzung durch komplizierte, hierarchisch strukturierte Hochgradsysteme. Der eigentliche Grund für diesen Konflikt war der Einbruch anti-rationalistischer Tendenzen in den in Deutschland unter dem Namen der „Strikten Observanz" bekannt gewordenen Tempelritterorden[51] sowie die zunehmende Aktivität des mit der „Strikten Observanz" durch vielfältige Kontakte verflochtenen theosophischen Ordens der „Gold- und Rosenkreutzer".[52]

Eine Hamburger Loge sagte sich damals vom Irrweg der Tempelritter-Romantik mit der charakteristischen Begründung los, man sei durch „eine 17-jährige traurige Erfahrung zur Genüge belehrt worden, daß ein Rittermäßiges System für unsere Republikanische Verfassung gar nicht passend und schicklich ist". Die maurerischen Ziele seien „besser im Maurer-Gewande als in der Rittertracht"[53] zu erreichen. Im Unterschied zu dieser und vielen anderen Logen suchten die militanten freimaurerischen Aufklärer nicht die ursprüngliche Reinheit der Freimaurerei wiederherzustellen, sondern gingen zum Gegenangriff gegen die „Schwärmer"[54] vor. Dabei zeichnete sich vor allem Knigge aus. Nachdem Knigge, welcher der „Strikten Observanz" seit 1772 angehörte[55], vergebliche Versuche unternommen hatte, diesen Orden auf eine aufklärerische Linie festzulegen, trat er 1780 aus ihm aus und schloß sich noch im gleichen Jahr dem Illuminatenorden an.

Dank Knigges organisatorischer Begabung und seiner Beziehungen wurde der von ihm als „mächtige Parthey gegen die Jesuiten" geschätzte Illuminatenorden zu einer „feste(n) Anstalt gegen die deutsche(n) Rosenkreutzer"[56] ausgebaut. Dies lag um so näher, als die Rosenkreutzer, welche – wie einer ihrer Gegner polemisch sagte – „Theologie mit der

2.7. Der Illuminaten-Orden 1776–1785

Chemie auf widersinnige Art verbanden"[57], sich ihrerseits durch die aufklärerische Attacke veranlaßt sahen, Anlehnung bei den gleichfalls bedrängten Jesuiten zu suchen.

Wie nunmehr zu zeigen sein wird, gehören die hier nur angedeuteten und mit großer Leidenschaft geführten Auseinandersetzungen, welche erstmals zur Herausbildung politisch-ideologischer Frontstellungen in Deutschland geführt haben,[58] zur unmittelbaren Vorgeschichte der anti-freimaurerischen bzw. anti-illuminatischen Verschwörungsthese.

3. Die Entstehung und Ausformung der Verschwörungsthese

3.1. Die Geburt der Verschwörungsthese

Die durch die Existenz der Freimaurerei hervorgerufenen Besorgnisse, die jeweils mit der Gefährdung sowohl des Staates als auch des Seelenheils motiviert worden sind, haben die gegen die Freimaurer gerichtete päpstliche Bannbulle vom 28.04.1738 sowie eine Vielzahl, auch in protestantischen Staaten ausgesprochener obrigkeitlicher Verbote zur Folge gehabt.[1] Diese sind allerdings in der zweiten Hälfte des 18. Jahrhunderts in der Regel entweder aufgehoben oder aber ignoriert worden.

Die antifreimaurerischen Ressentiments sind offensichtlich erstmals während des englisch-französischen Kriegs von 1744–1747 von einem französischen Abbé zu einer allerdings ohne erkennbare Folgen gebliebenen spezifisch anti-englischen Variante der Verschwörungshese verdichtet worden. Nachdem der Abbé J. B. Gaultier bereits 1746 die Freimaurer bezichtigt hatte, unter dem Schlagwort der „natürlichen Religion" alle Sekten zu organisieren und eine „allgemeine Verschwörung gegen die Religion" (conspiration générale contre la religion)[2] gebildet zu haben, veröffentlichte der Abbé Larudan ein Jahr später in Amsterdam die Schrift: „Die zerschmetterten Freimaurer" (Les françs-maçons écrasés). Darin warnte er vor einer großen antikatholischen und in England beheimateten protestantisch-freimaurerischen Verschwörung. In diesem Pamphlet, von dem 1780 eine anonyme deutsche Übersetzung erschien[3], warf der Abbé den Freimaurern vor, daß sie zwar „die Religion und das Regiment nicht offenbar"[4] angriffen, jedoch die „Ungerechtigkeit derer, so die Freyheit und Gleichheit verbannt haben, mit sehr heßlichen Farben ab(-malten)"[5]. Somit würden sie die „vollkommene Freyheit und Gleichheit, so uns von allen Arten der Obrigkeit los-

3. Die Entstehung und Ausformung der Verschwörungsthese

macht ... einem jeden beliebt und anständig machen".[6] Der Stifter des Freimaurerordens sei Cromwell gewesen, der seine Macht nicht nur über England, Schottland und Irland ausgebreitet, sondern darüber hinaus allen Völkern in der Welt ihre „natürliche und angeborene Freyheit"[7] wieder zu verschaffen gesucht habe. Cromwell habe eine „Kammer von sieben Personen nebst vier Secretären" eingerichtet, der Larudan nachsagte: „Der Erdboden ward nach ihrem Plan in vier Provinzen eintheilt, davon Frankreich, die Schweitz, die Thäler von Piémont und Italien die erste, die Pfalz und die übrigen Protestanten in Deutschland die andere, die nordische Reiche und die Thürkey die dritte, Ost- und Westindien aber die vierte ausmachten. Jedem dieser Secretäre ward eine von diesen Provinzen zugewiesen. Jeder sollte eine Correspondenz unterhalten. Cromwell gab seiner Gesellschaft den Namen des Freymaurerordens, weil er willens war, ein neues Gebäude aufzuführen, das ist, das menschliche Geschlecht zu bessern, die Könige und Potentaten aber, deren Geißel er war, auszurotten".[8]

Auch die von dem spanischen Franziskanermönch, Zensor sowie Revisor der Inquisition Joseph Torrubia[9] 1752 in Madrid publizierte Schrift: „Warnung vor den Freimaurern" (Centinella contra Francs-Masones) – von welcher 1786 in Würzburg die Übersetzung „Gegen das verabscheuungswürdige Institut der Freimaurerei" herausgegeben wurde – steht noch auf der Grenze von spezifisch katholischer, antifreimaurerisch-antiprotestantischer Propaganda und einer christlich-überkonfessionellen gegenaufklärerischen Agitation, welche für das neuzeitliche Verschwörungsdenken charakteristisch ist. Denn in diesem Pamphlet wird einerseits darauf hingewiesen, daß „die verworfene Rotte der sogenannten Freymaurer, die gleich der Schaar der abtrünnigsten Geister der Finsternis sich zum Verderben über den Erdballen verbreiten", aus dem protestantischen England „als dem Sumpfe, worin die verderbende Brut aus dem Saamen der Freyheit, und der Philosophie ausgeheckt"[10] worden sei, stamme. Zum anderen wird jedoch erklärt, daß die Akademien in London und Paris „verkappte Freymaurer Logen" seien, in denen die „Patriarchen des Atheismus, die Rädelsführer des Unglau-

3.1. Die Geburt der Verschwörungsthese

bens, die Häupter der Neuerer" ... die „Mordfackel" gegen das „herrliche Gebäude der Religion" schwingen würden.[11]

Da einer solchen katholischen Furcht vor einer Verschwörung die Angst vor einer Aushöhlung der Rechtgläubigkeit sowie vor einer Infragestellung der kirchlichen Hierarchie zugrunde lag, richtete sie sich konsequenterweise auch gegen geistliche Gegner der Orthodoxie. Ausdruck dieses Sachverhalts ist vor allem die 1755 von dem Jesuiten Sauvage publizierte Schrift: „Realität des Projekts von Bourgfontaine" (Réalité du projet de Bourgfontaine), welche 1758 in Paris von Henkershand zerrissen und verbrannt wurde.[12] In diesem gleichfalls durch die bayerische Regierung unterdrückten Pamphlet wird behauptet, daß sich die Jansenisten mit den Rationalisten, Deisten usw. in dem bei Paris gelegenen Kloster Bourgfontaine gegen den durch die Jesuiten aufrecht erhaltenen Glauben sowie die kirchliche Hierarchie verschworen hätten.[13]

Wenngleich Repräsentanten der katholischen Orthodoxie schon 1775 davon ausgingen, daß die „Sekte" der Philosophen eng mit der Freimaurerei „liiert" sei,[14] so vermochten sie doch die ihnen bedrohlich erscheinende Philosophie in der zweiten Hälfte des 18. Jahrhunderts realistischerweise nicht mehr ausschließlich auf den Protestantismus und die „protestantische" Freimaurerei zurückführen. Die Besorgnis, daß die christliche Religion überhaupt in Gefahr geraten sei, legte eine Zurückstellung der in dieser Situation vergleichsweise irrelevanten konfessionellen Gegensätze nahe und gebot die Aufrichtung einer christlich-überkonfessionellen Abwehrfront.

Folglich wurden nunmehr die deistischen Freimaurer nicht mehr als Häretiker, sondern als Gegner des Christentums dargestellt. So denunzierte der Aachener Dominikanerpater und Lehrer der Theologie Ludwig Greinemann die Freimaurer 1779 von der Kanzel als „Vorläufer des Antichrist"[15], drohte ihnen das gleiche Schicksal wie Sodom und Gomorrha an und unterstellte ihnen endlich: „Die Juden, die den Heiland kreuzigten, waren Freimaurer, Pilatus und Herodes die Vorsteher einer Loge. Judas hatte sich, bevor er Jesum verriet, in einer Loge zum Maurer aufnehmen lassen, und als er die

3. Die Entstehung und Ausformung der Verschwörungsthese

dreißig Silberlinge zurückgab, bevor er hinging sich zu erhängen, hatte er nichts weiter getan, als daß er die Taxe für die Aufnahme in den Orden bezahlte".[16] Diese Invektiven, welche zur Folge hatten, daß die zu den angesehensten Bürgern Aachens gehörenden Freimaurer auf offener Straße verprügelt wurden, führten zu einer Intervention protestantischer Fürsten zugunsten der Freimaurer, aufgrund derer der Aachener Magistrat auch sein antifreimaurerisches Edikt zurücknehmen mußte.[17]

Während diese im Stil einer Strafpredigt vorgenommene antifreimaurerische Attacke vorerst den gegenteiligen Effekt erzielte und der Ausgang dieser Affäre als Bestätigung des aufklärerischen Fortschrittsoptimismus gewertet werden konnte[18], erhielt die Gegenaufklärung durch die 1785 in Bayern vorgenommene Aufhebung des Illuminatenordens einen Auftrieb von großer Tragweite. Nachdem ein kurfürstlich-bayerisches Dekret schon am 22.06.1784 nicht autorisierte „geheime Gesellschaften" verboten hatte und Weishaupt am 11.02.1785 gemaßregelt worden war, weil er das Bayle'sche „Dictionnaire" nicht zu Studienzwecken, sondern wegen seiner Anhänglichkeit an die „Philosophensekte" angeschafft habe, wurde am 02.03.1785 ein verschärftes Verbot aller geheimen Gesellschaften erlassen, woraufhin Weishaupt Bayern fluchtartig verließ.[19]

Am 18.06.1785 teilte dann Papst Pius VI. dem Bischof von Freising mit, er habe erfahren, daß die Sekte der Freimaurer ihren Sitz in München aufgeschlagen und „ihren Ansteckungsstoff fast durch die ganze Welt" verbreitet habe. Es könne „nicht bezweifelt werden, wie verderblich für die Menschheit die Berührung mit jener Pest ist, wie sehr dieselbe Religion und königliche Macht schädigt."[20] Mit dieser Stellungnahme hat sich die Kurie dem Standpunkt des kurfürstlich-bayerischen Beichtvaters und Exjesuiten Frank angenähert, der den Freimaurern bereits 1781 in einer Passionspredigt unterstellt hatte: „Diese Leute machen Anstalten zu dem Reich des Antichristen, und allem Anscheine nach kann das Ende der Welt nicht mehr fern sein."[21] Als der preußische Minister und Rosenkreutzer Wöllner dem Pater Frank 1785 eine Illuminatenliste übersandt hatte, verfaßte dieser als ro-

3.1. Die Geburt der Verschwörungsthese

senkreutzerischer Zirkeldirektor einen am 01.09.1785 datierten Erlaß. Darin heißt es, daß „der jüngste Tag des Illuminatenordens in Bayern heranzunahen scheine". Er, Frank, habe mit „gespannten Kräften" an der Zerstörung dieses Ordens gearbeitet und habe „Himmel und Hölle" bewegt, um den Kurfürsten zu einem Einschreiten gegen die Illuminaten zu bewegen.[22]

In diesem Zusammenspiel Wöllners, eines Günstlings Friedrich Wilhelm II. von Preußen, mit Frank[23] ist ein überkonfessionelles gegenaufklärerisches Bündnis realisiert worden, dem die enge Kooperation der beiden führenden Köpfe des Illuminatenordens, des bayerischen Jesuitenschülers Weishaupt und des norddeutschen Protestanten Knigge, korrespondierte. Die ideologische Basis für dieses Bündnis spiegelt sich am augenfälligsten wider in dem bereits 1784 in Basel von dem prominenten Luzerner Exjesuiten J.A. Weißenbach publizierten „Kritische(n) Verzeichnis der besten Schriften, welche in den verschiedensten Sprachen zum Beweise und zur Verteidigung der Religion herausgekommen ..." Denn dieses Verzeichnis machte keinen Unterschied zwischen katholischen und protestantischen Publikationen, was gemessen am traditionellen Selbstverständnis der Jesuiten geradezu revolutionär erscheint.[24]

Da der Skandal um den Illuminatenorden nach einer Flugschrift von 1787 „die ganze Nation interessiert" und wegen der daraus entstandenen Gärungen „ganz Deutschland seine Aufmerksamkeit auf diese Geschichte heftet",[25] provozierte er eine Vielzahl polemischer Schriften. Bereits 1784 war in einer anonymen bayerischen Schrift behauptet worden, daß die Exjesuiten von dem „Komplott" der Illuminaten viel auszustehen gehabt hatten und daß die „zahlreichste entschlossenste Räuberbande" einem Staat nicht gefährlicher werden könne. Im Anschluß daran wurde gefordert: „Dergleichen Leute gehören nicht in die menschliche Gesellschaft, sondern zum Festungsbau und unter diejenigen, die der Kaiser zusammenketten läßt, um die Schiffe die Donau aufwärts zu ziehen".[26]

Ein Jahr später sagte die von Augsburger Ex Jesuiten herausgegebene „Neueste Sammlung" den Freimaurern nach:

3. Die Entstehung und Ausformung der Verschwörungsthese

„Es muß noch den Thronen gelten, die sie stürzen: sie werden den der Könige und Fürsten umstürzen. Was soll man denken von einem Haufen Leute, die nichts als Freiheit atmen, die nichts als Zügellosigkeit sich erlauben und ausüben? Sie dürfen frei denken und schreiben, werden sie nicht auch frei handeln wollen?"[27]) Und in einer weiteren Schrift von 1786 wurde erklärt, daß sich „Satan" über die Illuminaten gefreut haben müsse, weil diese „das Hauptband der bürgerlichen Gesellschaft, Religion" attackiert hätten.[28]

Der Ex Jesuit Stattler endlich faßte die gegen die Illuminaten erhobenen Vorwürfe in der 1787 anonym herausgegebenen Schrift: „Das Geheimnis der Bosheit der Stifter des Illuminatenordens" zusammen. Ausgehend von der Behauptung, daß „der Fall der Jesuiten anno 1773"[29]) die Voraussetzung für das Emporkommen des Illuminatenordens gewesen sei, explizierte er die folgenden drei Thesen: 1. „Weishaupt ist ein heimlicher Feind der ganzen wahren christlichen Religion", 2. „Weishaupt ist ein heimlicher Feind des Staates", 3. „Weishaupt ist der gefährlichste Verführer der Bairisch-Pfälzischen Jugend".[30]

Auch im protestantischen Deutschland wurde die aufklärerische Intelligenz wegen des Skandals um den Illuminatenorden in die Defensive gedrängt. Wie beispielsweise aus dem „Neuen Beitrag zu einiger Kenntnis verschiedener jetzt existierender Gesellschaften" hervorgeht, welchen die „Berlinische Monatsschrift" in der zweiten Hälfte des Jahres 1785 veröffentlichte[31]), sahen sich aufgeklärte Protestanten veranlaßt, sich von jeglichem „Sektengeist" zu distanzieren. Dieser sei hauptsächlich in den Machenschaften der den „Stein der Weisen" suchenden Rosenkreutzer[32]), der Jesuiten sowie der pietistischen Schwarmgeister zum Ausdruck gekommen. Dagegen suchten sie den Illuminaten trotz der auch an ihren Methoden geübten Kritik zugute zu halten, daß es ihnen darum gegangen sei, „nützliche Kenntnisse zu sammeln, um die Aufklärung in ihrem Vaterlande zu verbreiten."[33]

Gegen eine solche, von ihm als verharmlosend empfundene Charakterisierung der Ziele der Illuminaten wandte sich der Protestant und ehemalige preußische Offizier Ernst August von Göchhausen (1740–1824)[34]) in seinem 1786 anonym

3.1. Die Geburt der Verschwörungsthese

herausgegebenen Buch: „Enthüllung des Systems der Weltbürger-Republik. In Briefen aus der Verlassenschaft eines Freymaurers". In dieser „Enthüllung" werden die aufklärerischen Freimaurer von einem protestantisch-absolutistischen Standpunkt mit einer der jesuitisch-katholischen Polemik nicht nachstehenden Schärfe gegeißelt. Göchhausen, der sich in dieser Schrift auch von den als „Antipoden der Illuminaten" gekennzeichneten Rosenkreutzern wegen deren Frömmeleien und alchymistischen Spielereien distanzierte[35], behauptete nicht nur, daß die Menschheit „mit blinden Augen dem Abgrund" zutaumelt[36], sondern prognostizierte darüber hinaus düster: „Revolutionen, die unausbleiblich sind, die ich erwarte und vorhersehe".[37] Die Freimaurerlogen denunzierte er als „moralische und politische Pesthäuser"[38] und dem illuminatischen Utopismus erteilte er eine drohende Absage: „Weltbürgergefühle. Was heißt das? Du bist Staatsbürger; oder Du bist Rebell. Kein Drittes gibt es nicht." [39]

Zwei Jahre später, 1788, warnte der Pietist Jung-Stilling in seinem „Lehrbuch der Staats-Polizey-Wissenschaft" gleichfalls vor der Freimaurerei, da er herausgefunden habe, daß „die Logen Schulen des Naturalismus, des Deismus, Verschwörungen gegen die heiligste Grundfeste unserer Staatsverfassung, die wahre christliche Religion, und wahre Geheimnisse der Bosheit enthielten."[40] In seinen „Briefe(n) über die neuen Wächter der protestantischen Kirche" (1786–1788) rechnete der orthodoxe Dessauer Superintendent Simon de Marées die von der bayerischen Regierung 1787 besorgte Veröffentlichung von „Originalschriften des Illuminatenordens" gar zu den „wichtigsten Urkunden des Jahrhunderts", welche „jeden Redlichen und Christen" mit Schauder zurückbeben ließen.[41] Derart massive Angriffe, die wenige Jahre zuvor noch kaum vorstellbar gewesen wären, sind Ausdruck einer gegenaufklärerischen Offensive.[42] Sie gewann ihren politischen Rückhalt an einigen durch die radikal-aufklärerische Kritik beunruhigten deutschen Fürsten. Diese suchten teilweise schon seit 1780 die kirchliche Orthodoxie durch eine entsprechende Personalpolitik sowie scharfe Edikte als Gegengewicht gegen den aufklärerischen Rationalismus zu stärken.[43]

3. Die Entstehung und Ausformung der Verschwörungsthese

Am folgenreichsten in dieser Hinsicht war der 1786 erfolgte Thronwechsel in Preußen, denn der Nachfolger Friedrich des Großen, Friedrich Wilhelm II., war schon in seiner Kronprinzenzeit unter den Einfluß seines rosenkreutzerischen geistlichen Lehrers Johann Christoph Wöllner[44] geraten. Nachdem der König bereits in einer Kabinettsorder vom 26.07.1787 erklärt hatte: „Das aber werde ich nie leiden, das man in meinem Lande die Religion Jesu untergrabe, dem Volke die Bibel verächtlich mache und das Panier des Unglaubens, des Deismus und Naturalismus öffentlich aufpflanze"[45], erließ der am 03.07.1788 zum Justizminister und Chef des geistlichen Departments ernannte Wöllner am 09.07.1788 das gegenaufklärerische „Religionsedikt". Dieses wandte sich gegen die „zügellose Freiheit", drohte denjenigen Geistlichen und Lehrern, welche „Irrtümer öffentlich oder heimlich" ausbreiteten, mit Amtsenthebung und kündigte endlich eine scharfe Überwachung der Lehr- und Pfarramtskandidaten an.[46]

Mit diesen Auseinandersetzungen hat der Marquis de Luchet, ein Günstling des Landgrafen von Hessen-Kassel, in seinem erstmals 1789 in Paris erschienenen „Essay über die Sekte der Illuminaten" (Essai sur la secte des Illuminés) auch das französische Publikum vertraut zu machen versucht. Darin sagte er dem Illuminatenorden nach: „Diese Gesellschaft hat das Ziel, die Welt zu regieren, die Autorität der Souveräne zu usurpieren und sich an ihren Platz zu setzen und ihnen nur die sterile Ehre zu belassen, die Krone zu tragen" (Cette société a le but de gouverner le monde, de s'approprier l'autorité des Souverains, d'usurper leur place en ne leur laissant que le stérile honneur de porter la Couronne).[47] Dem aufgeklärt-absolutistischen Tenor dieser Schrift entsprach es, daß sie sich zugleich vom theosophisch-rosenkreutzerischen und pietistischen Konventikelwesen distanzierte und die „Nokthurnalien von Berlin"[48] verdammte. Denn der Fanatismus der Sekten sei es, der die Welt in streitende Parteien zerrissen hätte und das Gleichgewicht in Europa zu zerstören drohe.

Diese Publikation, die in kurzer Zeit drei Auflagen erlebte, hat die Konfusion und Verunsicherung nur noch gesteigert, da sie einander erbittert bekämpfende Gruppierungen wie

3.1. Die Geburt der Verschwörungsthese

die Illuminaten und die Rosenkreutzer in eine imaginäre gemeinsame Verschwörungsfront einreihte. Luchet zog nämlich nicht den von der Sache her gebotenen Trennungsstrich zwischen den radikalaufklärerischen Illuminaten der Weishaupt'schen Richtung und den vielfach gleichfalls „Illuminaten" genannten Anhängern der christlich-mystischen Erweckungsbewegung.[49] Diese „Illuminaten der Theosophie" hatten sich aus gegensätzlichen Motiven von der überkommenen Kirchenorganisation abgewandt, wodurch sie trotz ihrer gegenaufklärerischen Orientierung ihrerseits in den Verdacht geraten konnten, indirekt zur Auflösung des überkommenen Ordnungsgefüges beizutragen.

Auf dem Hintergrund solcher bereits vor dem Bastillesturm mit großer Intensität geführter Auseinandersetzungen kann die Tatsache, daß der Freimaurerei wenig später die Verantwortung für die Französische Revolution zur Last gelegt wurde, kaum verwundern. In wie starkem Maße das Bewußtsein gegenaufklärerischer Kreise hierfür präformiert war, illustriert der folgende Vorgang: Als der hessische Regierungs- und Konsistorialdirektor Ludwig Adolf Christian von Grolmann (1741–1809)[50] und der Darmstädter Generalsuperintendant und Oberhofprediger Johann August Starck (1741–1816)[51] während eines gemeinsam in Bad Schwalbach verbrachten Kuraufenthaltes die Nachricht vom Sturm auf die Bastille erhielten, „sagte der eine zum anderen: das ist das Werk der 44, (d.h. der Illuminaten)".[52] Selbst wenn man die Authentizität dieser Äußerung, die von Grolmann erst 1794 fixiert worden ist, bezweifeln kann, so erscheint sie doch in ihrem historischen Kontext durchaus möglich. Dies wird man auch aus einer Warnung des rosenkreutzerischen preußischen Königs Friedrich Wilhelm II. schließen können, die dieser dem Kurfürsten von Sachsen mit Schreiben vom 03.10.1789 zugehen ließ: „Ich werde aus sehr guter Quelle informiert, daß eine freimaurerische Sekte, die sich Illuminaten oder Minervalen[53] nennt, sich nach ihrer Vertreibung aus Bayern mit einer erstaunlichen Geschwindigkeit in ganz Deutschland und den benachbarten Ländern verbreitet hat. Die Grundssätze dieser Leute sind sehr gefährlich, denn sie beabsichtigen n nicht weniger, als die christliche Religion zu

3. Die Entstehung und Ausformung der Verschwörungsthese

zerstören, ja die Religionen überhaupt, und die Untertanen von ihrem Treueid gegen ihre Souveräne zu entbinden sowie ihren Anhängern die ‚Rechte der Menschheit' zu lehren."[54]

Um zu einem zugkräftigen agitatorischen Instrument werden zu können, bedurfte diese Verschwörerthese noch der Untermauerung durch „konkrete" Beweise. Insbesondere mußte dazu eine direkte Verbindung der Illuminaten mit den französischen Revolutionären nachgewiesen oder konstruiert werden. Die noch offene Beweiskette suchte man erstmals durch die Person Cagliostros zu schließen, der am 27.12.1789 von der päpstlichen Polizei in Rom verhaftet worden war.

3.2. Cagliostro als „Chef der Illuminaten"

Der 1743 als Giuseppe Balsamo geborene „Alexander Graf Cagliostro" hat deshalb zu einem der genialsten Hochstapler der Weltgeschichte werden können, weil er die theosophischen, alchymistischen und magischen Neigungen seiner Zeitgenossen in raffinierter und skrupelloser Weise auszunutzen verstand[1]. Und zwar dadurch, daß er – wie die von ihm hinters Licht geführte Charlotte von der Recke 1787 öffentlich erklärte – „Religion, Magie und Freimaurerei sehr genau miteinander verband"[2]. Vor allem hat Cagliostro die von ihm begründete und mit Elementen orientalischer Mysterienkulte angereicherte „Ägyptische Freimaurerei" seinen Zwecken dienstbar gemacht.

Möglicherweise ist Cagliostro, der im Verlauf seines unsteten Wanderlebens Kontakte zu den verschiedensten „geheimen Gesellschaften" anknüpfte, durch die Vermittlung der für den Okkultismus des 18. Jahrhunderts charakteristischen Figur des Barons Peter von Leonhardi in eine flüchtige Berührung mit dem Illuminatenorden gekommen. Der Freimaurer und Rosenkreutzer Leonhardi, der sich in einem Schlosse in Groß Korben bei Frankfurt als versponnen-eigenbrödlerischer Alchymist betätigte, ist vielleicht durch Knigge in den Illuminatenorden initiiert worden. Wie dieser später ironisch gestand, hat er 1780 in Bockenheim bei Frankfurt „ein halbes Dutzend silberner Kaffeelöffel" für alchymistische

3.2. Cagliostro als „Chef der Illuminaten"

Experimente verbraucht.[3] Diese Spielereien Knigges haben Leonhardi möglicherweise glauben lassen, daß er durch einen Eintritt in den Illuminatenorden noch tiefer in die Magie eindringen könne. Als er sich jedoch über den militant aufklärerischen Charakter dieses Ordens klar wurde, trat er enttäuscht wieder aus, während Knigge seinerseits die Brücken zu dem unter okkultistischen Einfluß geratenen deutschen Tempelritter-Orden abbrach und zu einem entschiedenen Gegner aller antirationalistischen Gruppen wurde.[4]

Selbst wenn man annimmt, daß Cagliostro das päpstliche Inquisitionsgericht nicht belogen hat, als er behauptete, er sei bei Frankfurt in den Illuminatenorden eingeführt worden, wird man dies nur als eine flüchtige Konstellation werten müssen, aus der sich keinerlei ernsthafte Verschwörungshypothesen ableiten lassen. Seine Verstrickung in verschiedene Affären hatte Cagliostro ohnehin mehr zu einer Figur der Skandalchronik als der Politik werden lassen. So persiflierte Kaiserin Katharina von Rußland Cagliostro in ihrem Lustspiel: „Der Betrüger", welches Friedrich Nicolai ins Deutsche übersetzt und 1788 in Berlin publiziert hat.[5] Friedrich Schiller ließ sich von Cagliostro bei der Niederschrift seiner „Geisterseher" inspirieren und Goethe diente er zum Vorbild für den „Großcophta".

In einem „Etwas über Cagliostro" betitelten Artikel des Wiener „Journal für Freimaurer"[6] von 1786 ist Cagliostro charakteristischerweise nicht nur als „betrügerisch" charakterisiert worden; darüber hinaus wurde ihm der Vorwurf gemacht, daß er durch seine „schwärmerischen Grillen" „Unwissenheit und Barbarei" befördere.[7] Wenn dennoch die konterrevolutionäre Propaganda nach 1789 Cagliostro revolutionäre Ziele unterzuschieben suchte, so auch deshalb, weil der nach der Halsbandaffäre 1785 aus Frankreich verbannte Cagliostro im Juni 1786 in London – anonym – einen „Offenen Brief an das französische Volk" publizierte. Darin griff er den französischen Minister Breteuil scharf an, malte das Leben der Staatsgefangenen in der Bastille in den schwärzesten Farben und fragte endlich: „Jemand fragte mich, ob ich nach Frankreich zurückkehre- Sicherlich, antwortete ich, vorausgesetzt, daß die Bastille ein öffentlicher Platz geworden sei".[8]

3. Die Entstehung und Ausformung der Verschwörungsthese

Diese Formulierung, die ein nur allzuverständliches und keinesfalls als außergewöhnlich zu betrachtendes Interesse an einer Schleifung der Bastille bekundet, bot sich für eine entstellende, Cagliostro in einen ursächlichen Zusammenhang mit den Ereignissen vom 14. Juli 1789 bringende Wiedergabe geradezu an.

Unmittelbar nach der erwähnten Verhaftung Cagliostros berichtete Kardinal de Bernis, der französische Gesandte an der Kurie, in seiner Relation vom 6. Januar 1790: „Man verhaftet Cagliostro und untersucht, ob er nicht der Chef der Sekte der Illuminaten sei, welche hier die Regierung zu beunruhigen beginnt. Diese Sekte macht große Fortschritte in Deutschland und sucht mit Hilfe mysterieuser Zeremonien, welche man hier ägyptisch nennt, überall den Geist der Auflehnung und der Revolte gegen die überkommene Autorität der Regierungen zu säen,"[9] Wenig später kursierten bereits die ersten Gerüchte über die Motive für die Verhaftung Cagliostros in der Presse. So wurde beispielsweise in der 12. Nummer der Berliner „Vossischen Zeitung" vom Jahre 1790 die Nachricht publiziert: „Rom, 4. Januar. Die Gerüchte, weshalb es (die Verhaftung) geschehen seyn soll, sind sehr verschieden. Einige sagen, es sey entdeckt worden, daß Kagliostro an der Französischen Revolution Antheil habe; andere, er habe auch in Rom eine Revolution bewirken wollen."[10]

Diese Nachrichten gab Joseph de Maisonneuve, ein polnischer Rosenkreutzer und Grand Orateur des freimaurerischen Großorients von Polen, bereits am 12.01.1790 in seinem in Venedig verfaßten Brief an den ihm befreundeten Abbé und Exjesuiten Albertrandi, den Sekretär des polnischen Königs, als sichere Erkenntnis aus. Darin bezichtigte er die französischen Freimaurer, unter Führung ihres Großmeisters, des Herzogs von Orléans – entsprechend den Aussagen Cagliostros – den Sturm auf die Bastille organisiert und ausgeführt zu haben.[11] In dem antirevolutionären Hamburger „Politischen Journal" wurde so spekuliert: „Man will wissen, er (Cagliostro) sey das geheime Oberhaupt der neuen Illuminaten-Sekte. Er und diese Sekte habe an vielen Dingen in Frankreich, und anderen, die so in anderen Ländern vorgehen, Schuld."[12]

3.2. Cagliostro als „Chef der Illuminaten"

Mit dieser Unterstellung setzte sich der Freimaurer und Illuminat Johann Bode (1730–1793)[13] in seiner 1790 in Gotha anonym publizierten Schrift: „Ist Cagliostro der Chef der Illuminaten?" kritisch auseinander. Anhand einer ihm vorliegenden und von ihm im italienischen Original publizierten Notiz über die Verhaftung Cagliostros[14] suchte er nachzuweisen, daß die im „Politischen Journal" kolportierte Vermutung, Cagliostro sei der Chef der Illuminaten gewesen, erstmals nicht in Italien, sondern vielmehr in Deutschland aufgetaucht sei. Folglich äußerte Bode den zutreffenden Verdacht, daß die Nachrichtenpolitik des „Politischen Journals" nur auf dem Hintergrund der deutschen gegenaufklärerischen Agitation verstanden werden könne. Er konstatierte: „So ist der Umstand merkwürdig, daß man seit einigen Jahren dem erloschenen Illuminaten-Bunde allen Unfug, der heimlich getrieben wird, alles Unheil, das nur irgend einem Lande in Europa drohet, aufhalsen will".[15] Weiter erklärte er, daß es schon aus offenkundigen Gründen geradezu absurd wäre, in dem „bekannten Gaukler Cagliostro" das geheime Oberhaupt der Illuminaten zu sehen, denn nach Ansicht der Freimaurer treibe Cagliostro „Schwarze, oder Caco-Magie" und gerade die Illuminaten könnten „von gar keiner Magie etwas hören, ohne, zum großen Ärger der Gläubigen und Frommen, den Mund zu einem spöttischen Lächeln zu halten".[16]

Die schon von Bode formulierte Vermutung, daß der „Fall Cagliostro" bewußt für die konterrevolutionäre Agitation ausgenutzt wurde, wird vor allem durch die folgende, 1791 von der päpstlichen Kammerdruckerei veranstaltete Publikation gestützt: „Kompendium des Lebens und Handelns von Giuseppe Balsamo ... ausgezogen aus dem in Rom gegen ihn geführten Prozeß, welches dazu dient, den Charakter der Sekte der Freimauer zu erkennen". Diese Schrift erschien noch im gleichen Jahr in einer deutschen und französischen, 1792 in einer englischen und 1793 in einer polnischen Übersetzung. Schon im Vorwort dieser offiziösen Publikation, zu welcher der deutsche Übersetzer eine distanzierende Vorrede beisteuerte[17], kommt ihr agitatorischer Charakter zum Ausdruck. Denn in ihm wird den „Freymaurerrotten" in pauschaler Weise vorgeworfen, das „Joch der Subordinazion und

3. Die Entstehung und Ausformung der Verschwörungsthese

des Gehorsams" abzuschütteln und die „ganze Welt in Aufruhr und Tumult" zu setzen. Die Freimaurer, die „schallende Töne von Menschheit, Oekonomie, bürgerlicher Freyheit, gereinigter Moral" im Munde führten, suchten „weiter nichts, als jedes Verbrechen zu rechtfertigen", „Ströme von Bürgerblut" zu vergießen, durch die „Vernichtung des Eigenthumsrechts zu stehlen, die Ordnung der Stände zu vernichten, welche das festeste Band der Gesellschaft ist."[18]

Bei einer Analyse der von Cagliostro in seinem Prozeß gemachten Aussagen – bei der zu berücksichtigen ist, daß dieser durch eine besondere Geständnis- und Enthüllungsfreudigkeit versucht haben dürfte, mildernde Umstände zugebilligt zu bekommen[19] – fällt auf, daß die zum Teil phantastisch anmutenden Geständnisse realer Bezugspunkte nicht entbehren. Diese Bezugspunkte sind vor allem in den Aussagen über den Tempelritter-Orden zu sehen, dem ja auch Knigge bis 1780 angehört hatte. Der in Schottland begründete Tempelritter-Orden des 18. Jahrhunderts suchte in romantisierender Manier an den mittelalterlichen Ritterorden gleichen Namens anzuknüpfen, der am Anfang des 14. Jahrhunderts in einen Konflikt mit Philipp IV. von Frankreich und Papst Clemens V. geraten und schließlich verboten worden war. Da sein Hochmeister Jacob de Molay 1314 als angeblicher Ketzer hingerichtet wurde, spielte in der Symbolik des quasi-freimaurerischen Tempelritter-Ordens die Rache für den hingerichteten Hochmeister eine große Rolle. So kursierte bei den Tempelrittern die anti-bourbonische Parole: „Zerstöre die Lilie mit den Füßen" (Lilia destrue pedibus), die auch in den von der päpstlichen Polizei beschlagnahmten Papieren Cagliostros entdeckt worden sein soll.[20]

Zwar darf man in derartigen Parolen kein zur Realisierung bestimmtes politisches Programm sehen, wie dies aus Revolutionsfurcht sowie aus agitatorischen Gründen auf konterrevolutionärer Seite getan worden ist, jedoch müssen sie als Ausdruck anti-absolutistischer Ressentiments verstanden werden. Dies ist der Hintergrund für die folgenden, von Cagliostro vor der Inquisition gemachten Aussagen: In einem Landhause bei Frankfurt hätten ihm zwei – nicht namentlich genannte – Begleiter ein Buch vorgelegt, „dessen Inhalt mit den Worten

3.2. Cagliostro als „Chef der Illuminaten"

anhub: Wir Großmeister der Tempelherren etc. Sodann erfolgte eine Eidesformel, die in schreckbaren Ausdrücken abgefaßt war, deren ich mich nicht mehr erinnern kann, und die Verpflichtung enthielt, alle despotischen Monarchen zu vertilgen. Diese Formel war mit Blut geschrieben ... Die Unterschriften zeigten die Namen der zwölf Großmeister der Illuminaten an."[21]

Bei diesen Illuminaten kann es sich keinesfalls um die bayerischen „Illuminaten" gehandelt haben, durchaus aber um „Illuminaten der Theosophie", welche speziell in den Orden der Tempelritter und der Rosenkreutzer heimisch waren.[22] Weiter heißt es: „Überzeugte ich mich immer mehr, daß der bestimmte Streich dieser Sekte vornehmlich auf Frankreich gerichtet war, nach dessen Falle es sodann auf Italien und sonderlich auf Rom losgehen würde ... (daß) die Gesellschaft in verschiedenen Banken zu Amsterdam, Rotterdam, London, Genua, große Geldsummen liegen habe, welche, wie mir meine Begleiter versicherten, von den Beyträgen herkommen, die alljährlich von 180.000 Maurern, für jeden zu 5 Louis d'or gerechnet, entrichtet würden; daß man sich dieser Summen zur Unterhaltung der Ordenskämpfer, zur Besoldung der Emissarien, die an allen Höfen sich befänden, zur Unterhaltung der Schiffe, und endlich zur Anschaffung alles dessen, was die Sekte benöthiget wäre, und zur Belohnung derjenigen bediene, welche irgendeine Unternehmung wider despotische Souverains wagten".[23]

Diese gigantische freimaurerische Verschwörung existierte einzig und allein in Cagliostros Phantasie. Da sie nicht einmal den Schein einer Glaubwürdigkeit beanspruchen konnte, hielt es sogar der vatikanische Herausgeber für erforderlich, seinen Gewährsmann „Großsprechereien"[24] nachzusagen. Weil man also den berüchtigten Cagliostro nicht als glaubwürdigen Kronzeugen zu präsentieren wagte[25], wurde er später in der antifreimaurerischen politischen Publizistik meist mit Schweigen übergangen oder aber als „schamloser Abenteurer"[26] nicht ernstgenommen. Der Abbé Barrel, dem man keine besonderen Skrupel bei der Entlarvung vorgeblicher Verschwörungen nachsagen kann, erwähnte Cagliostro nur einmal ganz beiläufig im Zusammenhang mit einem

3. Die Entstehung und Ausformung der Verschwörungsthese

Gerücht, dem er selbst keine große Bedeutung zumaß.[27] Lediglich in den 1794 verfaßten „Ursachen der Revolution von Frankreich" (Causas de la Revolucion de Francia) des spanischen Jesuiten Lorenzo Hervas y Panduro[28] und in dem erstmals 1795 in Paris publizierten und auch ins Deutsche und Niederländische übersetzten „Grabmal von Jacque Molay" (Tombeau de Jacque Molai) finden sich einige vielsagende Andeutungen.[29]

Aufgrund dieser zwar unbestreitbaren, jedoch bislang nicht systematisch aufgedeckten Tatbestände, ist es erstaunlich, daß die erst in jüngster Zeit erfolgte Auffindung des oben erwähnten Berichtes des Rosenkreutzers Joseph de Maissonneuve vom 12.01.1790 als ein sensationeller Fund deklariert werden konnte, dem eine große, die Verschwörungsthese erhärtende Beweiskraft zukomme.[30] Diese vornehmlich von dem Franzosen Bernard Fay gezogene Schlußfolgerung wird nur dann verständlicher, wenn man sich vergegenwärtigt, daß Fay 1946 als NS-Kollaborateur zu lebenslänglichem Zuchthaus verurteilt wurde, weil er für die Deponierung tausender französischer Freimaurer in nationalsozialistische Konzentrationslager mit verantwortlich ist.[31]

Ohne Zweifel haben die sich um die Verhaftung und die Aussagen Cagliostros rankenden Gerüchte, welche von konterrevolutionären Kreisen in ganz Europa kolportiert worden sind, dazu beigetragen, das Mißtrauen gegen die in der kurialen Publikation als „tödtliche Seuche" denunzierte Freimaurerei[32] zu verstärken und den Boden für eine schon wenig später festere Konturen annehmende antifreimaurerische Verschwörerthese zu bereiten.[33] Kennzeichnend für die latente Bereitschaft, die Freimaurer als Drahtzieher der Revolution anzusehen, ist der Brief, den Marie Antoinette von Frankreich am 17.08.1790 an ihren kaiserlichen Bruder Leopold II. gerichtet hat. Darin heißt es: „Hüten Sie sich vor allen Freimaurerverbindungen, man wird Sie schon gewarnt haben, auf diesem Wege glauben alle Bösewichter in allen Ländern das gleiche Ziel zu erreichen."[34]

3.3. Die Verdichtung der Verschwörungsthese zu einer Drahtzieher-Theorie

Während in Deutschland bereits vor 1789 eine Neigung dazu bestand, den Freimaurern und Illuminaten alle unerwünschten Entwicklungen zur Last zu legen, erwähnte der französische Abbé Barruel, als er sich 1789 darum bemühte, die „wahren Ursachen der Revolution" aufzudecken, die Freimaurerei bezeichnenderweise noch mit keinem Wort. Vielmehr beschränkte er sich auf die Geißelung der „dem Thron und dem Altar feindlichen Philosophie".[1] Auch der Comte de Ferrand, der 1790 das Pamphlet: „Die demaskierten Verschwörer" (Les conspirateurs demasqués) veröffentlichte, wußte noch nichts von einer Verschwörung im engeren Sinne und schon gar nichts von einer freimaurerischen, obgleich er bereits einzelne Männer wie den Herzog von Orléans, Lafayette, Necker und den Abbe Siéyès als Verschwörer denunzierte.[2]

Die 1789 in Paris durch den Marquis de Luchet vorgelegte Publikation des „Essay über die Sekte der Illuminaten" (Essai sur la secte des Illuminès) hat bis zu diesem Zeitpunkt offensichtlich in Frankreich niemanden veranlaßt, den Ausbruch der Revolution in einen Kausalzusammenhang mit den deutschen Illuminaten zu bringen. Die in Frankreich durch Luchet bekanntgewordene Tatsache, daß „Germanien ... in seinem Schoße eine ansehnliche Sekte, die unter dem Namen Illuminaten bekannt ist"[3], berge, hat allerdings schon sehr bald in Deutschland die Befürchtung wachgerufen, daß es zu einem Zusammenspiel der französischen Revolutionäre mit radikalaufklärerischen, prorevolutionären deutschen „Illuminaten" kommen könnte.

So hat der preußische Gesandte in Paris in seinem Bericht vom 22. Januar 1790 die Vermutung ausgesprochen, daß die revolutionäre französische Propaganda im Ausland durch die Freimaurer begünstigt werde.[4] Wenig später beschäftigte sich die gegenrevolutionäre deutsche Publizistik intensiv mit dieser angeblich aus Paris stammenden anonymen Schrift: „Dénonciation à toutes les puissances de l'Europe d'un plan de conjuration contre la tranquillité générale, suivie d'un discours prononcé au Club de Propagande". Diese wurde

3. Die Entstehung und Ausformung der Verschwörungsthese

erstmals in der Juliausgabe 1790 des Fuldaer „Journal von und für Deutschland"[5] unter folgendem Titel auf deutsch publiziert: „Bekanntmachung eines Verschwörungsplanes gegen die allgemeine Ruhe von Europa an alle Mächte derselben. Ferner eine Rede, welche in dem Club de la Propagande gehalten wurde, den 21. Mai 1790".

In der Oktoberausgabe 1790 des in enge Beziehungen zu französischen Emigranten stehenden Hamburger „Politischen Journals"[6], welches diese „Entlarvung" eines Pariser Clubs – dessen Existenz durch „keine einzige zuverlässige Nachricht erwiesen ist"[7] – bereits in seiner August-Ausgabe publiziert hatte[8], heißt es über diesen Club, er komme „alle Wochen zweimal nach Art und Weise der Freimaurer zusammen ... Das Innere ist mit einem freimaurerischen Schleier bedeckt. Die Absicht ist bekannt; sie ist, die Revolution nach und nach durch ganz Europa zu verbreiten".[9] In der Beilage zu den Neuwieder „Politischen Gesprächen der Todten" vom 24.09. 1790 wurde ein „Schreiben aus Paris vom 18.07.1790" mit korrespondierendem Inhalt publiziert: „Es ist eine Gesellschaft hier, die aus 600 Personen besteht, und die alle Woche zweymal nach Illuminatenart heimlich zusammenkommt. Diese Gesellschaft nennt sich Propaganda ... Ihr Endzweck ist keine Friedenspropaganda wie zu Rom, sondern eine Revolutio propaganda. Sie hält in allen Ländern ihre Korrespondenten und ihre Emissarien ..."

Der republikanische Publizist Christian Schubart kommentierte diese Nachrichten in seiner „Chronik" vom 24. September 1790 wie folgt: Er habe bisher an einen solchen „allgemeinen Verschwörungsplan nicht geglaubt, denn so ganz durchteufelt konnte ich mir die Menschheit nicht denken: nun aber bin ich überzeugt, daß eine solche schwarze Gesellschaft da ist, und nun ist es meine Pflicht, die zahlreichen Leser meiner Chronik zu warnen vor diesen Teufeln, die man am Schwefelgeruche kennt".[10] Schubart, der den Lesern der „Chronik" am 8. Oktober 1790 mitteilte, er habe aus Straßburg zuverlässig erfahren, daß der Propaganda-Club gar nicht existiere und die „Dénonciation" nicht französischen, sondern deutschen Ursprungs sei, warf also den Verschwörungsverdacht polemisch auf dessen Urheber zurück.

3.3. Die Verdichtung der Verschwörungsthese

Wenngleich er insofern Recht hatte, als dieser Club – dessen vermeintliche Aktivitäten auch in der Schweiz eine Angstpsychose hervorriefen – ein reines Phantasiegebilde war, so blieb ihm doch verborgen, daß die mysteriöse revolutionäre Organisation ihre Existenz der Feder eines französischen Emigranten, des Comte d'Antraigues, verdankte. Dieser Aristokrat suchte durch gezielte Falschinformationen zum gegenrevolutionären Kampf anzustacheln.[11]

Obgleich bereits im Zusammenhang mit der Cagliostro-Affäre Verschwörungshypothesen lanciert worden sind und obgleich ein obskurer pensionierter österreichischer Gubernialsekretär schon am 15.08.1790 in einer Eingabe an den Kaiser den Nachweis zu führen suchte, daß „das Rad der gegenwärtigen Irrungen und Revolutionen Europens von der Bruderschaft der Freymaurer getrieben" werde[12], muß doch konstatiert werden, daß die antifreimaurerische Verschwörungsthese im Jahre 1790 noch nicht zu einer Drahtziehertheorie im engeren Sinn verdichtet worden ist. Allerdings wurde den Freimaurern von Konterrevolutionären weithin eine Mitverantwortung für die Vorgänge in Frankreich angelastet, da man strukturelle Gemeinsamkeiten sowohl der freimaurerischen Ideologie mit der Ideologie der Revolution als auch des Sozialinstituts der Logen mit den Pariser revolutionären Clubs entdecken zu können glaubte. Charakteristisch dafür ist nicht zuletzt auch die Tatsache, daß Edmund Burke die 1790 in seinen „Betrachtungen über die Revolution in Frankreich" (Reflections on the Revolution in France) ausgesprochenen Warnungen vor einem allgemeinen Erdbeben, das ganz Europa bedrohe, mit einem Hinweis auf die 1787 publizierten „Originalschriften des Illuminatenordens" untermauert hat.[13]

Parallel zu der Zuspitzung der politischen Konflikte in Frankreich konkretisierte sich das antifreimaurerische Verschwörungsdenken. In seiner erstmals 1791 publizierten und Anfang 1792 auch in englischer, italienischer und portugiesischer Sprache[14] erschienenen Schrift: „Der für die Neugierigen gehobene Schleier oder Das Geheimnis der Revolution enthüllt mit Hilfe der Freimaurerei" (Le voile levé pour les Curieux ou le secret de la révolution relevé à l'aide de la

3. Die Entstehung und Ausformung der Verschwörungsthese

franc-maçonnerie) entwickelte der französische Abbé Le Franc das ganze Pathos, das für große Entlarver, welche die Welt des Scheins zu durchstoßen glauben und das wahre Gesicht der Dinge zu enthüllen meinen, charakteristisch ist. Er unterstellte der Freimaurerei: „Die Freimaurerei will den Thron umstoßen ebenso wie sie den Altar umwerfen möchte" (La franc-maçonnerie veut renverser le Trône comme elle a renversée l'Autel)[15]. Dem in Frankreich herrschenden Régime sagte er nach: „Das Regime der Nationalversammlung ist in der Tat ein freimaurerisches" (Le régime même de l'assemblée est tout-à-fait maçonnique).[16] Darüber hinaus erging er sich in geschichtsphilosophischen Betrachtungen, wobei er einen direkten Zusammenhang zwischen der modernen Philosophie, dem häretischen Protestantismus und der Freimaurerei aufzuweisen versuchte.

Diese Schrift Le Franc's sowie die Nachrichten über den imaginären Propaganda-Club stellen offensichtlich die Quellen für die mit dem Titel „Ursachen und Agenten der Revolution in Frankreich" (Causes y agentes de la revoluciones de Francia) versehene Note dar, die der spanische Generalinquisitor seinem Premier am 26.10.1791 übersandt hat. Wenngleich die Freimaurer in diesem Schriftstück nicht ausdrücklich genannt werden, so ist doch klar, daß sie unausgesprochen jener „Liga der Verschwörer" zugerechnet werden, die sich in Frankreich gebildet habe und die in konspirativer Weise und unter Einsatz erheblicher Geldmittel die Völker gegen ihre Souveräne und gegen die christliche Religion aufzuwiegeln suche.[17]

Die vermutlich von einem Ex Jesuiten veröffentlichte Augsburger Schrift von 1791: „Projekte der Ungläubigen zur Aufhebung der Religiösen, und Einziehung der geistlichen Güter" geht dagegen ausdrücklich auf die Freimaurer ein. In dieser Publikation, die angeblich „eine freye Übersetzung aus dem Französischen und Welschen ins Teutsche"[18] darstellt, wird die Verantwortung für „die merkwürdige Revolution, in die wir verwickelt sind",[19] der „Sekte" zugeschrieben, zu welcher der anonyme Verfasser die Philosophen, Jansenisten und Freimaurer rechnete. Der Freimaurerei sagte er nach: „Eine Bruderschaft, die unter Personen von verschiedenen

3.3. Die Verdichtung der Verschwörungsthese

Ständen eingegangen wird, hat kein Verhältnis zu der Verschiedenheit der hierarchischen Ordnung, welche Gott zur guten Leitung der Welt eingesetzt hat, und daher folgt unnachläßlich der Umsturz des weltlichen und geistlichen Systemes."[20]

Derartige Erörterungen über die tieferen Ursachen der Revolution, bei denen die Freimaurerei jeweils als Wegbereiter für eine auf dem Gleichheitsgrundsatz basierende bürgerliche Gesellschaft hingestellt wurde, wurden schon 1791 durch gezielte Verdächtigungen der Illuminaten „konkretisiert". In wie starkem Maße Adam Weishaupt und die Illuminaten bereits zu jener Zeit zu Sündenböcken abgestempelt waren, belegt die Korrespondenz des aufklärerischen Prinzen Friedrich-Christian von Schleswig-Holstein. Friedrich-Christian, der seiner Schwester in einem Brief vom 25.09.1787 das Weishauptsche „Verbesserte System der Illuminaten" zur Lektüre empfohlen hatte.[21] Er erklärte sich in einem im Konzept erhaltenen Briefe vom 29.03.1791 an den ihm freundschaftlich verbundenen Weishaupt außerstande, diesem eine Anstellung zu verschaffen. Als Begründung für die Absage gab er an: „Ihr Name ist zu bekannt und bei der ganzen Classe der Grossen in keinem guten Ruf. Bei uns ist besonders der P(rinz) C(arl) von H(essen)[22] Ihnen Feind. Der Stifter des Illuminaten) O(rdens) muß ihm ein verdächtiger Mann seyn. Er behauptet aber zu wissen, daß der Orden) an politischen Revolutionen arbeite, daß die gegenwärtige Verwirrung in Frankreich sein Werk sei."[23]

Gerüchte und Verdächtigungen dieser Art schlugen sich schon bald auch in diplomatischen Relationen nieder. So teilte der kurkölnische Minister von Waldenfels dem Gesandten in Regensburg mit Schreiben vom 20. Juli 1791 aus Bonn mit: „Der Umsturz der französischen Verfassung ist nicht das Werk eines Augenblicks, er wurde durch geheime Gesellschaften lange vorbereitet, das nämliche geschieht in Deutschland."[24] Und der preußische Gesandte in Mainz berichtete am 23. Juli 1791 nach Berlin: „Die Sekte der Illuminaten in Deutschland ... liefert, daran gibt es keinen Zweifel, der französischen Propaganda mächtige Unterstützung, ihre Prinzipien sind die gleichen, ihre Ziele unterscheiden sich

3. Die Entstehung und Ausformung der Verschwörungsthese

nicht"[25]. Der kölnische Gesandte am Regensburger Reichstag lieferte in seiner Relation vom 30.08.1791 bereits eine echte Drahtziehertheorie, indem er apodiktisch behauptete, daß „die in Frankreich wütenden Rebellen" durch die Illuminaten „eigentlich ausgebrütet sind".[26]

Aus der Tatsache, daß der Pariser „Moniteur" in seiner Ausgabe vom 15.12.1791 einen offensichtlich aus deutschen „illuminatischen" Kreisen stammenden und am 01.12.1791 datierten Brief abdruckte, geht hervor, daß die in Deutschland über die Illuminaten geführte Diskussion offensichtlich in Frankreich mit Interesse verfolgt worden ist. Nachdem der anonyme Briefschreiber dem französischen Publikum den prinzipiellen Unterschied zwischen den „Illuminaten der Theosophie" und den Weishauptschen Illuminaten erläutert hatte, erklärte er über die letzteren: „Aber es ist ein gesichertes Faktum, daß die Illuminaten Bayerns, welche verfolgt, gejagt, verhaftet und in übelster Weise mißhandelt worden sind, die gebildetsten und aufgeklärtesten Männer Bayerns, eines der finstersten Länder Deutschlands, zu seinen Mitgliedern zählte ... Das Kapitel der geheimen Gesellschaften Deutschlands ist von größtem Interesse für diejenigen, welche den Gang des menschlichen Geistes und die Bestrebungen seiner Freunde und Feinde beobachten wollen"[27].

Schon aus dem Titel der 1792 in Paris von dem Abbé Le Franc veröffentlichten Schrift: „Verschwörung gegen die katholische Religion und die Souveräne, welches in Frankreich konzipierte Projekt in der ganzen Welt durchgeführt werden soll. Ein nützliches Werk für alle Franzosen" (Conjuration contre la Religion Catholique et les Souverains dont le projet, conçu en France, doit s'exécuter dans l'univers entier. Ouvrage utile à tous les Français) geht allerdings eindeutig hervor, daß man in konterrevolutionären französischen Kreisen den Ursprung der Revolution, anders als in Deutschland, eindeutig in Frankreich lokalisiert hat. Allein dieser Tatbestand legt den Schluß nahe, daß die antifreimaurerische Verschwörungsthese in Deutschland entwickelt worden sein muß.

Die im folgenden detailliert zu begründende Feststellung, daß die bis 1791 gewissermaßen noch im Inkubationsstadium

3.3. Die Verdichtung der Verschwörungsthese

befindliche Verschwörungsthese erstmals im Jahre 1792, und zwar in Deutschland, eine konkretere Gestalt anzunehmen begann, findet ihre Erklärung im Prozeß der Radikalisierung der Französischen Revolution und der durch ihn in Deutschland hervorgerufenen Kriegs- und Revolutionsfurcht. Der Wiener Professor Leopold Alois Hoffmann (1759–1801)[28], der seit Januar 1792 mit kaiserlicher Protektion die „Wiener Zeitschrift" (1792–1793)[29] herausgab, welcher für die Entwicklung und die Propagierung der Verschwörungsthese eine geradezu kardinale Bedeutung zukommt, ist von 1783–1788 selber Freimaurer gewesen. Allerdings hat er bereits 1786 anläßlich des Skandals um den Illuminatenorden ein Pamphlet veröffentlicht, in dem er sowohl gegen den Einbruch der „Magie und Alchymie"[30] in die Freimaurerlogen als auch gegen radikal-aufklärerische Bestrebungen innerhalb der Freimaurerei polemisierte. Nachdem er bereits in dieser Schrift Freimaurern den Vorwurf gemacht hatte, „dem Projekt einer allgemeinen Menschengleichheit"[31] nachzujagen, hat er den Berliner Aufklärern 1787 nachgesagt: „Mißhandelt hat man uns Katholiken seit einigen Jahren in mancher Ecke des protestantischen Deutschlands, als wären Dummköpfigkeit und Argsinn die zwei Hauptdogmen unserer Kirche." Darüber hinaus bezichtigte er die Freimaurer, sie ließen sich zu „Kosmopolitismus und Religionsaufklärung" mißbrauchen, wobei er den Zweck des Illuminatenordens so definierte: „Untergrabung der Religion der Christen – und – Umschaffung der Freimaurerei zu einem verderblichen politischen Sistem."[32]

Diese Stellungnahmen zeigen, daß die von Hoffmann in der „Wiener Zeitschrift" betriebene Agitation unmittelbar und bruchlos auf der vorrevolutionären anti-illuminatischen Tradition aufbaute, wobei die in Frankreich ausgebrochene Revolution geradezu als Bestätigung bereits vor 1789 vorgenommener Analysen gewertet werden konnte. Im „Prolog" zu diesem Journal, zu dessen Mitarbeitern der bereits erwähnte Ernst August von Göchhausen gehörte und in dem sich der „Theoretiker der Restauration", Karl Ludwig von Haller, vermutlich seine ersten publizistischen Sporen verdiente[33], heißt es programmatisch: „Sie (die „Wiener Zeitschrift") erschrickt nicht vor der Tollwut der herrschenden

3. Die Entstehung und Ausformung der Verschwörungsthese

Aufklärungsbarbarei und ihrer falschen Apostel. Sie hat den Muth, die geheimschleichende Bosheit verräterischer Volksverführer überall, wo sie ihr begegnen wird, ohne Schonung zu entlarven."[34]

Die „Wiener Zeitschrift", die eine grobschlächtige Agitation gegen die „Horde kosmopolitischer und philantropinischer Schriftsteller"[35] entfaltete, unterstellte eine Gesinnungsgenossenschaft der Illuminaten mit den revolutionären Franzosen, warnte jedoch vorerst noch recht vage: „Wacht auf! Fürsten ... Weit ausgespannt sind die Netze der geheimen Gesellschaften, weit wirket der Orden!!!"[36] Im folgenden Heft der „Wiener Zeitschrift" publizierte Hoffmann das Manuskript: „Die Rothe Loge allen gekrönten Häuptern enthüllet im Julius 1790"[37], das ihm von „wichtiger und sehr verehrlicher Hand" aus Regensburg in die Hände gespielt worden sei. Diese Schrift stelle eine Übersetzung der 1790 zu Paris angefertigten Niederschrift: „Die für alle gekrönten Köpfe enthüllte rote Loge" (La loge rouge devoilée à toutes les têtes couronnés) dar, in welcher „man Dinge handgreiflich macht, die auch im Jahre 1792 in Deutschland nur gar wenige Menschen begreifen wollen."[38]

In dieser „roten Loge" wird auf zwei unterschiedliche Richtungen in der Freimaurerei aufmerksam gemacht. Während die „blaue" Loge – d.h. die nach dem ursprünglichen englischen System arbeitenden und nur den Lehrlings-, Gesellen- und Meistergrad kennenden Johannislogen – „jeder obrigkeitlichen Gewalt Treu und Gehorsam" schwöre, verbände sich die „rote" Loge „zur Vertilgung aller Könige, zur Herstellung der Gleichheit der Stände und sogar der Gemeinschaft der Güter."[39] Diese Verbindung zerbreche „alle Banden der menschlichen Gesellschaft"[40] und strebe nach „der Realisierung ihrer geheimen Entwürfe, die wie unterirdisches Feuer in den Eingeweiden der Erde kochen, um endlich auszubrechen und dann alles zu verwüsten".[41] Es ist ersichtlich, daß diese Ausführungen über die „rote Loge" auf den das schottische Hochgradsystem benutzenden Tempelritterorden anspielen, dessen Ziele freilich bis zur Unkenntlichkeit verzerrt werden. Zugleich aber zielen sie – inhaltlich mit vergleichsweise größerer Berechtigung – auf den allerdings nicht ausdrücklich genannten Illu-

3.3. Die Verdichtung der Verschwörungsthese

minatenorden ab, dessen Organisationschef Knigge aus dem Tempelritterorden hervorgegangen war.

In der Juli-Ausgabe 1793 des gegenrevolutionären Wiener „Magazin für Kunst und Literatur" (1793–1797) wurde eine modifizierte Version der Warnung: „Über die rote und blaue Loge"[42] vorgelegt. In mystifizierender Weise heißt es dort von durch Europa „wandernden Brüdern" der „roten Loge", für die bereits der Terminus „Illuminat" als Oberbegriff[43] eingesetzt ist: „Alle diese Leute kennen sich, ohne einander gesehen zu haben, verstehen sich, ohne einander gesprochen; und dienen sich, ohne sich jemals gekannt zu haben. Sie haben die mässige Absicht, die Welt zu regieren, indem sie die Souveräne betrügen, und deren Macht an sich bringen, indem sie die Minister derselben in ihr Garn verstricken. Mächtige Fürsten sind bereits eingeflochten. Diese Sekte hat Einfluß auf mehr als dreißig deutsche Höfe und droht dem deutschen Körper, dem glänzendsten Europens mit Umsturz. Es geschah aus Rache, daß sie die Revolution von Polen zustandebrachte ... Weder Paris noch Frankreich hat dies Ungeheuer geboren: aber Paris ist der Ort, wo diese menschenfeindliche Sekte ihren Hauptsitz und ihren Waffenplatz errichtet hat. Hier (in Deutschland) ist der Verschwörungsplan geschmiedet worden."[44]

Nach diesem Vorgriff, der bereits eine konkrete Form der anti-illuminatischen Verschwörerthese präsentiert hat, gilt es die Zwischenglieder und die geschichtlichen Umstände aufzuzeigen, die zu der Ausbildung dieser Komplott-Theorie geführt haben. Zuvor ist jedoch darauf hinzuweisen, daß bereits zu diesem Zeitpunkt keineswegs nur die (ehemaligen) Angehörigen des Illuminatenordens von der konterrevolutionären Polemik mit dem Terminus „Illuminat" belegt wurden. Vielmehr war dieser längst eine pauschale Verdächtigungschiffre für alle deutschen Sympathisanten der Revolution. Wie dies später auch die Herausgeber des „Magazin für Kunst und Literatur" taten[45], so nahm bereits Leopold Alois Hoffmann in seiner „Wiener Zeitschrift" eine Identifizierung von Illuminatismus und Jakobinismus vor.

Dabei ist bemerkenswert, daß der historisch-ideologische Ursprung auch des französischen Republikanismus im deut-

107

3. Die Entstehung und Ausformung der Verschwörungsthese

schen „Illuminatismus" gesehen wurde. Die Ende 1792 in der „Wiener Zeitschrift" apodiktisch aufgestellte Behauptung: „Ein Jakobiner ist nichts mehr und weniger als ein praktischer Illuminat nach dem im Baierlande geborenen, und dort und anderwärts großgezogenen Weishaupt-Kniggeschen Illuminaten-Sistem"[46], war natürlich von der Absicht motiviert, die besondere Gefährlichkeit der deutschen Illuminaten herauszustellen und die entsprechenden konterrevolutionären Maßnahmen zu veranlassen.

Wie groß in jenen Monaten – am 21. September 1792 schaffte der französische Nationalkonvent das Königtum ab, am 21. Oktober 1792 kapitulierte Mainz kampflos vor dem französischen General Custine – die Revolutionsfurcht in Deutschland gewesen ist, geht etwa daraus hervor, daß das Gerücht über eine angebliche Wiener „Jakobinerverschwörung"[47] sich in einer Relation des Kölner Gesandten beim Regensburger Reichstag vom 26.12.1792 wie folgt niedergeschlagen hat: „Die in Wien unlängst entdeckte Jakobinerkluppe, in welcher Franzosen, Illuminaten und Freimaurer engagiert waren, ist nicht allein ausgeforscht worden, sondern es sind wirklich schon vor acht Tagen 60 Personen arretiert und in eiserne Bande niedergeworfen."[48] Es dürfte kein Zufall sein, daß schon wenig später – im zweiten Heft des Jahres 1793 – in der „Wiener Zeitschrift" ein Artikel erschien, in dem das noch ausstehende missing-link zwischen den Aktivitäten der deutschen Illuminaten und dem Ausbruch der Französischen Revolution präsentiert wurde: „Ein wichtiger Aufschluß über eine noch weniger bekannte Veranlassung der französischen Revolution mitgeteilt von zuverlässiger Hand."[49]

Dieses Bindeglied, das fortan in der konterrevolutionären Literatur eine überragende Rolle spielte, bestand in der Reise der Illuminaten Johann Bode und Wilhelm von dem Bussche nach Paris vom Jahre 1787.[50] Bode und Bussche hatten beabsichtigt, an einem freimaurerischen Konvent in Paris teilzunehmen, als sie jedoch am 24. Juni 1787 in Paris eintrafen, war der Konvent bereits beendet. Zwar sind Bode und Bussche in Paris mit verschiedenen Freimaurern zusammengekommen und zweifellos dürfte Bode, der damals gewissermaßen der Kopf des in verschiedenen deutschen Staaten verbotenen und

3.3. Die Verdichtung der Verschwörungsthese

in Desintegration befindlichen Illuminatenordens war[51], versucht haben, auch in Paris „illuminatische" Vorstellungen zu propagieren. Es ist jedoch mehr als zweifelhaft, ob seine überwiegend theosophisch ausgerichteten freimaurerischen Gesprächspartner in Paris sich wesentlich durch den deutschen Illuminatismus haben beeinflussen lassen.[52] Auch wenn verschiedene von diesen in der vorjakobinischen Phase der Revolution eine Rolle gespielt haben, wäre es doch konstruiert, dies auf den Einfluß deutscher Illuminaten zurückzuführen.

In dem „wichtigen Aufschluß" wird wie folgt argumentiert: Frankreich habe sich nicht in erster Linie – wie vielfach geglaubt werde – wegen des „Elend(s) des Volkes, d(er) ungeheuren Erpressungen, des Verfall(s) der Finanzen, de(s) Druck(es) der Despotien, de(s) Ministerial- und Adelsdespotismus" in „gänzliche Anarchie" aufgelöst.[53] Vielmehr sei die Wurzel des Übels darin zu sehen, daß die Grundsätze des Volkes verderbt worden seien und dieses Religion und Tugend verloren habe. Dafür aber seien in erster Linie die Schriftsteller als „Lehrmeister an Irreligion und Immoralität" und „Volksvergifter"[54] verantwortlich. Dennoch sei es fraglich, ob die Französische Revolution so schnell zustande gekommen wäre, sofern nicht ein „Tertium interverniens" dazugekommen wäre.[55]

Dieses „Dritte" stelle die Paris-Reise der deutschen Illuminaten Bode und Bussche dar! Sie seien für „das ungeheure Projekt ihres Ordens eingenommen (gewesen), durch eine vorzunehmende Weltreformation der bisherigen Religions- und Staatsverfassung eine andere Gestalt zu geben, Fürsten und Pfaffen, als die eigentlichen Bösen abzuschaffen, die natürliche und allgemeine Gleichheit unter den Menschen herzustellen, und statt des Christenthumes eine philosophische Religion einzuführen." Binnen kurzem hätten sie die französischen Logen „mit dem Illuminatismus imprägniert"[56] und ohne diesen „letzte(n) und kräftigste(n) Stoß" wäre die Französische Revolution schwerlich ausgebrochen.

Zusammenfassend heißt es dann pathetisch und nicht ohne Chauvinismus: „Nicht die Franzosen sind die Erfinder dieses großen Entwurfes, die Welt umzukehren; diese Ehre kommt

3. Die Entstehung und Ausformung der Verschwörungsthese

den Deutschen zu. Den Franzosen gehört die Ehre, daß sie mit der Ausführung den Anfang gemacht, und was damit im Gefolge, und wie ihre Geschichte zeigt, ganz im Genie dieses Volkes war, Kopfabschneiden, Intrigieren, Morden, Sengen und Brennen und – Menschenfleisch fressen. Aus dem in Deutschland entstandenen, und noch ganz und gar nicht verloschenen, sondern nur verborgen und desto gefährlicher sein Wesen treibenden Illuminatismus, sind diese Comités politiques entstanden, die dem Jakobinerclub sein Dasein gegeben."[57]

Diese Version der Verschwörungsthese wurde in einer Reihe konterrevolutionärer Publikationen im Wortlaut abgedruckt. Hoffmann selbst publizierte sie erneut in den 1795 von ihm herausgegebenen „Fragmenten zur Biographie des verstorbenen Geheimen Raths Bode in Weimar".[58] Ihre folgenreichste Verbreitung fand sie jedoch dadurch, daß sie den 1794 von Grolmann – anonym – herausgegebenen „Neuesten Arbeiten des Spartacus (= Weishaupt) und Philo" (= Knigge) vorangestellt wurde.[59]

Aufgrund seiner sich keineswegs nur auf die Propagierung von Verschwörungstheoremen beschränkenden konterrevolutionären publizistischen Aktivitäten[60] wurde Hoffmann so berühmt-berüchtigt, daß ihm die Berliner „Allgemeine Deutsche Bibliothek" 1793 vorwerfen konnte, er habe „die Rolle eines politischen Inquisitors und Denunzianten mit solchem Geräusch, mit solcher Unverschämtheit gespielt, daß sein Name und das Organ seiner Tätigkeit, die Wiener Zeitschrift, in ganz Deutschland zum Sprüchwort" geworden sei.[61] Da Hoffmann, der – wie noch näher auszuführen sein wird – ein mit geheimpolizeilichen Aufgaben betreuter Agent Kaiser Leopolds II. war, nach dessen Tod nicht das Vertrauen des traditionalistischen Thronfolgers Franz II. zu erringen vermochte, mußte er im September 1793 die Herausgabe der „Wiener Zeitschrift" einstellen.

Ihre Nachfolge trat das von dem Exjesuiten Hofstätter und dem Schriftsteller Lorenz Haschka[62] gleichfalls in Wien herausgegebene „Magazin für Kunst und Literatur" (1793–1797) an. Bereits im zweiten Band dieses Magazins wurde die an dem Paris-Aufenthalt Bodes und Busches ansetzende

3.3. Die Verdichtung der Verschwörungsthese

Komplott-Theorie propagiert.[63] Im Unterschied zu seinem Vorgänger verzichtete es jedoch weitgehend auf das Mittel der persönlichen Diffamierung und konzentrierte sich auf die Brandmarkung der gegen die überlieferte Sozialordnung gerichteten „Philosophen-Conjuration".[64]

Daneben maß es der Dokumentation eine vorrangige Bedeutung zu. So versäumten es die Herausgeber des Wiener Magazins beispielsweise nicht, darauf hinzuweisen, daß Burke in seinen „Betrachtungen über die Revolution in Frankreich" vor den Illuminaten gewarnt hat.[65] Sie druckten auch das von Grolmann verfaßte und 1794 anonym publizierte antifreimaurerische Pamphlet: „Endliches Schicksal des Freymaurer-Ordens" ab.[66] In dieser Schrift, nach der „Illuminatismus und Jacobinismus ... im Grunde eines und dasselbe"[67] sind, argumentierte Grolmann unter Bezugnahme auf die seiner Ansicht nach durch deutsche Illuminaten entscheidend mitverursachte Französische Revolution, daß der durch grenzenlose Freiheit gekennzeichnete „allgemeine Republikanismus" den „Despotismus übers Menschengeschlecht" zur Folge habe: Denn wenn man die Menschen „früher frei als gut" mache, würden sie „einander fressen".[68] Abschließend konstatierte er warnend: „Und welcher Bube auf unseren Gassen weiß nicht, wie bei dieser allgemeinen Weltillumination unsere deutschen philosophischen Cannibalen nicht müde werden, jeden zu zerfleischen, der nicht ihres Glaubens ist."[69]

Grolmann beließ es nicht bei derartigen Warnungen, sondern gründete im Sommer 1794 gemeinsam mit dem ihm befreundeten Darmstädter Hofprediger und Superintendenten Johann August Starck die „Gesellschaft patriotischer Gelehrter", der fast alle namhaften deutschen konterrevolutionären Publizisten beitraten.[70]

Schon die Tatsache, daß die Existenz dieser Gesellschaft streng geheimgehalten wurde und ihre Mitglieder erst im zwanzigsten Jahrhundert (!) einwandfrei identifiziert werden konnten,[71] beweist, daß die konterrevolutionären Publizisten aus der Defensive heraus operierten und es für zweckmäßig hielten, sich konspirativ zu verhalten. Grolmann gelang es, den Markgrafen Karl Friedrich von Baden für seine Pläne zu

3. Die Entstehung und Ausformung der Verschwörungsthese

interessieren, welcher daraufhin im Spätsommer 1794 an seine fürstlichen Kollegen Einladungen für eine Konferenz zur Bildung eines konterrevolutionären Fürstenbundes verschickte. Der Einladung zu der vom 29. September bis zum 2. Oktober 1794 in Wilhelmsbad abgehaltenen Konferenz[72] folgte allerdings aus Gründen fürstlicher Rivalitäten nur Ludwig X. von Hessen-Kassel. Diese beiden Fürsten kamen überein, das von der „Gesellschaft patriotischer Gelehrter" entworfene Projekt eines antirevolutionären Journals finanziell zu unterstützen und ermöglichten somit die Herausgabe der „Eudämonia oder deutsches Volksglück. Ein Journal für Freunde von Wahrheit und Recht" (17951798). Es erschien erstmals im Frühjahr 1795 in völliger Anonymität in Leipzig.

Im programmatischen „Prospektus" zu diesem Journal heißt es, daß schon ein flüchtiger Blick auf die französische Geschichte erkennen lasse, daß „die jetzigen Schriftsteller die Wahrheit reden, wenn sie behaupten, daß die Revolution durch Schriftsteller, deren einige den Altar, andere den Thron untergruben, vorbereitet worden. Eben dies geschieht auch durch eine Menge von Schriften in Deutschland".[73] Folglich sahen es die „Eudämonisten" als ihre Aufgabe an: „Anzeige und Rüge von Revolutions-Sünden, welche die gelehrten und politischen Zeitungsschreiber, Journalisten, theologische, philosophische, historische und politische Schriftsteller unserer Zeiten begehen".[74] Damit müsse der „jakobinisierten Stimmung der öffentlichen Meinung"[75] entgegengewirkt werden.

Da sie davon ausgingen, daß es die Stifter des Illuminatenordens gewesen seien, „welche das Ungeheuer" der Französische Revolution „zur Welt gebracht, aufgerzogen, genährt und so stark gemacht haben, daß es eine große Menge von Menschen in seine Klauen fassen und den übrigen fürchterlich werden konnte",[76] und sie zudem befürchteten, daß beim Ausbleiben wirksamer Gegenmaßnahmen „die ganze Menschheit am Gängelbande einiger Illuminaten tanzen"[77] würde, entfachten sie eine scharfe, vor Denunziation und Verleumdungen nicht zurückschreckende Propaganda.[78] Die Kampagne der „Eudämonia" gegen den „berüchtigten Metaphysiker"[79] und „Jenaischen Vernunft-Hohen-Priester"[80] Fichte hat

3.3. Die Verdichtung der Verschwörungsthese

übrigens zu der gegen ihn erhobenen Atheismus-Anklage beigetragen.[81]

Der schärfste Angriff gegen die „Eudämonisten", die es bei ihrem konterrevolutionären Kreuzzug bewußt in Kauf nahmen, daß man ihr Organ „für ein Anti-Revolutions- und für ein Anti-Illuminaten-Journal" verschreien würde,[82] wurde von dem Republikaner Andreas Georg Friedrich Rebmann[83] vorgetragen. In seinem 1796 in Hamburg anonym publizierten Pamphlet: „Die Wächter der Burg Zion. Nachricht von einem geheimen Bunde gegen Regenten- und Völkerglück; und Enthüllung der einzigen wahren Propaganda in Deutschland" griff er die Eudämonisten frontal an. Dabei persiflierte er die von ihnen propagierte Verschwörungsthese so: „Zwey Wesen übermenschlicher Art, Namens Philo und Spartacus ... haben, wenn man dieser Parthey glaubt, seit mehr als zehn Jahren an der Ausführung eines Plans gearbeitet, den Menschen- und Engelszungen nicht aussprechen, und sterbliche Wesen gar nicht begreifen können ... Auf ihren Wink reiste Bode nach Paris – und bloß dieser Reise haben wir die fränkische Revolution zu danken."[84]

Robert Plersch, der anonyme Verfasser der gleichfalls 1796 erschienenen Arbeit: „Was war eigentlich die Hauptursache der Französischen Revolution. Zur ernsten Warnung für die Fürsten und Regenten Deutschlands" hat nicht die zum Spott herausfordernde These übernommen, deutsche Illuminaten hätten die Französische Revolution angezettelt. Jedoch beschuldigte auch er die Philosophen, Thron und Altar zu untergraben. Den deutschen Aufklärern warf er vor, die Bibel zu „verspotten", sie „auf gut illuminatisch" zu exegieren, die „Lehre Jesu zur Handlangerin des Spartacus und Philo" zu machen, die Regenten zu „persiflieren" und somit die Revolution vorzubereiten: „Beynahe alle unsere Fürsten sind mit Illuminaten umgeben ... und was ist, mit einem Worte, der Charakter dieser Illumination? – allgemeiner Republikanismus! Freyheit ohne Einschränkung! und sein Resultat? Despotismus übers Menschengeschlecht. Die Menschen müssen einander fressen, wenn man sie früher frey als gut macht."[85]

Ebenfalls im Jahre 1796 veröffentlichte Leopold Alois Hoffmann seine Schrift: „Die zwo Schwestern P+++ (= Paris?)

und W+++ (= Wien) oder neu entdecktes Freymaurer- und Revolutionssystem". Darin werden die Freimaurerei und speziell der Illuminatenorden als „Grund aller Revolutionen, die bisher vorgegangen sind und noch bevorstehen"[86], hingestellt.

3.4. Die Entfaltung der Verschwörungsthese

Die Auseinandersetzungen um den Illuminatenorden sowie den „Illuminatismus" hat schon früh auch im Ausland Interesse erregt. So wurde beispielsweise in dem vom Exjesuiten Feller in Luxemburg herausgegebenen „Journal historique et littéraire" bereits 1786 auf eine anti-illuminatische Schrift hingewiesen,[1] bevor dem französischen Publikum 1789 in dem schon mehrfach erwähnten „Essay über die Sekte der Illuminaten" des Marquis de Luchet ausführliche, zugleich jedoch ziemlich konfuse Informationen vorgelegt wurden. Nichtsdestoweniger betrachtete man den „Illuminatismus" weithin als eine innerdeutsche Angelegenheit, wobei allerdings die Illuminaten von französischen Revolutionären als potentielle Gesinnungsgenossen[2] und von Gegnern der Revolution als bedenkliche Verkörperung des revolutionären Geistes in Europa angesehen wurden.[3]

Der vornehmlich in den Jahren 1792–1794 von deutschen Publizisten entwickelten „anti-illuminatischen" Version der Verschwörungsthese konnte in Frankreich naturgemäß erst nach dem Sturz des Jakobiner-Regimes bzw. der Etablierung der besitzbürgerlichen Direktorialregierung eine positive Publizität zuteil werden. Nunmehr erlaubte die veränderte politische Konstellation auch nicht-emigrierten französischen Antirevolutionären eine Warnung vor dem Illuminatismus. In dem 1795 erschienenen „Schrei der Vernunft und der Politik » (Cri de la Raison et de la Politique) heißt es etwa: „Diese Sekte, welche unter dem Namen Illuminaten heimlich die Höfe und wichtigsten Städte Deutschlands vergiftet ... arbeitet mit seinen Agenten und Anhängern unermüdlich daran, die Altäre umzustoßen, die Throne zu untergraben, die öffentliche Moral zu korrumpieren und die Sozialordnung

3.4. Die Entfaltung der Verschwörungsthese

umzukrempeln ... Die deutschen Illuminaten, deren Emanation die Jakobiner sind, wagen es, sich ständig offen zu zeigen"[4]

Auch die im „Tableau de Paris" vom 23. November 1795 enthaltenen und sich im Argumentationsrahmen der Verschwörungsthese bewegenden Ausführungen stützen sich auf die konterrevolutionäre deutsche Publizistik. Dort wird behauptet, daß die in Deutschland entstandene Illuminatensekte sich die vollständige Veränderung des politischen Systems in diesem Teile der Welt zum Ziel gesetzt habe. Der Kolporteur dieser Verdächtigungen glaubte bezeichnenderweise – in apologetischer Vorwegnahme der Haupteinwände gegen die Verschwörungsthese – die folgende selbstgestellte Frage emphatisch als unwahrscheinlich verneinen zu müssen: „Ist diese Gesellschaft ein Chimäre, ausgedacht um die Herzen solcher Menschen zu erschrecken, die den düsteren Vorzug zu haben, die Menschen zu regieren?"[5] Dieser französische Hinweis wurde von der „Eudämonia" sogleich aufgegriffen und als „Ein neues sehr merkwürdiges Belegstück des Zusammenhangs der deutschen Illuminaten mit den französischen Jakobinern"[6] deklariert.

Zwei Jahre später, 1797, erschienen in London die von dem französischen Abbé Augustin Barruel (1741–1820) verfaßten „Denkwürdigkeiten zur Geschichte des Jakobinismus" (Mémoires pour servir à histoire du Jacobinisme) Sie verliehen der Verschwörerthese ihre klassische Ausprägung und eine internationale Publizität. Die Barruelschen „Denkwürdigkeiten", die zu den politischen Bestsellern jener Zeit gehören, sind in die deutsche, englische, italienische, niederländische, polnische, portugiesische, russische, schwedische und spanische Sprache übersetzt worden[7] und machten sowohl ihren Verfasser als ihren Verleger zu reichen Leuten. Angesichts ihres Umfanges – vier Bände mit insgesamt 2.200 Seiten! – sah sich Barruel sogar veranlaßt, eine Kurzfassung seiner „Denkwürdigkeiten" anzufertigen.

Der Charakterisierung dieser „Denkwürdigkeiten" sowie der Herausarbeitung ihrer Argumentationsstränge müssen einige Bemerkungen über die Person ihres Verfassers vorausgeschickt werden.[8] Der als Sohn eines hohen französischen

3. Die Entstehung und Ausformung der Verschwörungsthese

Beamten 1741 geborene Augustin Barruel trat 1756 als Novize bei den Jesuiten ein und hielt sich nach dem 1764 in Frankreich verfügten Verbot des Jesuitenordens bis 1773 in Böhmen, Mähren und Wien auf. Die bei diesem Aufenthalt erworbenen deutschen Sprachkenntnisse haben eine entscheidende Bedeutung für die später durch Barruel vorgenommene Rezeption der anti-illuminatischen Verschwörungsthese gehabt. Nach seiner 1773 erfolgten Rückkehr nach Paris stellte Prinz Xavier von Sachsen den durch eine Ode auf die Thronbesteigung Ludwigs XVI. zu literarischem Ruhm gelangten Abbé als Hauslehrer für seine Kinder an. Darüber hinaus figurierte er als Hofkaplan der Prinzessin Conti.

Als literarisch versierter Repräsentant der katholischen Orthodoxie und dezidierter Gegner der „Philosophen" war Barruel in die in Frankreich ausgetragenen philosophisch-theologischen Auseinandersetzungen an führender Stelle verstrickt. Seine bereits erwähnte Publikation vom Jahre 1789: „Wahrer Patriot oder Diskurs über die wirklichen Ursachen der Revolution" (Patriote véridique ou discours sur les vraies causes de la révolution) sowie seine ins Deutsche, Englische, Italienische und Spanische übersetzte „Geschichte des Klerus während der französischen Revolution" (Histoire du clergé pendant la révolution française) von 1793, in der er die „doppelte Verschwörung wider den Altar und den Thron"[9] geißelte, stehen unmittelbar in dieser vor-revolutionären gegenaufklärerischen Tradition. Barruels These von einer „doppelten", von verschiedenen „Sekten" – darunter auch den Physiokraten – getragenen Verschwörung nimmt sich allerdings diffus aus. Sie kann noch nicht als Komplott-Theorie im engeren Sinne gewertet werden und schon gar nicht als eine anti-freimaurerische Drahtziehertheorie.[10]

Nachdem der im September 1792 nach England emigrierte und dort von Lord Clifford und Edmund Burke[11] protegierte Abbé Barruel schon durch seine Geschichte des Klerus während der Revolution zu einem der prominentesten konterrevolutionären Publizisten geworden war, setzte er sich die ambitiöse Aufgabe einer umfassenden Gesamtdeutung der Revolution. Zwar stellten bereits im ursprünglichen Konzept seiner „Denkwürdigkeiten" sowohl die Freimaurer als auch

3.4. Die Entfaltung der Verschwörungsthese

die deutschen Illuminaten einen integralen Bestandteil der „verheerenden Sekte" dar, die zur „Geissel Europens"[12] geworden sei, jedoch sprach Barruel ihnen noch keine ausschlaggebende Rolle zu.

Im übrigen sind seine Kenntnisse des Illuminatenordens zum damaligen Zeitpunkt noch begrenzt gewesen.[13] Daß Barruel sein ursprüngliches Konzept entscheidend abänderte, geht unmittelbar auf die Aktivitäten der deutschen „Eudämonisten" zurück. Als nämlich Johann August Starck den ersten Band der „Denkwürdigkeiten" erhalten hatte, stellte er – unterstützt von Grolmann und weiteren „Eudämonisten" – eine umfangreiche Kollektion der verstreuten und für Ausländer schwer zugänglichen anti-illuminatischen Publizistik zusammen und übersandte sie Barruel.[14]

Die extensive Ausschöpfung dieses Materials durch Barruel hat die Folge gehabt, daß die vierbändigen „Denkwürdigkeiten" sich in zwei relativ homogene und nur locker verbundene Teile gliedern, wobei der zweite ohne die Intervention der „Eudämonisten" gar nicht geschrieben worden wäre. Während sich der erste Teil mit den beiden ersten Komponenten der „dreyfachen Verschwörung",[15] der Verschwörung sowohl gegen Altar und Thron, beschäftigt und sich dabei auf französische Quellen stützt, sind die beiden letzten Bände beinahe ausschließlich den deutschen Illuminaten gewidmet. Nach Barruel sind aus der durch „Sophisten des Unglaubens und der Empörung" vorgenommenen Konspiration gegen Thron und Altar zwangsläufig die als „Sophisten der Anarchie" bezeichneten Illuminaten hervorgegangen. Diese hätten sich „nicht bloß gegen die Könige, sondern gegen jede Regierungsform, gegen jede bürgerliche Gesellschaft, und selbst gegen jede Art des Eigenthums" verschworen. Als praktische Vollstrecker „dieser Coalition der Adepten der Anarchie, entstanden die Klubs der Jakobiner",[16] behauptete Barruel lapidar.

Der erste Teil der „Denkwürdigkeiten" muß als eine monumentale, auf breite Quellenkenntnis gestützte und literarisch effektvolle Streitschrift charakterisiert werden, die von einem katholisch-gegenaufklärerischen Pathos getragen ist und eine Kreuzzugsstimmung gegen die Aufklärung und die

3. Die Entstehung und Ausformung der Verschwörungsthese

bürgerliche Emanzipation in allen ihren Erscheinungsformen verbreitet. Die Kategorie der Verschwörung wird darin trotz rhetorischer Zuspitzungen nur in einem recht allgemeinen Sinn verwandt, indem nämlich die Aufklärung als Revolte gegen die von Gott gestiftete Ordnung begriffen wird. Obgleich man die „Denkwürdigkeiten" letzten Endes als eine „Phantasmorgie"[17] kennzeichnen mag, so kann doch zumindest dieser Teil nicht einfach als „schlechter Journalismus"[18] abgetan werden. Wenn dieser Kritik eine Berechtigung nicht abgesprochen werden kann, so hauptsächlich wegen der beiden letzten Bände.

Denn der dritte und vierte Band der „Denkwürdigkeiten" stellen eine um denunziatorische Kommentare angereicherte Kompilation sowohl der Schriften der Illuminaten als auch der deutschen anti-illuminatischen Pamphlete dar. Von diesen Barruel durch die von ihm lobend erwähnten „Eudämonisten" zugespielten Quellen wurden Dutzende Seiten einfach abgedruckt.[19]

Die Barrelschen „Denkwürdigkeiten" sind insofern ambivalent, als sie zwar die Französische Revolution als das Resultat eines generalstabsmäßig geplanten und durchgeführten Komplotts ausgeben und somit extrem personalistisch erklären, zugleich jedoch den Eindruck erwecken, daß sie die wahnhafte Züge tragende Drahtzieher-Theorie vornehmlich aus agitatorischen Gründen propagieren. Sie weisen also durchaus auch Realitätsbezüge auf. Einerseits erklärt nämlich Barruel: „In der französischen Revolution ist Alles bis auf die entsetzlichsten Verbrechen, vorhergesehen, überlegt, kombiniert, beschlossen, vorgeschrieben worden",[20] zum anderen räumt er ein: „Die Secte kündigte in America mit den ersten Grundlagen ihres Codex der Gleichheit, der Freyheit und des Souveränen-Volks sich an".[21]

Wenn Barruel, der sich übrigens nicht scheute, aus der Luft gegriffene und auf konterrevolutionärer Seite weithin geglaubte antifreimaurerische Greuelmärchen zu kolportieren,[22] eine weltweite Wirkung zu erzielen vermochte, so deshalb, weil er im Zuge des auf die jakobinische Schreckensherrschaft folgenden konservativen Rückschlags ein dem Bedürfnis nach Ruhe und Ordnung angepaßtes und zudem eingängiges

3.4. Die Entfaltung der Verschwörungsthese

Erklärungsmodell lieferte. Dabei bediente er sich einer nichtintellektuellen, polemisch-volksnahen Ausdrucksweise. Im Namen eines überzeugend wirkenden christlich-moralischen Pathos verstand er es, der durch die Pervertierung der Revolution hervorgerufenen Empörung plastisch Ausdruck zu geben und diese im konterrevolutionären Sinn zu kanalisieren.

Im Unterschied zu Edmund Burke ließ es Barruel nicht bei einer pragmatisch-konservativen Kritik der revolutionären Emanzipationsideologie bewenden. Vielmehr satanisierte er seine Gegner, wobei er auf christlich-apokalyptische Vorstellungen zurückgriff. So porträtierte er beispielsweise Weishaupt als Inkarnation des Bösen, als „einen Ausfluß des verderblichen Wesens ..., dem ein rächender Gott nur für das Böse Verstand ließ."[23] Ferner malte er im Anschluß an eine Wiedergabe des Weishauptschen „Illuminaten-Kodex", der eine subversive Ausbreitung des Ordens nach dem Muster des Schneeballsystems ermöglichen sollte, in pathetischer Weise den Weltuntergang so an die Wand: „Wenn dieses Gesetz endlich in Erfüllung gegangen sein wird, so kann der letzte Spartacus aus seinem Heiligtum der Finsternis hervortreten und triumphierend am hellen Tag sich zeigen. Kein Reich, kein Gesetz wird mehr vorhanden sein ... der über die Nationen und ihren Gott, und über die bürgerliche Gesellschaft und über die Gesetze ausgesprochene Fluch wird unsere Altäre, unsere Paläste, unsere Städte, Monumente und Künste, und unsere Bauernhütten sogar in Asche verwandeln ... die Teufel werden auch aus der Hölle heraufsteigen, um dieses Machwerk des Illuminatenkodex zu betrachten; und der Satan wird sagen können: da sind nun die Menschen wie ich sie haben wollte."[24]

Derartige Schreckensvisionen versuchte Barruel auch durch Zitate aus den Papieren der „Gleichen" zu untermauern, die unter der Führung von Gracchus Babeuf einen 1796 aufgedeckten Putsch vorbereitet hatten. Barruel gab die berühmten und provozierenden Postulate aus dem „Manifest der Gleichen" wieder,[25] ohne freilich wissen zu können – was in diesem Zusammenhang allerdings von sekundärer Bedeutung ist – daß dieses Manifest nicht von Babeuf, sondern von Sylvain Maré-

3. Die Entstehung und Ausformung der Verschwörungsthese

chal[26] verfaßt war. Dieser gilt als Wegbereiter des modernen Anarchismus, wurde von Babeuf wegen seines Schwärmertums abgelehnt und war keineswegs repräsentativ für die Babouvisten.

Bezeichnenderweise hat die „Verschwörung der Gleichen" auch Robert Clifford[27], den Gönner Barruels, veranlaßt, eine „Anwendung der Barruelschen Denkwürdigkeiten auf die Geheimen Gesellschaften Irlands und Großbritanniens" (Application of Barruel's Memoirs of Jacobinism, to the Secret Societies of Ireland and Great Britain) zu veröffentlichen.[28] Clifford, der in dieser Schrift auch die Gesellschaft der „United Irishmen"[29], die „Society for Constitutional Information" und die „London Corresponding Society"[30] mit den Illuminaten und Jakobinern in Verbindung zu bringen suchte, hat ihr als Motto ein Diktum Weishaupts vorangestellt: „Fürsten und Nationen werden von der Erde verschwinden ... und diese Revolution wird das Werk der geheimen Gesellschaften sein".

Nachdem sich Barruel mit dem babouvistischen Ausläufer des Jakobinismus beschäftigt hatte, den er seinerseits auf Freimaurer und Illuminaten zurückführen zu können glaubte[31], lenkte er die Aufmerksamkeit der Leser abschließend noch auf eine „andere Gattung von Jacobiner(n)". Diese träfe man vornehmlich in Deutschland an und bestände aus den Schülern des „berüchtigten Doctors" Kant, zu denen auch Fichte gehöre.[32] Obgleich Weishaupt das Kantsche Kategoriensystem abgelehnt und sich sogar mit Kant öffentlich auseinandergesetzt hat[33], behauptete Barruel – welcher übrigens zugab, Kant niemals im Original gelesen zu haben[34] – es sei „im Grunde leicht zu erkennen, daß das System des Doctors Kant, dermalen noch Professor in Königsberg, mit dem des Doctors Weishaupt, vormals Professor in Ingolstadt, am Ende auf eins hinaus läuft."[35] Kants Projekt „Zum ewigen Frieden" korrespondiere mit der Politik der Jakobiner, die „unter dem Vorwande dieses ewigen Friedens ... dem Erdkreis einen cannibalischen Krieg" erklärt hätten und bereit seien, Vaterland und Mitbürger „aufzuopfern, um das von dem Orakel Kant angekündigte Welt-Bürger-Reich oder das Reich des von dem Hierophanten Weishaupt prophezeiten Mensch-Königs zu beschleunigen."[36]

3.4. Die Entfaltung der Verschwörungsthese

Diese Polemik trifft insofern etwas Richtiges, als sie die Dialektik von revolutionärem Krieg und dem als sozial definierten Frieden zum Hintergrund hat, welche in der am 1. März 1793 von dem Jakobiner Cloots aufgestellten These: „Weil wir den Frieden wollen, brauchen wir den Krieg"[37] treffend zum Ausdruck gebracht worden ist. Desgleichen scheint die Parallelisierung von Weishaupt und Kant aus der Perspektive Barruels insoweit vertretbar, als beide „Ansprüche auf vorzügliche Verstandeskräfte"[38] erheben und sich auf die Autonomie der menschlichen Vernunft berufen, was sich für einen in überkommenen Kategorien denkenden Christen als eine Erhebung wider Gott ausnahm. Denn: „Der Gott, der die Menschen für die bürgerliche Gesellschaft geschaffen hat, hat ihnen die vorgeblichen Rechte der Gleichheit und Freyheit, die Grundlagen der Unordnung und der Anarchie, nicht beigelegt ... Der Gott, der uns die Herrschaft und die Aufrechterhaltung der Gesetze, nur in der Subordination der Staats-Bürger unter die Obrigkeiten und Regenten, wahrnehmen lässet und zeiget, hat nicht jeden einzelnen Staats-Bürger zum Regenten und zur Obrigkeit gemacht".

Folglich habe die Verheißung einer „Revolution des Glücks, der Gleichheit, der Freiheit, und des goldenen Zeitalters" die „entsetzlichste Geißel und Plage" herbeigeführt, die ein „durch den Hochmut und durch die Gottlosigkeit der Menschen gerechterweise erzürnter Gott, jemals über die Erde hat kommen lassen."[39] Diese mit großem Pathos vorgetragene geschichtstheologische Schau ließ Barruel in eine Beschwörung militant konterrevolutionärer Solidarität einmünden. Den „Souveränen und Ministern", auf welchen das Wohl der Bürger beruhe, rief er mahnend zu: „Rettet alle Reiche, dann werdet ihr das eurige auch retten."[40]

Als Barruel gerade den dritten Teil seiner „Denkwürdigkeiten" druckfertig gemacht hatte,[41] erschien in Edinburgh ein weiteres die Verschwörungsthese propagierendes Werk: „Beweise für eine Verschwörung gegen alle Religionen und Regierungen von Europa, durchgeführt in den geheimen Treffen der Freimaurer, Illuminaten und Lesegesellschaften" (Proofs of a Conspiracy against all the Religions and Governments in Europe, carried an in the Secret Meetings of

3. Die Entstehung und Ausformung der Verschwörungsthese

Freemasons, Illuminats and Reading Societies). Diese von dem Freimaurer John Robison (1739–1805),[42] einem angesehenen Naturwissenschaftler und Sekretär der Königlichen Akademie in Edinburgh, verfaßte Schrift basiert auf einer erstaunlichen Kenntnis sowohl der freimaurerischen als auch der antifreimaurerischen Literatur insbesondere Deutschlands.[43] John Robison behauptete in seiner mehrfach aufgelegten, auch ins Deutsche, Französische und Niederländische übersetzten und nicht sonderlich originellen Entlarvungsschrift,[44] daß der Illuminatenorden, welcher sein „Gift über ganz Europa" ausgebreitet habe[45] noch fortexistiere. Endlich erklärte er treuherzig: „Aber wozu soll ich noch ferner Beweise auf Beweise häufen, daß alle Staatsveränderungssüchtige die welterschütternden Pläne in dunklen Höhlen geheimer Gesellschaften zuerst ausgebrütet, und in ein förmliches Lehrgebäude gebracht haben?"[46]

Die Bedeutung der „Beweise für eine Verschwörung" liegt vor allem darin, daß sie von einem protestantischen Standpunkt aus verfaßt sind.[47] Daher sprachen sie auch solche Kreise in Europa und den Vereinigten Staaten an, die trotz einer weitgehenden Übereinstimmung mit den Barruelschen Thesen deren pronozierrt katholische Prämissen nicht zu akzeptieren vermochten. Dazu gehörte vor allem die pauschale Verdammung der regulären, eher sozial-konservativen Freimaurerei. Da nämlich tausende von Mitgliedern der englischen Ober- und Mittelschicht den alles andere als radikalaufklärerisch oder gar republikanisch orientierten englischen Logen angehörten[48] – sowohl Edmund Burke als auch John Robison waren selber Freimaurer –, fiel zwar die These von der „philosophischen Conjuration" auch in England auf einen günstigen Boden,[49] jedoch erregte die undifferenzierte Verdächtigung der Freimaurerei durch Barruel bei vielen konservativen Protestanten Anstoß.

So heißt es beispielsweise ironisch in einer englischen Rezension der beiden ersten Bände der „Denkwürdigkeiten": „Der Leser wird möglicherweise lachen, wenn er feststellt, welche Rolle bei diesen ungeheuerlichen Machenschaften vom Autor den Freimaurern zugeschrieben wird".[50] Diese Kritik, die in diesem Fall auch die These von der Verschwö-

3.4. Die Entfaltung der Verschwörungsthese

rung der Philosophen einschloß,[51] hat übrigens Barruel veranlaßt, bereits im zweiten Bande seiner „Denkwürdigkeiten" eine Ehrenerklärung für die englischen Freimaurer abzugeben.[52]

Nachdem die Verschwörungsthese von Barruel und Robison ausgebreitet und propagiert worden war, erfuhr sie im Jahre 1799 auch in Deutschland eine relativ ausführliche systematische Darstellung. Der bemerkenswert gut orientierte anonyme Verfasser der 87seitigen Broschüre: „Über den Illuminatenorden", welche offensichtlich nur eine geringe Verbreitung gefunden hat und in der Literatur bislang unberücksichtigt geblieben ist, lieferte über die Wiederholung der bereits skizzierten Thesen[53] hinaus eine bemerkenswerte Analyse des von ihm mit dem Republikanismus weitgehend identifizierten Illuminatismus. So heißt es dort, daß die „Demokratisierung von Genua" wie überhaupt die politischen und religiösen Umwälzungen Italiens seien „im Geist und Sinne des Illuminatismus, als auch des Jacobinismus" . Ziel derartiger Bestrebungen sei die „gänzliche Vernichtung des Christenthums, durch Umstürzung der Staatsverfassungen, Zerstörung des Adels, Einführung demokratischer Republiken und durch totale Gleichmacherei zu bewirkende Weltregeneration". Abgeschlossen wurden diese Überlegungen mit der apodiktischen Behauptung: „Was man sehr bestimmt und wahr dem Aschenhaufen und den Trümmern der Throne und Altäre von Europa zur Inschrift geben kann, ist dieses: Dies tat der Illuminatismus!"[54]

Vier Jahre nach Erscheinen dieser Schrift publizierte Johann August Starck seinen „Triumph der Philosophie im Achtzehnten Jahrhundert."[55] Starck, der schon als Gründer des mit dem Tempelritterorden („Stricte Observanz") assoziierten und theosophisch ausgerichteten „Klerikats" sowie als Mitinitiator der „Eudämonia" in Erscheinung getreten war, ist eine der schillerndsten Figuren seiner Zeit gewesen. Nicht zuletzt auch deshalb, weil er als junger Mann in Paris heimlich zum Katholizismus konvertiert war – worüber vielerlei Gerüchte umliefen – und er dennoch später als Protégé von Ludwig von Hessen protestantischer Generalsuperintendent und Oberhofprediger in Darmstadt wurde.[56] In seinem „Tri-

3. Die Entstehung und Ausformung der Verschwörungsthese

umph der Philosophie" formulierte Starck die Verschwörungsthese in literarisch sehr effektvoller Weise noch einmal neu, ohne jedoch sachlich viel Neues beitragen zu können oder gar eine ernsthafte Analyse vorlegen zu wollen.

So behauptete er etwa, daß deutsche Illuminaten der französischen Freimaurerei den Illuminatismus „eingeimpft" und somit die französischen Logen „zu Verschwörungsspelunken gegen Thron und Altäre umgeschaffen" hätten.[57] Mit großem Pathos glaubte er schließlich dieses Resümee ziehen zu können: „Durch den aus Deutschland nach Frankreich hinübergetragenen Illuminatismus, der den Jacobinismus gebar, ward die von den Philosophen angelegte Mine zum Ausbruch gebracht, und den amalgamierten Adepten der Philosophen- und Illuminaten-Conjuration hat Frankreich den Sturz des Thrones und der Altäre, die Vernichtung der Geistlichkeit und des Adels, seine democratische Republik, die Anarchie mit allen ihren Begleitern, die ungeheuren Pläne zur Entchristlichung und Republikanisierung der Welt und alle damit verbundenen Gräuel zu verdanken."[58]

Fragt man nach der Stelle solcher Verschwörungstheoreme innerhalb des christlich-konterrevolutionären Weltbildes, so erhält man einen zuverlässigen Aufschluß durch das Gliederungsschema der erstmals 1816 erschienenen Haller'schen „Restauration der Staats-Wissenschaft oder Theorie des natürlich-geselligen Zustands der Chimäre des künstlich-bürgerlichen entgegengesetzt". Diese hatte eine „wahre Gegen-Revolution der Wissenschaft"[59] zum Ziel und ist tatsächlich zum Kompendium für die romantisch-ständestaatliche Restauration geworden. Karl Ludwig von Haller, der einstige anonyme Mitarbeiter der „Wiener Zeitschrift", stellte seiner positiven Darlegung der romantisch-reaktionären „patrimonialen" Staatsidee im ersten Band seiner „Restauration" eine „Darstellung, Geschichte und Critik der bisherigen falschen Systeme" voran. Im Rahmen seiner Widerlegung der „unseligen Idee eines bürgerlichen Contrakts"[60] maß er hier der anti-illuminatischen Verschwörungsthese eine geradezu zentrale Rolle zu, glaubte er doch, daß ihm das Studium des „Getreibe(s) der geheimen Gesellschaften" Aufschluß über die „planmäßige Verbreitung und den unglaublichen Einfluß der herr-

3.4. Die Entfaltung der Verschwörungsthese

schenden irreligiösen und revolutionären Prinzipien" erteilt habe.[61]

Dabei berief sich Haller auf die oben behandelten Schriften, von denen er besonders die Barruel'schen „Denkwürdigkeiten" sowie den Starck'schen „Triumph der Philosophie" lobend hervorhob. Dabei räumte er allerdings ein: „Dem bösen Willen mögen sie vielleicht zu viel, dem Irrtum zu wenig zuschreiben."[62] Darüber hinaus warf er sowohl dem Abbé Barruel als auch dem Generalsuperintendanten Starck vor, sie hätten den in der Lehre vom Gesellschaftsvertrag bestehenden „Haupt-Irrtum"[63] der Philosophen, Illuminaten, Jakobiner etc. deshalb nicht erkannt, weil sie beide „vorzüglich Theologen"[64] gewesen seien. Damit distanzierte sich Haller von der Drahtzieher-Theorie im engeren Sinne.

4. Freimaurerisch aufgezogene Gesellschaften, Verschwörungen und Verschwörungsängste 1791–1825

4.1. Logen im Dienste absolutistischer Ziele in Ungarn 1791–1794

Nachdem die Voraussetzungen, die Entstehung und die Ausbildung der Verschwörerthese dargestellt worden sind, sollen nunmehr die geschichtliche Bedeutung von Freimaurerei, freimaurerischen Organisationsformen, Verschwörungen und Verschwörungstheoremen näher beleuchtet werden. Dabei können Entwicklungen und Strukturen nur anhand exemplarischer Beispiele aufgezeigt werden. Wegen der spezifischen Fragestellung müssen die hier vorgelegten Skizzen einen fragmentarischen Charakter behalten.[1] Dennoch können sie dazu beitragen, die praktisch-politische Bedeutung der bis in das 20. Jahrhundert geschichtsmächtigen Verschwörerthese zu illustrieren.

Die freimaurerische Ideologie ist ein integraler Bestandteil aufklärerischen Gedankenguts und freimaurerische Organisationsformen haben eine hervorragende Rolle als Modell für bürgerliche, sich über ständische Schranken hinwegsetzende Gesellungsformen gespielt. Während sowohl aufklärerische Ideen als auch das unpolitische bürgerliche Vereinswesen mit dem Geiste der Verwaltungspraxis des aufgeklärten Absolutismus zu vereinbaren waren, wurde die von dem Toleranzgedanken ausgehende Freimaurerei von den Vertretern der kirchlichen Orthodoxie von Anfang an als prinzipieller Gegner bekämpft. Diese nämlich verteidigten die ständisch-hierarchische Sozial- und Wertordnung.

Der Abbé Larudan hat daher bereits 1747 erklärt: Unter der „Klasse" der Gegner des Freimaurerordens „kommen die Theologen zuerst vor, und da deren Anhang überall den größten Teil der Menschen ausmacht, so bedarf es keiner

4. Freimaurerisch aufgezogene Gesellschaften

Anmerkung, daß diese ein unzähliges Heer ausmachen."[2] Die Französische Revolution hat die ursprünglich von antimodernistischen Amtsträgern der Kirche vorgetragenen Warnungen zunehmend auch bei den sonstigen Repräsentanten des Ancien Régime berechtigt erscheinen lassen. Als etwa der aufklärerische Salzburgische Erzbischof Colloredo im Juni 1791 seine Pfarrer anwies, nicht gegen Ketzer zu polemisieren und gegen „Freigeister, Naturalismus, Atheismus und geheime Gesellschaften zu poltern, wovon das Volk nichts versteht, nicht erbauet wird"[3], führte er bereits ein aussichtsloses Rückzugsgefecht. Denn binnen kurzem war die antifreimaurerische Agitation zu einem festen Bestandteil der antirevolutionären Polemik insbesondere des katholischen Klerus geworden. Bei der Propagierung der Verschwörungsthese haben sich die aus Frankreich emigrierten Geistlichen, deren Zahl auf 33.000 (!) geschätzt wird[4] und unter denen sich auch Augustin Barruel befand, verständlicherweise besonders hervorgetan. Ein Situationsbericht der napoleonischen politischen Polizei aus Genua vom 12.10.1808 liefert für die hier angesprochene kirchliche Agitationspraxis eine zwar punktuelle, aber doch gewiß nicht untypische Illustration. Dort heißt es vom genuesischen Klerus: „Er agitiert machtvoll gegen die Philosophen, die Freimaurer etc."[5]

Die Brandmarkung der Freimaurer zu ideologischen Urhebern und politischen Drahtziehern der Revolution hat oft die Tatsache aus dem Bewußtsein verdrängt, daß die überwältigende Mehrheit der Freimaurer keineswegs republikanischrevolutionär, sondern vielmehr aufgeklärt-absolutistisch und meist nur in vager Weise reformistisch orientiert gewesen ist. Nur die Kenntnis dieses Sachverhaltes erlaubt eine angemessene Einschätzung der folgenden Vorgänge, welche die ideologische und organisatorische Rolle der Freimaurerei am Beispiel extremer Entwicklungen verdeutlichen und zugleich Hintergrundinformationen zur Ausbildung des Verschwörungsmythos liefern.

Im Unterschied etwa zu Bayern und Preußen, wo es bereits vor 1789 zu einer gegenaufklärerischen Reaktion gekommen war, überlebte in Österreich die aufgeklärt-absolutistische, „josephinistische" Politik[6] sogar noch den Bastille-Sturm.

4.1. Logen im Dienste absolutistischer Ziele in Ungarn 1791–1794

Durch seine die Kompetenzen der Stände beschneidende Politik, der eine Begünstigung der Bauern wie der Bürger korrespondierte, hatte Kaiser Joseph II. nicht nur die ihrem Charakter nach konservative belgische Revolution (1788–1790)[7], sondern auch erbitterten Widerstand in Ungarn provoziert. Der sich mit der „Nation" identifizierende ungarische Adel, welcher über den am 20.02.1790 eingetretenen Tod Kaiser Josephs triumphierte, bediente sich in seinen Adressen eines „revolutionären" Vokabulars. Er stützte nämlich, in Entsprechung zu der vorrevolutionären Taktik französischer Adelskreise („réaction nobilitaire"), seine zugleich ständisch-partikularistischen wie staatsrechtlich-patriotischen Forderungen durch Rekurse auf die Lehre vom Gesellschaftsvertrag und von der Gewaltenteilung ab.[8] Obgleich Leopold II.[9] nach seinem Regierungsantritt vor dieser ständischen Opposition aus taktischen Gründen zurückwich, versuchte er doch die von seinem Bruder eingeleitete bürger- und bauernfreundliche Politik in Ungarn auf eine höchst unorthodoxe, quasi-revolutionäre Weise fortzusetzen.

Dies hat auf das Verschwörungsdenken Rückwirkungen gehabt. Denn Leopold II. machte den josephinistisch orientierten ehemaligen Polizeidirektor von Pest, Franz Gotthardi[10], zum Chef der politischen Geheimpolizei, welche durch enge Zusammenarbeit mit der aufgeklärten Intelligenz sowie durch Mobilisierung der Bauern, die ständisch-aristokratische Opposition in Ungarn unter Druck zu setzen suchte. Zu den Mitarbeitern Gotthardis gehörte auch der Wiener Professor Leopold Alois Hoffmann, welcher im Sommer 1790 im Auftrage des Kaisers – anonym – die Flugschrift „Babel" veröffentlichte, welche dann am 23.08.1790 wegen ihres „revolutionären" Inhalts von dem ahnungslosen Leiter der Zensurstelle verboten wurde! In diesem Pamphlet wurde der Versuch unternommen, den konstitutionalistischen ungarischen Adel mittels brutaler Drohungen so einzuschüchtern: „Die Aristokraten in Ungarn spielen die Rolle des französischen Volks" heißt es dort, dabei vergäßen sie allerdings das Wichtigste, denn „in der Nationalversammlung hebt man den Adel ... auf; und gibt dem Bürger Rechte zurück".

4. Freimaurerisch aufgezogene Gesellschaften

Im Anschluß an diese maliziöse Feststellung wurde ironisch gefragt, ob es noch niemandem aus dem Ofener Reichstag eingefallen sei, „daß der Bürger- und Bauernstand in Ungarn den französischen Spiegel zuletzt auch für sich benutzen könnte? Wäre es denn etwa so sehr unmöglich, daß die im Bau begriffene neue Bastille zu Ofen gestürmt werde, ehe man sie noch ganz ausgebaut hätte?"[11]
Der leopoldinischen Öffentlichkeitsarbeit korrespondierte eine Freimaurer-Politik in Ungarn, in deren Zuge bürgerlich-antiaristokratische Logen als Gegengewicht gegen die Adelsopposition, die gleichfalls in freimaurerischen Vereinigungen über soziale Stützpunkte verfügte, gegründet bzw. gefördert wurden.[12] Diese Politik kulminierte in der von Hoffmann im Sommer 1791 auftragsgemäß in Angriff genommenen Gründung einer geheimen „patriotischen Assoziation", die sich ihrer Organisationsstruktur nach an freimaurerischen Hochgradsystemen bzw. dem Illuminatenorden orientierte.[13]
Während die vordergründig-propagandistische Zielsetzung dieser „Assoziation" konterrevolutionär war[14], war ihre „geheimere" innenpolitische Zweckbestimmung spezifisch leopoldinisch: „Bekämpfung des dem Regenten und seinen Absichten überall hinderlichen Aristokratismus in allen Gestalten, systematische Hinderung seiner despotischen Pläne ... Bemächtigung der Volksdenkungsart für das Interesse der Regierung". Der „allergeheimste" Assoziationszweck schließlich kann als illuminatisch im polemischen Sinn charakterisiert werden, zielte er doch ab auf die Gewinnung von „mittelbare(m) Einfluß auf die Politik, die Absichten und Unternehmungen ausländischer Provinzen und Kabinette".[15] Einer derartigen, im Stil rationalistischer Kabinettspolitik entworfenen Geheimstrategie wäre auch ohne den bereits am 01.03.1792 erfolgten Tod Kaiser Leopolds schwerlich ein nachhaltiger Erfolg beschieden gewesen. Das Scheitern der „Revolution von oben" machte deutlich, daß die für wünschenswert gehaltenen Reformen nicht durch ein Zusammengehen mit der absolutistischen Wiener Zentralregierung zu erringen waren.
Als Folge hiervon setzte ein Radikalisierungsprozeß ein, welcher sich an der politischen Entwicklung von Ignaz Martinovics (1755–1795)[16] exemplarisch verdeutlichen läßt. Gleich

4.1. Logen im Dienste absolutistischer Ziele in Ungarn 1791–1794

Hoffmann und anderen trat der aus einer Pester Kleinbürgerfamilie stammende Martinovics im Frühjahr 1792 in die Dienste der leopoldinischen Geheimpolizei, um die absolutistische Reformpolitik gegen den Widerstand des ungarischen Adels durchsetzen zu helfen. Zu diesem Zweck suchte der ehemalige Franziskanermönch, der – wie es bei der josephinistischen Intelligenz die Regel war –[17] auch einer Freimaurerloge angehörte, in vertraulichen Berichten sowohl die ständisch-konstitutionelle wie auch die klerikale Opposition in Ungarn zu diskreditieren. So behauptete er etwa in seinem 2. Rapport vom 07.09.1791 über seine Teilnahme an einer Sitzung einer „jesuitisch-theokratischen" bzw. „superilluminatischen" Organisation in Ofen:

„1. Nach Eröffnung der Loge schwuren alle des jetzt regierenden Monarchen und seines Thronfolgers Unterjochung ...

2. Wurde ausgeruft: Es leben alle unsere Brüder und Van Eupen, alle unsere Kinder, Illuminaten und Aristokraten, die wir zu unserem Endzweck aufopfern werden.

3. Wurde ein fremder jesuitischer Theokrat oder Superilluminat aus Polen ... hinein gelassen ... Er erzählte der Loge, wie weit die jesuitischen Superilluminaten in Polen die demokratische Partei gegen die aristokratische, und diese gegen jene aufgehetzt haben, um eine allgemeine Gärung hervorzubringen.

4. Die Ofener Loge erwiderte diesem Abgesandten, sie ... hoffen ... daß die Royalisten noch und ganz durch die Demokraten, welche in Ungarn schon Wurzeln gefaßt haben, ganz aufgerieben werden ..."[18]

Wenngleich dieser Bericht die in Ungarn sowohl beim Adel als auch bei der Intelligenz vorhandenen antihabsburgischen Ressentiments widerspiegelte und auch die ungarisch-polnischen Kontakte einen freilich aufgebauschten Wahrheitskern besitzen, kann von der Existenz einer vermeintlichen „super-illuminatischen" Organisation in Ungarn keine Rede sein. Daß die ungarische Opposition zu einer solchen stilisiert wurde, war freilich kein Zufall, denn dank der skizzierten Vorgänge mußte Martinovics die Artikulation des Illuminatismus-Verdachtes als besonders wirkungsvoll erscheinen.

4. Freimaurerisch aufgezogene Gesellschaften

Nachdem es im Herbst 1793 zu einer Vertrauenskrise zwischen Martinovics und der Wiener Geheimpolizei gekommen war, wandte sich dieser – bestärkt durch die Erfolge der französischen Truppen sowie der polnischen Insurgenten und endlich auch wegen des nachlassenden Reformimpulses der Wiener Politik – einer revolutionären, konspirativen Tätigkeit zu. Im Mai 1794 unterbreitete er antihabsburgischen Oppositionellen in Ungarn den Plan für die Gründung zweier voneinander unabhängiger politischer Geheimgesellschaften. Diese Gesellschaften waren nach dem organisatorischen Muster der Freimaurerei konzipiert und stellten einen wichtigen Anstoß zur Organisation der in zwei Flügel zerfallenden ungarischen Opposition dar.[19] Während die erste, die „Societas Reformatorum", die politischen Ziele der ungarischen Adelsopposition aufnahm, sollte die zweite, von der „jakobinischen" ungarischen Intelligenz getragene „Gesellschaft der Freiheit und Gleichheit" die vom Adel vorzunehmende antihabsburgische Revolution offenbar im demokratischen Sinne weitertreiben.[20]

Diese ungarische „Verschwörung" wurde wie folgt aufgedeckt: Graf Stanislaus Soltyk, ein Abgesandter von Kosciuszko, der in Österreich Waffen für den polnischen Unabhängigkeitskrieg von 1794 zu beschaffen suchte, geriet zufällig in Kontakt mit der kleinen Gruppe der Wiener „Jakobiner"[21], die über keinerlei organisatorische Verbindungen zu den ungarischen „Jakobinern" verfügten. Bei seiner Zusammenkunft mit Soltyk im April 1794 erklärte sich der führende Kopf der Wiener Demokraten, Oberleutnant Hebenstreit, bereit, Kosciuszko den Entwurf der von ihm entwickelten Kriegsmaschine zur Verfügung zu stellen, falls Soltyk es den Wiener Demokraten ermögliche, auch die Pariser Revolutionsregierung mit dieser Erfindung bekanntzumachen.[22]

Soltyk ging auf diesen Vorschlag ein und finanzierte die Paris-Reise zweier Wiener Demokraten, die auch tatsächlich vom Kriegskommissar Carnot empfangen wurden. Diese im Kriegszustand mit Frankreich vorgenommene landesverräterische Handlung gelangte zur Kenntnis der Wiener Polizei, welche kurz darauf auch die ungarische Verschwörung aufdeckte. Nachdem die Wiener Jakobiner sowie Martinovics

4.1. Logen im Dienste absolutistischer Ziele in Ungarn 1791-1794

bereits am 23. und 24. Juli 1794 verhaftet worden waren, widerfuhr den ungarischen Jakobinern am 16.08.1794 das gleiche Schicksal. Die Jakobinerprozesse wurden mit drakonischen Strafen abgeschlossen. Unter den im Frühjahr 1795 Hingerichteten befanden sich Hebenstreit, Martinovics auch der geistige Kopf der ungarischen Jakobiner, Joseph Hajnóczy, welcher den charakteristischen Entwicklungsprozeß vom josephinistischen Intellektuellen zum Verfechter eines bürgerlichen ungarischen Nationalstaats durchgemacht hatte.[23]

Die von Leopold Alois Hoffmann im Jahre 1796 anonym publizierte Schrift: „Die zwo Schwestern (= Paris) und (= Wien) oder neu entdecktes Freymaurer- und Revolutionssystem", in der die Freimaurerei „als Grund aller Revolutionen, die bisher vorgegangen sind, und noch bevorstehen"[24] bezeichnet wurde, muß auf dem Hintergrund dieser Vorgänge interpretiert werden. Die Tatsache, daß Hoffmann in diesem Pamphlet die Freimaurerei in grobschlächtiger Weise diffamierte, dürfte wohl auch dadurch zu erklären sein, daß er sich als ehemaliger „Agenten-Kollege" des hingerichteten Ignaz Martinovics an seine durch die Anwendung revolutionärer Methoden gekennzeichneten geheimen politischen Aktivitäten nicht ohne Erschauern erinnert haben mag.

Schließlich war auch sein ehemaliger Chef, der Polizeidirektor Gotthardi, zu 35 Jahren Kerkerhaft verurteilt worden![25] Noch im Jahre 1793 hatte Hoffmann nämlich in der von ihm herausgegebenen „Wiener Zeitschrift" differenzierend gesagt: „Die Freimaurerei ist zum Gaukelspiel verschiedener Sekten gemacht worden, und der Illuminatismus setzte ihr höflich das Messer an die Kehle ... Auf dem Stamm der Freimaurerei als solcher wuchsen die vergifteten Früchte nicht, fremde Hände hatten dem Stamm giftige Reiser aufgepfropft."[26] Der Abbé Barruel, der sich in seiner antifreimaurerischen Polemik wesentlich auf Hoffmann stützte und in dessen „Denkwürdigkeiten" auch Martinovics in verballhornter Form als „Mehalovich"[27] erscheint, ist über die hier skizzierten Zusammenhänge nicht unterrichtet gewesen. Ihre Kenntnis dürfte ihn wohl einigermaßen irritiert haben.

4. Freimaurerisch aufgezogene Gesellschaften

4.2. Freimaurerische politische Gesellschaften und Verschwörungsängste in der napoleonischen Ära

Aus einer Pariser Aktennotiz vom 7. Juni 1796 geht hervor, daß die deutschen „Illuminaten" auch noch der Direktorialregierung als willkommene Bundesgenossen galten. Dort heißt es: „Ich denke, daß es wichtig sein würde, zu wissen, ob es in München einige Mitglieder der Illuminaten gibt, um sie zu verbinden, Frankreich nützlich zu sein ... Er (der Illuminatenorden) ist ehemals in Bayern sehr verbreitet gewesen, seine Prinzipien sich nähernd denjenigen der Freimaurer, waren sehr scharf gegen den religiösen und zivilen Despotismus ausgesprochen. In der Epoche der ersten französischen Erfolge in Deutschland nannten ihn die Verbündeten den Vorläufer der Jakobiner und klagten ihn an, mit diesen letzteren einverstanden zu sein."[1] Tatsächlich haben die am Rhein und in Süddeutschland durch französische Truppen erzielten Erfolge den deutschen Republikanern erheblichen Auftrieb verliehen. Obgleich die vor dem Frieden von Campo Formio gegründete deutsche „Cisrhenanische Republik" nur vorübergehend durch die französischen Behörden toleriert worden war, glaubten die deutschen Revolutionäre nach der Besetzung des linksrheinischen Ufers ihre Stunde gekommen.

Dies läßt sich etwa daraus ersehen, daß der Plan für eine Lesegesellschaft, der dem Kölner Magistrat am 11. Oktober 1797 vorgelegt wurde, unter den zur Anschaffung empfohlenen Büchern neben den Werken Bayles, Franklins, Paynes und Rousseaus auch diejenigen der Illuminaten Weishaupt und Knigge aufführte![2] Bezeichnenderweise wurde Weishaupt auch in einer von dem Kölner Richter Blumhofer am 10. März 1798 in der Bonner Volksgesellschaft gehaltenen Rede in einem Atemzug mit Kant und Bahrdt positiv erwähnt.[3] Schließlich befand sich der Name Weishaupts neben dem Fichtes in der am 24. Juli 1798 von der Mainzer Munizipalverwaltung eingereichten Vorschlagsliste zur Stellenbesetzung der in Mainz geplanten Zentralschule.[4]

In dem am 29.11.1797 in Aachen publizierten „Sendschreiben eines Pfarrers, der sich nennen wird, sobald die Franzosen fort sind ..." ist die tiefe Beunruhigung des katholischen

4.2. Freimaurerische politische Gesellschaften

Klerus über diese Vorgänge formuliert worden. Dort heißt es: „Die Begriffe, die ich von der Illuminatenrepublik (französischen wäre zweideutig) habe ... stellen mir das Bild einer Gesellschaft vor ... die des Endes schon die katholische Religion abschafft, sich aller Kirchengüter bemächtigt ... und so den Gott des Himmels und Erde aller Verehrung und Anbetung beraubt haben ... Nun frage ich, ob ein katholischer Pfarrer dieser Illuminatenrepublik und ihren Gesetzen den Eid der Treue leisten könne?"[5]

Obgleich von kirchlicher Seite der „Illuminatismus" als mit den Franzosen im Bunde stehend denunziert wurde, verleitete die imperiale Ausrichtung der französischen Politik dazu, die bei den Republikanern eingetretene Desillusionierung im antifranzösischen Sinn auszunützen. Kennzeichnend für diese Taktik ist eine von einem anonymen Engländer verfaßte Rezension des 4. Bandes der Barruelschen „Denkwürdigkeiten", die eine provokative Umdeutung der bisherigen antiilluminatischen Propaganda enthält. Nachdem der Rezensent Barruel sarkastisch vorgeworfen hatte: „Aus diesem deutschen Gespenst"– gemeint ist der Illuminatenorden – „macht er eine schreckliche Vogelscheuche, in dem er sie mit einem blutdurchtränkten Gewand seines eigenen Landes kleidet"[6], behauptet er und sagt dann provozierend: „Wenn durch irgendwelche Umstände die Illuminaten in Deutschland an die Macht kämen, wenn sie eine literarische Priesterschaft eines konsolidierten und reformierten Reiches wären, würden sie wohl als eine antigallische Partei agieren und ihr Land dazu ermuntern, Holland und Flandern zurückzuerobern ... gegen die räuberische Tyrannei der Direktorialregierung. Patriotisch gesprochen, Großbritannien scheint ein Interesse am Aufstieg der durch die Illuminaten gegründeten Partei zu haben."[7]

Dieser Ball ist von der französischen Propaganda aufgefangen worden, die schon vor der am 18.04.1799 auf dem Rastatter Friedenskongreß erfolgten Ermordung französischer Unterhändler einen erneuten Krieg gegen das Reich publizistisch vorbereitete. So erklärt es sich, daß der offiziöse „Moniteur Universel" am 27.10.1798 einen Leitartikel: „Über die Illuminaten" veröffentlichte, in dem die konterrevolutio-

4. Freimaurerisch aufgezogene Gesellschaften

näre Verschwörungsthese einschließlich der Paris-Reise Bodes und Bussches ausführlich kolportiert wurde. Der eigentliche Hintergedanke für diesen ungewöhnlichen Schritt dürfte vor allem die Absicht gewesen sein, die deutschen Fürsten durch einen Hinweis auf „innere Feinde" zu verunsichern, mit denen die Franzosen im übrigen weiterhin zusammenzuarbeiten suchten.[8]

Dies wurde von den „Politische(n) Gespräche(n) der Todten" sogleich erkannt. Dieses Journal, das seit Jahren einen konterrevolutionären Feldzug führte, kommentierte den Artikel des „Moniteur" am 02.11.1798 charakteristischerweise so: „Man hat sich ... nicht wenig gewundert, daß der Moniteur es unternommen habe, die Illuminaten in einem Artikel zu entlarven, und ihre Lehre darzustellen ... So schreibt der Moniteur über die Illuminaten, in einer Zeit, die einen neuen Krieg droht. Man wundert sich mit Recht, daß er die alte Speise aufwärme, die längst verdaut sein sollte ... viele glauben, daß es eine subtile Rache sei, weil die meisten Glieder dieser Gesellschaft von dem ersten Wahn zurückgekommen sind, und die revolutionären Fortsetzungen nicht begünstigen wollen, oder soll es eine Unerkenntlichkeit sein, weil Frankreich jetzt stark genug ist, und dessen Einfluß nicht braucht? In allen Fällen ist diese Diatribe unpassend, und setzt die durch bessere Erfahrung Sonstverdächtigungen, neuen Verfolgungen aus."

Den Ausführungen der „Politischen Gespräche" kann insofern eine Berechtigung nicht abgestritten werden, als auf die Mehrzahl der eigentlichen Illuminaten die im konterrevolutionären Sprachgebrauch geläufige Gleichung Illuminatismus = Jakobinismus (bzw. Republikanismus) nicht zutraf. Vielmehr waren diese in der Praxis überwiegend Anhänger eines aufgeklärten, antiklerikalen Absolutismus, mit Hilfe dessen sie eine vornehmlich durch den Erziehungs- und Verwaltungsapparat durchzuführende „Revolution von oben" angestrebt hatten. Als ein solcher Illuminat hat auch Maximilian Joseph Graf Montgelas (1759–1838)[9] zu gelten, welcher sich dem Illuminatenorden als Ingolstädter Student angeschlossen hatte und von dem Nachfolger des im Februar 1799 verstorbenen bayerischen Kurfürsten Karl Theodor, Max Joseph, zum leitenden Minister berufen worden ist.[10]

4.2. Freimaurerische politische Gesellschaften

Unter Montgelas lehnte sich die bayerische Politik nach dem unglücklich verlaufenen zweiten Koalitionskrieg von 1799–1801 eng an das von Napoleon als Konsul regierte Frankreich an.

Nunmehr wurde der Illuminatismus-Verdacht, der während der Französischen Revolution mit dem Jakobinismus-Verdacht identifiziert worden war, von christlich-konservativen Traditionalisten auch gegen die Verfechter einer aufgeklärt-absolutistischen Politik gerichtet. So stellte etwa im Jahre 1800 der prominente bayerische Rosenkreutzer Johann August Graf von Törring in einer dem bayerischen Kurfürsten überreichten Denkschrift[11] resignierend fest, daß „Weishaupts Grundsätze mehr gelten als Fürstenwort". Dabei warf er dem Kurfürsten vor, er sei von den Schülern der Illuminaten „umstrickt" worden. Die bayerische Politik beunruhigte verständlicherweise besonders die österreichische Regierung. So heißt es in einem Bericht vom Oktober 1801[12], den ein in Bayern eingesetzter österreichischer Agent für den Wiener Polizeiminister verfasst hat, der dirigierende Minister Montgelas sei ein „Illuminat aus der früheren Epoche" und ganz „im Geiste des Ordens"[13] gebildet.

Die Tatsache, daß „Eingeweihte, Zöglinge und Geschöpfe des Illuminatenordens" den Kurfürsten und die meisten Zweige der Staatsverwaltung in ihrer Gewalt hätten, unterliege keinem Zweifel[14] Im übrigen vollzog der Agent die durchaus zutreffende Unterscheidung zwischen den Illuminaten des Montgelas'schen Typus und der konstitutionalistisch orientierten „Fakzion" der „Patrioten", indem er übertreibend konstatierte: „Beide Fakzionen arbeiten auf eine Fundamental-Erschütterung der kirchlichen und politischen Verfassung des Landes hin, die Illuminaten durch das Medium des philosophisch-literarisch-politischen, die Patrioten des bloß politischen Zeitgeistes. Jene sind geheime, verkappte, diese offene Feinde des Fürsten; jene wirken in den höheren, kultivierteren Ständen, diese in den niederen Volksklassen ..."[15]

Wenngleich das napoleonische Frankreich selber einen „anti-illuminatischen" Kurs steuerte, wobei das durch die Kategorie des Illuminatismus charakterisierte Feindbild nicht nur

4. Freimaurerisch aufgezogene Gesellschaften

Republikaner, sondern vielmehr alle antifranzösischen Tendenzen und Bewegungen einschloß, wurde seitens der Anhänger des Ancien Régime auch die durch Napoleon vorgenommene Neuordnung Europas als Triumph des verderblichen Illuminatismus verstanden. So schrieb Friedrich Leopold zu Stolberg, der einst Beiträge zur „Eudämonia" beigesteuert hatte, seinem Bruder nach Abschluß des das Ende des „Heiligen Römischen Reiches Deutscher Nation" besiegelnden Friedens von Preßburg im Dezember 1805: „Der lang entworfene Plan des Illuminatismus wird sich nun überall in Europa entwickeln." Wenig später, am 17.01.1806, rief er gegenüber dem gleichen Adressaten klagend aus: „Wie sich itzt das große Weishauptsche Drama sich rings um Europa entwickelt."[16]

Die „konterrevolutionäre" Wendung der französischen Politik, die 1802 in der Ernennung Napoleons zum Konsul auf Lebenszeit und schließlich in dessen Kaiserkrönung von 1804 ihren verfassungspolitischen Abschluß fand, hat den Widerstand der Republikaner wachgerufen. Um seine nunmehr hauptsächlich durch Republikaner bedrohte aufgeklärt-absolutistische, plebiszitär sanktionierte Diktatur zu stabilisieren, suchte Napoleon nicht nur die Aussöhnung mit dem französischen Adel, sondern auch mit der katholischen Kirche, mit der er am 16.07.1801 ein Konkordat abschloß. Aufgrund dieses Konkordates kehrte auch der Abbé Barruel aus der englischen Emigration nach Paris zurück, wo er zum Kanonikus an der Pariser Kathedrale Notre Dame ernannt wurde und wo seine „Denkwürdigkeiten zur Geschichte des Jakobinismus" noch 1802 erstmals auch in Frankreich publiziert werden konnten. In geschickter Anpassung an diese veränderte Situation hat sich übrigens Leopold Alois Hoffmann bereits im Jahre 1800 mit seinem „Schreiben an den Herrn Ober-Konsul Frankreichs" dadurch wieder ins Spiel zu bringen versucht, daß er Napoleon vor den deutschen Illuminaten und Jakobinern auf dem linksrheinischen – französischen – Ufer warnte.[17]

Es ist hier nicht der Ort, detailliert auf die von republikanischen und royalistischen Offizieren getragenen anti-napoleonischen Konspirationen einzugehen, innerhalb derer die „Phi-

4.2. Freimaurerische politische Gesellschaften

ladelphes" (Filadelfi) eine wegen Quellenmangel noch immer umstrittene Rolle gespielt haben.[18] Diese Konspirationen, die in den Putsch-Versuchen von 1802 und 1812 kulminierten[19], interessieren im vorliegenden Zusammenhang wegen dieser vielgenannten und mysteriösen Philadelfen. Ihre quasi-freimaurerische Organisation ist offenbar um 1799 von republikanischen Offizieren in Besançon gegründet worden[20] und mit den napoleonischen Heeren mitgewandert. Zu den Philadelfen ist Filippo Michele Buonarroti (1761–1837) vermutlich 1803 oder 1804 gestoßen,[21] welcher bis tief in die Restaurationszeit hinein eine überragende Bedeutung für den Republikanismus sowie auch den Frühsozialismus erlangt hat und der von seiner Biographin Elizabeth Eisenstein als der erste Berufsrevolutionär bezeichnet worden ist.[22]

Nachdem der von der französischen Regierung in Südfrankreich als Kommissar eingesetzte Florentiner Buonarroti 1795 vorübergehend verhaftet worden war, beabsichtigte die Direktorialregierung, ihn als Verbindungsmann zu den italienischen Patrioten ins napoleonische Hauptquartier zu entsenden. Dazu kam es allerdings nicht mehr, weil er in die „Verschwörung der Gleichen"[23] verwickelt war, am 10. Mai 1796 verhaftet und zu einer langjährigen Verbannungsstrafe verurteilt wurde. Möglicherweise hat sich Buonarroti bereits um 1786 einer Florentiner Loge angeschlossen. Die verschiedentlich ausgesprochene Vermutung, daß er damals dem Illuminatenorden angehört habe,[24] muß allerdings als mehr als fraglich angesehen werden, zumal dieser Orden als Organisation den deutschen Sprachraum nicht überschritten hat.

Barruels Behauptung, daß die „Verschwörung der Gleichen" den Geist Adam Weishaupts atme,[25] ist als konterrevolutionäre Polemik zu werten, wenngleich nicht ausgeschlossen werden kann, daß – rein instrumental gesehen – freimaurerische Organisationsprinzipien die konspiratorische Praxis der „Gleichen" mit beeinflußt haben.[26] Aller Wahrscheinlichkeit nach ist Buonarrotis intime Kenntnis des Illuminatenordens auf die Lektüre Barruels zurückzuführen. Paradoxerweise hat dieser Abbé dazu beigetragen, daß revolutionäre politische Gesellschaften als „Freimaurerei in der Freimaurerei" (masonry in a masonry)[27] konzipiert worden sind.[28] So charakterisierte der Tiroler Joachim de Prati, ein enger Mitarbeiter Buonarrotis, die sich als „Loge der Aufrichtigen Freunde" (Loge des Amis Sincères) tarnende republikanische Gesellschaft. Möglicherweise hat der ursprünglich für den Illuminatenorden vorgesehene Name „Orden der Perfektibilisten" die Benennung der um 1808/09 von Buonaroti gegründeten Organisation „Sublimes Maîtres Parfaits" beeinflußt, welche sich die Republikanisierung Europas zum Ziel setzte und aus der das noch zu behandelnde „Grand Firmament" hervorgegangen ist.[29]

Ungleich mehr als durch den französischen Republikanismus wurde das napoleonische Regime durch die sich gegen das französische Hegemonialsystem auflehnenden nationalemanzipatorischen Bewegungen beunruhigt.[30] Daher sind diese von der napoleonischen Propaganda gern als Manifestation des „Illuminatismus" diffamiert worden. So ist zu erklären, daß Napoleon am 13. Oktober 1809 in Schönbrunn den Studenten Staps nach dessen mißlungenem Attentat auf den Kaiser der Franzosen wie folgt anredete: „Sie sind von Sinnen, junger Mann, Sie sind ein Illuminat!"[31] In einer um 1810 abgefaßten Denkschrift des Leiters des französischen Nachrichtendienstes in Deutschland erlebte die Legende von der angeblichen Illuminatenverschwörung ihre Auferstehung in einer spezifisch napoleonischen Variante.[32] Dort heißt es, daß der vermutlich von einigen Chefs des Jesuitenordens (!) gegründete Illuminatenorden den Sturz der bestehenden politischen Regime und ihre Ersetzung durch republikanische Staaten anstrebe. Der von Weishaupt gegründete Orden habe die Grenzen Deutschlands überschritten und verfüge mittlerweile auch in Dänemark, Schweden, Rußland und sogar in der Türkei über Filialen. In diesem mit phantastischen Details angereicherten Mémoire werden Männer wie Stein, Humboldt, Hardenberg, ja sogar Starck als Illuminaten denunziert und sowohl Metternich als auch Gentz als ihre Protektoren bezeichnet.

Diese Denkschrift bedient sich des simplen Mittels der Identifizierung von antifranzösisch = illuminatisch, was in Wendungen wie der folgenden deutlich wird: „Deutschland von Frankreich unabhängig machen, dies ist heute das einzi-

4.2. Freimaurerische politische Gesellschaften

ge Ziel der Assoziation"[33] Ohne Zweifel liegen solcher denunziatorischen Argumentation auch richtige Einsichten in verzerrter Form zugrunde. Dieser reale Kern ist in dem Sachverhalt begründet, daß die französische Expansion überall in Europa Gegenkräfte nationalreformistischer oder gar nationalrevolutionärer Natur wachrief. Diese stellten ihrerseits das überkommene Staatensystem sowie die überkommene Sozialordnung zumindest partiell in Frage.

Mit dem Ziel der Abschüttelung der französischen Fremdherrschaft wurden nämlich weitergehende Pläne wie etwa die Herstellung der nationalen Einheit Deutschlands, Italiens und Polens sowie auch sozialpolitische Reformen verfolgt. Daran, daß der „Napoleonismus" von Gegnern des Ancien Régime als „Inbegriff der Herausschleuderung der Französischen Revolution auf ganz Europa", als „Beschleuniger der Europäischen Revolution"[34] angesehen und begrüßt wurde, vermochte Napoleon selber solange wenig zu ändern, als er seine imperialistische Expansionspolitik nicht aufzugeben bereit war.

Diese Konstellation ist von dem preußischen Staatsmann Hardenberg, der übrigens schon als junger Mann einer Freimaurerloge beigetreten war[35], klug erfaßt und ins politische Kalkül einbezogen worden. In seiner „Rigaer Denkschrift" vom 12.09.1807[36], die auf dem Hintergrund des moralischen und militärischen Zusammenbruchs des friderizianischen Preußen zu interpretieren ist[37], forderte Hardenberg nicht nur „eine Revolution im guten Sinn", sondern auch „demokratische Grundsätze in einer monarchischen Regierung". Darüber hinaus war er der Auffassung, daß ein „Bund, ähnlich dem der Jacobiner, nur nicht im Zweck und in der Anwendung verbrecherischer Mittel, und Preußen an der Spitze ... die größte Wirkung hervorbringen (könnte) und ... für dieses die mächtigste Allianz (wäre). Dieser Gedanke müßte mehr als ein politischer Traum sein ..."[38]

Eine Verbindung, die diesem „politischen Traum" tendenziell entsprach, wurde 1808 im preußischen Königsberg tatsächlich gegründet. Der „Tugend-Bund" oder „sittlich-wissenschaftliche Verein", der von Königsberger Freimaurern ins Leben gerufen wurde, sollte nach der Funktionsbestimmung

4. Freimaurerisch aufgezogene Gesellschaften

einer seiner Gründer durch die „innere Kraft" das ins Werk setzen, was der „äußeren Macht" nicht gelungen war.[39] Im Tugendbund gingen aufklärerisch-humanitäre, sozialreformerische und nationalemanzipatorisch-antifranzösische Ziele eine Verbindung ein. Dadurch erhielt er einen vorbildhaften Charakter und erlangte er in ganz Europa eine legendäre Berühmtheit.[40] Mit der Gründung des „Tugendbundes" wurde nämlich der Übergang vom unpolitischen, freimaurerisch-aufklärerischen Kosmopolitismus zu einem verantwortungsbewußten staatsbürgerlichen Engagement praktisch vollzogen. Dies hat der Königsberger Professor Lehmann in den Gründungsgesprächen so formuliert: „Als Freimaurer gebührt uns bloß die Betrübnis über unser Land und wir dürfen nichts weiter beginnen; aber wir sind auch Bürger des Staats, ich denke wir stiften einen Bund unabhängig von der Maurerei."[41]

Aufgrund dieser dem Bedürfnis nach bürgerlicher Selbsttätigkeit Raum gebenden Konzeption ist der Tugendbund sowohl von russischen Dekabristen als auch von der 1819 gegründeten polnischen „Nationalen Freimaurerei" zum Vorbild genommen worden. Durch seinen Ruhm hat er sogar noch auf die neapolitanische Carboneria stimulierend gewirkt[42]. Der Tugendbund, der im Juni 1808 vom preußischen König nur widerstrebend autorisiert worden ist, wurde von französischen Diplomaten sogleich als eine „Assoziation nach Art der Illuminaten"[43] beargwöhnt und auf ihr Betreiben hin schon 1809 wieder aufgelöst.

Selbstverständlich war der Tugendbund trotz seiner Loyalitätsbezeugungen gegenüber König und Religion auch den preußischen Konservativen höchst suspekt, zumal der Freiherr vom Stein erwog, sich seiner in unkonventioneller Weise zu bedienen.[44] So denunzierte etwa der Reformgegner und als „Franzosenfreund" geltende Graf Hatzfeld, ein Vertrauter Friedrich Wilhelms III., die ehemaligen Mitglieder des Tugendbundes in einem Memorandum vom 6. Januar 1812 als Anhänger der „fanatischen Sekte der Tugendfreunde" und als „deutsche Jakobiner".[45]

Die durch das Scheitern des napoleonischen Rußland-Feldzuges ausgelösten Befreiungskriege veranlaßten wenig

4.2. Freimaurerische politische Gesellschaften

später auch im Prinzip konservativ eingestellte Leute, unmittelbar an das Volk zu appellieren, was Repräsentanten des Ancien Régime in höchstem Maße beunruhigte. Beispielsweise hatte der Freiherr vom Stein, der damals in Rußland eine „deutsche Legion" aufzustellen suchte, sich des durch Herzog Peter von Oldenburg erhobenen Vorwurfs zu erwehren, der „Aufruf an die Teutschen" sei revolutionär.[46] Bezeichnenderweise wies Stein den Illuminations-Verdacht – auf welchen übrigens der im gleichen Jahre erfolgte Sturz des russischen Staatssekretärs Speranskij mit zurückgeht![47] – in einem Schreiben an Kaiser Alexander vom 11. Juli 1812 wie folgt zurück: „Was mich betrifft, sind mir die Illuminaten von allen Organisationen der Freimaurer als ziemlich schlechte Gesellschaft mit einer zweifelhaften Moral erschienen, ihre Intrigen haben geschadet, wenngleich Barruel nicht mein Evangelium ist".[48]

Der Illuminatismus-Verdacht ist in Rußland speziell von dem sardinischen Gesandten in St. Petersburg, Joseph de Maistre, geschürt worden und dort auf fruchtbaren Boden gefallen.[49] De Maistre, der vor 1789 selbst ein theosophisch orientierter „Martinist" gewesen war und der nach Erscheinen der Barruelschen „Denkwürdigkeiten" die Verschwörungsthese noch mit Hohn überschüttet und sogar eine „Widerlegung" dieser These verfaßt hatte,[50] konvertierte schon wenige Jahre später zum „Barruelismus".[51]

In seinem Kaiser Alexander von Rußland zugeleiteten Memorandum vom Jahre 1810 empfahl er diesem eindringlich die Lektüre Barruels und warnte ihn mit beschwörenden Worten vor den Anhängern Adam Weishaupts, die mit den Jakobinern, Jansenisten, Juden und überhaupt allen „Sekten" eine „Allianz" eingegangen seien.[52] Auf solche Einflüsse ist auch die anonyme französischsprachige russische Flugschrift: „Überlegungen eines russischen Patrioten über das erstaunlich schnelle Ausgreifen des zerstörerischen französischen Regierungssystems"[53] von 1812 zurückzuführen. Diese gipfelt in dem Satz : „Die Illuminaten wollen die Unordnung, tun alles, um alles zu desorganisieren."[54]

Die vom Herzog von Oldenburg vertretenen orthodox-konservativen Ansichten vermochten sich während der großen

4. Freimaurerisch aufgezogene Gesellschaften

Entscheidungsschlachten nicht durchzusetzen und wurden den Geboten der praktischen Politik geopfert. Der Aufruf „An die Teutschen", der den „Fürsten und Völkern Teutschlands" die politische Neuordnung ihres Landes anheimstellte,[55] ist am 25. März 1813 vom russischen Oberbefehlshaber als „Kalischer Proklamation" veröffentlicht worden. Noch im gleichen Jahr wurden die „Deutschen Gesellschaften" gegründet, die es sich zum Ziel setzten, Deutschland unter Preußens Führung zu vereinen und zu reformieren und die von preußischen Reformern wie Gneisenau und Gruner protegiert worden sind.[56]

Für die Konzeption dieser Gesellschaften, in die „jeder unbescholtene Deutsche – vom Bauer bis zum Fürsten – Aufnahme finden"[57] sollte, waren wie schon beim Tugendbund in charakteristischer Weise umgeprägte und für nationalpolitische Ziele nutzbar gemachte freimaurerische Vorstellungen und Kontakte mitbestimmend. So schrieb der in Dresden als Gouvernementsrat wirkende und dort auch als Meister vom Stuhl amtierende Christian Gottfried Körner am 16.12.1813 an Ernst Moritz Arndt: „Für unseren Bund kann die Loge eine Pflanzstätte werden."[58] Dabei ging er von einer Erwägung aus, die auch bei denjenigen Italienern und Polen,[59] welche das Institut der Freimaurerei in den Dienst nationalpolitischer Zielsetzungen zu stellen suchten, eine ausschlaggebende Rolle gespielt hat: „Die zerstückelte Nation finde in der Freimaurerei ein Band der Vereinigung und lerne sich eines gemeinschaftlichen Vaterlandes freuen."[60]

Die Befreiungskriege haben eine tiefe politische Aufwühlung zur Folge gehabt, in der sowohl apokalyptische Ängste als auch säkulare Erwartungen nationalpolitischer Natur wachgerufen worden sind. Die dadurch auf konservativer Seite eingetretene Bewußtseinslage, deren Artikulation teilweise durch das Kategoriensystem der Verschwörerthese gekennzeichnet ist, hat Sergej S. Uvarov, der spätere russische Volksbildungsminister und Präsident der Akademie der Wissenschaften, im November 1813 in einem Brief an den Freiherr vom Stein wie folgt charakterisiert: „Glauben Sie nicht, daß in meinen Worten irgendeine Übertreibung sei. Der Zustand der Geister ist ein solcher, daß die Vermengung der

4.2. Freimaurerische politische Gesellschaften

Begriffe den äußersten Grad erlangt hat ... Alle haben auf der Zunge Worte, wie: die Religion ist in Gefahr, Zerstörung der Moral, Anhänger ausländischer Ideen, Illuminat, Philosoph, Freimaurer, Fanatiker usw. Mit einem Wort, es ist eine vollkommene Kopflosigkeit."[61]

Verständlicherweise suchten damals die Anhänger des Ancien Régime die scheinbar heile, vorrevolutionäre Welt zu restaurieren und mit dem „Geist" der Illuminaten, der sich „auf den Thron von Frankreich gesetzt" und in „eines Menschen Leib, genannt Napoleon"[62], verwandelt hätte, endgültig abzurechnen. Daher publizierte der ehemalige kurkölnische Hofrat und Professor der Staats-, Land- und Forstwirtschaft Johann Jakob Trunk[63] im September 1814 eine Schrift mit dem Titel: „Was ist bei dem hohen Kongresse der europäischen Fürsten, in Wien, oder sonstwo, noch näher zu bestimmen, und für immer festzusetzen? In rechtlicher und politischer Hinsicht." In diesem auf dem Schema der Verschwörungsthese basierenden Pamphlet legte Trunk den Illuminaten auch noch den gerade in China ausgebrochenen Bürgerkrieg zur Last, denn dieser sei „auch durch eine Sekte entstanden, deren Anhänger sich Illuminaten nennen, aus Europa dahin gekommen sind."[64] Trunk räumte ein, daß sogar Napoleon in den letzten Jahren seiner Regierung „ernstliche Vorkehrungen" gegen die Illuminatensekte getroffen habe,[65] was ein Grund mehr für ihn war, energisch eine Säuberung zu fordern, die in der Entfernung von Freimaurern, Illuminaten und Jakobinern „von öffentlichen Ämtern und Ehrenstellen"[66] bestehen sollte.

Den Berichten der österreichischen Geheimpolizei, welche die tatsächlichen und vermeintlichen Anhänger des „Tugendbundes" intensiv überwachte, ist zu ersehen, daß von konservativer Seite alle unerwünschten politischen Bestrebungen weiterhin als Ausdruck vermeintlicher Verschwörungen gewertet wurden. Dies geschah etwa in einem dem Wiener Polizeichef am 14. Oktober 1814 vorgelegten Rapport über den Tugendbund, dem eine detaillierte Analyse der Barruelschen „Denkwürdigkeiten" beigelegt[67] worden ist. Damit zeichnete sich ab, daß bei den schon latent vorhandenen Konflikten der Restaurationszeit wiederum das Interpretations- und Kampfinstrument des Verschwörungsmythos eine bedeutsame Rolle spielen würde.

4.3. Das ‚Comité directeur' der europäischen Revolution 1818–1823

Die Niederwerfung Napoleons konnte schon deshalb zu keiner dauernden Befriedung Europas führen, da die an den Sieg geknüpften Erwartungen zu entgegengesetzter Natur waren. Schon bald zeigte sich, daß der militärische Sieg kein Sieg über die revolutionären Ideen gewesen war und daß die Berufung auf die dynastische Legitimität als politisches Leitprinzip nicht mehr ausreichte. Die am 29.09.1815 von den russischen, österreichischen und preußischen Monarchen begründete Heilige Allianz, in der die vertragschließenden Souveräne übereinkamen, ihre Regierungsgeschäfte als Väter ihrer Völker im Geiste christlicher Brüderlichkeit und gemäß den Prinzipien der Religion zu führen, spiegelt diese Einsicht intuitiv wider. Wegen der daraus abgeleiteten restaurativen Schlußfolgerungen beargwöhnten die Liberalen die Heilige Allianz im höchsten Maße. Auch der katholischen Kirche erschien sie als eine suspekte Institution, ja sogar als eine Art freimaurerischer Verbindung.[1]

Nicht zu Unrecht erkannten Vertreter der katholischen Orthodoxie in der diffusen Ideologie der Heiligen Allianz das von ihnen bekämpfte „transzendentale Christentum" bzw. jenen „mystischen Illuminatismus"[2] wieder, den die Martinisten und Theosophen gelehrt hatten. Vom katholischen Standpunkt waren diese Bedenken umso verständlicher als die „Heilige Allianz" – bei aller Gegensätzlichkeit der Ziele – mittelbar die Konzeption des utopischen Sozialismus beeinflußt hat.[3] Denn sie basierte gleich diesem – wie Saint-Simon 1824 schrieb – auf der den Liberalen und den Anhängern der übrigen politischen Parteien abgehenden Einsicht, daß eine „Reorganisation" Europas eine „systematisches Konzept"[4] zur Voraussetzung habe. Dieser Gedanke war bereits 1821 von Robert Owen in seinem „Report to the County of Lanark" expliziert worden. Dort führte Owen aus, daß eine

4.3. Das ‚Comité directeur' der europäischen Revolution 1818–1823

„Renovierung des gesamten gesellschaftlichen Körpers" nicht durch die „nutzlosen Maßnahmen der Radikalen, Liberalen oder Konservativen Britanniens, die Liberalen und Royalisten von Frankreich oder die Illuminaten von Deutschland" bewerkstelligt werden könne; denn hierzu bedürfe es eines „großen und universalen Prinzips".[5]

Eine sich auf universale Prinzipien gründende politische und soziale Rekonstruktion Europas suchte nicht zuletzt das in der Tradition des Jakobinismus sowie des Babouvismus stehende und von Buonarroti um 1818 gebildete „Grand Firmament" herbeizuführen. Wie Alexandre Andryane, einer der engsten Mitarbeiter Buonarrotis, in seinen Erinnerungen konstatierte, war die Republik des Jahres 1793 dessen „fixe Idee".[6] Das Ziel der Verschwörer war die „Emanzipation und Befreiung der Völker",[7] wobei diese in einem politischen Glaubensbekenntnis wie folgt präzisiert wurde: „Ich glaube, daß sowohl bei göttlichem und menschlichen Recht, die Menschen, als Kinder gemeinsamer Eltern, durch gegenseitige Liebe gebunden sind. Dies ist die göttliche Quelle der Gleichheit unter den Menschen, aus der ein sozialer Staat und Gerechtigkeit herkommt und welche die Freiheit begründet, die darin besteht, die Gesetze zu befolgen, welche durch die Zustimmung der Allgemeinheit zustande kommen. Und daß jede andere Macht, die einen anderen Ursprung hat als den Willen der vielen, als Verbrechen verdammt werden muß"[8] Aus dem um 1822 aufgestellten Manifest des „Areopagus", einer der untereinander verschachtelten Geheimorganisationen Buonarrotis, geht hervor, daß das Prinzip der Volkssouveränität die Basis für eine agrar- und staatssozialistische Umgestaltung der Gesellschaft darstellen sollte: „Gold kann nur einen Schatten der Freiheit begründen. Laß uns die Ketten des privaten Eigentums brechen, laß uns mit den Ruinen des privaten Landbesitzes ein soziales Gemeinwesen schaffen. Laß die Republik den einzigen Eigentümer sein: wie eine Mutter wird sie jedem ihrer Kinder die gleiche Erziehung, Nahrung und Arbeit geben."[9]

Während diese nur wenigen Eingeweihten bekannten sozialistischen Ziele damals keine unmittelbare praktische Bedeutung erlangt haben, hat doch der Versuch des „Grand Fir-

4. Freimaurerisch aufgezogene Gesellschaften

mament", die Rolle eines übernationalen republikanischen Revolutionskomitees zu spielen, sowohl die Gegner der restaurativen Staats- und Gesellschaftsordnung beflügelt als auch deren Repräsentanten mit Schrecken erfüllt. Dies vor allem deshalb, weil man vielfach annahm, daß die europäischen Revolutionen der Jahre 1820–1823 durch diese mysteriöse Organisation zentral gesteuert wären. Charakteristisch für diese Furcht ist die Denkschrift des spanischen Gesandten in Berlin vom 8. Mai 1819.

Darin sagt Vallejo der von ihm mit liberalen, republikanischen und nationalemanzipatorischen Bestrebungen identifizierten „Freimaurer-Sekte" – welcher seiner Meinung nach außer den deutschen Illuminaten die liberale Partei in Frankreich, die Mehrzahl der Protestanten, alle Juden(!) sowie die italienischen Carbonaris angehörten – dies nach: „Ihr wahres Ziel ist die universale Republik, geteilt in ebenso viele Republiken wie Nationen und gegründet auf den Ruinen der Altäre und der Throne".[10] Auch Metternich hielt es für erforderlich, gegenüber Kaiser Alexander von Rußland in seiner Denkschrift vom Spätherbst 1822 zu erklären: „Die Nationalität, die politischen Grenzen, alles steht für die Sekte zur Disposition. In Paris hat sich gegenwärtig ohne Zweifel das Comité directeur der Radikalen von ganz Europa etabliert ..."[11]

Da aufgrund der ungünstigen Quellenlage die Frage des Zusammenhangs der europäischen geheimen politischen Gesellschaften sowie die praktisch-politische Bedeutung des „Grand Firmament" noch immer umstritten ist, muß dieser für die Einschätzung der Verschwörungsthese wichtige Komplex hier in groben Zügen erläutert werden. Denn bislang sind auf ideologischer Solidarität beruhende Kontakte von überwiegend nationalgeschichtlich orientierten Historikern vielfach übersehen, als vergleichsweise irrelevant eingeschätzt[12], oder aber zu einer schlagkräftigen internationalen Verschwörung hochstilisiert worden.[13]

Das 1818 aus den erwähnten „Sublimes Maîtres Parfaites" hervorgegangene, streng konspirative „Grand Firmament" Buonarrotis, welches sich freimaurerischer Organisationsformen und Rituale bediente, sollte die Rolle einer Dachorganisation für alle liberalen und republikanischen Gruppen

4.3. Das ‚Comité directeur' der europäischen Revolution 1818–1823

wahrnehmen und die Aktivitäten der verschiedenen nationalen oppositionellen Vereinigungen koordinieren.[14]

Die hochgespannten und zuweilen auch etwas naiven Pläne dieser Verschwörer[15] sahen die Einrichtung eines internationalen Zwölfmänner-Kollegiums vor. Diese Männer sollten die Verbindung der Zentrale zu den Revolutionären der verschiedenen Nationen herstellen.[16] Das Grand Firmament vermochte diese Pläne allerdings nur ansatzweise zu realisieren. Wie auch die bislang kaum beachteten Memoiren Pratis zeigen, erstreckte sich sein Einfluß vornehmlich auf Nord- und Mittelitalien, Frankreich und in bedingtem Umfang auch auf Deutschland.[17] In Spanien und Polen kann man nur einen mittelbaren Einfluß dieser im Sommer 1823 zerschlagenen Organisation feststellen. Dafür, daß es nicht gelang, Europa mit einem effizienten konspirativen Netz zu überspannen, sind eine Reihe sehr prosaischer Gründe wie die numerische Schwäche der Revolutionäre, verkehrs- und nachrichtentechnische Gegebenheiten, Sprachbarrieren und schließlich die internationale konterrevolutionäre Solidarität verantwortlich zu machen. Im übrigen orientierten sich die jeweiligen Freiheitsbewegungen meist an spezifisch nationalen Interessen.[18] Trotz der gefühlsmäßigen und deklaratorischen internationalen Solidarität wären sie kaum bereit gewesen, sich von außen steuern zu lassen. An einschlägigen Informationen und Absprachen dagegen war man jederzeit interessiert.

Das „Grand Firmament", dessen Sitz in der Schweiz oder der Lombardei zu vermuten ist, suchte seit 1819 durch reisende, „mobile Diakone" genannte Agenten den Kontakt zu italienischen, französischen und deutschen Liberalen und Republikanern herzustellen.[19] Einer von diesen, der Tiroler Joachim de Prati, warb im April 1820 den in der Schweizer Emigration lebenden Führer des radikalen Flügels der deutschen Burschenschaft, Carl Folien, an.[20] Schon im Mai reiste Folien auftragsgemäß nach Paris, wo er mit den französischen Liberalen Voyer d'Argenson, Benjamin Constant, Victor Cousin und Joseph Rey Kontakte aufnahm. Letzterer hatte bereits 1816 in Grenoble die Geheimgesellschaft „Union" gegründet, der auch Lafayette angehörte.[21] Diese „Union" wiederum war personell eng mit der „Gesellschaft der Freunde der Presse"

4. Freimaurerisch aufgezogene Gesellschaften

(Sociéte des Amis de la Presse) sowie der sich eines freimaurerischen Deckmantels bedienenden politischen Verbindung „Loge der Freunde der Wahrheit" (Loge des amis de vérité) verflochten.

Verschiedene Mitglieder dieser Pseudo-Loge waren in den gescheiterten Militärputsch von Nantil (19.08.1820) verwickelt.[22] Zwei von ihnen, die nach Ausbruch der Revolution in Neapel den dortigen Carbonari zu Hilfe geeilt waren, gründeten nach ihrer Rückkehr nach Frankreich am 01.05.1821 die erste „Haute Vente" der „Französischen Köhlerei" (Charbonnerie francaise), welche 1822 den gescheiterten Militärputsch in Belfort organisiert hat.[23] Die antibourbonischen französischen Oppositionsgruppen, denen neben Liberalen und Republikanern auch Bonapartisten und Orléanisten angehörten, besaßen in dem mysteriösen und quellenmäßig nicht recht faßbaren „Comité directeur" ein Organisationszentrum, das offensichtlich enge Beziehungen zum „Grand Firmament" Buonarrotis unterhalten hat.[24]

Anders als in Frankreich fand das Grand Firmament in Deutschland keine Situation vor, die einem revolutionären Umsturzversuch Realisierungschancen verhieß. Seine Kontakte beschränkten sich hier auf radikale Studenten, einige süddeutsche Intellektuelle[25] sowie endlich auf einige oppositionelle Militärs. Während die Abgesandten des „Grand Firmament" in Frankreich Verbindungen zu bereits bestehenden, und mit einem politischen Rückhalt in der Bevölkerung ausgestatteten, oppositionellen Gruppen aufnehmen konnten, mußten in Deutschland derartige Gruppen bezeichnenderweise erst ins Leben gerufen werden. Hier kam es zur Bildung von direkten Ablegern des „Grand Firmament". Dabei handelt es sich in erster Linie um den im Juli 1820 von Joachim de Prati, Wilhelm Snell und Karl Folien gegründeten „Jünglingsbund"[26]. Seine Zielgruppe war die deutsche Studentenschaft, die über Karl Follen mit den französischen Liberalen und Republikanern zusammenarbeiten sollte.[27]

Dieser „Jünglingsbund", welcher Einheit und Freiheit für Deutschland anstrebte[28], umfaßte binnen kurzem 150 Mitglieder, die unter dem Eindruck der Revolutionen in Neapel und Spanien sowie der revolutionären Situation in Frank-

4.3. Das ‚Comité directeur' der europäischen Revolution 1818–1823

reich, über die sie durch ihre Kontaktleute gut unterrichtet waren, wilde Revolutionspläne schmiedeten.[29] Kennzeichnend für ihre Stimmung war, daß zwanzig Tübinger Studenten im März 1821 den Piemonteser Revolutionären zur Hilfe eilten und daß Jenenser Studenten im Herbst 1821 den Plan aushecketen, unter dem Vorwand, eine Hilfstruppe für die Griechen zusammenzustellen, ein zehntausend Mann starkes Heer zu bilden, welches die deutsche Revolution durchführen sollte.[30]

Obgleich das Vorhaben, dem „Jünglingsbund" einen gleichfalls unter dem „Grand Firmament" arbeitenden deutschen „Männerhund" gegenüberzustellen, nicht realisiert werden konnte[31], gab es doch in den Jahren 1821 und 1822 auch in nichtstudentischen Kreisen einige Zirkel, in denen offen über eine Revolution gesprochen wurde und die auch über Kontakte zu revolutionären Studenten verfügten. In diesem Zusammenhang muß die Gruppe um den Erfurter Major von Fehrenteil erwähnt werden, die sich hauptsächlich aus jüngeren Offizieren zusammensetzte. Offensichtlich sind es diesem Zirkel zugängliche Informationen über die revolutionäre Stimmung im französischen Heer gewesen, die einige Erfurter Offiziere im April 1821 bewogen haben, recht detaillierte, aber doch unrealistische Pläne für eine deutsche Revolution zu entwerfen. Diese sollte der französischen auf dem Fuß folgen und Erfurt zum militärischen Zentrum haben.[32]

Während also zu konstatieren ist, daß das „Grand Firmament" direkt nach Deutschland hineingewirkt hat und daß es als Folge davon zu Kontakten zwischen französischen und deutschen Revolutionären gekommen ist, vermochte diese Organisation schon auf die nationalemanzipatorischen Gruppen in Polen keinen Einfluß mehr auszuüben.Sowohl dies als auch der Wunsch, derartige Kontakte aufzunehmen, kommt am besten darin zum Ausdruck, daß Waleryan Lukasinski, der Gründer und Leiter der polnischen „Nationalen Freimaurerei" (1819–1820) sowie der „Patriotischen Gesellschaft" (1821–1825) im April 1821 einen Abgesandten nach Paris schickte. Dieser erhielt den Auftrag, sich zu erkundigen, ob „die Revolutionen, welche Europa erschüttern, von einem Zentrum ausgehen, wo dieses ist und ob die Revolutionen

4. Freimaurerisch aufgezogene Gesellschaften

miteinander verbunden sind."[33] Diese Suche nach Bundesgenossen war nicht zuletzt eine unmittelbare Reaktion auf das im Oktober 1820 in Troppau verkündete konterrevolutionäre Interventionsprinzip. Ihm zufolge verpflichteten sich Preußen, Österreich und Russland, diejenigen Staaten, welche eine „durch Aufruhr bewirkte Regierungsveränderung" erlitten hätten, „nötigenfalles mit Waffen in den Schoß der großen Allianz zurückzuführen."[34]

Weil den neapolitanischen Carbonari im Sommer 1820 eine erfolgreiche Revolution gelungen war und diese Revolution dann aufgrund des Troppauer Beschlusses von österreichischen Truppen im Frühjahr 1821 niedergeschlagen wurde, solidarisierten sich die Liberalen in Europa durchgängig mit ihnen. Die Tatsache, daß sich Republikaner und Liberale nunmehr nicht nur in Frankreich, sondern etwa auch in Polen den Ehrennamen „Carbonaro" zulegten und auch teilweise das Ritual der Carbonaris (Köhler) übernahmen, ist darauf zurückzuführen, daß deren Organisation zum politischen Tagesgespräch ganz Europas geworden war. Da die Carboneria sich gleich der Freimaurerei auf eine alte Handwerksbruderschaft – diejenige der Köhler – zurückführte, wurde sie vielfach als eine Art freimaurerische Verbindung betrachtet. Dies erfolgte auch in dem päpstlichen Edikt vom 13.08.1814, in dem sie zusammen mit der Freimaurerei und allen übrigen „geheimen Gesellschaften" als „schädliches Gift" verdammt wurde.[35] Tatsächlich wies jedoch die Carboneria einen ganz anderen Charakter als die Freimaurerei auf. Im Unterschied zu dieser rekrutierte sie ihre Mitglieder vornehmlich aus den Unter- und Mittelschichten und stellte eine mehrere hunderttausend Mitglieder umfassende Massenorganisation dar.[36] Sie verfolgte ausgesprochen sozial- und nationalemanzipatorische Ziele, und zwar in einer archaischen, christlich-messianistischen Ausprägung. Somit trat sie als „volkstümliche Freimaurerei" (massoneria populare)[37] in ein Konkurrenzverhältnis zu den aus dem schmalen Bildungs- und Besitzbürgertum stammenden neapolitanischen Freimaurern, die gleich ihren Maurerbrüdern eher deistisch-rationalistisch orientiert gewesen sind.

Wenn sich also Liberale und Republikaner im übrigen Europa auf die süditalienischen Carbonaris beriefen und auch an deren Gebräuchen Anleihen machten, so kommt darin das Mitgefühl mit der von der Metternichschen Reaktion niedergeschlagenen neapolitanischen Freiheitsbewegung zum Ausdruck. Neben dem auf einseitige Informationen zurückgehenden Verkennen der spezifischen Züge dieser Bewegung spiegelt sich darin auch der Wunsch der numerisch schwachen liberalen und republikanischen Verschwörer wider, eine ebenso breite Massenbasis zu gewinnen, wie sie die Carboneria hatte. Bei den verängstigten Konservativen und Konterrevolutionären hat all dies – begünstigt durch verschiedene Kontakte von Einzelpersonen – fast zwangsläufig den irrigen Eindruck erweckt, daß es tatsächlich ein schlagkräftiges „Comité directeur"[38] der europäischen Revolution und somit eine ganz Europa umfassende Verschwörung gab.

4.4. Verschwörungen und Verschwörungsängste 1815–1825

Während diejenige Verschwörerthese, welche die Französische Revolution als Resultat eines Komplotts von Philosophen, Freimaurern und Illuminaten ausgibt, lediglich eine polemisch-ideologische Substanz hat, schien die Verschwörungsfurcht in der Restaurationszeit nachträglich inhaltlich bestätigt zu werden. Dies hatte zwangsläufig eine Renaissance und eine Verfestigung der konterrevolutionären Verschwörungstheoreme zur Folge. Denn die politischen Erschütterungen dieser Periode sind tatsächlich von in „geheimen Gesellschaften" zusammengeschlossenen Männern auszunutzen versucht oder gar mit verursacht worden. Allerdings handelte es sich bei diesen Gesellschaften nicht um diabolische Verschwörungscliquen, sondern schlicht um politische Gruppenbildungen, die als Vorformen der modernen politischen Parteien betrachtet werden müssen. Da ihnen von den absolutistischen Regierungen keine Mitwirkung an den politischen Willensbildungs- und Entscheidungsprozessen zugestanden, sondern sie meist als illegal angesehen und bekämpft wurden, sind sie in die Konspiration abgedrängt wor-

4. Freimaurerisch aufgezogene Gesellschaften

den. Dadurch wurde bei den Angegriffenen ein Radikalisierungsprozeß in Gang gesetzt, der darin bestand, daß nunmehr aus ihrer Perspektive die für erforderlich gehaltenen Reformen nur durch die Anwendung gewaltsamer Methoden herbeigeführt werden konnten. Dies wiederum schien die schlimmsten, durch konterrevolutionäre Verschwörungsängste verstärkten Befürchtungen der bedrohten Mächte zu rechtfertigen.

Weil die Intensität, mit der die Krisenjahre der Restaurationszeit von allen politisch Interessierten erfahren wurden, in der historischen Rückschau leicht unterschätzt wird, ist hier auf die Reaktion von in Deutschland akkreditierten Diplomaten auf das Wartburgfest der deutschen Burschenschaften vom 18. 10.1817 hinzuweisen. Diese Zusammenkunft, die von der preußischen Polizei als das Produkt einer Verschwörung angesehen wurde[1], veranlaßte französische Diplomaten, die Situation Deutschlands ernstlich mit derjenigen Frankreichs von 1788 zu vergleichen[2], die provozierenden, aber doch recht harmlosen Aktionen der deutschen Burschenschafter dem Sturm auf die Bastille gleichzusetzen und sie als Auftakt zu einem allgemeinen Aufstand zu interpretieren.[3]

Als am 16.08.1819 die berittene Yeomanry auf dem St. Peter's Field bei Manchester ein Massaker unter den dort versammelten „Radicals" anrichtete („Peterloo"), im März 1819 der Burschenschaftler Sand den russischen Staatsrat Kotzebue ermordete, im Frühjahr 1820 Revolutionen in Spanien und Neapel ausbrachen und der Herzog von Berry am 13.02.1820 erdolcht wurde, da gewann die Revolutions- und Verschwörungsfurcht eine geradezu beklemmende Aktualität. Sie manifestierte sich in einem breiten Spektrum von repressiven Maßnahmen, von denen hier nur die Karlsbader Beschlüsse vom 20.07.1819 sowie die britischen „Six acts" vom Herbst des gleichen Jahres erwähnt werden sollen, welche die britischen Bürgerrechte in einschneidender Weise einengten. Der Herzog von Wellington erklärte dazu am 25.11.1819: „Unser Beispiel wird Gutes in Frankreich und Deutschland bewirken und wir dürfen hoffen, daß die Welt der Gefahr der Weltrevolution entgeht, welche uns alle bedroht"[4]

4.4. Verschwörungen und Verschwörungsängste 1815–1825

Nachdem kurz darauf mit der Revolution in Spanien die Krise offen ausbrach, erfaßte die Repräsentanten der dynastistischen Staaten eine Furcht vor revolutionären Erschütterungen, die nicht Resignation, sondern entschlossene konterrevolutionäre Abwehrmaßnahmen zur Folge hatte. Dies kommt etwa in einer Äußerung Metternichs vom 10.04.1820 zum Ausdruck, in der es heißt: „Wird die Frage gestellt, ob die Revolution Europa überschwemmen wird, so möchte ich nicht dagegen wetten, aber fest entschlossen bin ich, bis zu meinem letzten Atemzug dagegen anzukämpfen."[5]

Da damals die liberale europäische Presse eine transnationale und oft aggressiv zum Ausdruck gebrachte Solidarität artikulierte und auch die Existenz international vernetzter „geheimer Gesellschaften" bekannt war, nimmt es nicht Wunder, daß die konterrevolutionäre Verschwörungsthese in jenen Jahren wiederum agitatorisch in Anspruch genommen wurde und offensichtlich weithin geglaubt worden ist.[6]

Charakteristisch dafür ist eine französische Schrift von 1819, die den Titel führt: „Über die geheimen Gesellschaften in Deutschland und anderen Ländern, über die Sekte der Illuminaten, das geheime Tribuanal und den Mord an Kotzebue, etc. ..." In diesem Pamphlet werden die Illuminaten und ihre angeblichen direkten Nachfolger – besonders die Tugendbündler und die Burschenschaftler – bezichtigt, eine Weltherrschaft anzustreben.[7] Sein anonymer Verfasser, Vincent Lombard de Langres, über den das liberale Pariser Journal „La Minverve Française" höhnte: „Er sieht überall den Illuminismus und verwechselt ihn mit allem"[8] glaubte sogar, daß die Illuminaten insgeheim bereits über vier Erdteile herrschten, in Deutschland jedoch ihrem Ziel einer direkten Machtergreifung am nächsten seien.[9] Entsprechend dieser panikmacherischen Argumentation hat der spanische Gesandte in Berlin in seiner schon erwähnten Denkschrift vom 08.05.1819 der „freimaurerischen Sekte", die er als Dachorganisation aller „Sekten" betrachtete, nachgesagt, sie arbeite auf ein republikanisches, nationalstaatlich organisiertes Europa hin.[10]

Bei der Anfertigung von Memoranden, die in jenen Jahren leitenden Staatsmännern zugespielt und in denen vermeintliche freimaurerische Verschwörungen „entlarvt" wurden, taten sich sogar konservative Freimaurer hervor. Diese konnten einerseits für sich in Anspruch nehmen, besonders gut informiert zu sein, und suchten andererseits durch ihr Denunziantentum ihre politische Zuverlässigkeit unter Beweis zu stellen. So reichte beispielsweise der 64jährige, pietistisch orientierte Graf Christian August von Haugwitz (1752–1831), der schon als junger Mann im anti-illuminatischen Rosenkreutzerorden eine führende Rolle gespielt und seit 1792 als Außenminister die preußische Politik entscheidend mitbestimmt hatte, 1822 auf dem Kongreß zu Verona eine Denkschrift über die Freimaurerei[11] ein. In dieser suchte er „die geheimen Umtriebe, dieses schleichende Gift, dessen Natternstich die Menschheit mehr als jemals zu bedrohen scheint"[12], aufzudecken.

Er habe seit langem „die feste Überzeugung gewonnen, daß das, was im Jahre 1788 begann ... die französische Revolution, der Königsmord ... durch Verbindungen, Schwüre usw. eingeleitet war."[13] Cromwell und Napoleon hätten das „Umwälzungssystem" gekannt, das „die Menschheit vielleicht mehr als jemals bedroht."[14] Das Mittel, diesem Verderben beizukommen, welches erstmals in Amerika offen zutage getreten sei, bestand nach Haugwitz freilich nicht in blinder Repression, sondern in einer erneuten Hinwendung zur christlichen Religion: „Es ist vielleicht vermessen; aber nur ein Wort: Glauben und Vertrauen zum Einzigen, Alleinigen Retter. Innige Einigung unter denen, die berufen sind, die Hydra zu bekämpfen."[15]

Der russische Generalleutnant und Senator Egor A. Kuselev (1763–1826), welcher seit 1820 stellvertretender Großmeister einer Petersburger Loge war, hatte seinem Souverain bereits am 11. Juni 1821 in Laibach vier „Vorträge"[16] über die Freimaurerei ausgehändigt. Darin gab er die Revolutionen in Italien als das Werk der freimaurerischen Geheimgesellschaften der Carboneria aus. Er wies ferner darauf hin, daß während der Regierungszeit von Katherina II. auch in Rußland ein „Illuminaten- und Martinisten-Nest" aufgedeckt worden sei und befürwortete endlich eine rigorose Überwachung oder aber ein Verbot der russischen Logen, das schon wenig später tatsächlich verfügt worden ist.

4.4. Verschwörungen und Verschwörungsängste 1815–1825

Daß die Verschwörungs- und Revolutionsfurcht wahnhafte Züge getragen hat, zeigt auch die von dem ehemaligen Speyer'schen Stiftskapitular Fabritius 1822 veröffentlichte Schrift: „Über den herrschenden Unfug auf teutschen Universitäten, Gymnasien und Lycäen, oder: Geschichte der akademischen Verschwörung gegen Königthum, Christenthum und Eigenthum." In diesem Pamphlet heißt es zum Beispiel: „Die ganze akademische Jugend dieses Weltheils ist seit der französischen Revolution für eine allgemeine Umkehr der Dinge gestimmt, unsere akademische Jugend in Deutschland besonders! ... Sogar bis nach China und Persien sind die Bündner- und Illuminatenklubs vorgedrungen, und in Deutschland sind sie gar nicht mehr auszurotten ... Man glaubt einen Freund zu finden, und umarmt einen Mörder. Man wird in Höhlen und Wäldern die Einsamkeit suchen, man wird sich fliehen wie die Tiger und Panther, denn wir haben keine Gatten, keine Verwandten, keine Kinder mehr...!"[17]

Weil Metternich sich im Unterschied zu manchen Staatsmännern und Monarchen nicht von einer panischen Revolutionsfurcht erfassen ließ, sondern souveräne Lagebeurteilungen vorzunehmen vermochte, konnte er die Verschwörungsfurcht in geschickter Weise in den Dienst seiner Politik stellen. So ergriff er die Meuterei des russischen Semenovskij-Garderegiments als willkommene Gelegenheit, den politisch labilen russischen Kaiser, der bislang mit liberalen und nationalemanzipatorischen Bestrebungen – in Polen, Italien und Griechenland – sympathisiert hatte, endgültig auf eine konterrevolutionäre Politik festzulegen. Obgleich Metternich selber in einem Privatbrief vom 15.11.1820 erklärt hatte, daß an den Vorgängen in dem genannten russischen Regiments „eigentlich wenig daran ist"[18], wies er die Wiener Polizeihofstelle mit Schreiben vom 26.11.1820 an, einen entsprechend zurechtgemachten Bericht über die geheimen Gesellschaften für den Zaren anzufertigen: „Der russische Kaiser legt höchsten Wert auf die Umtriebe, die sich unter dem Deckmantel der geheimen Gesellschaften verbergen. Es ist ein Terrain, auf dem viel Gutes möglich werden dürfte, und welches uns eine große Kraft gibt, um auf ihn direkt einzuwirken."[19] Daß Metternichs Warnungen nicht auf taube Ohren gestoßen sind,

4. Freimaurerisch aufgezogene Gesellschaften

zeigt eine Niederschrift Alexanders I. vom Februar 1821.[20] Darin heißt es: „Es existiert eine allgemeine Konspiration all dieser Gesellschaften (revolutionäre Liberale, radikale Gleichmacher, Carbonaris): sie breiten sich aus und kommunizieren untereinander, ich habe sichere Beweise dafür in der Hand ... alle diese Sekten welche antichristlich sind und auf die Prinzipien der sogenannten Philosophie von Voltaire und Ähnlichen gegründet sind, haben den Regierungen grimmige Rache geschworen."[21]

Auch aus der geheimen Denkschrift Metternichs über die Gründung eines „Central-Comités der nordischen Mächte in Wien"[22], die Alexander I. 1822 auf der Konferenz in Verona ausgehändigt worden ist, geht sowohl Metternichs Einschätzung der Revolutionsgefahr als auch seine Taktik deutlich hervor. Da er nämlich die Umsturzgefahr keineswegs überschätzte, muß seine beschwörende Warnung vor dem „Comité directeur der Radikalen in ganz Europa" sowie der „Sekte" vornehmlich als taktischer Schachzug interpretiert werden, der bezweckte, den Kaiser für sein Projekt einzunehmen.[23]

Die mit der Beobachtung und Unterdrückung der „revolutionären Umtriebe" beauftragte politische Polizei war meist nicht in der Lage, abgewogene Lagebeurteilungen vorzulegen und machte sich vielfach ein durch Barruel beeinflußtes, naives und denunziatorisches Verschwörungsdenken zu eigen. So glaubte der russische Beauftragte in Warschau laut seinem Bericht über die Warschauer Studentenverbindung „Panta Koina" vom März 1822 zu wissen: „Diese geheime Gesellschaft, die uns gegenwärtig beschäftigt, ist nichts anderes als eine Emanation jenes berüchtigten Illuminatismus, der angeblich vor 40 Jahren von der bayerischen Regierung unterdrückt wurde, der aber nicht aufhörte, unter der Asche weiter zu glimmen und sich in den verschiedensten Formen überall fortpflanzte."[24]

Daß derartige Behauptungen aufgestellt und die Existenz einer weitverzweigten Verschwörung angenommen werden konnten, ist nicht zuletzt darauf zurückzuführen, daß polnische Studenten ihre Verbindungen in romantisch-revolutionärer Manier nach populären Vorbildern benannten. Dadurch erweckten sie automatisch den irrigen Verdacht, einer inter-

4.4. Verschwörungen und Verschwörungsängste 1815–1825

nationalen Verschwörung anzugehören. Dies tat beispielsweise ein geheimer innerer Zirkel der nach deutschem Vorbild gebildeten „Panta Koina", welcher seit 1819 den Namen T(owarzystwo) K(arbonarów) (= Gesellschaft der Carbonari) führte[25], sowie auch Schüler der litauischen Gymnasien Krozy und Swisloczy, die sich nach den „Schwarzen Brüdern" Karl Follens „Czarni Braci" benannten[26]. Endlich sei hier noch die am 06.05.1820 von Wilnaer Studenten gegründete „Gesellschaft der Strahlenden" (Towarzystwo Promienistów)[27] erwähnt, welche schon wegen ihres Namens als illuminatisch denunziert werden konnte. Zu dieser aus der Luft gegriffenen Beschuldigung, die ein gutes Beispiel dafür ist, wie leichtfertig damals Verdächtigungen ausgesprochen wurden, äußerte sich ein Mitglied so: „Es ist schade, daß es einst die Illuminaten gab und daß in letzter Zeit Sand erschien. Sie sind die Ursachen dieses Vorwurfs ... Viele sagen, daß die Strahlenden schlimmer als die Illuminaten seien ... und daß sich Zan und Sand nur durch einen Buchstaben unterscheiden."[28]

Der Sachverhalt, daß den „geheimen Gesellschaften" nicht nur von Gegnern[29], sondern auch von Mitgliedern und Sympathisanten[30] vielfach eine Bedeutung zugemessen wurde, die in einem eklatanten Widerspruch zu ihrem tatsächlichen Einfluß stand, macht es erforderlich, es nicht mit einer oberflächlichen Zurückweisung der Verschwörungstheoreme bewenden zu lassen. Denn in ihnen spiegelt sich die meist unreflektierte Erkenntnis wider, daß in autokratisch verfaßten Staaten[31] der freie Zusammenschluß von sich nicht mehr als passive Untertanen, sondern als aktive Bürger verstehenden Individuen als epochaler Einschnitt empfunden wurde.[32]

Indem die Anhänger der Verschwörerthese alle Emanzipationsbestrebungen auf eine konspiratorische Tätigkeit von „geheimen Gesellschaften" zurückführten, stärkten sie bei ihren Antagonisten den Glauben an die politische Effektivität von Verschwörungen; ja, zuweilen dürften sie die Bildung von „geheimen Gesellschaften" erst provoziert haben. Die schon früh ausgesprochene Warnung, daß dem Volk durch die Publikation der „Neuesten Arbeiten des Spartacus und Philo in dem Illuminatenorden" – der im Vorwort die erste voll ausgebildete anti-illuminatische Komplott-Theorie vor-

4. Freimaurerisch aufgezogene Gesellschaften

angestellt worden war – ein „formlicher Verschwörungsunterricht"[33] erteilt werde, hat sich als durchaus berechtigt erwiesen. Schließlich sind ja durch den Abbé Barruel, dessen „Denkwürdigkeiten" über weite Strecken hinweg eine kommentierte Ausgabe der Illuminaten-Schriften darstellen, nicht nur Verschwörungstheoreme, sondern gleichzeitig auch die Lehren der Illuminaten bekannt gemacht worden.

Beispielsweise liegt es nahe zu vermuten, daß sich der russische Staatsrat Nikolaj Turgenev niemals veranlaßt gesehen hätte, sich mit Weishaupt zu beschäftigen, wenn er nicht durch Barruel auf ihn aufmerksam gemacht worden wäre. In seinem Tagebuch hat Turgenev über diese Lektüre Rechenschaft abgelegt. Dort heißt es unter dem 25.06.1817: „Ich sitze in meinem Sessel und lese Weishaupt ... Weishaupt schreibt mit großer Klarheit und großem Verstand und gefällt mir sehr ... Bei Weishaupt wird auch der Nutzen und die Notwendigkeit geheimer Gesellschaften für wichtige und nützliche Angelegenheiten klar bewiesen."[34]

Wieviel Barruel dazu beigetragen hat, die Weishauptschen Vorstellungen zu popularisieren, läßt sich auch aus einem Schreiben eines Mitglieds der Wilnaer geheimen Studentengesellschaft der „Filomaten" schließen. In diesem Brief vom 2. Juni 1820 wird der Vorschlag eines Emissärs der „Patriotischen Gesellschaft", eine konspirative Zusammenarbeit mit den Warschauer Verschwörern aufzunehmen, mit der Bemerkung quittiert, daß dieser Vorschlag demjenigen ähnele, was Barruel in seinem „Machwerk" erzähle.[35] Schließlich muß als weiterer Beleg für diesen weitreichenden Nebeneffekt der Barruelschen „Denkwürdigkeiten" die bemerkenswerte Tatsache gewertet werden, daß einer der ersten Aufträge des Führers des „Südbundes" der Dekabristen, Oberst Pestel, darin bestand, die von Barruel publizierten Auslassungen Weishaupts über die geheimen Gesellschaften ins Russische zu übersetzen![36]

Daß die von Hobsbawm beobachtete Tendenz von kleinen elitären Geheimbünden, „internationale Superverschwörungen zu züchten"[37], auch auf die Verschwörungsthese zurückzuführen ist, hat schon Elizabeth Eisenstein in ihrer Arbeit über Buonarroti festgestellt.[38] Wie aus den Erinnerungen

4.4. Verschwörungen und Verschwörungsängste 1815–1825

Joachim de Pratis hervorgeht, hat diesen die Tatsache, daß das „Grand Firmament" für viele Jahre „der Terror der kontinentalen Despoten"[39] gewesen sei, offensichtlich mit Genugtuung erfüllt. Solche prahlerischen Behauptungen wie auch der folgende Vorgang zeigen, daß die oft noch jugendlichen Revolutionäre zuweilen durch einen beinahe pubertären Provokations- und Spieltrieb motiviert waren: Joachim de Prati und sein Freund und Mitverschwörer Graf Bocholtz, ein seit 1820 in der Schweizer Emigration lebender deutscher Burschenschaftler, parodierten nämlich den Verschwörungswahn, indem sie einen in der Schweiz eingesetzten französischen Polizeiagenten mit einem phantasievollen Ritual in eine imaginäre „geheime Gesellschaft" mit dem Namen „Aurora Teutonica" initiierten![40]

Diese gewann dann auch prompt in den Geheimberichten der politischen Polizeien Europas eine schattenhafte Existenz.[41] Dem folgenreichen Umstand, daß sich bereits in Organisation und Ideologie des „Grand Firmament" tendenziell die Gefahr der Manipulierung und Pervertierung emanzipatorischer Ideale durch elitär-messianistische Kleingruppen abzeichnete, kann hier nicht nachgegangen werden.[42] Allerdings ist die im strengen Sinn konspirative Organisation Buonarrotis keineswegs repräsentativ für die „geheimen Gesellschaften" des behandelten Zeitraums. In diesen manifestierten sich vielmehr erwachende emanzipatorische Bedürfnisse im weitesten Sinne. Nikolaj Turgenev hat diese Funktion der „geheimen Gesellschaften" plastisch so beschrieben: „War es für uns ein unbeschreiblicher Reiz, in unseren Zusammenkünften aus offener Seele, ohne die Besorgnis, falsch verstanden, falsch ausgelegt zu werden, nicht bloß über politische, sondern über alle möglichen Gegenstände zu sprechen ..."[43]

Wie Goethe klar erkannte, deutete „die Lust, einzelne Gesellschaften zu bilden", darauf hin, daß „mehr Bedürfnisse" vorhanden waren, als man „von oben herein befriedigen, mehr Tätigkeiten, als man von oben herein dirigieren und nutzen kann."[44] Solange dieser Grundtatbestand übersehen wurde, mußte die Konstruktion selbst einer vergleichsweise unideologisch und realitätsnah vorgestellten Verschwörung letztlich in die Irre gehen. Dies läßt sich beispielsweise an der

4. Freimaurerisch aufgezogene Gesellschaften

in ganz Europa Aufsehen erregenden Anklagerede aufzeigen, die der französische Generalstaatsanwalt Marchangy nach den gescheiterten Putschversuchen des Jahres 1822 hielt. Darin erklärte er: „Die gegenwärtigen Revolutionen sind ... nicht angeboren, sondern eingelernt, und dieselbe Lektion von Nord nach Süd laufend, erklärt die Gleichförmigkeit der Verirrungen, von den Appenien bis zum Oronocus ... Die geheimen Gesellschaften sind die Werkstätten der Verschwörung; ihr Ursprung ist alt, aber seit dem Jahre 1815 waren sie sozusagen permanent." [45]

Der Kommentar des preußischen Polizeidirektors Kamptz zu dem Demagogenprozeß-Urteil des Breslauer Oberlandesgerichtes sowie zu dem Bericht der kaiserlich-russischen Untersuchungskommission über den Dekabristenaufstand[46] erscheint demgegenüber realistischer. Denn seine scharfsinnige Analyse mißt dem Moment der „Künstlichkeit" der Revolution eine geringere Bedeutung zu. Kamptz argumentierte wie folgt: „Actenmäßig sind alle, seit dem Jahre 1815 von Neapel bis Kopenhagen, und von Lissabon bis Petersburg, nach und nach entdeckten geheimen politischen revolutionären Verbindungen im Zweck, Grundsätzen, Organisation und äußerer Form ... wesentlich vollkommen übereinstimmend."[47] Kamptz, der die konstitutionelle Verfassung als einen Übergangszustand zu einer republikanischen betrachtete, konstatierte, daß „unter den Liberalen in ganz Europa die vollständigste cause commune und eine fortgesetzte, sehr schnelle gegenseitige Communikation stattfand". Dabei gab er seiner Befriedigung darüber Ausdruck, daß der deutsche Bürger- und Bauernstand sowie das Militär „für politische Frevler und Toren und für eitle chimärische Theorien" unerreichbar gewesen seien.[48] Da sich das revolutionäre Prinzip als eine „wissenschaftlich bürgerliche Umwälzung" angekündigt habe, eine derartige Umwälzung jedoch „ohne Gewalt nicht vollendet werden" könne[49] erklärte er optimistisch: „Mit hoher Wahrscheinlichkeit darf man hoffen, daß das revolutionäre Princip nunmehr seinen Kreislauf auf unserem Welttheile geschlossen habe."[50] Vorbedingung hierfür sei allerdings, daß die Regierung durch geeignete Maßnahmen verhindere, daß die Bildungsanstalten zu „Pflanzschulen der

4.4. Verschwörungen und Verschwörungsängste 1815–1825

Irreligiosität, der Verworfenheit, des Verbrechens und des Hochverraths, und Bildungsplätze für Lasterhafte, Schwärmer, Revolutionäre und Hochverräter ausarten"[51]. Denn es sei doch bekannt, „mit welchem Eifer (sich) die Illuminaten des öffentlichen Unterrichts annahmen."[52]

Bevor die Verschwörerthese als solche analysiert wird, ist zunächst auf die Einbeziehung der Juden unter die Verschwörer wider „Thron und Altar" einzugehen, welche bereits seit dem Ende des 18. Jahrhunderts zu beobachten ist. Weil die christlich-konterrevolutionäre Verschwörungsthese bislang noch nicht gründlich untersucht worden ist, konnte der den Juden an der vermeintlichen Verschwörung zugeschriebene Anteil bis vor kurzem fast ganz übersehen werden. So heißt es beispielsweise noch 1965 in einer Untersuchung von Walter Laqueur: „Die Bücher des Abbé Barruel und des Chevalier de Malet[53] über die Französische Revolution sprachen von einer dreifachen Verschwörung durch Philosophen, Freimaurer und Schwärmer. Für Juden gab es damals in solcher Verschwörung offenbar noch keinen Platz."[54] In seiner Arbeit: „Die Protokolle der Weisen von Zion", deren englische Originalausgabe den Titel „Warrant (d.i.Vollmacht, Rechtfertigung) for Genocide" trägt, hat Norman Cohn 1967 hauptsächlich unter Berufung auf den unten zu behandelnden Brief Simoninis vom Jahre 1806 erstmals ausdrücklich auf den konterrevolutionären Ursprung der besonders von den Nationalsozialisten eingesetzten Verschwörerthese aufmerksam gemacht.[55] Dieser erste, 1968 von Léon Poliakov[56] aufgenommene und weitergeführte Hinweis soll im folgenden auf eine verbreiterte Quellenbasis gestellt werden.

5. Die Verschwörungsthese als christlich-konterrevolutionäre Strategie

5.1. Die Einbeziehung der Juden unter die Verschwörer

Bei Propagatoren der Verschwörungsthese wird schon früh die Tendenz erkennbar, die Juden unter die angeblichen Verschwörer einzureihen. Schließlich gerieten diese mehr und mehr in das Zentrum der vermeintlichen Verschwörung, so daß es zu der Gleichsetzung, ja Austauschbarkeit der Attribute „freimaurerisch" und „jüdisch" kam. Auch der nichtjüdische Freimaurer wurde endlich als „künstlicher Jude" bezeichnet und das „Geheimnis der Freimaurerei überall im Juden" erblickt, wie dann Erich Ludendorff in seinen antifreimaurerischen Thesen behauptete.[1] Für diese Entwicklung sind eine Reihe von Faktoren verantwortlich zu machen, die teilweise bereits von der Antisemitismus-Forschung herausgearbeitet worden sind.

Wie für das europäische Judentum überhaupt, ist auch für die Herausbildung der These von der jüdisch-freimaurerischen Weltverschwörung die Stellung des Judentums in der mittelalterlichen Sozialordnung von konstitutiver Bedeutung gewesen. Da die Juden von christlicher Seite kollektiv für die Hinrichtung von Jesus verantwortlich gemacht wurden, konnten sie nicht voll in die religiös legitimierte Gesellschaft integriert werden. Die Konsequenz davon war, daß die in Ghettos verbannten Juden auf solche Betätigungen – vor allem den Kleinhandel, das Wechselgeschäft und den Geldverleih – abgedrängt wurden, die nach der christlichen Soziallehre nur über ein geringes Ansehen verfügten oder gar als unchristlich und damit als schmutzig angesehen wurden.[2] Somit wurde durch den christlichen Antijudaismus die Entstehung eines bereits im Mittelalter zu beobachtenden ökonomisch-sozialen (Neid-)Antisemitismus begünstigt und provoziert, welcher seinerseits den christlichen Antijudaismus

5. Die Verschwörungsthese als Strategie

verstärkte und auch in der säkularisierten Gesellschaft fortbestehen konnte.

Wenngleich die deistisch gehaltenen und das freimaurerische Grundgesetz darstellenden „Alten Pflichten" von 1723 eine Initiation von Juden prinzipiell zuließen, war die Frage der Aufnahme von Juden in Freimaurerlogen in der Freimaurerei selbst umstritten.[3] Außer in England und Holland wurden Juden auf dem europäischen Kontinent vor 1789 nur ausnahmsweise initiiert und wenn überhaupt, meist nur in nichtreguläre, sogenannte „Winkel-Logen".[4] Formal gesehen war dies eine Folge der Tatsache, daß die auch in Deutschland verbindlich gewordene, 1741 vorgenommene Überarbeitung der „Alten Pflichten" „Verschnittene"[5] ausdrücklich ausschloß. Diese Klausel schränkte die in der 1. Pflicht enthaltene Bestimmung ein, derzufolge es den Maurern lediglich obliegt, „derjenigen Religion beizustimmen, worin alle Menschen übereinstimmen"[6], und die eine Aufnahme auch von Juden durchaus ermöglichte. Eine solche Diskriminierung darf nicht einfach als Ausdruck eines „originären" freimaurerischen Antisemitismus gewertet werden, sondern ist vielmehr als Konzession an die in der bestehenden Sozialordnung existierenden antisemitischen Ressentiments zu interpretieren, von denen naturgemäß auch Freimaurer nicht immer frei waren.

Daß der Antijudaismus bzw. Antisemitismus als solcher für unvereinbar mit der durch den Geist religiöser Toleranz geprägten Freimaurerei gehalten wurde, geht aus in vielen freimaurerischen Veröffentlichungen enthaltenen programmatischen Erklärungen eindeutig hervor. So heißt es beispielsweise in der Schrift „Schatten und Licht" vom Jahre 1786 enthusiastisch-übertreibend: „Die Maurerei ... vereinigt Leute aus allen Nationen, von allen Religionen: der Mexikaner und der Sibirier, der Deutsche und der Javaner, der Christ, der Muselmann, der Jude, der Minister, der Kapuziner und der Feldmarschall umarmen einander in der Loge: die Meinungen aller Sekten werden wechselseitig geduldet."[7]

Derartige Grundsätze mußten die religiöse Orthodoxie beunruhigen, ja von ihr als Provokation verstanden werden. So hat der Franziskanermönch Joseph Torrubia, apostolischer

5.1. Die Einbeziehung der Juden unter die Verschwörer

Missionar, Zensor und Revisor des heiligen Offizismus der Inquisition in Madrid, in seiner anti-freimaurerischen Schrift „Warnung vor den Freimaurerern" (Centinella contra Francs-Masones) schon 1752 gewarnt: „Der Katholik ist hier der Bruder des Lutheraners, des Kalvinisten, des Zwinglianers, des Schismatikers und wer weiß, ob nicht auch des Mohammedaners und Juden."[8]

Da nach orthodox katholischer Auffassung die auf protestantischem Boden entstandene Freimaurerei nicht nur den Alleingültigkeitsanspruch der katholischen Kirche, sondern die christliche Heilslehre überhaupt in Frage stellte, ist es erklärbar, daß der Aachener Dominikanerpater Ludwig Greinemann in einer Predigt vom Jahre 1778 die Freimaurer nicht nur als „Vorläufer des Antichrist"[9] diffamierte, sondern darüber hinaus unterstellte: „Die Juden, die den Heiland kreuzigten, waren Freimaurer, Pilatus und Herodes die Vorsteher einer Loge. Judas hatte sich, bevor er Jesum verriet, in einer Synagoge zum Maurer aufnehmen lassen ..."[10] Mit derartigen Äußerungen stellte sich der Dominikanerpater in eine alte christliche Tradition, nach der die Juden mit dem Antichristen in Verbindung gebracht und als Sendboten des Satans bezeichnet wurden.[11]

Weil auch in der Freimaurerei verkörperte naturrechtlich-aufklärerische Vorstellungen die soziale und politische Emanzipation der Juden eingeleitet und vorbereitet haben[12], konnte es kaum ausbleiben, daß die Juden nach 1789 von christlich-konterrevolutionärer Seite als Nutznießer und auch als Förderer des im übrigen auch von der jüdischen Orthodoxie selber wegen seines säkularen Charakters abgelehnten Emanzipationsprozesses beargwöhnt wurden.[13] So hat etwa der Abbé Pierre d'Hesmivy d'Auribeau, Achidiakon und Generalvikar von Digne, im ersten Band seiner 1794/95 in Rom publizierten „Denkschrift zur Verfolgung in Frankreich" (Mémoires pour servir à l'histoire de la persécution française) unterstellt: „Die Juden, die Protestanten, alle Gottlosen geben immense Summen aus, um die Aufrührer zu unterstützen".[14] Ein weiterer Beleg für eine mittelbare Einbeziehung der Juden unter die Verschwörer findet sich im „Tableau de Paris" vom 23. November 1795. Dort heißt es, daß die Juden „nützli-

5. Die Verschwörungsthese als Strategie

che Werkzeuge"[15] der „Sekte" der Illuminaten und Jakobiner darstellten und daß diese Sekte den Haß der Juden gegen die Regierungen Europas in skrupelloser Weise ausnütze.

Diese Behauptung wurde von dem konterrevolutionären Journal „Eudämonia" sogleich kolportiert und kommentiert: „Dies ist weniger unbedeutend, als es manchem dünken möge. Wie sehr die Aufklärer die Juden in besondere Protektion nehmen, ist bekannt."[16] Im Jahre 1800 griff der nach London emigrierte französische Abbé Proyart diesen Vorwurf in einer nach dem Schema der Verschwörungsthese abgefaßten Schrift auf. Auch er schrieb den Juden noch keine aktive Rolle zu und beschränkte sich darauf, der „philosophischen Bande" sowie den Freimaurern vorzuwerfen, unter dem Vorwande der Humanität mit allen Sekten zu „fraternisieren" und mit den Juden zu „judaisieren".[17]

In einer vom Herausgeber der deutschen Ausgabe der Barruelschen „Denkwürdigkeiten" eingesetzten Fußnote war im gleichen Jahr schon vom „Judenthum der Maurer, oder (der) Freymaurerey der Juden"[18] die Rede! Daß solche Vorwürfe aus konterrevolutionärer Sicht begründet erscheinen konnten, zeigt etwa die Hamburger christlich-jüdische Demokratenloge „Einigkeit und Toleranz" (1792–1793), deren Ämter von Juden und Christen paritätisch besetzt waren und in deren Satzung es programmatisch heißt: „Es findet kein Unterschied der Religion statt, Türken, Juden und Christen sind unsere Brüder. Wir glauben, daß Wahrheit und Weisheit keine Fabrikware sind, die eines Monopols oder Patents bedürfen."[19]

Wie gut sich der überkommene Antisemitismus zur Aufputschung und Steuerung von Aggressionen eignete, belegen die im Verlauf der konterrevolutionären Bewegungen der Revolutionszeit begangenen antisemitischen Ausschreitungen.[20] Damals gewann der Judenhaß dadurch an Nahrung, weil man die Juden für „Franzosenfreunde" und damit für potentielle oder tatsächliche Landesverräter hielt. Schließlich war die von französischen Truppen durchgeführte Zerstörung von Ghettotoren[21] ein spektakulärer Ausdruck der emanzipatorischen napoleonischen Judenpolitik.[22] Da Napoleon die Freimaurerei in den von ihm kontrollierten Staaten

5.1. Die Einbeziehung der Juden unter die Verschwörer

zu einem Werkzeug seiner Politik zu machen suchte[23] und er eine Diskriminierung der Juden durch Freimaurer unterbinden ließ[24], rief diese Politik nicht nur den Widerstand der auch in den Freimaurerlogen vertretenen christlich-konservativen Traditionalisten[25], sondern auch denjenigen der modernen Nationalisten[26] hervor.

Hierbei spielte die 1807 unter dem Protektorat des Pariser Grand Orient erfolgte Gründung der Frankfurter Loge „Zur Aufgehenden Morgenröthe" (L'Aurore Naissante), deren Mitglieder überwiegend Juden waren, eine erhebliche Rolle. Diese Loge hat nach dem Sturz Napoleons als Vorwand für eine mit Verschwörungstheoremen arbeitende antisemitisch-antirepublikanische Propaganda gedient.[27] Ludwig Börne, welcher der vielfach als „Judenloge"[28] bespöttelten „Aufgehenden Morgenröthe" als Mitglied angehört hatte, kommentierte dies später so: „Bei den Deutschen floß Freiheitsliebe und Franzosenhaß zusammen. Dazu kam, daß man die Juden für Freunde der französischen Herrschaft hielt."[29]

Der konkrete Anlaß für die unmittelbare Einbeziehung der Juden unter die Verschwörer durch christliche Konterrevolutionäre ist charakteristischerweise die 1806 von Napoleon veranlaßte Einberufung der jüdischen Notabelnversammlung gewesen, die in Anlehnung an den Namen des obersten jüdischen Gerichtshofs im Altertum das Große Sanhedrin genannt wurde.[30] Dieser Schritt rief in orthodox-christlichen Kreisen in ganz Europa großes Aufsehen hervor, erweckte er doch den Eindruck, als habe Jahrhunderte hindurch so etwas wie eine geheime jüdische Regierung existiert. Man glaubte vielfach, daß Napoleon sich durch ihn als Antichrist entlarvt habe, mit welchem die Juden von der christlichen Dämonologie seit alters her in Verbindung gebracht worden sind. Das Sanhedrin konnte daher in einem Blatt der französischen Emigration in London wie folgt kommentiert werden: „Gedenkt er (Napoleon) aus diesen Kindern Jakobs die Legionen der Tyrannenmörder zu bilden? ... Die Zeit wird es uns erklären. Uns bleibt nur, den Antichrist gegen die Gebote der Gottheit kämpfen zu sehen; das muß der letzte Akt seiner teuflischen Existenz sein."[31]

5. Die Verschwörungsthese als Strategie

Daß nicht nur die katholische, sondern auch die ostkirchliche Orthodoxie das Sanhedrin als Auftakt zu einer von Napoleon inaugurierten postchristlichen Ära wertete, zeigt ein Zirkular des Petersburger Heiligen Synods von 1806. Dieses in russischen Kirchen verlesene Schriftstück war von der Furcht motiviert, daß die russischen Juden für den französischen Kaiser Partei ergreifen könnten. Es heißt darin: „Zur größeren Schmach der Kirche Christi ließ er (Napoleon) in Frankreich die Judensynagoge zusammentreten und stellte das große Sanhedrin wieder her, dieselbe ruchlose Versammlung, die sich einst erkühnt hatte, unseren Herrn und Heiland, Jesus Christus, zum Kreuzestod zu verurteilen, und nun darauf aus ist, die durch den Zorn Gottes über das ganze Angesicht der Erde verstreuten Judäer wieder zu vereinigen, um sie zum Umsturz der Kirche Christi und zur Ausrufung eines falschen Messias in der Person Napoleons zu bewegen."[32] Diese Stellungnahme des Heiligen Synods ist insofern besonders interessant, als sie den Bezugsrahmen des Verschwörungsdenkens, das christlich-heilsgeschichtliche Weltbild offenlegt, dessen Infragestellung als ein von antichristlich-satanischen Mächten veranstaltetes apokalyptisches Geschehen interpretiert wurde.[33]

Das früheste und zugleich bedeutsamste Dokument, in dem die Juden nicht mehr nur als Gefolgsleute der „atheistischen" Aufklärer und Revolutionäre, sondern als Drahtzieher einer rational konzipierten und auf Weltherrschaft gerichteten Verschwörung bezeichnet werden, stammt aus dem Kreis der katholischen Anhänger des Verschwörungsdenkens. Dabei handelt es sich um einen Brief, den ein nicht näher bekannter Hauptmann namens Jean-Baptiste Simonini am 1. August 1806 aus Florenz an den Abbé Barruel gerichtet hat.[34] Dieses Schriftstück, welches als Ausdruck der katholischen Opposition gegen die napoleonische Judenpolitik anzusehen ist, wurde vermutlich von der gleichfalls mit dieser Politik nicht einverstandenen französischen politischen Polizei unter Fouché fabriziert und kolportiert.[35]

Sein Verfasser Jean-Baptiste Simonini beglückwünschte zunächst Barruel zu seinen „Denkwürdigkeiten", beanstandete jedoch, daß dieser bei der Entlarvung der Sekten die jüdi-

5.1. Die Einbeziehung der Juden unter die Verschwörer

sche nicht berücksichtigt habe. Die „jüdische Sekte" stelle nämlich – sofern man sich ihren Reichtum und ihren in ganz Europa wirksamen Einfluß vergegenwärtige – eine „sehr bedeutende Macht" (puissance la plus formidable)[36] dar. Zusammen mit den anderen „Sekten" wie den Sophisten, Freimaurern, Illuminaten und Jakobinern bilde sie eine einzige Faktion, deren Ziel die Auslöschung des Christentums sei. Die Freimaurerei und der Illuminatenorden seien durch „zwei Juden" begründet worden.[37] Wenn die Juden überall das volle Bürgerrecht besäßen, so würden sie die Christen wirtschaftlich ruinieren[38] und sich endlich zur Weltherrschaft aufschwingen: „In der Folge davon versprächen sie sich, in weniger als einem Jahrhundert die Herren der Welt zu sein, alle anderen Sekten abzuschaffen, um allein zu regieren, eben so viele Synagogen wie Kirchen zu errichten und die übrigen auf eine wirkliche Sklaverei zu reduzieren," (Que par conséquent ils se promettaient, dans moins d'un siècle d'etre les maîtres du monde, d'abolir toutes les autres sectes pour faire régner la leur, de faire autant de synagogues des églises chrétiens et de réduire le restant de ceux-ci à un vrai esclavage)"[39]

Diese abenteuerlichen „Informationen" habe der Abbé Barruel dem Vatikan mit der Bitte um Stellungnahme zu ihrem Wahrheitsgehalt zugeleitet. Um die Jahreswende 1806/07 will er eine Antwort von Testa, dem Sekretär des Papstes, erhalten haben. Ihr zu Folge soll Papst Pius VII. der Ansicht gewesen sein soll, daß alles für die Richtigkeit der Angaben Simoninis spreche und daß auch seine Vertrauenswürdigkeit nicht in Zweifel gezogen werden könne.[40] Die Beschuldigungen Simoninis sind offenbar von antinapoleonisch gesinnten Katholiken in ganz Europa systematisch, jedoch nicht öffentlich verbreitet worden. Die Art ihrer Verbreitung läßt sich an einem Bericht des sardinischen Gesandten in St. Petersburg, Joseph de Maistre, gut verifizieren. In einem Schreiben de Maistres vom 10./22. September 1811 an seinen Souverain heißt es: „Ich habe eine sehr geheimes und sehr wichtiges Papier über die Rolle der Juden in der gegenwärtigen Revolution gelesen und über ihre Allianz mit den Illuminaten zum Sturz des Papstes und des Hauses Bourbon. Dies ist ein außerordentlich bemerkenswertes Schriftstück" (J'ai lu un pa-

5. Die Verschwörungsthese als Strategie

pier très secrèt et très important sur le rôle que les juifs jouent dans la révolution actuelle et sur leur alliance avec les illuminés pour la destruction capitale du Pape et de la maison de Bourbon. C'est une pièce excessivement curieuse ...)[41]

De Maistre begnügte sich nicht mit einer kommentarlosen Weitergabe solch dubioser Informationen. So entwickelte er im vierten Kapitel seines geheimen Memorandums, das er Kaiser Alexander im Dezember 1811 unterbreitete, die um die Juden erweiterte Verschwörungsthese in großer Ausführlichkeit. Dabei ließ er sich von der Absicht leiten, den Kaiser zur Ergreifung konterrevolutionärer Maßnahmen zu veranlassen. Er führte dort aus, daß sich die Illuminaten mit allen „Sekten", vor allem aber auch mit der „verfluchten Sekte" (secte maudite) der Juden[42] verbündet hätten. Auf diese Weise sei eine monströse Verschwörung zustandegekommen, die eine tödliche Gefahr darstelle und von der er behauptete: „Dies ist ein Monster, gebildet aus allen Monstern, und wenn wir es nicht töten, wird es uns töten" (C'est donc un monstre composé de tous les monstres, et si nous le tuons pas, il nous tuera)[43] Den Juden, auch den russischen, habe man daher besondere Aufmerksamkeit zuzuwenden. In Westeuropa verfügten sie über ungeheure Reichtümer, Paris und Rom seien ihre Hauptstützpunkte, das Geld, der Haß und die Talente der Juden ständen den Verschwörern zur Verfügung.[44]

Die politische Brisanz des hier zusätzlich ins Spiel gebrachten ökonomischen Antisemitismus ist darin begründet, daß keineswegs nur christlich-konterrevolutionäre Antisemiten, sondern auch Republikaner – wie übrigens schon die Jakobiner[45] – die Furcht vor den jüdischen Geldverleihern propagandistisch ausgenützt und geschürt haben. Charakteristisch für eine solche antisemitische Argumentation ist beispielsweise ein adelsfeindliches Pamphlet des preußischen Publizisten Friedrich Buchholz[46] von 1807. Dort wird behauptet, die Juden und der Adel lebten in einer Art Symbiose, wobei der Adel mittels der Leibeigenschaft über die „Leiber" und die Judenschaft mittels ihres Geldes über die „Geister" herrsche.[47] Buchholz schloß daraus: „Beide bestehen nur dadurch, daß sie sich gegenseitig unterstützen, der Adel die Juden-

5.1. Die Einbeziehung der Juden unter die Verschwörer

schaft durch die Gewalt, die Judenschaft den Adel durch List und Betrug."[48]

Der Zusammenbruch des napoleonischen Imperiums löste im befreiten Europa chauvinistische Reaktionen aus, die sich besonders gegen die „Kollaborateure" richteten. Diejenigen jüdischen Freimaurer, die französisch-kontrollierten Logen angehört hatten und die den revolutionären Prinzipien vielfach deshalb besonders verbunden waren, weil sie ihnen ihre Emanzipation verdankten, sahen sich naturgemäß dem Vorwurf des mangelnden „Patriotismus" in besonders starkem Maße ausgesetzt.[49] Denn die Juden waren schon seit langem der religiös-nationalen Absonderung bezichtigt worden, weil die bloße Existenz des Judentums – wie Leo Baeck formuliert hat – als „ein lebendiger Einspruch gegen die allumfassende Geltung der Kirche"[50] empfunden wurde. Wenn sich daher „Judenmaurer" – so verschwindend wenige es auch gewesen sein mögen – zur gesellschaftlichen und politischen Emanzipation bekannten, so mußte die „christliche" Konterrevolution sie notwendig härter treffen als ihre christlichen Freimaurerbrüder.

An der 1816 in Frankfurt von Johann Christian Ehrmann anonym herausgegebenen Schrift: „Das Judenthum in der Maurerey, eine Warnung an alle deutschen Logen" kann dies exemplarisch demonstriert werden. Unter Bezugnahme auf die Frankfurter Loge „Zur aufgehenden Morgenröthe" wird dort behauptet, daß diese Loge ein Teil des französischen „politisch-militärischen Spionensystem, in welches Spieler, Huren und Juden so vortrefflich paßten"[51], gewesen sei. Die „Morgenröthe" sei in Wahrheit eine französische „Polizeylaterne"[52] gewesen. Über diese Diffamierungen hinaus[53] malte Ehrmann in seiner Schrift das Gespenst einer angeblich von Juden unterstützten Weltverschwörung an die Wand: „Napoleon sitzt zwar isoliert auf einem Fels im Weltmeer, aber sein Name wirkt noch wie ein Zauber auf Hunderttausende, die er mit dem Raub der Erde bescherte, und in den Händen seiner Vertrauten liegen die Fäden einer Verbindung, die sich nicht bloß über Frankreich, sondern auch über Deutschland, Italien, Spanien, die Niederlande etc. verbreitet, und deren Streben auf nichts geringeres gerichtet ist, als auf allgemeine

5. Die Verschwörungsthese als Strategie

Weltrevolution. Wie bedenklich muß nun das Eingreifen der Juden in maurerische Verbindungen erscheinen, wenn man erwägt, welch tätigen Antheil dieses Volk an den Verbrechen der französischen Revolution und des Corsischen Usurpators genommen, wie fest es an dem Glauben einer künftigen jüdischen Weltherrschaft hängt, und welchen Einfluß das jüdische Geld leider auf so viele Staatsmänner ausübt?"[54]

In der europäischen Krisensituation von 1819 wurde eine antisemitisch akzentuierte Verschwörerthese erneut aktiviert. So wird in der schon erwähnten Denkschrift des spanischen Gesandten Vallejo vom 8. Mai 1819, die für den französischen Rechtsanwalt und Publizisten Nicolas Bergasse (1750–1832) bestimmt war, dies gesagt: „alle Juden" gehörten der revolutionären „Sekte" an und Juden seien ihre „wichtigsten Bankiers"[55]. Dieses Memorandum ist von Bergasse an Kaiser Alexander von Rußland weitergeleitet worden, der jedoch nur sehr zurückhaltend reagiert hat.[56]

Wenige Monate später, im Dezember 1819, verdichtete sich der auf die Juden bezogene Verschwörungsverdacht auf eine Weise, die Züge einer Zwangsneurose trägt. Ein Vertrauter des Abbé Barruel, Pater Grivel, berichtet, daß eine nicht näher genannte ominöse Person („mon homme") Barruel in diesem Monat folgendes erzählt habe: Die in Cadiz meuternden Truppen, die zur Unterdrückung der Revolution nach Südamerika eingeschifft werden sollten, seien von Emissären des Pariser Grand Orient zur Befehlsverweigerung angestiftet worden. Dieser Grand Orient unterstehe einem „Très Grand Orient", der abwechselnd in verschiedenen europäischen Hauptstädten zusammenträte und sein Hauptquartier zur Zeit in Wien aufgeschlagen habe. Er setze sich aus einundzwanzig Mitgliedern zusammen, unter denen sich neun Juden(!) befänden. Seinem in totaler Verborgenheit operierenden Präsidenten seien alle Freimaurer auf der ganzen Welt zu absolutem Gehorsam verpflichtet. Die Freimaurer hätten die ganze Welt mit einem überaus effektiven Kommunikationsnetz überzogen und verfügten beispielsweise in jedem französischen, spanischen, italienischen und deutschen Dorf(!) über mehrere Agenten. Als gegenwärtig amtierender Präsident sei höchstwahrscheinlich der Abbé Siéyès anzusehen.

5.1. Die Einbeziehung der Juden unter die Verschwörer

Denn dieser vereinige alle von Weishaupt(!) verlangten Qualitäten.[57]

Eine Kritik an diesen mysteriösen „Très Grand Orient" darf nicht dabei stehen bleiben, ihn lediglich als Produkt der „Phantasien" Barruels abzutun, wie dies noch Norman Cohn tut.[58] Cohn ist nämlich der bemerkenswerte Umstand entgangen, daß der „Très Grand Orient" eine auffällige Ähnlichkeit mit dem „Rat des Newton" (Conseil de Newton) des bedeutenden Frühsozialisten Henri de Saint-Simons hat. Es ist zu vermuten, daß der Newtonsrat – und wohl zugleich Gerüchte über die oben behandelten Organisationen Filippo Buonarrotis – dem „Très Grand Orient" zum Vorbild gedient haben. In seinen anonym herausgegebenen „Brief eines Genfer Bürgers" von 1803 hatte Saint-Simon die Bildung eines aus einundzwanzig(!) Mitgliedern zu bildenden „Rat des Newton" vorgeschlagen. Dieser sollte eine mit religiösen Attributen (Newton-Tempel) versehene Herrschaft der Wissenschaft einleiten. Saint-Simon behauptet in dieser Schrift, in einer Nacht folgende Worte vernommen zu haben: „Rom wird auf den Anspruch, der Hauptort der Kirche, der Papst und die Kardinäle werden aufhören, in meinem Namen zu sprechen ... Erkenne, daß ich Newton an meine Seite gesetzt hab, daß ich ihm die Leitung der Aufklärung und die Regierung über alle Bürger des Planeten anvertraut habe ... Die Versammlung der 21 Erwählten der Menscheit wird den Namen ‚Rat des Newton' annehmen und mich auf der Erde repräsentieren". (Rom renoncera à la prétention d'être le chef-lieu de mon Eglise, le Pape, les cardinaux cesseront de parler en mon nom ... Apprends que j'ai placé Newton à mes côtés que j'ai lui a confié la direction de la lumiére et le commandemant des habitants de toutes les planètes ... Le réunion des vingt-un élus de l'humanité prendra le nom de conseil de Newton, le Conseil de Newton me représentera sur la terre)."[59]

Diese Vision nun, die eine Ablösung der christlichen Ära durch eine wissenschaftliche vorsieht, welche ihrerseits einen religiösen Anstrich hat[60], ist der oben skizzierten, auf dem Newtonschen Weltbild basierenden Freimaurerideologie verwandt. Es muß hier auch darauf hingewiesen werden, daß sowohl Newton als auch Leibnitz wesentlich durch die theo-

5. Die Verschwörungsthese als Strategie

sophischen Vorstellungen der „böhmischen Brüder" beeinflußt worden sind, welche den freimaurerischen Bruderschaftsgedanken vorgeprägt haben.[61] Ausdruck dieser Vorstellungswelt ist der von Leibnitz im Jahre 1669 aufgestellte Plan für eine „Societas Philadelphica"[62] gewesen, die möglicherweise den „Conseil de Newton" sowie den „Très Grand Orient" inspiriert hat.

Die „Societas Philadelphica" sieht die Gründung einer über den ganzen Erdkreis auszubreitenden Gelehrtenrepublik vor, deren Sitz Holland sein und die zum Wohle der Allgemeinheit allmählich die politische und ökonomische Macht in den Staaten übernehmen und eine auf Gerechtigkeit basierende Weltfriedensordnung errichten sollte.[63] Der mit utopischen Zielsetzungen verbundene Sozietätsgedanke ist im übrigen nicht nur für die Gründung der Freimaurerei, sondern auch für die Errichtung der modernen wissenschaftlichen Akademien fruchtbar geworden, die insbesondere den Naturwissenschaften eine Heimstatt gaben, welche ihnen von den alten Universitäten vielfach verweigert wurde[64] Eben diese Akademien spielten daher als Organisationszentren der Philosophen im Rahmen der „philosophischen Conjuration" eine erhebliche Rolle, schienen sie doch – wie der spanische Pater Joseph Torrubia schon 1752 behauptete – „verkappte Freymaurer-Logen"[65] darzustellen.

Die hier angeführten, bislang meist übersehenen Fakten zeigen zum einen, daß der Verschwörerthese, auch wenn ihre politischen Ausprägungen oft wahnhaft sind, ein Realitätsbezug nicht immer abgesprochen werden kann. Sie beweisen überdies, daß das Grundmuster der später von der rechtsradikalen Agitation aufgegriffenen These von der jüdisch-freimaurerischen Weltverschwörung bereits als Reaktion auf die französische Revolution entwickelt worden ist. Da die Freimaurerei einen praktischen Beitrag zur Herausbildung der auf dem Gleichheitsgrundsatz basierenden und auch die Juden einschließenden bürgerlichen Gesellschaft geleistet hat, konnte ihr von den in der „ersten Linie des Kampfes gegen das demokratische Prinzip"[66] stehenden Christlich-Konservativen vorgeworfen werden, daß sie den Heiland verleugnete, „um mit Juden und Türken fraternisieren zu können".[67] Der

5.1. Die Einbeziehung der Juden unter die Verschwörer

Jesuitenpater Pachtler unterstellte dem Freimaurerorden 1876 sogar, daß er dem „Christus hassenden Judentum ... ein wahres Labsal und eine hocherwünschte Operationsbasis" böte.[68] Vier Jahre zuvor hieß es in einem „Die alte Garde der grundsätzlichen Revolution" überschriebenen Artikel der „Historisch-Politischen Blätter für das Katholische Deutschland" unter Berufung auf einen ungenannten Berliner Freimaurer: „Die Spitze der Loge bildet Juda, die christlichen Logen sind blinde Puppen, welche von Juden in Bewegung gesetzt werden, ohne es größtenteils zu wissen."[69]

Indem die Träger der überkommenen und durch den sozialen Wandel wie den Säkularisierungsprozeß bedrohten Herrschaftsstrukturen den liberalen und demokratischen Prinzipien die Ideologie vom „christlichen Staat"[70] entgegengesetzt haben, welcher Begriff in der Praxis – wie Philippson 1861 polemisch formulierte – „nichts Positives als die Ausschließung der Juden hat"[71], begünstigten sie sich gegen Freimaurer und Juden richtende Verschwörungstheoreme. Sowohl aus der Perspektive der alten Oberschichten und der Geistlichkeit als auch der gleichfalls durch den Industrialisierungsprozeß verunsicherten und teilweise deklassierten Mittel-und Unterschichten konnte der rapide soziale Wandel aus solcher Perspektive nur zu leicht als „Verjudung des christlichen Staats" erscheinen, wie der Titel einer anonymen Flugschrift von 1865 lautet.[72] Dementsprechend kennzeichnete die „Allgemeine Zeitung des Judentums" die Kriegserklärung der „römisch-katholischen Kirchenpartei" gegen das Judentum 1875 wie folgt: „Indem sie auf die Juden losschlagen, glauben sie, den ganzen modernen Staat, die ganze liberale Tendenz der Gesellschaft zu treffen."[73]

Nachdem schon Friedrich von der Marwitz in der von ihm 1811 verfaßten und gegen die Stein-Hardenbergschen Reformen gerichteten Denkschrift der Stände des Lebusischen Kreises[74] behauptet hatte, durch die „Gleichmachung aller Stände" und die „Mobilisierung des Grundeigentums", d.h. die Erklärung des Bodens zu einer auf dem Markt frei handelbaren Ware, werde „unser altes ehrwürdiges Brandenburg-Preußen ein neumodischer Judenstaat"[75], wurde den Juden in der oben genannten Flugschrift nachgesagt: „Dieser von ihnen so lange ersehnte Messias heißt Mammon, und das Weltreich der Juden wird die Geldherrschaft sein. Das ist die Perspektive der Zivilisation von heute."[76]

Weil also „die Juden" als Symbole der Modernität, als Inkarnation des Kapitalismus, hingestellt werden konnten und sie dennoch aufgrund der noch fortwirkenden christlich-mittelalterlichen Dämonologie für viele mit unheimlichen Zügen ausgestattete Lebewesen waren, eigneten sie sich in besonderer Weise dazu, in den Mittelpunkt der antimodernistischen und antiliberalen Verschwörungsthese gestellt zu werden. Daher deklarierten später sowohl Edouard Drumont als auch Erich Ludendorff Adam Weishaupt für einen Juden[77], während Karl Marx, Leo Trotzki und Vladimir Lenin ihrerseits als angebliche Freimaurer stigmatisiert worden sind.[78]

5.2. Die Verschwörungsthese als Erkenntnis- und Repressionsinstrument

Da naturrechtliche Vorstellungen in der Französischen Revolution zu politischen Formprinzipien geworden sind, richtete sich die konterrevolutionäre Polemik vor allem gegen diejenigen, die den Bruch mit der überkommenen Sozial-und Wertordnung ideologisch vorbereitet haben und rechtfertigten. Aus der Perspektive der Anhänger des Ancien Régime erschien der Prozeß der Aushöhlung der alten Ordnung nämlich als eine „entsetzliche Verschwörung gegen Thron und Altar"[1].Sie habe zur Folge gehabt, daß „Staatsverfassung, Sitten und Religion ... auf der Spitze der Philosophie"[2] wankten. Die Grundlage für diese Verwendung der Kategorie der Verschwörung war die moralische bzw. religiöse Verabsolutierung einer antipluralistisch verfaßten Herrschafts-, Sozial- und Wertordnung.[3] Solange man eine Staatsphilosophie vertrat, die ein konfliktloses Zusammenwirken aller Teile des „sozialen Körpers" sowie deren Unterordnung unter einen als überweltlich legitimiert geltenden Herrscher verlangte, mußte die Vorstellung einer Emanzipation als eine „absurde Idee[4] verworfen und folglich die „geheimen Gesellschaften"

5.2. Verschwörungsthese als Erkenntnis- und Repressionsinstrument

als ein die Gesellschaft zersetzendes Gift bewertet und bekämpft werden.[5] Wenngleich Fabritius, der 1822 in einem Pamphlet vor einer durch „Illuminaten" betriebenen „Weltrevolutionierung"[6] warnte, die Metternichsche Position teilte, so hat ihm doch die Einsicht in die ihn ungewollt faszinierende Dynamik des emanzipatorischen Prozesses erlaubt, ein hellsichtiges Urteil abzugeben: „Die gegenwärtige Krise ist die gefährlichste und bedenklichste, wovon die Menschheit je überfallen werden konnte. Es ist die *Crise d'Emancipation.*"[7]

Die Freimaurerei bot sich aufgrund ihres programmatischen Absehens von den überkommenen konfessionellen und ständischen Schranken sowie auch deswegen, weil sich „geheime Gesellschaften" als Vorformen politischer Parteiens[8] vielfach freimaurerischer Organisationsprinzipien bedienten, in besonderer Weise als vermeintliches institutionelles Rückgrat der gegen „Thron und Altar" gerichteten Verschwörung an. Vor allem war die Existenz des radikal-aufklärerischen Illuminatenordens, der sich der Freimaurerei als eines „schickliche(n) Kleid(es) für höhere Zwecke"[9] zu bedienen suchte, geeignet, der antifreimaurerischen Verschwörungspropaganda ein hohes Maß von Eingängigkeit zu verleihen.

Aus der Tatsache, daß die Infragestellung einer moralisch verabsolutierten Sozialordnung bei ihren Anhängern eine fundamentale Verunsicherung hervorruft, ist der globale, Zeit und Raum übergreifende Charakter der angeblichen Verschwörung vornehmlich abzuleiten.[10] Da die Komplott-Theorie überdies zur Prämisse hat, daß eine winzige Minderheit von Intellektuellen die große Mehrheit manipulieren und den Geschichtsprozeß in entscheidender Weise beeinflussen kann, mußten dieser Minderheit zwangsläufig übermenschliche Fähigkeiten zugeschrieben werden, um ihr alle unerwünschten Entwicklungen zur Last legen zu können.[11] Die oft apokalyptische Züge tragenden Angstvisionen vom drohenden Umsturz jeglicher Ordnung schlugen sich daher in einer Dämonisierung der Freimaurerei nieder. Der dabei häufig zu beobachtende metaphorische Gebrauch der Begriffe „Freimaurer" und „Illuminat" weist darauf hin, daß sich die konterrevolutionäre Polemik keineswegs ausschließlich gegen die Logen der Freimaurer im eigentlichen Sinne richtete.

5. Die Verschwörungsthese als Strategie

Vielmehr hatten in der Sicht der Verfechter der Verschwörerthese alle negativen Prinzipien überhaupt in diesen Organisationen in konzentrierter Form Gestalt angenommen. Daher erklärt es sich, daß der Pater Torrubia 1752 in wissenschaftlichen Akademien „verkappte Freymaurer-Logen"[12] erblickte, der Abbé Lefranc 1791 das revolutionäre Regime in Frankreich als „freimaurerisch"[13] kennzeichnete, Leopold Alois Hoffmann behauptete, die „ganze Welt (werde) nach Maurergrundsätzen regiert, organisiert und gelehrt"[14], der Abbé Barruel von „Lastträger- und Schuhputzer-Freymaurern" sprach, revolutionäre Clubs „Logen" nannte[15] und endlich ein sächsischer Diplomat die Ansicht äußerte, der in „eines Menschen Leib" verwandelte „Geist" der Illuminaten habe sich in der Person Napoleons auf den französischen Thron gesetzt.[16]

Obgleich die Anhänger der Verschwörerthese meist vorrevolutionäre Zustände idealisierten, waren sie dennoch gezwungen, auf einer revolutionären Ebene zu agieren.[17] Denn der von Hoffmann 1792 aufgestellte Satz: „Der Geist des Raisonnierens ist der Geist des Zeitalters geworden; und wo dieser Geist der herrschende ist, da fallen allmählich alle Authoritäten nieder, wie ein morscher Baum vor der Gewalt des Sturmwindes"[18], schloß die publizistischen Repräsentanten der Konterrevolution zwangsläufig ein. Sie „räsonnierten" gleichfalls und sahen sich dabei nicht selten veranlaßt, die bislang jeder öffentlichen Kritik entzogenen legitimen Autoritäten nicht nur zu ermahnen, sondern zuweilen auch scharf zu kritisieren. Die „auf Freiheit bestimmte Denkungsart", die nach einem gegenrevolutionären Artikel vom 26.12.1789 „wie ein Lauffeuer ... die ganze Gehirnmasse" infizierte, war mithin auch für diejenigen charakteristisch, die eine solche „Denkungsart" als eine „Gehirnkrankheit" auszugeben suchten.[19]

Sofern nämlich die Obrigkeiten den drängenden Mahnungen der konterrevolutionären Publizisten nach einer Repression nicht entsprechen wollten oder konnten, scheuten sich diese vielfach nicht, auch diese einer harten öffentlichen Kritik zu unterziehen. Als etwa die „Eudämonia" im Gefolge des Friedens von Campo Formio im Mai 1798 ihr Erscheinen

5.2. Verschwörungsthese als Erkenntnis- und Repressionsinstrument

einstellen mußte, verabschiedete sie sich mit einem Epilog, welcher von einem spezifisch nachrevolutionären, christlich-konservativen deutschen Patriotismus erfüllt ist und sich in geradezu revolutionärer Weise mit einem drohenden Unterton gegen die ihre Pflichten vernachlässigenden Fürsten wendet: „Sollte es den Oberen und Affiliierten der Rotte gelingen, alle deutschen Fürsten ... zu umspinnen ... so werden sie (die Freunde der Wahrheit und des Rechts) sich mit ihren Arbeiten unter den Schutz eines auswärtigen Monarchen flüchten. Von da aus werden sie dann ihre warnende Stimme durch das von den Ungeheurn der Illuminatenbande betrogene und verratene deutsche Vaterland ertönen lassen und nicht eher ruhen, als bis das Wespennest zerstört ist. Exoriare aliquis nostris ex ossibus ultor."[20]

Diese Stellungnahme zeigt, daß die „Eudämonisten" die Maxime des absolutistischen Staates nötigenfalls aufzugeben bereit waren, die Hoffmann – ein gelegentlicher Mitarbeiter der Eudämonia! – in seinem Artikel: „Über Entstehung und mögliche Schädlichkeit geheimer Orden und Faktionen"[21] schon 1792 durch ihre Verabsolutierung geradezu ad absurdum geführt hat. Hoffmann hatte damals erklärt, die Natur habe den Menschen einen starken Trieb nach Geselligkeit verliehen, der zur Bildung von Freundschaften und zum Eingehen von Verbindungen führe. Dieser Trieb sei prinzipiell dort gefährlich, wo „nur die Ersten und Großen der Gesellschaft (sich) das Recht der Thätigkeit vorbehalten."[22] Da der zur „Komplottmacherei" führende Geselligkeitstrieb in der Natur des Menschen begründet sei, müsse sogar die „Freundschaft als eine stille Zusammenrottung einiger Menschen zur Erreichung ihrer besonderen Absichten"[23] beargwöhnt werden.

Die Tatsache, daß Leute wie die „Eudämonisten" keineswegs nur schlichte Gefolgsleute der „Ersten und Großen" waren, sondern vielmehr nötigenfalls bereit waren, diesen die Loyalität aufzukündigen, kann als Beweis dafür genommen werden, daß auch Konterrevolutionäre auf ihre Weise das aufklärerische Ideal des „freien Selbstdenkers" verkörperten. Dies schließt freilich nicht aus, daß sie den „vervollkommnete(n) Mensche(n), der keinen Herrn hat als sich selbst,

5. Die Verschwörungsthese als Strategie

kein anderes Gesetz als die Vernunft"[24], ablehnten. Denn sie glaubten, daß eine auf abstrakte Prinzipien gegründete Politik zum Scheitern verdammt sei[25] und fatale Konsequenzen nach sich ziehen müsse, und zwar nicht nur deshalb, weil eine solche die Menschen zu Empörern gegen Gott mache.[26] Unter dem Zwang der Umstände wurden somit auch Apologeten des Ancien Régime vom Prozeß der Politisierung erfaßt. Diese hielten zwar Parteien prinzipiell für verderblich und meinten lediglich für „Wahrheit und Recht" einzutreten und mußten doch feststellen, daß sie selbst eine Partei bildeten: „Also Partheyen sind da. Eine denkt jakobinisch, die andere antijakobinisch. Eine will Revolution, die andere keine"[27], erklärte Hoffmann 1795 lakonisch.

Für die sich einer legitimen Obrigkeit beraubt sehenden französischen Royalisten erübrigten sich selbstverständlich jegliche Skrupel, sich in parteiähnlichen Verbindungen zusammenzuschließen. Daß Anhänger antifreimaurerischer Verschwörungstheoreme ihrer Geheimorganisation „Institution philanthropique" (1796–97) ein freimaurerisches Organisationsmuster verliehen[28], ist im vorliegenden Zusammenhang besonders aufschlußreich. Denn dieser keineswegs einzig dastehende Sachverhalt ist ein unverdächtiger Beleg für die wiederholt konstatierte Bedeutung der Freimaurerei als eines instrumental zu verwendenden Organisationsmodells. Im übrigen legt auch dieses Verhalten französischer Royalisten die Vermutung nahe, daß gebildete Konterrevolutionäre vielfach nicht von einer wahnhaften Freimaurerfurcht ergriffen waren und daß die aus noch darzulegenden Gründen sozialpsychologisch zugkräftige antifreimaurerische Propaganda vielfach in hohem Maß kalkuliert war.

Daß aus dem „Schoß" der Freimaurerei als der „geheimen Werkstätte des zerstörerischen Zeitgeistes nacheinander die Illuminaten, die Jakobiner und die Carbonari" hervorgegangen seien, wie Friedrich Schlegel 1828 behauptete[29], dürften viele von ihnen nicht für bare Münze genommen haben. Schließlich war ja der junge Schlegel selber Republikaner gewesen und noch in seiner berühmten Analyse „Signatur des Zeitalters" (1820–1823)[30] war zwar von einer die „gesamte Basis der civilisierten Staaten in Europa"[31] in Frage stellen-

5.2. Verschwörungsthese als Erkenntnis- und Repressionsinstrument

den „revolutionären Denkungsart"[32], nicht jedoch von einer von der Freimaurerei inszenierten Verschwörung die Rede. Als Verfechter der anti-emanzipatorischen romantischständestaatlichen Staatsphilosophie diagnostizierte der alte Schlegel mit Bedauern, es sei ein „merkwürdiger Charakterzug unserer Zeit, daß jetzt alles sogleich zur Parthey wird, daß selbst das Gute und Rechte in Gesinnung und Denkart so häufig von diesem schrankenlosen Ultrageist ergriffen und beherrscht wird."[33]

Denn auch der für das Positive eintretende Ultrageist sei Ausdruck einer nicht nur Liberale und Republikaner, sondern auch legitime absolutistische Regierungen auszeichnenden „mathematischen Staatsansicht"[34]. Dieser Geist wirke nämlich durch „unbedingtes Wesen und anorganisches Wirken ... mit seinem Feinde, der revolutionären Denkart, zu dem gleichen Ziel und chaotischen Ausgang, gegen seine Absicht zusammen"[35]. Eine solche politische Philosophie, die von der Annahme ausging, daß das „lebendige Positive"[36] sich vornehmlich in den als geschichtlich gewachsen angesehenen Korporationen äußere, hatte Implikationen, die schon Troeltsch veranlaßt haben, das so folgenreiche Phänomen der antirationalistischen politischen Romantik[37] als „romantische Gegenrevolution"[38] zu bezeichnen.

Wenngleich absolutistische Regierungen freie Zusammenschlüsse politischer Natur prinzipiell ablehnten, so hatten sie doch in Krisenzeiten schon aus Gründen der Existenzsicherung verschiedentlich dem von Niebuhr 1815 reflektierten Sachverhalt Rechnung tragen müssen, daß „politische Partheyen ... in jedem Staate entstehen (müssen), wo Leben und Freiheit ist, denn es ist unmöglich, daß sich lebendige Theilnahme nicht nach den individuellen Verschiedenheiten in ganz entgegengesetze Richtungen, auch bei völlig gleicher Wahrheitsliebe und Redlichkeit, vertheile ..."[39] Auf den sich zwangsläufig auch innerhalb der Freimaurerei widerspiegelnden Prozeß der allgemeinen Politisierung reagierten reformorientierte oder auch nur realistische absolutistische Regierungen keineswegs ausschließlich repressiv. Dies kommt in den angesprochenen Bestrebungen zum Ausdruck, die Freimaurerei instrumental für politische Ziele einzusetzen. Einer

5. Die Verschwörungsthese als Strategie

Politisierung wurde sogar Vorschub geleistet, wenn Repräsentanten absolutistischer Regime freie Vereinigungen im Interesse innerer Reformen und der Abwerfung einer Fremdherrschaft begünstigten[40] oder gar zur Erreichung nationalstaatlicher Ziele[41] auszunutzen suchten. Denn ein derartiges Verfahren war aus konservativer Sicht revolutionär – sowohl in den Methoden als auch der Zielsetzung nach.

Von liberaler und republikanischer Seite bedrohte Regime suchten ihrerseits ihre Herrschaft durch gegenrevolutionäre Vereinigungen parteiähnlichen Charakters abzustützen. So verfügte die von einem Jesuiten im Jahre 1801 gegründete französische Laienorganisation „Congrégation"[42], die in der organisatorischen und ideellen Tradition der konterrevolutionären royalistischen und klerikalen Geheimbünde stand, dank regierungsamtlicher Protektion 1820 über einen so großen politischen Einfluß, daß sie 1826 von einem antiklerikal-royalistischen Aristokraten in einem Aufsehen erregenden Pamphlet polemisch bezichtigt werden konnte, sie bilde eine „gewaltige Konspiration gegen die Revolution, gegen den König, gegen die Gesellschaft".[43] Diese habe bewirkt, daß das von den „Ultras" regierte Frankreich bei einer „Souveränität der Priester"[44] angelangt sei.

Die Tatsache, daß die im Juli 1824 gegründete „Katholische Gesellschaft der guten Bücher" bereits Ende 1826 in Frankreich 800.000 (!) Schriften verteilt batte[45], beweist, welch überragende Bedeutung Konterrevolutionäre der Bearbeitung der öffentlichen Meinung beimaßen. Wo der Prozeß der Politisierung schon fortgeschritten war und Verfassungsstrukturen sowie Machtverhältnisse einer scharfen Zensur[46] im Wege standen, war es nicht möglich, die Maxime „hüten wir uns vor den Büchern" zur Richtschnur der praktischen Politik zu machen. Dies hatte Joseph de Maistre dem russischen Kaiser 1810 im Anschluß an eine ausführliche Darlegung der Verschwörerthese und unter Berufung auf das bekannte Wort Voltaires: „Die Bücher haben alles gemacht" geraten.[47]

Indem sich Konterrevolutionäre veranlaßt sahen, ihrerseits das Volk mit handfester politischer Propaganda zu bearbeiten, anerkannten sie, daß sie nicht mehr auf die stillschweigende Akzeptierung ihrer Ordnungsvorstellungen bauen

5.2. Verschwörungsthese als Erkenntnis- und Repressionsinstrument

konnten. Folglich suchten sie die revolutionären Ideen mit einer der wichtigsten Waffen der Moderne, der politischen Propaganda, zu bekämpfen. Damit war der patriarchalisch-obrigkeitsstaatliche Standpunkt, nach dem das Volk von der politischen Diskussion ferngehalten werden müsse, aufgegeben. Dieser Standpunkt war anläßlich der von der hannoverschen Regierung 1795 verfügten Aufsicht über die Lesekabinette so begründet worden: „Daß mancher ehrliche Schuster und Schneider, der die Leisten und die Nadel mit politischen und religiösen Streitschriften verwechselt, auch wohl mancher Landsmann, der statt des Pflugs den Wurmbrand oder sonst eine kurrente Volksschrift zur Hand nimmt, und statt zu säen und zu pflügen, seine Nachbarn in den Wirtshäusern ... aufzuklären versucht, nicht selten darüber an den Bettelstab kommt, davon hat die Polizei in allen Ländern Beispiele aufzuweisen."[48] Der Grund dafür, warum gerade die republikanische Knigge'sche Schrift: „Joseph von Wurmbrand, kaiserlich abyssinischen Ex-Ministers ... politisches Glaubensbekenntnis mit Hinsicht auf die französische Revolution und deren Folgen" (1792) für besonders gefährlich gehalten wurde, ist darin zu sehen, daß Knigge in ihr eine populär gehaltene und an der Interessenlage der Bevölkerung ansetzende Kritik konterrevolutionärer Theoreme geübt hat.[49]

Dieser 1795 in der „Berlinischen Monatsschrift" von einem Anonymus formulierte ideologiekritische Ansatz war offensichtlich geeignet, politisch interessierte Mitglieder nichtgebildeter Schichten zu überzeugen: „Der Kunstgriff der schlechten Schriftsteller, ihre Sache zur Sache Gottes zu machen, ist zwar noch nicht ganz veraltet; doch glauben sie jetzt noch einen wirksameren Weg, den rechtschaffenden Männern, welche nicht ihrer Meinung sind, zu schaden, darin gefunden zu haben, daß sie ihre Sache zur Sache der Fürsten erheben. Hierzu müssen ihnen die Namen: Jakobiner, Propagandist, Demokrat und das seit einiger Zeit wieder sehr oft gebrauchte Wort Illuminat kräftigst dienen."[50]

Der Mitarbeiter der „Eudämonia" und Herausgeber der konterrevolutionären „Neuesten Religionsbegebenheiten" (1778–1798)[51], der Gießener Historiker und Kameralist M.G. Köster, hat in seinen 1795 anonym publizierten „Nachrichten

5. Die Verschwörungsthese als Strategie

von einem großen, aber unsichtbaren Bunde gegen die christliche Religion und die monarchistischen Staaten" die die Antirevolutionäre beunruhigende Aktivität der Intelligenz bei revolutionären Prozessen auf eine bemerkenswert nüchterne und klare Weise analysiert. Dort heißt es: „Bauern und ganz geringe Bürger mögen wohl zuweilen sich bei einem Zusammenlauf zusammenrevoltieren. Aber bey einer förmlichen Erhebung sind gewiß auch Leute aus den mittlern und höhern Ständen geschäftig; und diese sind die Hauptpersonen, welche die übrigen am Seile führen; selbst bei den Bauernkriegen des sechzehnten Jahrhunderts waren andere Leute, und vornehmlich Gelehrte und Priester die Anstifter und Rädelsführer. Aber Leute dieser Gattung (das „einfache Volk", d.Vf.) lesen doch wohl Schriften, und verstehen sie auch! Selbst Bauern und Bürger der niedrigsten Classe lesen heutigen Tages, und oft mehr als ihnen zuträglich ist. Sie verstehen auch das, was in ihren Kram dient, gar zu wohl, und was sie nicht zugleich verstehen, das erklärt ihnen ein Volksredner aus ihrer Mitte."[52]

Einsichtige Konterrevolutionäre wie der Abbé Duvoisin, welcher in seiner 1798 in London publizierten „Verteidigung der Sozialordnung gegen die Prinzipien der Französischen Revolution" (Défense de l' ordre social contre les principes de la révolution française) den „Philosophismus" als Hauptursache der Revolution brandmarkte[53], waren sich durchaus dessen bewußt, daß hinter der Auseinandersetzung der philosophischen Systeme tiefgreifende soziale Konflikte, ja möglicherweise sogar ein „heimlicher Krieg der Armen gegen die Reichen" (guerre sourde des pauvres contre les riches)[54] verborgen lagen. So erklärt es sich, daß Hoffmann, der sich als „Feind aristokratischer Anmaßungen"[55] zu erkennen gab, schon 1792 in seinem „Erste(n) Entwurf zur Stiftung einer Verbindung zwischen Freunden und Beförderern des Verdienstes"[56] für ein Bündnis der absolutistischen Staatsmacht mit dem an der Sicherung seines Besitzstandes interessierten Bürgertum eintrat[57], und daß die französischen Congregationalisten 1822 eine Hilfsorganisation für christliche Arbeiter in Paris gründeten.[58]

5.2. Verschwörungsthese als Erkenntnis- und Repressionsinstrument

Derartige Ansätze zu einer sozialpolitischen Immunisierungsstrategie bilden das positive Gegenstück zu der ideologischen Auseinandersetzung mit den revolutionären Ideen. So war Hoffmann der Ansicht, daß vornehmlich die „Mittelklasse ... in jedem Zeitalter vor dem Gift ansteckender Grundsätze in Religions- und politischen Angelegenheiten bewahrt" werden müsse. Das in dieser Klasse leider „schon ziemlich stark verstreute Gift" müsse durch „ein heilendes Gegengift" unschädlich gemacht werden.[59] Das ideologische Gegengift, das durch „wohldenkende Schriftsteller" verabreicht werden sollte, bestand nicht zuletzt in der Propagierung der Verschwörerthese. Ausgehend von der Annahme, daß der in Deutschland herrschenden „kirchlichen Anarchie" – wie in Frankreich – die „politische Anarchie" auf dem Fuß folge, sofern nicht „die weltlichen und geistlichen Obrigkeiten auch sehr bald die ernstlichen und weit wirkendsten Maßregeln ergreifen"[60], schloß er, daß es in erster Linie darauf ankomme, die Autorität der Kirche wiederherzustellen. Denn: „Jede Regierung hat Kinderarbeit bei einem religiösen und gottesfürchtigen Volk". Bei einem „religionslosen, also sehr verwilderten und schlechten Volke" dagegen wären die Regierungen gezwungen, „Despotismus, Zuchthäuser und Galgenpflöcke zur Hilfe zu nehmen."[61]

Eine Analyse dieser viele Konterrevolutionäre auszeichnenden Argumentation, nach der alle negativ bewerteten Entwicklungen auf Religionsverlust zurückgeführt werden[62], ergibt, daß die Religion Hoffmann vornehmlich als politischer Integrations- und Ordnungsfaktor interessierte. In Feststellungen wie: „Hättet ihr Religion, so würdet ihr gute und folgsame Menschen sein"[63], fehlt wohl nicht zufällig jeder Bezug auf die spezifisch christlichen Glaubensinhalte.[64] Charakteristisch für eine überwiegend innerweltliche Wertung kirchlicher Institutionen ist auch, daß Carl Ludwig von Haller – der ein Mitarbeiter der „Wiener Zeitschrift" gewesen war und sich 1816 in seiner „Restauration der Staatswissenschaften" zur Verschwörerthese bekannt hat – 1821 in der öffentlichen Begründung seiner Konversion zum Katholizismus ziemlich unverhohlen zum Ausdruck gebracht hat, daß dieser Schritt politisch motiviert gewesen ist.[65]

5. Die Verschwörungsthese als Strategie

Haller erklärte nämlich, das „Studium von Büchern"[66], insbesondere der Barruelschen „Denkwürdigkeiten" (!), habe ihm die Existenz einer den „ganzen Erdkreis" umspannenden Verschwörung enthüllt. Schon lange habe er „die Notwendigkeit einer entgegengesetzten religiösen Gesellschaft, welche eine lebende und die Wahrheit bewahrende Autorität sein müßte", gefühlt, aber erst jetzt habe er bemerkt, „daß diese Gesellschaft in der christlichen, allgemeinen und katholischen Kirche bereits da ist".[67]

Denjenigen Anhängern und Propagandisten der Verschwörungsthese, welche vornehmlich der soziale Integrationswert der Religion interessierte, stehen andere gegenüber, die zwar auch die Verschwörungsthese als politisches Kampfinstrument eingesetzt haben, deren originär christliche Motivation jedoch nicht in Zweifel gezogen werden kann. Dies trifft in besonderem Maße auf den Abbé Barruel zu. Im Unterschied zu Hoffmann, der mit Galgen und Zuchthäusern drohte, befürwortete Barruel nicht einfach eine erbarmungslose Repression. Vielmehr setzte er seine Hoffnung auf eine im christlichen Geist vorgenommene Überzeugungsarbeit: „Eine Sekte vernichten, heißt sie in ihren Lehrsätzen selbst angreifen; ihre zauberischen Blendwerke zerstören, und das Abgeschmackte ihrer Grundsätze, das Abscheuliche ihrer Hilfsmittel, und die Bosheit ihrer Obern vor Augen legen. Vernichtet den Jakobiner, aber den Menschen laßt leben."[68]
Da jedoch Barruel gleich anderen christlichen Konterrevolutionären das Ancien Régime als göttlich gestiftet betrachtete, zog auch er sich zwangsläufig den Vorwurf zu, die christliche Heilslehre als politische Rechtfertigungsideologie zu gebrauchen.

Neben solchen Intellektuellen und Geistlichen, welche die Verschwörungsthese als politisches Kampfinstrument benutzten, und solchen Repräsentanten der kirchlichen Orthodoxie, die bei aller konterrevolutionären Agitation von christlichen Beweggründen geleitet waren, sind unter den Anhängern von Verschwörungstheoremen Mitglieder der Erweckungsbewegung anzutreffen. Besonders für die Mitglieder der „supernaturalistischen" Sekten der „protestantischen Kirche"[69], speziell der Pietisten[70] „welche außerhalb der etablierten Hierar-

5.2. Verschwörungsthese als Erkenntnis- und Repressionsinstrument

chien – und in Reaktion auf kirchliche Dogmen und scholastische Argumentation – ein verinnerlichtes, praktisches Christentum zu realisieren suchten, war ein heilsgeschichtliches Weltbild charakteristisch. Christliche Mystiker erblickten in der Revolution ein apokalyptisches Ringen, einen „Kampf zwischen Irrtum und Wahrheit", zwischen „Licht und Finsternis".[71]

Für Männer wie Eckartshausen[72] war die Qualifizierung der revolutionären Philosophie als „philosophischer Satanismus"[73] nicht einfach eine zu Diffamierungszwecken leichthin verwandte Metapher, sondern Ausdruck existentieller Not. In seiner „Siegesgeschichte der christlichen Religion in einer gemeinnützigen Erklärung der Offenbarung Johannis" von 1799 gab der Pietist Jung-Stilling[74] dieser apokalyptischen Stimmung so Ausdruck: „Nach und nach wuchs die Aufklärung; das Element des Thiers aus dem Meer[75] ... Die ganze Denkungsart der republikanischen Herrscher ward Blut, alle Grundsätze, nach denen sie handelten, und alle Quellen, woraus sie schöpften, wurden zu Blut, und die Zornkelter des Allmächtigen, die Guillotine war allenthalben in Thätigkeit."[76]

Einer solchen Geschichtstheologie der Anhänger der Erweckungsbewegung korrespondierte der Verzicht auf eine Inanspruchnahme der christlichen Religion für rein innerweltliche Ziele. Dementsprechend sind ihre Verschwörungsvorstellungen auch nicht in rationalisierender Weise zu antifreimaurerischen Drahtzieher-Theorien verdichtet und somit operabel gemacht worden. Allerdings hatten die dualistische Gegenüberstellung von „Licht und Finsternis", von Aufklärung und Revolution, sowie der Irrationalismus und der Quietismus eine ausgesprochen antirevolutionäre Funktion.[77]

Vor allem die Pietisten, welche „nur die Herzen, aber nicht die allgemeinen Verhältnisse"[78] christianisierten, schlossen sich bei aller auch an der verweltlichten höfischen Gesellschaft geübten Kritik eng an die Obrigkeiten an. Auf die von ihnen vorgenommene „Anwendung eschatologischer Ideen auf Volk und Vaterland"[79] ist der religiöse Charakter des frühen deutschen Nationalismus zurückzuführen.[80]

In wie starkem Maße konterrevolutionäre Theoreme durch theologische Einflüsse geprägt worden sind[81], belegt nicht

5. Die Verschwörungsthese als Strategie

zuletzt die Verschwörerthese, welche auf der von klerikaler Seite betriebenen Diffamierung der Freimaurerei aufbaut. Eine Untersuchung der Resonanz der antifreimaurerischen Agitation muß außer populär-theologischen Vorstellungen und Argumentationen auch sozialpsychologische Mechanismen berücksichtigen. Der wichtigste nicht-theologische Ansatzpunkt für antifreimaurerische Ressentiments und Parolen war der geheime und der sozial-exklusive Charakter der Freimaurerei. Die in der Hochgradfreimaurerei üblichen phantastischen und zuweilen auch blutrünstigen Rituale und Schwüre sowie endlich das Institut der „Unbekannten Ordensoberen" begünstigten, ja provozierten überdies abwegige Spekulationen, Befürchtungen und Unterstellungen.[82]

Wenngleich das Institut der Freimaurerei wegen seines Absehens von konfessionellen und ständischen Schranken den Stempel der Modernität trug, so war es doch zugleich ein sich nach außen abschließender, seltsame Rituale kultivierender und somit mancherlei Vorbehalte hervorrufender esoterischer Geheimbund.[83] Als eine abgeschirmte Heimstätte des modernen Individualismus hatten ja die Logen nicht nur dem Geist der Aufklärung, sondern zugleich auch dem modernen Anti-Rationalismus Entfaltungsmöglichkeiten geboten, wie das Beispiel des theosophischen Rosenkreutzerordens zeigt. Der Widerspruch zwischen dem Absehen von ständischen Schranken und der faktischen sozialen Exklusivität war im übrigen geeignet, soziale Ressentiments anti-elitärer Natur zu provozieren. Über die spezifisch konterrevolutionäre Argumentation hinaus ist also der Erfolg der antifreimaurerischen Propaganda darauf zurückzuführen, daß die Freimaurerei nicht nur für die Anhänger des Ancien Régime, sondern auch für Rationalisten und egalitär orientierte Revolutionäre psychologisch günstige Angriffsflächen bot. Das zeigt nicht zuletzt die Verfolgung der Freimaurerlogen sowohl durch die Jakobiner als auch später durch die Bolschewiken.

Die anfänglich hauptsächlich vom katholischen Klerus betriebene antifreimaurerische Propaganda hat offensichtlich bei den religiös gebundenen, in traditionellen Beziehungen lebenden und durch die politische Entwicklung gleich dem

5.2. Verschwörungsthese als Erkenntnis- und Repressionsinstrument

Klerus verunsicherten ländlichen und kleinstädtischen Unter- und Mittelschichten ihre größte Resonanz gefunden.[84] Denn für diese mit einem engen Bildungshorizont ausgestatteten Gruppen repräsentierten die Freimaurer eine fremde großräumig-kosmopolitische, städtische und laizistische Zivilisation, welche die überkommene Wert- und Sozialordnung in Frage stellte.

So dürften beispielsweise die während des Tiroler Aufstands von 1809 von geistlicher Seite verfaßten Flugschriften gegen die „freimaurerischen" Bayern und die „kirchenschänderischen" Franzosen, in denen zum letzten Kampf „wider den allgemeinen Feind des Himmels und der Erde"[85] aufgerufen wurde, sowohl der Bewußtseins- als auch der Interessenslage der Mehrheit der Tiroler Bevölkerung entsprochen haben. Der nativistische Charakter dieser als Religionskrieg empfundenen Erhebung[86] kommt darin zum Ausdruck, daß Aufständische nach der Einnahme der Stadt Innsbruck antisemitische Ausschreitungen begingen[87] und versucht haben, alle nicht im Geiste der katholischen Religion verfaßten Bücher der dortigen Universität zu verbrennen.[88]

Es ist unverkennbar, daß die christlich-mittelalterliche Dämonologie, die der Gestalt des Satans eine bedeutende Rolle zumißt[89], für die spezifische Ausprägung und auch für die Resonanz des christlich-konterrevolutionären Verschwörungsdenkens eine konstitutive Bedeutung gehabt hat. Da nach der populären christlichen Geschichtstheologie Satan als Widersacher der göttlichen Heilsordnung gilt, wurde die diese Ordnung in Frage stellende aufklärerisch-revolutionäre Sozialphilosophie als „philosophischer Satanismus"[90] und als „Teufel-Philosophie"[91] denunziert.[92] Die Bevölkerung des revolutionären Frankreich konnte daher als ein von „höllisch gesinnten Menschen"[93] regiertes und nur auf die Stimme der „Revolutionsdämone"[94] hörendes „Heydenvolk"[95] diffamiert und der Revolution an sich ein „satanischer Charakter"[96] zugeschrieben werden.

Die durch eine Drahtziehertheorie überhöhte antifreimaurerische Agitation, welche einen polnischen Historiker veranlaßt hat, die Verschwörungsthese ironisch als „Taten des Satans durch die Freimaurer" (gesta Sathanae per murato-

5. Die Verschwörungsthese als Strategie

res)"[97] zu bewerten, ist von großer geschichtlicher Tragweite gewesen. Eine materialreiche Untersuchung über die „Freimaurer im deutschen Volksglauben" von 1930 hat erdrückende Beweise dafür erbracht, daß die antifreimaurerische Polemik gerade im Bewußtsein solcher Schichten, welche die Freimaurer nur vom Hörensagen kannten und sich aufgrund ihres Bildungsniveaus kein eigenes Urteil zu erarbeiten vermochten, eine Verteufelung zur Folge gehabt hat. Wohl nicht zufällig sind in das antifreimaurerische Syndrom Elemente des Hexenglaubens eingeflossen.[98] Beispielsweise gelangte der Verfasser jener Arbeit zu dem Schluß, „der Glaube, daß die Novizen sich bei der Aufnahme mit ihrem Blut dem Teufel verschreiben müssen", sei fast allgemein.[99] Erst kürzlich konstatierte der Jesuitenpater Michel Dierickxs, der sich in sehr kritischer Weise mit den „unvorstellbaren Vorurteilen katholischer Kreise"[100] gegenüber der Freimaurerei auseinandersetzte, daß noch heute – 1967 – „zahllose" Katholiken davon überzeugt seien, daß „Satan auf die eine oder andere Art in den Logen erscheint."[101]

Wie in solchen in den Volksglauben eingedrungenen Vorstellungen zum Ausdruck kommt, war die Angst, welche aus der Auflösung und Bedrohung überkommener Lebensformen und Wertvorstellungen resultierte, die für das antifreimaurerische Verschwörungsdenken konstitutive Grundstimmung. Die sich im Verschwörungsdenken niederschlagende Angst gehört weniger zu dem Typus der Realangst, die eine Reaktion auf eine konkrete Gefahr darstellt, als zu dem Typus der neurotischen, panischen Angst. Diese ist in erster Linie Ausdruck einer inneren Realität, welche als Reaktion auf die Aufhebung der überkommenen sozialen Geborgenheit und damit eines klaren Erwartungshorizontes das dumpfe Gefühl des Ausgeliefertseins an anonym und dämonisch vorgestellte Mächte widerspiegelt.[102]

Da die bedrohte Sozialordnung als religiös gegründet vorgestellt wurde, erschien den christlichen Antirevolutionären die Wiederherstellung der transzendentalen Verankerung des Lebens als Voraussetzung der Zurückgewinnung des äußeren und inneren Friedens. Daher hat Barruel bereits 1794 in seiner „Geschichte der Klerisey in Frankreich während der Revolu-

5.2. Verschwörungsthese als Erkenntnis- und Repressionsinstrument

tion" erklärt: „So ist diese (katholische, apostolische und römische) Religion beschaffen: ihre Kinder können weder aufrührerisch, weder nach ihren Grundsätzen böse sein, ohne abtrünnig zu werden. Als eine wahre Freundin der Ordnung des Friedens und des Wohlstands auf dieser Welt."[103] Letztlich kommt in den Verschwörungstheoremen das Bedürfnis nach sozialer Harmonie zum Ausdruck. Der Pietist Jung-Stilling hat dieser auf dem Hintergrund der turbulenten Revolutionsjahre zu sehenden Sehnsucht 1794 in seinem Roman „Heimweh" progammatisch dichterische Gestalt verliehen.

Er warf darin den Schriftstellern vor, die christliche Religion „untergraben" zu haben[104] und erklärte er „das stolze Weib, die falsch berühmte große Philosophin" zur Urheberin allen Übels.[105] Ein zeitgenössischer Rezensent kommentierte dieses Buch so: „Das Heimweh soll die Sehnsucht des Christen nach einer besseren Welt, nach seinem eigentlichen Vaterland bedeuten."[106] Es verleitete die christlich-konservativen Romantiker zur Verklärung des von den Aufklärern als finster gebrandmarkten Mittelalters; denn im Mittelalter war in ihren Augen die verlorengegangene Einheit von Religion und Gesellschaft realisiert und der Konflikte erzeugende religiöse, intellektuelle und soziale Protest noch nicht existent gewesen.[107]

Das für die christlichen Gegenrevolutionäre charakteristische Bekenntnis zu einem geschlossenen Weltbild impliziert eine negative Beurteilung der Reformation als der Zerstörerin eines einheitlichen Corpus Christianum[108] und erklärt auch die schon erwähnte katholisierende Tendenz der protestantischen Verfechter der Verschwörungsthese.[109] Seinen berühmtesten Niederschlag hat es in der 1799 verfaßten Schrift: „Die Christenheit oder Europa" von Novalis[110] gefunden, in der dieser die „schöne(n), glänzende(n) Zeiten" beschwor, „wo Europa ein christliches Land war, wo Eine Christenheit diesen menschlich gestalteten Erdteil bewohnte"[111]. Die „Heilige Allianz" von 1815 schließlich, in deren Präambel es heißt, daß „an Stelle der bisherigen politischen Maximen eine neue Ordnung der Dinge einzig auf der Basis der Religion des Heilands"[112] errichtet werden müsse, ist die politische Verkörperung des „durch die französische Revolution herbeige-

5. Die Verschwörungsthese als Strategie

führten Bedürfnis(ses) einer neuen und innigeren Verbindung der Religion mit der Politik"[113] gewesen.

Sofern in einer solchen „politischen Theologie"[114] nicht Ziele der Revolution aufgehoben waren, wie dies in der Konzeption der Heiligen Allianz[115] ansatzweise der Fall war, sondern diese eine rein konterrevolutionäre Ausprägung erfuhr, hatte sie tendenziell totalitäre Implikationen. Denn wer wie Joseph de Maistre davon ausgehen zu können glaubte, daß es eine gewaltige Verschwörung gäbe ein „Monster zusammengesetzt aus allen Monstern", und erklärte „Wenn wir das Monster nicht töten, wird es uns töten"[116], schloß Kompromisse aus und dachte in Freund-Feind-Kategorien.

Dies tat beispielsweise auch der Abbé Lamennais[117] in seiner Definition der Religion von 1820 als einer „große(n) und beständige(n) Opposition gegen alle Irrthümer und Unordnungen". Darin identifizierte er die Religion mit dem „Guten", die revolutionären „Irrthümer" aber mit dem „Schlechten"[118]. Endlich stellte er eine verengte und irrige Alternative auf: „Die Frage, um welche sich's heut zu Tage in Europa handelt, ist nicht, ob Dieser oder Jener diesen oder jenen Platz einnehme, sondern wer den Sieg davontragen werde, der Atheismus oder die Religion, die Anarchie oder das Königtum."[119]

In Reaktion auf das durch die Doppelherrschaft von „Thron und Altar" charakterisierte christlich-antiliberale Weltbild sind radikalaufklärerische und revolutionäre Emanzipationstheorien entwickelt worden, welche ihrerseits antiliberal-totalitäre Konsequenzen zeitigen konnten.[120] Dies war dann der Fall, wenn mit terroristischen Methoden die Schaffung einer neuen sozialen und ideologischen Homogenität erzwungen werden sollte. Ein solcher Versuch war ebenso illusorisch wie die Bemühung konterrevolutionärer Ideologen, die überlieferte Sozial- und Wertordnung „im restaurativen Rückgang auf die alte Religion"[121] wieder herzustellen. Indem diese christliche Glaubensinhalte für die Durchsetzung politischer Ziele benutzten, d.h. „die Religion" bzw. „den Altar" als Rechtfertigungsinstrumente für das soziale Privilegien zementierende monarchisch-absolutistische System ein-

5.2. Verschwörungsthese als Erkenntnis- und Repressionsinstrument

setzten, erwiesen sie sich nicht einfach als „Reaktionäre", sondern zugleich als „konservative" Revolutionäre.[122]

Denn ihre als gegenrevolutionärer Bezugspunkt fungierende „heile Welt" der Vergangenheit erscheint nicht selten weniger als Abbild einer gewesenen Realität, denn als Projektion von politischen Idealvorstellungen, die im Gegenschlag auf revolutionäre Herausforderungen neu entwickelt worden sind. Diese Dialektik von militantem Konservatismus und konservativer Revolution manifestiert sich darin, daß verschiedentlich aus konservativen Verteidigern der Legitimität Befürworter einer spezifisch modernen gegenrevolutionären Diktatur geworden sind [123] Diese propagierten eben das, was Konservative ihren Gegnern stets vorgeworfen haben: nämlich das „organisch" bzw. geschichtlich „Gewachsene" zugunsten des „künstlich Gemachten" aufzugeben.[124]

In Anlehnung an Benjamin Disraeli, der einst prophezeit hat, daß die Zerstörung der „traditionellen Einflüsse" die Rache der „erzürnten Tradition" hervorbringen werde[125], kann man sagen, daß die konterrevolutionären Verschwörungstheoreme die extremste und propagandistisch zugkräftigste ideologische Reaktion von Verteidigern des Ancien Régime auf die Herausforderung von Aufklärung und Revolution darstellen. Obgleich diese bedrohte Herrschaftsordnung schon immer als göttlich sanktioniert gegolten hatte, so ist doch die ideologische Konzeption einer als symbiotisch verstandenen Einheit von „Thron und Altar", die gemäß der Verschwörerthese durch eine diabolische Konspiration untergraben wurde, ihrerseits bereits eine solche Reaktion gewesen.

6. Die Verwendung der Verschwörungsthese durch die kirchliche Orthodoxie und die säkulare Rechte 1848–1917

Verschiedentlich ist angemerkt worden, daß die moderne, säkulare Rechte unmittelbar an die auf „Thron und Altar" fixierte konterrevolutionäre Verschwörungsthese angeknüpft hat. Daß sich der moderne Populismus damit in die konterrevolutionäre Tradition stellte und er gleich den Trägern der sakral legitimierten monarchischen Ordnung die „Ideen von 1789" bekämpfte, ist sowohl in politisch-ideologischen Gemeinsamkeiten als auch darin begründet, daß schon aus praktischen Gründen gern auf bewährte und zugkräftige Argumentations- und Agitationsmuster zurückgegriffen zu werden pflegt.

Eine umfassende Analyse der Verschwörungsthese im Zeitalter der Industrialisierung, des Kapitalismus und der demokratisch-sozialistischen Bewegung darf sich nicht auf die Feststellung der ideologischen und agitatorischen Artikulation der nationalen Radikalismen beschränken. Sie muß darüber hinaus durch eine intensive Beschäftigung mit diesen keineswegs einheitlich strukturierten Formationen fundiert werden. Dazu wäre eine gesonderte Arbeit erforderlich, in der etwa auf die innere Entwicklung von Frankreich, Rußland und Deutschland sowie auf das Verhältnis der christlichen Kirchen zur „Moderne" eingegangen, ideologische Kontinuitäten und Diskontinuitäten herausgearbeitet und Mentalitäten für Verschwörungstheoreme empfänglicher sozialer Gruppen bestimmt werden müßten.

Wenngleich im folgenden den meisten dieser Postulate schon deshalb nur andeutungsweise entsprochen werden kann, weil dies den Rahmen der Untersuchung sprengen würde, scheint es doch zweckmäßig, abschließend auch noch auf das antibolschewistische und nationalsozialistische Verschwörungsdenken einzugehen. Denn die einen integralen

6. Die Verwendung der Verschwörungsthese

Bestandteil der NS-Ideologie ausmachende Verschwörungsthese ist anders als dies vielfach angenommen und behauptet wird, keine „Propaganda-Konstruktion" rein nationalsozialistischen Ursprungs.[1] Vielmehr ist sie von den deutschen Nationalsozialisten aus dem Arsenal der klerikal-konterrevolutionären Agitation übernommen und lediglich aktualisiert worden. Dieser früher in der wissenschaftlichen Literatur fast durchweg übersehene Sachverhalt dürfte insbesondere auf dem Hintergrund der hier aufgezeigten Querverbindungen für die Gesamteinschätzung der nationalsozialistischen Bewegung nicht ohne Belang sein.

Aus offenkundigen Gründen erfolgte der Rekurs auf die Verschwörerthese auch in der zweiten Hälfte des neunzehnten und im beginnenden zwanzigsten Jahrhundert vor allem in Krisensituationen, von denen hier die Revolution von 1848, der preußisch-österreichische Krieg von 1866, der deutsch-französische Krieg von 1870/71, der Kommune-Aufstand, der „Kulturkampf", die Wirtschaftskrise der siebziger Jahre, die Dreyfus-Affäre, die russischen Revolutionen von 1905 und 1917 und schließlich der Erste Weltkrieg mit seinen Folgen hervorgehoben werden müssen.

Parallel zum Aufstieg der sozialistischen Bewegung erfuhr die Verschwörerthese eine dezidiert antisozialistische Ausprägung. Dies war insofern konsequent, als diese als Rechtfertigungsinstrument für das geschlossene System von „Thron und Altar" entworfene Kampfideologie nunmehr nicht mehr aufklärerische Freidenker und liberale Konstitutionalisten als Gegner betrachtete, sondern vielmehr die demokratisch-sozialistische Bewegung, aber auch den modernen Kapitalismus mit seiner Vernichtung ehemals selbständig-kleinbürgerlicher Existenzen.

Der katholische Prager Advokat Eduard Emil Eckert behauptete in seiner 1852 erschienenen und eine angebliche freimaurerische Verschwörung entlarvenden Schrift: „Der Freimaurer-Orden in seiner wahren Bedeutung"[2], die deutsche Reichsverfassung von 1848/49 sei „vom engeren Maurerbunde den reinen SocialDemocraten" dekretiert worden.[3] Mit dieser Behauptung hat Eckert ein bis ins 20. Jahrhundert gültiges Leitmotiv für die agitatorische Verwendung der Verschwö-

6. Die Verwendung der Verschwörungsthese

rungsthese angeschlagen: Ihre zugleich antidemokratische und antisozialistische Zielrichtung, die sich aus der antipluralistischen Ideologie von „Thron und Altar" herleitete.

Diese neue Funktion der Verschwörerthese läßt sich an der 1871 in Essen von dem Jesuitenpater Pachtler veröffentlichten Schrift: „Die internationale Arbeiterverbindung" verdeutlichen, die eine unmittelbare Reaktion auf den Pariser Kommune-Aufstand darstellt. Pachtler erklärte darin, daß die sozialistische Internationale in dem Maße weiter wachse, als es den „Geheimbünden" – sprich den Logen – und „dem Liberalismus gelingt, die Massen zu entchristlichen"[4] Für ihn ist der „Sozialistenbund" die „furchtbarste politische und religiöse Verschwörung in der ganzen Weltgeschichte"[5]. Die katholische Kirche trage am meisten den Beruf in sich, die „geängstigte Menschheit von der unheilvollen sozialistischen Überflutung zu bewahren."[6] Der „gefürchtete Arbeiterbund" sei nach den „Grundsätzen der Loge" aufgebaut, die ihrerseits das „Schoßkind der liberalen Meinungen" darstellen.[7]

Die von dem „Juden" Karl Marx[8] begründete Organisation ziehe jedoch die „letzten Folgerungen" und bereits „dem Freimaurertum und seinen Adepten den jähen Untergang"[9], so daß die Internationale letztlich als „Gottesgeißel für den Liberalismus"[10] angesehen werden müsse. Der Liberalismus wurde seinerseits aus katholischer Sicht als „jüdisch-freimaurerisch" und „vom Haß gegen das Christentum erfüllt" gebrandmarkt.[11] In seiner 1875 unter dem Pseudonym „Annuarius Osseg" veröffentlichten Schrift „Der Hammer der Freimaurerei am Kaiserthrone der Habsburger" verunglimpfte Pachtler „die stramme, internationale Organisation der Freimaurerei"[12] darüber hinaus als „preußisch".[13]

Infolge von „Wahlverwandtschaft" müsse sich die Maurerei „zum protestantischen Preußen hingezogen fühlen. Denn der Protestantismus mit seinem Principe der freien Forschung ist, auf das staatliche Gebiet übertragen, nichts anderes als die Herrschaft der Massen, sei es in Form des ‚konstitutionellen' Königtums, sei es in der socialdemokratischen Republik als der letzten und wahrsten Konsequenz."[14] Denn: „Das absolute Menschentum des Freimaurers kann sich mit dem Könige ebenso wenig vertragen, als mit dem Priester, es verabscheut

6. Die Verwendung der Verschwörungsthese

jede weltliche und geistige Autorität, jeden Unterschied der Stände, und findet seine Ruhe nur in der sozialistischen Republik als Regierungsform der ganzen Welt."[15] Der „tiefste Grund des europäischen Sturmes der Maurerei gegen die katholische Kirche (sei) der satanische Haß gegen Gott".[16]

Die Loge schleiche sich „unmerklich in die Staaten ein, wie die Trichinosis in den menschlichen Körper"[17] behauptete der Jesuit Pachtler schließlich. Diese Thesen führte er in seiner gleichfalls 1875 erschienenen und im Herder-Verlag publizierten Schrift „Der Götze der Humanität oder das Positive der Freimaurerei" weiter aus. In dem darin enthaltenen Kapitel „Die Prinzipien der maurerischen Humanität führen direkt zum Sozialismus"[18] heißt es: „Vom Westende Europas bis zur Hauptstadt des Reiches der Mitte wanken die Grundlagen unseres gesellschaftlichen Lebens ..., denn ein neuer Stand, der vierte, ringt um die Weltherrschaft. (...) Woher stammt nun dieses unheilvolle geistige Miasma, das in den untersten Schichten gährt? Aus der nämlichen Quelle, wie die politische Revolution ... aus der Organisation des Unglaubens im Freimaurertum."[19]

In einem weiteren, der „sozialistische Krieg des Geheimbundes gegen die Gesellschaft" überschriebenen Kapitel aus dem dritten antifreimaurerischen Buch Pachtlers von 1876 wird endlich apodiktisch gesagt: „Die blutrote Weltrepublik ist nicht etwa Mißbrauch, welchen einige erhitzte Köpfe mit der vorgeblich lammfrommen freimaurerischen Regel getrieben haben, sondern im tiefsten Wesen des Ordens begründet. Jeder politische Radikalismus führt zum Sozialismus ... Wir finden es auch bei der Loge bewährt. Ihr Ideal ist die sozialdemokratische Republik, und die socialistische Bewegung unserer Tage ist im letzten Grunde eine Frucht aus ihrem Garten, eine Waffe in ihren Händen."[20]

Den Schriften Pachtler korrespondiert die Veröffentlichung des Augsburger Redakteurs August Birle von 1876: „Die Jakobiner und ihre Lehrmeister. Ein Spiegelbild aus der Vergangenheit für die Gegenwart. Dem christlichen Volke zur Mahnung und Warnung". Nachdem Birle unter ausdrücklicher Berufung auf Barruel[21] die Verschwörerthese referiert und den Liberalismus für „nichts anderes als die Freimaure-

6. Die Verwendung der Verschwörungsthese

rei als politische Partei"[22] erklärt hatte, kennzeichnete er den Sozialismus als das „wilde Jakobinertum unserer Tage"[23]: „Wie damals die Jakobiner, so droht heute der Sozialismus die gewaltige Rute zu werden, die Gott gebunden, um den Abfall von der christlichen Wahrheit zu züchtigen"[24], glaubt Birle. Als „festesten Damm" gegen den Sozialismus bezeichnet er Christentum, katholische Religion und Kirche sowie das gegen „sozialistische Umsturzpläne" besonders immune katholische Landvolk.[25]

Solche Äußerungen haben keineswegs nur die „sozialistische Gefahr", sondern vor allem den mit der preußisch-deutschen Reichsgründung sowie den mit der liberalen und antiklerikalen italienischen Einigungsbewegung[26] ursächlich verbundenen „Kulturkampf" zum Hintergrund. Dieser wurde im letzten Drittel des 19. Jahrhunderts in vielen Ländern ausgetragen und ist durch den von Papst Pius IX. Ende 1864 verkündeten „Syllabus errorum" mit provoziert worden. Darin verurteilte der Papst Pantheismus, interkonfessionelle Toleranz, Rationalismus, Liberalismus, Sozialismus und Freimaurerei in scharfer Form.[27]

In Frankreich[28] publizierte Roger Gougenot des Mousseaux 1869 sein Buch „Der Jude, der Judaismus und die Judaisierung der christlichen Völker" (Le Juif, le Judaisme et la Judaisation des Peuples Chrétiens), für das er von Pius IX. gesegnet wurde.[29] Gougenot des Mousseaux frischte in diesem einflußreichen Werk, das einen Markstein in der Geschichte des Antisemitismus sowie eines der literarischen Vorbilder für die sogenannten „Protokolle der Weisen von Zion" darstellt, den christlich-mittelalterlichen Dämonenglauben wieder auf. Dabei gab er die Kabbala für einen mit pornographischen Elementen versetzten Satanskult aus und wies er der Freimaurerei wie den geheimen Gesellschaften eine Hilfsfunktion bei den vermeintlichen Plänen der Juden zum Sturz des Christentums und zur Aufrichtung der Judenherrschaft zu.[30]

Nachdem der französische Jesuitenpater Nicolas Deschamps in seinem erstmals 1874–76 erschienenen und 1881 bereits in vierter Auflage vorliegenden Werk: „Die geheimen Gesellschaften oder die Philosophie der gegenwärtigen Geschichte" (Les sociétés secrètes ou la philosophie de l'histoire contemporaine) die Barruelschen Thesen ausführlich dargelegt und in Übereinstimmung mit seinem Ordensbruder Pachtler erklärt hatte, daß der Kommunismus der Internationale, der Anarchismus von Bakunin und die sozialistische Demokratie Konsequenzen freimaurerischer Ideen seien[31], publizierte der Pariser „Le Contemporain. Revue Catholique" im Juli 1878 die Erinnerungen des Pater Grivel an Barruel.[32] Die laizistische französische Erziehungspolitik hat dazu beigetragen, solche Reaktionen wie das 600 Seiten starke Buch des Abbé Chabauty, Pfarrer von Saint-André in Mirabeau und Ehrenkanonikus von Poitou und Angoulême: „Die Freimaurer und die Juden. Das sechste Zeitalter der Kirche nach der Apokalypse" (Les Francs-Maçons et les Juifs. Sixîeme âge de l'Eglise d'après l'Apocalypse) (1881) hervorzurufen. Darin wird dargelegt, daß Satan dem jüdischen Antichrist und der Weltherrschaft der Juden durch eine jüdisch-freimaurerische Verschwörung den Weg bereite.[33]

Drei Jahre später veröffentlichte Eduard Drumont sein Pamphlet: „Das verjudete Frankreich" (La France Juive), in dem die Juden als die einzigen Nutznießer der Revolution bezeichnet[34], Adam Weishaupt für einen Juden ausgegeben und schließlich die Freimaurerei als Instrument der Juden hingestellt werden.[35] Eine jener französischen Schriften, in denen von einer satanischen Verschwörung von Freimaurern und Juden die Rede ist[36], trägt den Titel: „Die Freimaurerei. Synagoge des Satans" (La Franc-Maçonnerie. Synagogue de Satan) (1893). Ihr Verfasser, der Jesuit und Erzbischof von Port-Louis auf Mauritius, Léon Meurin, bezieht sich in ihr auf die schon erwähnten christlich-jüdischen deutschen Logen, die Frankfurter Loge „Zur Aufgehenden Morgenröte"[37], auf Barruel[38], den Brief Simoninis sowie auf die Veröffentlichungen von Eduard Emil Eckert und Nicolas Deschamps.[39]

Endlich behauptet Meurin apodiktisch: „In Wahrheit, alles, was sich in der Freimaurerei findet, ist zutiefst jüdisch, exklusiv jüdisch, leidenschaftlich jüdisch, vom Anfang bis zum Ende"[40] Ganz ähnlich argumentiert der Abbé Isidore Bertrand in seiner 1903 in Paris erschienenen Broschüre: „Die Freimaurerei. Eine jüdische Sekte" (La Franc-Maçonnerie.

6. Die Verwendung der Verschwörungsthese

Secte Juive)" Bertrand beruft sich darin unter anderem auf Gougenot des Mousseaux und Drumont, rekurriert auf den Kongreß von Wilhelmsbad und behauptet: „Der Jude und der Freimaurer hassen Christus und die Goim, unter dem letzteren Wort verstehen sie die Katholiken" (Le juif et la franc-maçon ont en haine la Christ et les goym, et par ce dernier mot il faut entendre les catholiques)."- „Alle Heimatlosen sind Juden, Freimaurer oder Protestanten", steht für ihn als orthodoxen Katholiken fest.[41]

Auch in Italien spielte die Auseinandersetzung um die Freimaurerei und die Verschwörerthese im Rahmen der Kämpfe zwischen Liberalismus und Klerikalismus eine bedeutende Rolle. Dies spiegelt sich darin wider, daß die Barruelschen „Denkwürdigkeiten" 1887 in Rom neu aufgelegt wurden. Wenngleich der Feldzug Papst Leo XIII. gegen die Freimaurerei – am 20. April 1884 belegte er sie in seiner Enzyklika „Humanum genus" erneut mit dem Kirchenbann[42] – frei von Antisemitismus war, so gestattete er doch den Jesuiten der Zeitschrift „La Cività Cattolica", die Freimaurer dadurch zu diskreditieren, daß sie als Teil einer jüdischen Weltverschwörung porträtiert wurden.[43]

Leos XIII. antifreimaurerische Enzyklika „Humanum genus" ist durch die Schriften des Jesuiten Pachtler[44] und seines persönlichen Freundes Armand-Joseph Fava, des Bischofs von Grenoble, beeinflußt worden. Dieser führte in klerikalen Kreisen den Ehrennamen „Hammer der Freimaurerei" und hatte 1883 in seiner Schrift „Das Geheimnis der Freimaurerei" (Le secret de la franc-maçonnerie) den Freimaurern Satansdienst, Hostienschändung und weitere Verbrechen nachgesagt.[45] In der von dem deutschen Katholikentag mit Begeisterung begrüßten[46] Enzyklika „Humanum genus" heißt es: „Neben dem Reich Gottes auf Erden, der wahren Kirche Christi, gibt es noch ein anderes Reich, das des Satans, unter dessen Herrschaft alle stehen, die dem ewigen göttlichen Gesetz den Gehorsam verweigern ...In unseren Tagen scheinen alle diejenigen, die dieser zweiten Fahne folgen, miteinander verschworen zu sein in einem überaus erbitterten Kampf unter der Leitung und Hilfe des Bundes der sogenannten Freimaurer."[47]

6. Die Verwendung der Verschwörungsthese

Der in irrationalen Tiefen wurzelnde und durch ein dualistisches Weltbild gekennzeichnete Freimaurerwahn einflussreicher Kreise der katholischen Kirche gab den Nährboden ab für einen der größten Skandale der neueren Geschichte: Leo Taxil, alias Gabriel Jogand-Pagès, ein 1854 in Marseille geborener und katholisch erzogener Freidenker und zeitweiser Freimaurer, trat seit 1885 mit „Enthüllungen" über angebliche Teufelserscheinungen, Verzauberungen, Ausschweifungen, Satanskulte usw. hervor, welche er bei den Freimaurern erlebt haben wollte.[48] Diese Enthüllungen des „reuigen Sünders" Taxil wurden in der katholischen Welt begierig aufgenommen und beispielsweise von dem Jesuiten und Freimaurerspezialisten Hermann Gruber ins Deutsche übersetzt.

Papst Leo XIII. empfing Taxil 1887 sogar persönlich und spendete 1895 seiner Sekretärin „Miss Diana Vaughan", die als angeblich bekehrte „Teufelsbraut" ebenfalls „Enthüllungen" geschrieben hatte und ihre Existenz lediglich der Phantasie Taxils verdankte, brieflich seinen Segen. Nachdem Taxil 1896 auf dem von einer Vielzahl von katholischen Priestern und Bischöfen besuchten Anti-Freimaurer-Kongreß von Trient nochmals als gefeierter Entlarver aufgetreten war, rühmte er sich 1897 in Paris öffentlich als Urheber der „kolossalsten Mystifikation der neuen Zeit"[49]. Ihm sei es gelungen, die abergläubischen Spitzen der katholischen Hierarchie hinters Licht geführt zu haben.

Wie groß die aus dieser Affäre resultierende Blamage der Kirche und wie sarkastisch der Spott antiklerikaler Kreise gewesen ist, kann man ermessen, wenn man sich vergegenwärtigt, daß die „Enthüllungen" Taxils von der katholischen Publizistik fast durchgängig kritiklos breitgewalzt worden waren. So heißt es beispielsweise am 28.12.1886 in dem renommierten Zentrumsblatt „Germania": „Es haben für uns die Enthüllungen Taxils einen großen Wert – zu den bekannten wertvollen Werken Pachtlers über die Freimaurerei bildet die Übersetzung des Taxilschen Werkes eine wertvolle Ergänzung."[50]

Die in dem Taxil-Skandal gipfelnde katholische antifreimaurerische Agitation hat der antisemitische und antisozialistische Pastor Adolf Stoecker am 30. März 1886 in der Reichs-

6. Die Verwendung der Verschwörungsthese

tagsdebatte über die Verlängerung der Sozialistengesetze wie folgt kommentiert: „Ich bin kein Freimaurer, ich liebe das Freimaurertum nicht, aber das ist doch ein kleiner Standpunkt, wenn man es mit sozialen Katastrophen zu tun hat, über die Freimaurerei herzuziehen, das ist keine Art, große Dinge politisch zu behandeln."[51] Damit sprach Stoecker ein sozialpolitisches Motiv an, das später einen integralen Bestandteil der säkularen Verschwörerthese darstellte. Dieses tauchte bei dem Jesuiten Pachtler nur an der Peripherie der Argumentationskette auf, indem er konstatierte, mit „dem Materialismus der zur Herrschaft gekommenen (liberalen, d.Vf.) Partei (sei) als weitere Krankheit der Kapitalismus"[52] eingezogen.

In dem 1897 zu Paris erschienenen Buch „Die jüdisch-freimaurerische Gefahr. Das Übel – Das Gegenmittel" (Le péril judéo-maçonnique. Le mal – le reméde) des Monsignore Anselme Tilloy stand die antikapitalistische Agitation bereits im Mittelpunkt. Zu Anfang dieser von rechts preisgekrönten Publikation[53] stellte Tilloy fest: „Der allergefährlichste Alliierte des Juden ... ist ohne Zweifel die Freimaurerei"[54] Tilloy bezeichnete u.a. Cagliostro als Juden[55], verwies auf die zur Zeit der Französischen Revolution in Deutschland gegründeten christlich-jüdischen Logen[56] und behauptete, daß sich Mirabeau im Salon des deutschen Juden Mendelssohn mit den Illuminaten verbunden hätte.[57] Als Folge der jüdisch-freimaurerischen Aktion sei Frankreich von innen her ökonomisch, sozial und politisch erobert worden[58], so daß sich die französischen Katholiken mittlerweile unter dem Joch der jüdisch-freimaurerischen Sekte befänden.[59]

Endlich schlug Tilloy Maßnahmen vor, wie diesen Mißständen abzuhelfen sei. Dabei hob er die Notwendigkeit von gegen die Juden gerichteten Ausnahmegesetzen – vor allem des Verbotes von Grundbesitz[60] – sowie gegen die Hochfinanz und die Aktiengesellschaften gerichteter restriktiver Gesetzgebungsmaßnahmen hervor. Die Juden hätten sich nämlich zum unbestrittenen König des „Kapitalismus" aufgeschwungen, wobei er Kapitalismus als System definierte, in dem das Geld und die Spekulation den ersten Platz auf der Wertskala einnähmen.[61]

6. Die Verwendung der Verschwörungsthese

Während diese Analyse des Kapitalismus der marxistischen Kapitalismus-Kritik in vielem nahe kommt, verfolgt sie doch den gegenteiligen Zweck: Ihr kommt es auf die Stabilisierung vorindustrieller, bäuerlicher und handwerklicher Produktions- und Lebensformen an, die durch den Zug zur Kapitalkonzentration, zur industriellen Produktion und die in deren Gefolge auftretenden Sozialisierungsforderungen in der Wurzel bedroht wurden.[62] Denn nach Tilloy rufen die Verwüstungen des Kapitalismus Klassenhaß und Klassenkampf hervor und begünstigen damit die Heraufkunft des Sozialismus, der als gleichbedeutend mit der Auflösung der Gesellschaft verstanden wird.[63]

Diese Argumentation Tilloys, welche die Dreyfus-Affäre und die durch sie hervorgerufene präfaschistische „Action Française"[64] zum aktuellen Hintergrund hat, ist hier relativ ausführlich wiedergegeben worden, weil sie als repräsentativ für die antimodernistische Haltung gelten kann. Sie lässt die ihr innewohnende politische Brisanz erkennen. Schließlich hat auch die deutsche und österreichische, zugleich unter antisemitischer und antikapitalistischer Flagge segelnde rechtspopulistische Bewegung, die auch die Vorstellungswelt des jungen Hitler geprägt hat, sich ähnlicher Argumentations- und Agitationsmuster bedient.[65] In dem von August Bebel[66] eingebrachten Beschluß des Berliner Parteitages der SPD von 1893[67] ist die sich solcher Muster bedienende Agitation dahingehend analysiert worden, daß der Antisemitismus gewissen bürgerlichen Schichten entspringe, die sich durch die kapitalistische Entwicklung bedroht fühlten und auch tatsächlich zum Teil dem Untergang geweiht seien.

In Verkennung der eigentlichen Ursachen richteten diese den Kampf nicht gegen das kapitalistische Wirtschaftssystem, sondern gegen dessen hervorstechende Erscheinung, das jüdische Ausbeutertum. Wegen der Fortschrittsfeindlichkeit der Träger und der Agitatoren der antisemitischen Bewegung fände diese bei Junkern und Pfaffen Unterstützung. Diese Analyse war insofern zu optimistisch, als ihr die Hoffnung korrespondierte, daß die antisemitische Bewegung „wider ihren Willen schließlich revolutionär" wirke und aus den vorläufig nicht zur Einsicht in ihre Lage fähigen kleinbürger-

6. Die Verwendung der Verschwörungsthese

lichen und kleinbäuerlichen Schichten Vorkämpfer des Sozialismus werden würden. Das Gegenteil davon trat ein, denn die tradierte antifreimaurerische und antisemitische Verschwörungstheoreme aufgreifende, zuweilen auch schon einen integralen Nationalismus propagierende mittelständische Bewegung ist sowohl politisch-soziologisch als auch ideologisch zu einem Wegbereiter der modernen sozialrevolutionären faschistischen Rechten geworden.[68]

Als die wichtigste neuzeitliche Ausprägung der Verschwörungsthese müssen die sogenannten „Protokolle der Weisen von Zion" angesehen werden, in denen von einer diabolischen jüdisch-freimaurerischen Weltverschwörung die Rede ist und die noch heute in der islamischen Welt mit antizionistisch-antijüdischer Zielrichtung eingesetzt werden. Nachdem Walter Laqueur[69], Norman Cohn[70], Jacob Katz[71] und Léon Poliakov[72] über die Entstehung, politische Manipulation und Verbreitung dieser „Protokolle" gehandelt hatten, sind in den letzten Jahren neue Erkenntnisse zutage gefordert worden, die von der breiteren Öffentlichkeit noch kaum zur Kenntnis genommen worden sind. Hierüber hat der deutsche Slavist Michael Hagemeister 1999 auf der Tagung über Verschwörungstheorien in Pultusk bei Warschau detailliert berichtet.[72a]
Zunächst weist er darauf hin, daß die eigentlichen Protokolle, die ein jüdischer Führer auf den Sitzungen der „Weisen von Zion" gehalten haben soll, lediglich 40–60 Seiten umfassen.

Dieser recht verworrene Text beschreibt zunächst die Taktik der Verschwörer, wonach die christlichen Völker geistig und politisch so zersetzt werden sollen, daß auf den Trümmern der alten Ordnung ein jüdisches Weltreich errichtet werden kann. Dieses soll von einem König aus dem Hause David regiert werden, welcher als wohltätiger Despot vorgestellt wird, der eine Wohlfahrtsdiktatur errichtet. In der Publizistik wird fast immer übersehen, daß es sich bei den vielen Ausgaben der „Protokolle", welche nach 1917 die Reise um die Welt antraten, um antisemitisch-antibolschewistische Bearbeitungen handelt. Diese präsentierten die Herrschaft von Leo Trotzki in Russland, diejenige von Bela Kun in Budapest und ihrer jüdischen Genossen, als das Resultat der diabolischen Machenschaften der „Weisen von Zion".

6. Die Verwendung der Verschwörungsthese

Bis zum heutigen Tage wird immer wieder die noch von Norman Cohn verbreitete Version kolportiert, wonach die Pariser Fälscherwerkstatt der zaristischen Geheimpolizei Ochrana die „Protokolle" fabriziert bzw. gefälscht habe. Manche haben sie sogar Adam Weishaupt oder dem Zionistenführer Theodor Herzl zugeschrieben. Wenngleich dies auch interessant klingen mag, gibt es jedoch hierfür keinerlei Beweise. Nach den Ergebnissen der internationalen slavistischen Spezialforschung der letzten Jahre, welche Michael Hagemeister referiert, sprechen gewichtige Indizien dafür, daß die „Protokolle" in Südrussland fabriziert und anschließend französisiert worden sind, um sie interessant und seriös zu machen![73]

Ein aktueller Hintergrund für das Wirksamwerden der Mystifikation um die „Protokolle" war der Baseler Zionistenkongreß von 1897. Dieser war durch den 1896 von Theodor Herzl publizierten „Judenstaat" angeregt worden, der seinerseits eine Reaktion auf die Dreyfus-Affäre gewesen ist. Die durch den Baseler Zionistenkongreß auch in vatikanischen Kreisen geweckten archaisch-religiösen Ängste hat die offiziöse „Civiltà Cattolica" in ihrer Ausgabe vom 8. Februar 1898 wie folgt artikuliert: „Die Verurteilung von Dreyfus war für Israel ein schrecklicher Schlag ... Das Komplott ist auf dem Zionistenkongreß in Basel geschmiedet worden, wo die Befreiung von Jerusalem diskutiert wurde. Die Protestanten machen gemeinsame Sache mit den Juden ... Das Geld kommt hauptsächlich aus Deutschland".[74]

Die erste Veröffentlichung der „Protokolle" erfolgte im September 1903 in der Petersburger Zeitung „Znamja" (Das Banner). Herausgeber dieses Blattes war Pavel A. Kruschewan, ein bekannter Antisemit, der wenige Monate zuvor in Kischinev ein Pogrom angestiftet hatte, bei dem 45 Juden getötet, über 400 verletzt und 1.300 jüdische Häuser und Geschäfte zerstört worden sind.[75] Nachdem das Petersburger Zensurkomitee am 05.12.1905 die Druckerlaubnis erteilt hatte, erschien noch im gleichen Monat die mit dem Druckvermerk der Kaiserlichen Garde versehene erste Buchausgabe der „Protokolle". Als Herausgeber fungierte der pensionierte Offizier Georgi W. Butmi, der eng mit Kruschewan kooperier-

6. Die Verwendung der Verschwörungsthese

te. Diese beiden, welche offensichtlich an der Anfertigung der Protokolle beteiligt waren, arbeiteten seit dem Oktober 1905 – also dem Monat, in dem der Zar unter dem Druck der ersten russischen Revolution sein Verfassungsversprechen verkündete – am Aufbau des „Bundes des russischen Volkes" aktiv mit.

Diese unter dem Namen „Schwarzhundertschaft" bekannt gewordene Organisation unterhielt bewaffnete Banden, welche die Gegner der russischen Autokratie, vielfach mit stillschweigender Duldung der Behörden, terrorisierten und vor allem Judenpogrome als „Antisemitismus der Faust" veranstalteten. Auch solche Historiker, die mit dem Terminus „faschistisch" nicht leichtfertig umgehen, haben die „Schwarzhundertschaft" für eine präfaschistische Organisation erklärt.[76]

Eine weitere Version der „Protokolle" wurde in eleganter Ausfertigung und mit dem Zweck der Beeinflussung des Zaren in der Druckerei des Roten Kreuzes in der kaiserlichen Residenzstadt Carskoe Selo hergestellt. Bereits am 16.10.1905 hatte der Moskauer Metropolit angeordnet, Ausschnitte aus der Bearbeitung der „Protokolle" durch den religiösen Schriftsteller Sergej Nilus, der sich damals der Gunst des Zarenhofes erfreute und über den viele Mystifikationen im Umlauf waren, in allen 368 Kirchen Moskaus zu verlesen.[77] Die von Nilus unter dem Titel: „Das Große im Kleinen und der Antichrist als eine nahe Möglichkeit. Schriften eines Rechtgläubigen"[78] besorgte Ausgabe war es, die nach 1917 in aktualisierenden Neubearbeitungen in der ganzen Welt Verbreitung fand.[79]

Die konterrevolutionäre russische Agitation fand auch in Westeuropa Beachtung. Der Pariser Monsignore Ernst Jouin, der seit 1912 die „Internationale Revue der geheimen Gesellschaften. Zweimonatsbulletin der antijüdischfreimaurerischen Liga" (Revue internationale des sociétés secrètes. Bulletin bimensuel de la ligue anti-judéomaçonnique) herausgab[80] und der dann 1920 die erste französische Ausgabe der „Protokolle" veranstaltete, hat bereits vor dem Ersten Weltkrieg Kontakte zu dem „Schwarzhunderter" Butmi aufgenommen.[81] Die antifreimaurerische „Revue" von Jouin war bereits

6. Die Verwendung der Verschwörungsthese

vor 1914 in die Hände des Hauptmann a.D. Ludwig Müller gelangt[82], der sich Müller von Hausen nannte, im Juni 1913 als Vorsitzender des „Verbandes gegen die Überhebung des Judentums" mit der Bitte um Abstimmung über die Judenfrage an den Alldeutschen-Verband herangetreten war[83] und Ende 1919 als erster deutscher Herausgeber der „Protokolle" fungierte.

Offenbar spielte die Verschwörerhese vor 1914 in der Agitation der Völkischen nur eine sekundäre Rolle. Allerdings fällt auf, daß der Antisemit Herman Ahlwardt[84], der 1892 in den Reichstag gewählt wurde und 1907 den „Freideutschen Bund" gründete, 1910 in seiner Schrift „Mehr Licht! Der Orden Jesu in seiner wahren Gestalt und in seinem Verhältnis zum Freimaurer- und Judentum" ausführlich auf diese These zu sprechen kam.[85] Dabei erklärte er: „Die erste große Tat des Illuminatenordens war die französische Revolution. Mirabeau war in Berlin für den Orden gewonnen, außerdem der Beste der Besten: Geheimrat Bode als Hochgradilluminat nach Paris geschickt worden, allwo er die Revolution verbreiten half."[86]

Zu den Lieblingsthemen antisemitischer Völkischer gehörte schon früh die Herstellung einer Synthese von germanischen und christlichen Vorstellungen.[87] Wenngleich der politische Germanismus schon seit dem 19. Jahrhundert[88], speziell jedoch im 1890 gegründeten „Alldeutschen Verband"[89] eine Rolle spielte, grassierte das religiös-politische Sektierertum vorerst in obskuren Randzonen der völkischen Bewegung und vermochte erst 1912/13 einen „förmlichen Durchbruch" zu erzielen.[90] Zu seinen prominentesten Repräsentanten gehörten Guido von List und der ehemalige Zisterziensermönch Jörg Lanz, der sich den adeligen Beinamen „von Liebenfels" zugelegt hat und der nach einer mit einem reißerischen Titel versehenen Arbeit Adolf Hitler „die Ideen" gab.[91]

Guido von List[92] hat sich seit dem Ende des 19. Jahrhunderts in einer Reihe von Schriften über den bevorstehenden Kampf der „Ariogermanen" gegen die Juden sowie sonstige als minderwertig betrachtete Völker ausgelassen.[93] Wie auch bei Lanz von Liebenfels, der auf der österreichischen Burg

6. Die Verwendung der Verschwörungsthese

Werfenstein erstmals 1907 die Hakenkreuzfahne hißte[94] spielt bei List das Symbol des Hakenkreuzes als eines Sinnbildes für die Reinheit der germanischen Rasse eine hervorragende Rolle.[95] Solche Theoreme wurden von Sekten wie dem 1912 gegründeten „Germanenorden" rezipiert, der im Mai 1914 die Pfingsttagung der völkischen Verbände in Thale/Harz organisierte und sich im Sommer 1918 in „Thule-Gesellschaft" umbenannte.[96]

Offenbar ist der Weltkrieg in Deutschland erstmals im Jah-re 1915 in einen direkten Zusammenhang mit einer angeblichen Verschwörung gebracht worden.[97] Dies geschah in einem „Weltkrieg und Freimaurerei" überschriebenen anonymen Artikel der „Historisch-politischen Blätter für das katholische Deutschland".[98] Darin wird die als „unversöhnliche Hasserin des Christentums und des monarchischen Staatsgedankens" angesprochene Freimaurerei als „tiefste Ursache des entsetzlichen Weltbrandes" hingestellt.[99] Bereits vor 1914 hätten die Freimaurer das Netz zur „Erdrosselung" Deutschlands fertig gesponnen.[100]

Die von „Freimaurerhand" unterirdisch gelegten „Minen" seien anschließend „donnernd aufgeflogen".[101] „Und als dann der Judas des Dreibundes" (Italien) – so heißt es weiter – „auf Kommando der Loge seinen früheren Verbündeten den Krieg erklärte, da sah endlich das blödeste Auge, daß die ruchlose Freimaurerhand das Rad der Weltgeschichte treibt in diesen schrecklichen Tagen."[102] „Deutschland und Österreich-Ungarn sind in den Augen der Loge das Bollwerk des monarchischen Gedankens und der Hort des Klerikalismus, d.h. gläubigen Christentums: die Zertrümmerung dieser beiden Reiche ist darum das Ziel des Freimaurerhasses", wird abschließend gewarnt.[103]

In seiner 1917 publizierten Schrift „Freimaurerei, Weltkrieg und Weltfriede" vermittelte der Jesuitenpater Hermann Gruber dieser neuesten Version der Verschwörungsthese unter Rückgriff auf konterrevolutionäre Theoreme eine philosophische Grundlage. Wie seine Vorgänger war Gruber nicht nur der Meinung, daß die Freimaurerei an allen bedeutenden Revolutionen seit 1776 „hervorragenden Anteil"[104] hatte. Mehr noch, die allem Unheil zugrundeliegende verderbliche

6. Die Verwendung der Verschwörungsthese

Philosophie des 18. Jahrhunderts sei „in Wirklichkeit nichts anderes als die aus England nach Frankreich verpflanzte und dort dem modernen Zeitgeist mundgerechte freimaurerische englische Aufklärung." Auch die Charta der Französischen Revolution, die „Erklärung der Menschen- und Bürgerrechte", welche zur „Charta des ganzen modernen Liberalismus in allen seinen Verzweigungen" geworden sei, wäre „nichts anderes als die der jeweiligen Phase der sozialen Entwicklung angepaßte Kodifikation der bereits im Londoner Konstitutionsbuch von 1723 angesprochenen Grundsätze."[105]

Neben der Losung „Freiheit, Gleichheit, Brüderlichkeit" sei auch das bei dem gegenwärtigen Weltkrieg im Vordergrunde stehende Nationalitätsprinzip freimaurerischen Ursprungs![106] Bei diesem von den italienischen Freimaurern mit angezettelten Krieg ginge es der mit der Freimaurerei auf das engste verbundenen Entente um den „Sieg des demokratisch-nationalen Prinzips über das theokratisch-autokratische monarchisch-feudale militaristisch-imperialistische"![107]

Der alldeutsche Publizist Fritz Bley[108] griff solche Thesen im gleichen Jahre vergröbernd auf, indem er in seinem anonymen Pamphlet „Der schlimmste Feind! Von einem Deutschen" warnend erklärte: „Und wie blind ist noch immer die Mehrheit unseres Volkes gegen die unerhörte Arbeit", die die unter dem Einflusse des ‚Großorient von Frankreich' stehende französisch-italienische Freimaurerei unter englischer Beihilfe in aller Welt gegen Deutschland aufgeboten hat. Wir wissen heute, daß Italien durch den Einfluß der ‚ältesten Internationale' ... in den Krieg getrieben ist."[109]

Bezeichnenderweise im Hinblick auf die drohende Parlamentarisierung Preußens[110] hielt dann Fürst Otto zu Salm-Horstmar (1867–1941), ein Mitglied des Alldeutschen Verbandes und von 1902 bis 1908 Präsident des deutschen Flottenvereins, am 9. Juli 1918 im preußischen Herrenhaus eine Rede, in der er das Bild einer jüdisch-freimaurerischen Verschwörung an die Wand malte.[111] Bei dem Weltkrieg – so behauptete er – handele es sich um die Auseiandersetzung zwischen der „jüdisch-demokratischen" bzw. „anglo-amerikanischen" mit der „deutscharistokratischen" bzw. „deutschgermanischen" Weltanschauung. Schon bei der Zusammen-

6. Die Verwendung der Verschwörungsthese

kunft „der Illuminaten und Freimaurer im Jahre 1786" (sic!), bei der die Ermordung Ludwigs XVI. beschlossen worden sei, hätten „auch Juden" mitgewirkt, für die der Freimaurerorden „ein brauchbares Werkzeug zur Erreichung ihrer Ziele" geworden sei.

Alle Revolutionen der neuesten Zeit wären von Freimaurern „in Szene" gesetzt worden. Lenin und Trotzki seien beide nicht nur Juden, sondern zugleich auch Freimaurer. Der „freimaurerische Ruf nach Freiheit, Gleichheit und Brüderlichkeit" stelle nur eine Betörung der Massen dar, denn wo es – wie in Amerika und Frankreich – eine Demokratie gäbe, handele es sich in Wahrheit um die „Herrschaft des Großkapitals" über das Volk. Bevor Salm-Horstmar abschließend auf die Lage im Osten zu sprechen kam, wobei er für die Besiedlung Kurlands mit deutschen Kolonisten plädierte, um dem „gesamte(n) Germanentum" einen „unzerstörbaren Schutzwall ... gegen den Ansturm des Slawentums" zu schaffen, schloß er seine Aufsehen und bei Konservativen keineswegs nur Beifall hervorrufende Rede mit dieser beschwörenden Mahnung: Dasjenige, was der äußere Feind nicht erreicht habe, dürfe auch dem inneren Feind, der mit „zersetzenden Mitteln" arbeitenden „jüdisch-freimaurerischen Internationale", nicht gelingen.

Mit seinem im preußischen Herrenhaus gegen die Sozialdemokratie erhobenen demagogischen Vorwurf, daß diese zwar vorgäbe, „das Kapital zu bekämpfen, in Wahrheit aber der Herrschaft des Kapitals die Wege ebnen" helfe, bestätigt Fürst Salm-Horstmar die These nach der die moderne populistische Rechte den Versuch unternommen hat, den „Konservatismus populär und zu einer Sache der Plebs zu machen."[112] Dieser Fürst gehörte nämlich während des Krieges nicht nur zusammen mit Franz von Papen, dem Krupp-Direktor Kapp und einer Anzahl von Industriellen der auf einen „Siegfrieden" hinarbeitenden „Deutschen Vereinigung" an, sondern trug darüber hinaus nach dem Zusammenbruch der preußisch-deutschen Monarchie zur Finanzierung der ersten deutschen Ausgabe der „Protokolle der Weisen von Zion" bei. Er unterstützte weiter den Kapp-Putsch und sympathisierte schon sehr früh mit den Nationalsozialisten.[113]

6. Die Verwendung der Verschwörungsthese

Die von Salm-Horstmar betriebene soziale Demagogie stammt aus dem Umkreis der „Ideen von 1914", einer gegen die „Ideen von 1789" entwickelten deutschen Gegenideologie.[114] Zu ihren Kennzeichen gehörte die Vorstellung von der Überlegenheit und der religiösen Berufung der germanischen Rasse, die sich in den protestantischen Kriegspredigten derart massiv niedergeschlagen hat, daß ein Kirchenhistoriker von „einer totalen Vermischung von Geschichte und Heilsgeschehen in der Kriegstheologie" sprechen und eine „Übertragung des biblischen Erwählungsgedankens auf das deutsche Volk" konstatieren konnte.[115] Ihre eigentliche Stoßkraft verbarg sich jedoch hinter der beim Mittelstand populären antikapitalistischen Polemik, in die auch Kaiser Wilhelm II. im Sommer 1918 einstimmte, als er erklärte, bei dem Krieg handele es sich um den Kampf der „preußisch-deutsch-germanischen Weltanschauung" mit der dem „Götzendienst des Geldes" verfallenen angelsächsischen.[116]

Da sich diese Agitation vordergründig gegen den die Existenz des Mittelstandes langfristig bedrohenden „westlich-demokratischen" Kapitalismus richtete, in Wahrheit jedoch die revolutionäre Bewegung als Hauptgefahr bekämpfte und den deutschen Kapitalismus nicht ernsthaft antastete, war sie von interessierten Kreisen schon früh eingesetzt worden. So hat sich der als „Nestor des deutschen Antisemitismus" geltende Theodor Fritschs[117] in seinem erstmals 1887 unter dem Titel „Antisemiten-Catechismus" erschienenen und später von den Nationalsozialisten systematisch verbreiteten „Handbuch der Judenfrage" ausdrücklich zur Verschwörerthese bekannt. In diesem antisemitischen Kompendium findet sich ein Kapitel über „Judentum, Freimaurerei, Revolution", in dem auf die oben vorgestellte Haugwitz-Denkschrift von 1822 verwiesen wird.[118] Fritsch hat als Organisator einer sächsischen Mittelstandsvereinigung bereits 1905 in einer programmatischen Rede vor der Gefährdung der „sittlichen und religiösen Lebensgrundlagen" durch „Großkapital", „Leihkapital" und „revolutionäres Proletariat"[119] gewarnt, 1912 als Chef des völkischen „Reichshammerbundes" mit dem „Germanenorden" Verhandlungen geführt[120] und schließlich 1924 eine eigene Ausgabe der „Zionistischen Protokolle" veranstaltet.

6. Die Verwendung der Verschwörungsthese

Gleich dem Alldeutschen Salm-Horstmar hat Ludwig Müller, der bereits erwähnte Vorsitzende des „Verbandes gegen die Überhebung des Judentums", in der von ihm herausgebenen Schrift „Auf Vorposten" seit 1917 die Existenz eines ursächlichen Zusammenhangs zwischen den freimaurerischen Aktivitäten und dem Ausbruch des Weltkrieges behauptet.[121] Nach einem Artikel der „Runen" vom 21. Juli 1918, dem Organ des im Sommer 1918 in „Thule-Gesellschaft" umbenannten „Germanenordens", verstand sich dieser Orden als eine Art Gegen-Freimaurerei: „Was uns (germanische Logen) von der Freimaurerei trennt, ist unsere Weltanschauung ... Wir hassen das Schlagwort von der Gleichheit, Gleichheit ist der Tod ... Wir arbeiten für unser Volkstum und wissen, daß wir für den Fortschritt der Menschheit viel mehr tun, als alle Logen der Welt ... Wir sind keine Demokraten ... Demokratie ist jüdisch ... Wir sind Aristokraten, wir wollen jeden seines Volkstums bewußten Deutschen zu einem Edling machen, dann sind wir alle gleich."[122]
Weihnachten 1917 wurde Baron Rudolf von Sebottendorf, alias Rudolf Glauer, zum Chef der bayerischen Provinz des Germanenordens bestellt.[123] Ein Jahr später übernahm er den „Münchener Beobachter", der im August 1919 in „Völkischer Beobachter" umgetauft und schon im Dezember des gleichen Jahres von der NSDAP übernommen wurde. Seit Mitte 1918 tagte die Thule-Gesellschaft, der eine Reihe prominenter späterer Nationalsozialisten wie etwa Georg Feder, Dietrich Eckart, Hans Frank und Rudolf Heß angehörten[124], aus der das Freikorps Oberland hervorging und die der „erste nachrevolutionäre Kristallisationspunkt der völkischen Bewegung in Bayern"[125] war, in dem exklusiven Münchener Hotel „Vier Jahreszeiten". Bei der dort im August 1918 durchgeführten „Weihe" der Thule-Gesellschaft waren die Logenräume mit dem „siegenden Sonnenrad", d.h. mit dem Hakenkreuz, geschmückt. Dieses Sinnbild befand sich auch auf den jedem Mitglied ausgehändigten Anstecknadeln.[126]
Der Deutsch-Russe und spätere Chefideologe der Nationalsozialisten Alfred Rosenberg, der Ende 1918 nach Deutschland übersiedelte und sich nach einem kurzen Zwischenaufenthalt in Berlin noch im gleichen Jahr in München nieder-

6. Die Verwendung der Verschwörungsthese

ließ, ist zu dieser Thule-Gesellschaft gestoßen.[127] In München kooperierte er eng mit dem Thule-Mitglied und völkischen Publizisten Dietrich Eckart, dem Mentor Adolf Hitlers und späteren Herausgeber des „Völkischen Beobachter". Rosenberg betätigte sich gleichfalls als antisemitischer Publizist und übernahm 1919 die Herausgeberschaft des Blattes „Auf Vorposten". Darin hat sich Ludwig Müller bereits seit 1917 über angebliche Zusammenhänge zwischen Freimaurern, Juden und Weltkrieg ausgelassen hatte. Eben dieser Ludwig Müller publizierte Ende 1919 unter dem Pseudonym „Gottfried zur Beek" die erste deutsche Ausgabe der „Protokolle der Weisen von Zion" unter dem Titel „Die Geheimnisse der Weisen von Zion"[128].

Dieses Pamphlet, das ihm von rechtsgerichteten russischen Emigranten – möglicherweise von dem ehemaligen Moskauer Architekturstudenten Alfred Rosenberg oder von dem „Schwarzhunderter" Vinberg – zugespielt worden war, erreichte in kurzer Zeit eine Auflage von 120.000 Exemplaren.[129] Nach dem Ersten Weltkrieg hat Müller auch Kontakt zu dem Pariser Monsignore Ernest Jouin aufgenommen, der 1920 die erste französische Ausgabe der „Protokolle" veranstaltet hat und der aufgrund seiner publizistischen Aktivitäten von Papst Pius XI. zum apostolischen Protonotar ernannt worden ist.[130]

Die hier skizzierten Aktivitäten prominenter völkischer Publizisten und Politiker können als Belege dafür genommen werden, daß der Antisemitismus – wie Gottfried Feder in seinem „Programm der NSDAP" formulierte – deshalb „gewissermaßen der gefühlsmäßige Unterbau"[131] und die ideologisch-politische Klammer der rechtsradikalen Bewegung werden konnte, weil man die Juden teilweise unter Zuhilfenahme einer freimaurerischen Verschwörung zum „Blitzableiter für alles Unrecht" machen zu können glaubte. Dazu hatte der stellvertretende Vorsitzende des Alldeutschen Verbandes und Mitglied von dessen „Judenausschuß", General a.D. Konstantin von Gebsattel, bereits im Oktober 1918 aufgerufen.[132]

7. Der Mythos von den jüdischen Drahtziehern der plutokratischen und bolschewistischen Verschwörung 1917–1945

7.1. Der Verschwörungsmythos nach 1917

Walter Rathenau bemerkte 1919, der Krieg habe eine Weltrevolution herbeigeführt, diese sei noch nicht beendet. Tatsächlich sind sowohl der Nationalsozialismus als auch der Bolschewismus Produkte dieses mörderischen Ringens, welches Millionen Tote gekostet hat, drei Kaiserreiche zum Einsturz brachte und die bürgerliche Welt erschüttert und desorientiert hat.

Diese Umwälzungen bilden den Rahmen für das Virulentwerden und die politische Indienstnahme der Verschwörungsmythen, welche dunkle Mächte als Verursacher des Unheils ausmachen. Solche Vorstellungen sind uns bereits 1917 in den Schriften von Pater Hermann Gruber und des völkischen Publizisten Fritz Bley begegnet. Der alldeutsche Fürst Otto zu Salm-Horstmar hat dann am 9. Juli 1918 im Preußischen Herrenhaus einen weiten Bogen zwischen den Illuminaten, der Guillotinierung Ludwigs XVI. und der Machtergreifung von Lenin und Trotzki geschlagen, diese beide Bolschewiken seien nicht nur Juden, sondern zugleich Freimaurer gewesen.

Diese Behauptung des fürstlichen Standesherren war frei erfunden und insofern völlig unglaubwürdig, als die totalitären Bolschewiki die kosmopolitische Freimaurerei als bürgerlich und reaktionär bewerteten und daher sogleich verboten haben. Auch die Aussage, daß Lenin ein Jude sei, war unzutreffend, wenngleich dieser einen als Kind zum Christentum konvertierten jüdischen Großvater gehabt hat.

Im Hinblick auf die nach 1917 weltweit grassierende Furcht vor dem weltrevolutionär ausgreifenden, als „jüdisch" gebrandmarkten Bolschewismus hat Winston Churchill am

7. Der Mythos von den jüdischen Drahtziehern

8. Februar 1920 im „Illustrated Sunday Herald" seinen Aufsatz „Zionism versus Bolshevism" vorgelegt. Nach ihm stellte die „unter den Juden" populäre kommunistische Bewegung eine „weltweite Verschwörung zum Umsturz der Zivilisation" dar.[1] Der junge Sowjetstaat, der sich damals noch im Bürgerkrieg gegen die von den Briten unterstützten „Weißen" befand, erfreute sich wegen seiner prominenten jüdischen Führer und seiner Bekämpfung des pogromistischen russischen Antisemitimus[2] damals bei den armen ostjüdischen Einwanderern erheblicher Sympathien, die in bürgerlichen – auch jüdischen – Kreisen Englands Besorgnis ausgelöst haben. Churchill ging es darum, die Juden zu Lasten des Bolschewismus für das zionistische Projekt der jüdischen Heimstätte in Palästina (Balfour Declaration von 1917) einzunehmen.[3]

Als Antikommunist entwarf Churchill ein umfassendes, die Juden nach Art von Fürst zu Salm-Horstmar in den Mittelpunkt stellendes Verschwörungsgemälde. Darin knüpfte er an den 1776 gegründeten Illuminatenorden an. Um seinen Thesen mehr Schlagkraft zu verleihen, ernannte er Adam Weishaupt – wie es der Fürst zu Salm-Horstmar und Friedrich Wichtl bereits 1918 getan hatten – flugs zu einem „Juden", und zwar unter Hinweis auf seinen Ordensnamen „Spartakus". Dieser ist damals dank der revolutionären kommunistischen „Spartakisten" um Karl Liebknecht und Rosa Luxemburg in der bürgerlichen Welt berüchtigt gewesen. Während sich dieser Verschwörungsmythos in England nicht behaupten konnte, ist bei vielen deutschen Nationalisten, welche durch die Niederlage von 1918 und das Diktat von Versailles traumatisiert waren, ein wahnhaftes Verschwörungsdenken zu einer Zwangsvorstellung geworden. Sie schien den Schlüssel zur Aufklärung über angebliche Hintergründe des widerfahrenen Unheils zu liefern.

In einem Tagebucheintrag vom 14. Juli 1941 hat Josef Goebbels später im Zweiten Weltkrieg mit einer „Verschwörung von Bolschewismus und Plutokratie"[4] eine Variante des Verschwörungsmythos vorgelegt. Darin erblickte er die „Hintermänner" der von ihm festgestellten „Weltvergiftung" nicht in den Freimaurern, sondern vielmehr in den Juden.[5] Deren

7.1. Der Verschwörungsmythos nach 1917

Marionetten seien Roosevelt, Churchill und Stalin, wobei die beiden ersteren von den plutokratischen „Finanzjuden", der letztere jedoch von dem jüdischen Bolschewisten Lasar Kaganowitsch dirigiert würde.

Dagegen hat der völkische Redner Friedrich Wichtl in seiner im März 1919 erschienenen Schrift „Weltfreimaurerei, Weltrevolution, Weltrepublik" noch auf die für Goebbels nicht mehr relevante Illuminaten-Verschwörung rekurriert".[6] Auf dem Titelbild dieses Pamphlets waren Freimaurer mit Schurz abgebildet, die ihren Degen auf drei Särge mit den Aufschriften „Wittelsbach", „Hohenzollern" und „Habsburg" richteten. Im Jahre 1921 erdichtete Wichtl in „Freimaurerei, Zionismus, Kommunismus, Spartakismus, Bolschewismus" auf recht einfältige Weise eine direkte Verbindung zwischen Weishaupt und den Spartakisten: „Die Führer der Spartakisten gehörten nämlich dem Illuminatenorden an ... Dem neuen Illuminatenorden gehörte beispielsweise der Jude Axelrod an, desgleichen Dr. Karl Liebknecht, während die bekannte Rosa Luxemburg viel in Illuminatenkreisen verkehrte."

Nach der Lektüre der erstgenannten Schrift von Wichtl, welche eine Symbiose von Juden und Freimaurern unterstellt, den Weltkrieg auf freimaurerische Aktivitäten zurückführt und das Wilson'sche Friedensprogramm als freimaurerisch denunziert, notierte der 19jährige Heinrich Himmler in sein Tagebuch:" Ein Buch, das uns über alles aufklärt und uns sagt, gegen wen wir zu kämpfen haben."[7]

Das erstmals 1919 und dann 1920 in erweiterter Form unter dem Titel „Entente-Freimaurerei und Weltkrieg" veröffentlichte Buch des Anthroposophen Friedrich Heise[8] belegt, daß wir es bei solchen Anti-Freimaurern teilweise mit theosophisch-okkultistischen Kreisen zu tun haben. Diese verstanden es, die Völkischen und damit auch die frühen Nationalsozialisten zu beeindrucken. In dieser Schrift wird nämlich nicht nur ein paradoxer „innerer Zusammenhang von Loge, Großkapitalismus und Bolschewismus"[9] behauptet, werden angebliche englisch-jüdisch-freimaurerische Weltherrschaftspläne entlarvt und schließlich eine Verbindung von „Okkultismus und Freimaurerei" als existent vorausgesetzt. Dabei wurden die Rosenkreutzer, der Begründer der Anthroposo-

7. Der Mythos von den jüdischen Drahtziehern

phie Rudolf Steiner sowie die bekannte Spiritistin Helena Blavatsky als Gewährsleute aufgeführt.

Friedrich Heise spricht interessanter Weise das „urarische Symbol des offenbaren Gotteswillens" an, nämlich das Hakenkreuz (Svastika). Weiter bezieht er sich auf die Rosenkreutzer als „Antipoden" der Illuminaten. Dabei verweist er auf die 1908 in Wien erschienene Schrift des Guido von List „Armannenschaft der Ariogermanen". In dieser wird behauptet, die Templer hätten als Vorgänger der Rosenkreutzer die „höheren Erkenntnisstufen, die geistig-aristokratische Richtung" repräsentiert. Dagegen würden die aus den Bauhütten hervorgegangenen „eigentlichen Freimaurer" die „niederen Erkenntnisgrade, die geistig-demokratische Richtung" verkörpern. Anschließend teilt Heise mit, von den „Stillen im Lande" würde die Sage vom Kampf Parzifals mit Feirefiß so ausgelegt: „Der Kampf Parzifals sei der Kampf Deutschlands gegen die Loge". So wie in der Sage das Schwert des Parzifal am Helm des Feirefiß zerschellt sei, „so zerschellte Deutschlands Schwert an der geheimen Logenmacht der grauen Männer der angloamerikanisch-gallisch westlichen Welt".[10]

In der zweiten Auflage dieser okkultistischen Schrift von Heise wurden Reaktionen auf ihre Erstausgabe abgedruckt. Ihnen kann man entnehmen, daß solche ins Mythische gehobenen, abseitig erscheinenden Gedankengänge damals viele von solchen, welche die verheerende Niederlage des Deutschen Reiches nicht zu verkraften vermochten, tief beeindruckt haben. So schrieb ein Dr. Eberlein am 20. Juli 1919 im „Evangelischen Kirchenblatt für Schlesien", die Ausführungen des Verfassers seien geeignet, „vieles sonst Unbegreifliche aufzuklären, daß wir das Buch der Aufmerksamkeit unserer Leser empfehlen".

Der wenig später in „Völkischer Beobachter" umbenannte „Münchener Beobachter" kommentierte die Publikation Heises am 6. August 1919 so: „Kein Politiker, kein Volksführer, kein Geistlicher, kein Lehrer kann an diesem Schriftwerke vorbeigehen; denn da ist die ganze Wahrheit unwiderlegbar enthüllt." Im gleichen Jahr veröffentlichte der prominente völkische Schriftsteller Ernst Graf zu Reventlow seine „Politische Vorgeschichte des Großen Krieges". Darin brandmarkte

7.1. Der Verschwörungsmythos nach 1917

er die Freimaurerei als treibende Kraft hinter dem feindlichen „angelsächsisch geführten Weltkapitalismus". Hinter diesem stehe die Hochgradfreimaurerei, welche die „Weltkoalition gegen das Deutsche Reich" gestiftet habe. Ihr Ziel sei die „Vernichtung der Mittelmächte".[11] Auch bei der Ermordung von Erzherzog Franz Ferdinand in Sarajewo hätten Freimaurer die Hand im Spiel gehabt.[12]

Daß keineswegs nur Sektierer, sondern durch die Niederlage verstörte einflussreiche Kreise solche Mythen für bare Münze genommen haben, belegt eine Erklärung der Bundesleitung des „Deutschen Offizierbundes" vom Juni 1919. Sie ist unter dem Eindruck der gerade militärisch niedergeworfenen Münchener Räterepublik formuliert worden, welche – teilweise russische – jüdische Revolutionäre als Führer gehabt hat.[13] Es heißt darin: Das wirkliche Ziel der Freimaurerei ist die Beseitigung der Throne und Altäre und die Aufrichtung der Juden- und Freimaurerherrschaft über die ganze Welt." Weiter fordert der Offizierbund brutal: „An den Galgen mit den Drahtziehern der Revolution, bevor sie uns ganz zu Grunde richten. Hinaus aus Deutschland mit den anderen Juden! Betrogen haben sie uns, absichtlich betrogen, um Deutschland zum Bürgerkrieg und zum Bolschewismus zu treiben."[14]

Außer für die weltliche Rechte stand für Klerikale fest, daß sich ausländische Freimaurer und „Plutokraten" gegen Deutschland und die Kirche verschworen hätten. So war in der Neujahrsnummer 1920 der dem katholischen Zentrum nahestehenden Münchener „Allgemeinen Rundschau", die offensichtlich unter dem Eindruck der Ausschreitungen der Rätekommunisten gegen die Kirche stand, dies zu lesen: „So wie einstens die Christen im Circus Maximus des heidnischen Rom den Löwen vorgeworfen wurden, so sind wir – so will uns scheinen – den Finanzhyänen der freimaurerisch-jüdischen Weltplutokratie zum Fraß hingeworfen."[15]

Der Artikel „Freimaurer" des 1934 von Pater Ludwig Koch herausgegebenen „Jesuitenlexikon" verdeutlicht die Nähe der klerikalen zu der säkular-rechtsradikalen Argumentation. Darin wird auf die Schriften des Jesuiten Georg M. Pachtler verwiesen und behauptet, daß „die Loge" mit dem Ausgang des Weltkrieges ihr Ziel des „Sturzes der großen Monarchien Europas" erreicht habe. Weiter wird Pater Augustin Barruel dafür gepriesen, daß er das „Treiben der geheimen Gesellschaften" und ihren Anteil an der Französischen Revolution entlarvt habe.

Wenngleich es bei der Feindbestimmung Überschneidungen zwischen klerikalen Kirchenleuten und Nationalsozialisten gegeben hat, so unterschieden sich diese doch in einem kardinalen Punkt. Auf ihn hat der Freiburger Bischof Gröber in seiner Erklärung an den Klerus vom Februar 1942 hingewiesen, in welcher er diese zugleich heilsgeschichtliche wie verschwörerische Geschichtsphilosophie ausbreitete: „Es stehen sich jetzt zwei verschiedene Richtungen des Atheismus gegenüber. Auf der einen Seite der Bolschewismus, verbunden mit dem Weltfreimaurertum, und auf der anderen Seite der heidnische Nationalsozialismus. Beide sind in ihren Grundtendenzen vollständig einig".[16]

7.2. Die „Protokolle der Weisen von Zion" nach 1917

Im Jahr 1920 sind die erste englische, französische, polnische sowie die deutschsprachige Bearbeitung der „Protokolle der Weisen von Zion" erschienen. Diese sind in Amerika am 19. Juni 1920 unter der Überschrift „The Jewish Peril" vom „Christian Science Monitor" referiert worden. Am gleichen Tag hat die „Chicago Tribune" den Bolschewismus als „Instrument der jüdischen Kontrolle über die Welt" angeprangert.[1] Desgleichen erschien 1920 die erste deutsche Ausgabe von „Der Internationale Jude" des Autoindustriellen Henry Ford, die gleich den „Protokollen" zum Bestseller geworden ist. Bei dem neu bearbeiteten russischen und dem amerikanischen Pamphlet stand jeweils ein antisemitischer Anti-Bolschewismus im Vordergrund, der wegen des mörderischen russischen Bürgerkriegs zwischen den bolschewikischen „Roten" und den „Weißen" große Aktualität hatte.

Vielfach wurde der antikommunistische Antisemitismus verschwörungsmythisch mit den „Protokollen der Weisen von Zion" unterfüttert. Dieser esoterisch aufgezogenen Fäl-

7.2. Die „Protokolle der Weisen von Zion" nach 1917

schung von 1903 kam dabei die Rolle eines mystifizierenden Rahmens zu, welcher das Wüten der Bolschewiken gegen die Klassenfeinde und die Christen als angebliche Erfüllung der Voraussagen der „Weisen von Zion" wertete.

Die Untaten der Bolschewiken, denen in der Ukraine mörderische Judenpogrome gegenüberstanden, die der englische „Jewish Chronicle" bereits am 30. Mai 1919 „Holocaust" genannt hat,[2] sind damals in dem 1920 in Berlin erschienenen „Blutrausch des Bolschewismus" des antisemitischen Augenzeugen Robert Nilostonski mit schaurigen Details angeprangert worden. Diese Verbrechen wurden vielfach als eine Realisierung angeblicher Absichten der „Weisen von Zion" hingestellt, obgleich die Zielrichtung der erdichteten „Protokolle" inhaltlich nichts mit der Politik der Bolschewiken zu tun hat.

Die aufgeführten Publikationen bereiteten der von den nationalsozialistischen Agitatoren präferierten Theorie von der „Wesensgleichheit" von Judentum und Bolschewismus den Weg. Nach Norman Cohn erwies sich der so geborene neue Mythos von einer „jüdisch-kommunistischen Verschwörung als noch zugkräftiger als der alte von einer jüdisch-freimaurerischen".[3] Die russische Februarevolution von 1917 hat den Zaren gestürzt und eine Reihe von bürgerlichen Politikern vorübergehend an die Macht gebracht, welche – wie nicht zuletzt der Premierminister Alexander Kerenski – tatsächlich Freimaurer gewesen sind.[4] Abgesehen davon, daß dies keineswegs das Resultat irgendeiner freimaurerischen Verschwörung gewesen ist, interessierten die freimaurerischen bürgerlichen Politiker jedoch nach der gewaltsamen Machtübernahme der Bolschewiki im Oktober 1917 kaum noch jemanden.

In Amerika hat der Autokönig Henry Ford selber einer Freimaurerloge angehört. Da nun die protestantischen Freimaurer, besonders auch in der Neuen Welt, absolut bürgerlich und unrevolutionär waren, lag es Henry Ford fern, seine Freimaurerbrüder mit abwegigen Verschwörungsanwürfen zu überziehen. Während nämlich die Freimaurer in katholischen Ländern, wie in Frankreich, Italien oder Spanien, eine liberales, antiklerikales, zuweilen auch linkes Profil hatten,

7. Der Mythos von den jüdischen Drahtziehern

waren die Logen im protestantischen Bereich, nicht zuletzt auch in Deutschland, gleichsam staatstragend.

Die deutschen Logen waren im übrigen – aufgrund der antiwestlich-antifreimaurerischen nationalistischen Agitation seit 1914 – in die ideologische Defensive geraten und profilierten sich überwiegend nationalkonservativ. Es war grotesk, ihnen verschwörerische Machenschaften anzudichten. Einzelne Logen haben nach 1933 sogar den allerdings vergeblichen Versuch unternommen, sich durch eine Umgründung mit Einführung eines „Arierparagraphen" in „deutsch-christliche Orden" zu verwandeln, um der national-sozialistischen Verbotspolitik zu entkommen.[5]

Zu den Verbitterten, welche zu einer realistischen Wahrnehmung der Realität nicht in der Lage waren und bei Verschwörungsmythen als wahnhafte Orientierungs- und Sündenbockangeboten Zuflucht suchten, gehörte auch der im holländischen Exil lebende deutsche Kaiser Wilhelm II. Er war überzeugt, daß er den Machinationen der Freimaurer den Verlust seines Thrones verdankte und erklärte die Vorstellung von einem „souveränen Volk" für eine „Formel der von Freimaurern inszenierten Französischen Revolution".[6] Sein Feldherr Erich Ludendorff hatte ihm seine erstmals 1927 aufgelegte Schrift. „Vernichtung der Freimaurerei durch Enthüllung ihrer Geheimnisse" übersandt.

Nach Ludendorff[7] betrieb der freimaurerische „Menschheitsbund" eine „Verjudung der Völker" und suchte eine „Juden und Jehowahherrschaft" aufzurichten. Sein Kampfziel war: „Im Innern gilt der Kampf dem Judentum, das durch Freimaurerei und Marxismus mit seinen Abarten, durch Leihkapital und Verseuchung des geistigen und sittlichen Lebens der Völker die Weltherrschaft erstrebt". Im zweiten Teil seiner „Vernichtung der Freimaurerei" kam Ludendorff auf den Illuminatenorden zu sprechen und behauptete, daß im 18. Jahrhundert in allen Staaten Europas als „revolutionierende Geheimzellen Logen gegründet" worden seien. Dabei sprach er dem „Juden" Adam Weishaupt eine diabolische Rolle zu. Nicht nur die Französische Revolution, sondern auch die preußische Niederlage von 1806 gehe auf die „Freimaurer-Rache für den Kriegszug des Jahres 1792" zurück.[8]

7.2. Die „Protokolle der Weisen von Zion" nach 1917

Obgleich die antifreimaurerische Verschwörerthese zur Standardausrüstung nationalsozialistischer Ideologen geworden ist, sahen sich diese doch veranlaßt, vorsichtig von manchen Beschuldigungen Ludendorffs abzurücken. Denn dieser vertrat eine spezifisch protestantische, sektiererisch-antikatholische Variante des Verschwörungsmythos, indem er nämlich zugleich mit den Freimaurern die Jesuiten stigmatisierte. Dabei waren doch die Jesuiten – angefangen mit Augustin Barruel – die eifrigsten Verfechter der antifreimaurerischen Verschwörerthese gewesen. Kurt Tucholsky hat die Phantasmorgien Ludendorffs 1928 trefflich so parodiert: „Hast du Angst, Erich? Bist du bange, Erich? Klopft dein Herz, Erich? Läufst du weg? Wolln die Maurer, Erich – und die Jesuiten, Erich, dich erdolchen, welch ein Schreck! Die Juden werden immer rüder. Alles Unheil ist das Werk der Freimaurer-Brüder".[9]

Bevor die Rolle der Freimaurerei und der Illuminaten in der Ideologie des „Dritten Reiches" beleuchtet wird, sei zunächst ein kurzer Blick auf die USA geworfen. Dort ist nach dem Ersten Weltkrieg zur Zeit des russischen Bürgerkriegs eine regelrechte Panik ausgebrochen, welche Joseph Bendersky im Jahre 2000 in seinem Buch „The Jewish Threat" dargestellt hat. Damals fürchteten viele Amerikaner die „red menace" – die für sie vornehmlich von den sozialistischen und kommunistischen ostjüdischen Einwanderern Amerikas, speziell den jüdischen Vierteln New Yorks, ausging – so sehr, daß der militärische Nachrichtendienst Henry Fords „Internationalen Juden" und die „Protokolle Weisen von Zion" verteilt hat.[10]

Noch in den dreißiger Jahren ist in der Neuen Welt von militanten Katholiken – ebenso wie in katholischen Ländern – der antifreimaurerische Verschwörungsmythos propagiert worden. Der mit dem Nationalsozialismus sympathisierende Reverend Gerald B. Winrod aus Kansas, welcher bei seiner Kandidatur um einen Senatorensitz immerhin 22% der Stimmen erhielt, hat 1938 die Broschüre „Adam Weishaupt, a human devil" publiziert. Gleich dem Pater E. Coughlin, welcher damals eine populistische Bewegung anführte, hat auch Robert Welch – der dann 1958 die weit rechts stehende John-

7. Der Mythos von den jüdischen Drahtziehern

Birch-Society begründet hat – nicht in Karl Marx, sondern vielmehr in Adam Weishaupt den eigentlichen Urheber des Kommunismus ausgemacht.[11]

Im nationalsozialistischen Deutschland wurde in der für die breite Masse bestimmten Agitation, wie etwa dem offiziösen „ABC des Nationalsozialismus" von Curt Rosten, die platte Agententheorie verkündet, wonach „der Jude" der Hintermann der Freimaurer sei „Der geistige Schöpfer des Kommunismus ist der Jude und Freimaurer Karl Marx-Mardochay. In seinem Werk ‚Das Kapital', das er im Auftrage der internationalen jüdischen Freimaurerloge vor hundert Jahren anfertigte, hat er die geistige Basis für den Kommunismus geschaffen."[12] Der „Schulungsbrief" des „Zentralen Wochenblatts der NSDAP und der Deutschen Arbeitsfront" bekannte sich 1939 mit diesen Worten zur Ablehnung demokratischer Prinzipien und der Menschenrechte: Die gegnerische Einstellung der NSDAP zur „Geisteshaltung der Französischen Revolution" habe ihren Ausdruck in der „ablehnenden Haltung gegenüber der Freimaurerei" gefunden. Diese wurde als „zwischenvölkische Organisations- und Propagandaform für die Verbreitung der ... Verbrüderungsideologie des Liberalismus" verunglimpft.[13]

Solche primitive Agitation wurde der deutschen Bevölkerung durch eine Vielzahl von nationalsozialistischen Propagandaschriften buchstäblich in die Köpfe eingehämmert.[14] Die Nationalsozialisten haben ihr Freimaurerfeindbild so ernst genommen, daß sie die Verbreitung dieses Verschwörungsmythos institutionalisiert und mit Planstellen abgesichert haben. Zunächst wurde mit dem „Sicherheitsdienst (SD) der SS" ein Inlandsnachrichtendienst eingerichtet, der Juden und Freimaurer als „weltanschauliche Gegner" zu observieren hatte. Zu diesem Zweck wurde jeweils ein Referent für Juden- und Freimaurerfragen eingestellt. Letzterer erhielt Anfang 1935 Adolf Eichmann zum Mitarbeiter, den späteren Organisator der „Endlösung der Judenfrage". Eichmann war zunächst in der Karteiabteilung tätig und hat neben der Katalogisierung von Feinden auch bei der Einrichtung von „Freimaurermuseen" mitgewirkt.

7.2. Die „Protokolle der Weisen von Zion" nach 1917

Seit Januar 1934 verfügte auch das „Geheime Staatspolizeiamt" (Gestapo) über ein eigenes Referat für Freimaurer- und Judenfragen. Im Jahre 1937 wurden die genannten Aktivitäten des SD und der Gestapo im „Reichssicherheitshauptamt" (RSHA) zusammengeführt. Der Leiter von dessen Freimaurer-Abteilung Erich Ehlers veröffentlichte 1943 die gehässige Broschüre „Freimaurer arbeiten für Roosevelt". Dessen Vorgesetzter war der Leiter der SD-Dienststelle „Erforschung weltanschaulicher Gegner", der SS-Obersturmbannführer Dr. Franz Alfred Six[15]. Dieser zum Leiter der Kulturabteilung des Auswärtigen Amtes aufgerückte Intellektuelle hat drei Schriften über die Freimaurerei veröffentlicht, welche trotz ihrer nationalsozialistischen Ausrichtung relativ sachlich gehalten sind und auf primitive Verschwörungstheoreme verzichten.

Überhaupt ist hier darauf hinzuweisen, daß die prominente englische Verschwörungstheoretikerin Nesta Webster in ihrem Buch von 1924 „Geheime Gesellschaften und subversive Bewegungen" lapidar erklärt hat, daß die „Theorie von einer jüdischen Weltverschwörung natürlich nicht auf dem Zeugnis der Protokolle (von Zion) beruht."[16] Gleich einem Judenreferenten des Sicherheitsdienstes der SS haben diverse Judenfeinde die „Protokolle" durchaus auch als „Quatsch"[17] betrachtet. Dies hat natürlich nicht ausgeschlossen, daß sie sich ihrer als „nützlich" bedient haben. Auch In dem erstmals 1922 auf englisch publizierten und 1927 auf deutsch erschienenen Buch von Hilaire Belloc „Die Juden" distanziert sich dieser Antisemit ausdrücklich von der unsinnigen These von einem „feinorganisiertes Komplott" der Maurer![18] Dies hielt ihn freilich nicht davon ab, den Bolschewismus als „jüdisch" zu kennzeichnen und gegen den Revolutionsführer „Cohen", d.h. Bela Kun, den Vorwurf zu erheben,[19] in Ungarn einen „ephemeren Bolschewismus" installiert zu haben.

Eine zugleich antifreimaurerische wie antisemitische Agitation wurde auch vom „Welt-Dienst" betrieben, der sich als „Antisemitische Internationale" verstand und von dem Oberstleutnant a.D. Fleischhauer geleitetet wurde. Der in Erfurt angesessene „Welt-Dienst" war zwar privat organisiert, wurde jedoch von der NSDAP finanziert und betrieb

7. Der Mythos von den jüdischen Drahtziehern

mit seiner in acht Sprachen übersetzten gleichnamigen Zeitschrift NS-Auslandspropaganda, auch in der arabischen Welt. Bei dem Berner Prozeß um die „Protokolle der Weisen von Zion" von 1935, bei dem das Gericht zu dem Ergebnis kam, daß es sich bei den „Protokollen" um eine Fälschung handele, hat der „Welt-Dienst" die Angeklagten finanziell und mit „Zeugen" unterstützt.[20]

Schließlich ist hier noch auf die Abteilung für „Juden und Freimaurerfragen" in der Dienststelle des „Beauftragten des Führers für die Überwachung der gesamten geistigen und weltanschaulichen Schulung und Erziehung der NSDAP", kurz „Amt Rosenberg" genannt, hinzuweisen. Dieses Amt, welches mit dem „Welt-Dienst" kooperierte, stand in einem Rivalitätsverhältnis zum Propagandaministerium von Josef Goebbels.

Es hat symbolische Bedeutung, daß Alfred Rosenberg als Chefideologe der Partei,[21] der gewissermaßen die reine Lehre auch hinsichtlich des Verschwörungsmythos zu predigen suchte, im Machtapparat des Dritten Reiches an den Rand gedrängt worden ist. Seine historisch-bildungsbürgerlich geprägte Vision[22] von einer umfassenden jüdisch-freimaurerischen Verschwörung wurde zu Gunsten von der primitiv-brutalen Hassformel vom „jüdischen Bolschewismus" zurückgedrängt. Der deutschrussische Architekturstudent Alfred Rosenberg war Ende 1918 als Emigrant nach München gekommen, wo er zur Thule-Gesellschaft stieß und 1919 Herausgeber des Rechtsblattes „Auf Vorposten" wurde. In diesem hatte sich der Hauptmann a. D. Ludwig Müller bereits 1918 über angebliche Zusammenhänge zwischen Freimaurern, Juden und Weltkrieg ausgelassen.

Ende 1919 hat Ludwig Müller, der sich den adelig klingenden Beinamen „von Hausen" zulegte, unter dem Pseudonym „Gottfried zur Beek" Ende 1919 die erste deutsche Bearbeitung der „Protokolle" unter dem Titel „Die Geheimnisse der Weisen von Zion" veranstaltet. Dieses Pamphlet ist ihm von russischen Emigranten zugespielt worden. Ludwig Müller hielt auch Kontakt zu dem Pariser Monsignore Ernest Jouin, der seit 1912 die „Internationale Revue der geheimen Gesellschaften. Zweimonatsbulletin der Anti-Jüdischfreimaurerischen Liga" heraus-

7.2. Die „Protokolle der Weisen von Zion" nach 1917

gab und 1920 die erste französische Ausgabe der „Protokolle" besorgte.

Festzuhalten ist, daß die sog. „Protokolle der Weisen von Zion", welche das angebliche Streben der Juden nach Weltherrschaft „dokumentieren", nach neueren Forschungen – entgegen der heute noch dominierenden Lesart – nicht vom Pariser Büro der russischen Geheimpolizei (Ochrana), sondern mutmaßlich im Umfeld von zwei südrussischen Adeligen um 1903 fabriziert und anschließend „französisiert" worden sind.[23] Sie sind charakterisiert durch ein militantes, christlichkonterrevolutionäres judenfeindliches Weltbild. Dessen aktueller Hintergrund war der Ansturm der russischen Revolutionäre, unter denen sich viele jüdische befanden, gegen die autokratische, die Juden diskriminierende Zarenherrschaft.

Damals hat der deutsche Zionist Franz Oppenheimer sich stolz dazu bekannt, daß „der Jude überall im russischen Freiheitskampfe an der Spitze der Sturmkolonnen" steht.[24] Der dadurch angeheizte russische „Volkszorn" hat sich in blutigen Judenpogromen entladen, die als „Antisemitismus der Faust" beschrieben worden sind und gegen welche die Behörden oft nur zögernd und verspätet eingeschritten sind. Als die russischen „Weißen" am 28. Juli 1918 die ermordete Zarenfamilie auffanden, da haben sie neben dem ersten Band von „Krieg und Frieden" sowie der Bibel im Zimmer des kaiserlichen Paares die russische Ausgabe der „Protokolle" entdeckt.

Der rabiateste Revolutionsfeind war Nikolaus Markow,[25] der Führer des rechten „Bundes des russischen Volkes". Er hat sich des Vertrauens des Zaren erfreut und knüpfte in der deutschen Emigration als Vorsitzender der Russischen Monarchisten enge Kontakte zu Rechtskreisen. Markow veröffentlichte 1935 in Erfurt, dem Sitz des „Welt-Dienst", seinen „Kampf der dunklen Mächte (1. n. Chr. bis 1917)". Darin entwarf er ein breites Panorama von einer freimaurerisch-jüdischen Verschwörung, wobei er sich auf deren wichtigste Verfechter wie den Jesuitenpater Barruel, Eduard Emil Eckert sowie schließlich den Abbé Deschamps bezog. Für ihn stand fest, daß die „dunkle Macht" auch die Sozialistische Internationale gegründet habe, welche der „Jude-Freimaurer Karl Marx" zu

7. Der Mythos von den jüdischen Drahtziehern

einer „Waffe des Judentums" geschmiedet habe. Diese Internationale habe in der zweiten Hälfte des 19. Jahrhunderts „alle judeo-freimaurerischen Aufgaben" ausgeführt. Auch der Mord in Sarajewo sei von Freimaurerhand verübt worden, die Freimaurer hätten den Krieg gebraucht, um ihre Feinde zu vernichten, „Russland vor allen Dingen, und um nachher die Macht über die christlichen Völker zu ergreifen".[26]

Ein einflussreicher russischer Emigrant war auch der Generalssohn Vinberg, der Müller von Hausen kannte und diesem möglicherweise die „Protokolle der Weisen von Zion" besorgt hat. Vinberg setzte sich für ein antiwestlich ausgerichtetes Bündnis der russischen mit der deutschen Rechten ein. Der russische Jurist Gregor Schwartz-Bostunitsch,[27] der sich im Bürgerkrieg als Propagandist der „weißen" Generale Wrangel und Denikin betätigt hatte, vervollständigt das Bild von einer Symbiose militanter deutscher und russischer Antibolschewisten. Er wurde zu einem engen Vertrauten von Himmler und Heydrich, zum SS-Standartenführer und SS-Honorarprofessor ernannt, als Freimaurer- und Judenexperte eingesetzt und mit der Leitung des SS-Freimaurermuseums beauftragt. Schwarz-Bostunitsch hat den 1937 in dritter Auflage in Leipzig vorgelegten „Jüdischen Imperialismus. 3000 Jahre hebräischer Schleichwege zur Erlangung der Weltherrschaft" verfasst. Darin wird Sowjet-Rußland als eine „jüdisch-freimaurerische Erfindung" tituliert.

Gleich seinem russischen Landsmann hatte der NS-Ideologe Alfred Rosenberg seine geistigen Wurzeln in der christlich-konterrevolutionären Tradition. Dies erhellt daraus, daß er 1920 das 1869 publizierte Buch von Roger Gougenot des Mousseaux „Der Jude, der Judaismus und die Judaisierung der Christlichen Völker" unter dem Titel „Der Jude, das Judentum und die Vernichtung der christlichen Völker" auf deutsch veröffentlichte. Im gleichen Jahr publizierte er sein Pamphlet „Die Spur des Juden im Wandel der Zeiten", darin knüpft er ganz selbstverständlich an den christlich-konterrevolutionären Verschwörungsmythos an. Diese Schrift enthält das Kapitel „Die Juden und die Freimaurerei". Darin werden die Aktivitäten des von ihm „judaisierten" Cagliostro, der Frankfurter „Judenloge" „Zur Aufgehenden Mor-

7.2. Die „Protokolle der Weisen von Zion" nach 1917

genröte" sowie die Ehrmann'sche Schrift von 1816 „Das Judenthum in der Maurerey" denunziatorisch abgehandelt. Rosenberg berief sich dabei auf den Brief Simoninis an den Abbé Barruel und gelangte schließlich zum Jesuitenpater Pachtler, für den die Sozialistische Internationale ein „Kind" aus dem „Schoße der Freimaurerei" gewesen ist.[28]

Im Jahre 1922 veröffentlichte Rosenberg „Das Verbrechen der Freimaurerei, Judentum, Jesuitismus, Deutsches Christentum", um die innere Nähe von „Freimaurerei und Judentum" sowie von „Freimaurerei und Sozialdemokratie" zu beweisen. Nachdem er auch noch eine eigene Ausgabe der „Protokolle der Weisen von Zion" veranstaltet hatte, die er mit der „jüdischen Weltpolitik" in Verbindung brachte, veröffentlichte er schließlich seinen „Mythus des 20. Jahrhunderts". Mit ihm bekräftigte er seinen Anspruch als Cheftheoretiker des Nationalsozialismus. In diesem „Mythus" nun finden sich erstaunlicherweise lauter antifreimaurerische Zitate, welche vom Jesuitenpater Pachtler inspiriert worden sind. Während es bei Pachtler heißt: „Die Prinzipien der maurerischen Humanität führen direkt zum Sozialismus",[29] formulierte Rosenberg: „Im Schlepptau der freimaurerischen Demokratie schwamm dann die gesamte marxistische Bewegung"![30]

Obgleich Alfred Rosenberg seine geistigen Wurzeln in der christlich-konterrevolutionären Tradition hatte, verschob er im Hinblick auf die „jüdischen Führer des Bolschewismus",[31] die er in seiner Ausgabe der „Protokolle" brandmarkte, sein Feindbild in Richtung „jüdischer Bolschewismus". Ihm war nicht entgangen, daß die Polemik gegen die Freimaurer recht abgehoben war und nur vergleichsweise wenige interessierte. Viele russische Juden, die sich äußerlich mit den neuen Regime arrangiert hatten, um zu überleben, sind aufgrund ihres hohen Bildungsniveaus in der Sowjetunion tatsächlich in einflussreiche Positionen gelangt, sodaß dies auch Nichtantisemiten in die Augen gefallen ist. Das bösartige Feindbild vom „jüdischen Bolschewismus" hat sich in und nach der Revolution so verfestigen können, daß die unter Stalin in Angriff genommene, von den Nazis mit großem Interesse wahrgenommene „Judensäuberung"[32] des Partei- und Staatsapparats nicht zum Anlaß genommen wurde, es preiszugeben. Dieser

7. Der Mythos von den jüdischen Drahtziehern

Säuberung sind so prominente Männer wie der Komintern-Chef Grigori Sinowjew, Karl Radek, Leo Trotzki und Bela Kun zum Opfer gefallen.

In Deutschland hatte sich die äußerste politische Rechte, nicht jedoch viele rußlandorientierte Konservative, seit dem verlorenen Krieg angewöhnt, die Juden – meist unter Zuhilfenahme der Freimaurer – zum „Blitzableiter für alles Unrecht" zu machen. Obgleich die dämonisierten jüdischen Kommunisten, zumal in Deutschland, nur eine zahlenmäßig verschwindende Minderheit unter der überwältigenden Mehrheit der assimilierten demokratischen deutschen Juden darstellte, wollte man auf dieses durch den christlichen Antijudaismus genährte, scheinbar plausible Feindbild nicht verzichten. Dazu hat in fataler Weise beigetragen, daß die deutsche Kommunistische Partei prominente jüdische Führer gehabt hat und daß Anfang 1919 in der Räterepublik in München jüdische Revolutionäre eine so spektakuläre Rolle gespielt haben, daß sie Adolf Hitler als „vorübergehende Judenherrschaft"[33] brandmarken konnte.

Schließlich hatte Adolf Hitler, dessen ganzes Denken nach der jüdischen Anti-Defamation-League vom Mythos der jüdischen Verschwörung durchtränkt gewesen ist,[34] selber in „Mein Kampf" die unsinnige konterrevolutionäre Behauptung übernommen, „der Jude" habe in der ihm „vollständig verfallenen Freimaurerei[35] ein „vorzügliches Instrument".[36] Die von ihm angeblich gegenüber seinem Gesprächspartner Hermann Rauschning getroffene Aussage, daß er die von der nationalsozialistischen Propaganda ausgeschlachteten „Protokolle"[37] mit „wahrer Erschütterung" gelesen habe und daß er von ihnen „enorm gelernt" habe,[38] ist – wie Rauschnings „Gespräche mit Hitler" überhaupt – wohl nicht authentisch. In „Mein Kampf" merkte der „Führer" lediglich an, daß die „von „den Juden so unendlich gehassten ‚Protokolle der Weisen von Zion' zeigten, daß das Dasein des jüdischen Volkes auf einer fortlaufenden Lüge" beruhe.[39]

7.3. Der Jude als „Weltbolschewist"

Der jüdische Sozialist Moriz Rappaport hat 1919 in seiner Schrift „Sozialismus, Revolution und Judentum" den Organisator der Roten Armee Leo Trotzki als „Begründer der Weltrevolution" gerühmt sowie dem jüdischen Sozialisten und Ministerpräsidenten Kurt Eisner bescheinigt, er habe die Revolution in München „ins Rollen" gebracht.[1] Dazu merkte er an, daß Juden in der Revolution das „treibende Element" seien, weil sie ein „innerliches Moment" bewogen habe, sich „dem Sozialismus zuzuwenden".[2] Sie ließen sich dabei von der aus Verzweiflung geborenen Hoffnung leiten, daß der Sozialismus der „einzige Arzt", also der Überwinder, des sie zutiefst verstörenden Antisemitismus werden würde.[3]

Indem der Antisemitismus solcherart wider Willen indirekt zum Erstarken der revolutionären Bewegung beigetragen hat, die sich nach 1917 in einen demokratisch-sozialistischen und einen totalitär-kommunistischen Flügel aufspaltete, konnte der gewalttätige und mörderische sowjetische Bolschewismus als „Pogromsozialismus"[4] verteufelt und von Bösartigen „den" Juden angelastet werden. Der belgische Judaist Maxime Steinberg ist 1990 so weit gegangen, zu erklären, daß die „'jüdisch-bolschewistische Fährte (piste ‚judéo-bolchevique') essentiell für das Verständnis des Völkermords an den Juden" sei.[5] Gleich ihm hat der renommierte Russland-Experte der Harvard-Universität Richard Pipes geurteilt, daß zu den „desaströsesten Konsequenzen" der Russischen Revolution die „Identifikation von Juden mit dem Kommunismus" gehöre. Damit sei die „ideologische und psychologische Begründung" der „Endlösung" geschaffen worden.[6]

In seinem Roman „Die Familie Moschkat" hat der 1904 in Polen geborene und 1935 in die USA ausgewanderte fromme jüdische Schriftsteller und Literaturnobelpreisträger Isaac B. Singer dies schlichter formuliert, in dem er dem Herrn Janowar diese Worte in den Mund legte: "Antisemitismus erzeugt Kommunismus". Auf die Bemerkung eines polnischen Polizeioffiziers, ob nicht „die Hinwendung jüdischer Massen zum Kommunismus einen zehnmal, ja hundertmal heftigeren

7. Der Mythos von den jüdischen Drahtziehern

Antisemitismus heraufbeschwört", hat er resignativ geantwortet: „Das wissen wir. Es ist ein Teufelskreis".[7]

Tatsächlich sind spektakulär hervorgetretene jüdische Bolschewiken, wie der Russe Leo Trotzki, der Ungar Bela Kun, die polnischdeutsche Rosa Luxemburg oder der Komintern-Chef Grigori Sinowjew mit einer schier unglaublichen antisemitischen Hetze überzogen worden. Obgleich die jüdischen Kommunisten vom religiösen Judaismus abgefallen waren – der Organisator der bolschewikischen Partei und erste russische Staatschef Jakob Swerdlow ist deswegen sogar von seinem Vater verstoßen worden![8] – sind „die" Juden wegen der kleinen, aber geschichtsmächtigen Minderheit der kommunistischen „nichtjüdischen Juden"[9] in Kollektivhaft genommen worden. So hat der von seinem Vater für den Rabbinerberuf bestimmte spätere Trotzkist Isaac Deutscher die kommunistischen Juden gekennzeichnet.

Der jüdische Pressesprecher der sozialdemokratischen preußischen Regierung Hans Goslar ist 1919 in seiner Schrift „Jüdische Weltherrschaft?" gegen die eine jüdische Verschwörung unterstellende Hetze angegangen. Darin stellte er fest, daß alles, was „einzelne Juden" getan haben, als „jüdische Tat" gebrandmarkt und den Juden als Kollektivschuld angelastet würde.[10] Diesen fatalen Wirkungsmechanismus hat auch der Trotzki eindringlich ermahnende Oberrabbiner von Moskau, Jakob Mazeh, aufgezeigt. Er urteilte lakonisch: „Die Trotzkis machen die Revolution, aber die Bronsteins müssen dafür bezahlen".[11] Es liegen eine ganze Anzahl solcher Warnungen von demokratischen und frommen Juden vor. Die bemerkenswerteste von Ihnen ist die von Iosef Bikermann 1923 in Berlin in russischer Sprache herausgegebene Schrift „Russland und die Hebräer" (Rossija i Evrei) . In ihr wird gewarnt, daß nicht ohne Grund „die sowjetische Herrschaft ... mit der hebräischen Herrschaft" identifiziert werde. Der „grimmige Haß auf die Bolschewiki verwandele sich in einen ebensolchen auf die Hebräer, und nicht nur in Russland".[12]

Derartige beschwörende Warnungen erscheinen um so berechtigter, als Jahrzehnte später Historiker zu dem Ergebnis gekommen sind, daß – z.B. auch in England – in den zwanzi-

7.3. Der Jude als „Weltbolschewist"

ger Jahren der Antisemitismus „als Ergebnis der Furcht vor dem Bolschewismus" floriert hat.[13] Laut Professor Saul Friedländer von der Hebräischen Universität zu Jerusalem spielte der „Haß auf den Kommunismus für viele Anhänger der Partei (NSDAP), etwa unter den einfachen Mannschaftsgraden der SA, eine weitaus größere Rolle, als die antijüdische Einstellung".[14] In seinem Buch über den Holocaust differenzierte Ronnie Landau allerdings zu wenig, als er schrieb, daß die fundamentale Trennlinie in der deutschen Politik nicht durch den Haß auf die Juden, sondern die Furcht vor und den Haß auf die radikalen Sozialisten gekennzeichnet gewesen ist.[15] Denn „hinter" dem Marxismus, dem Bolschewismus, ja den „Feindmächten" überhaupt stand für die Nationalsozialisten eben „Der Jude"![16]

In Henry Fords[17] in 16 Sprachen! übersetztem Weltbestseller „Der Internationale Jude" – der allein in den USA eine Gesamtauflage von 500.000 Exemplaren erlebte – hat der zu den Geldgebern von Adolf Hitler gehörende Autoindustrielle „den" Juden generalisierend als „Weltbolschewisten" und „Revolutionsmacher" angeprangert. Er sprach weiter von einem „alljüdischen Stempel auf dem roten Russland" und brachte den Roten Sowjetstern mit dem Davidstern in Verbindung. Ford, der vor den sozialistischen und kommunistischen Juden New Yorks Angst hatte, prangerte auch die jüdischen Revolutionäre in Deutschland und Ungarn an, wo Bela Kun eine „jüdische Bolschewistenherrschaft" aufgerichtet habe. In seiner „Geschichte des Antisemitismus" ist Léon Poliakov zu dem Ergebnis gelangt, daß man hinsichtlich des „Gespenstes vom ‚jüdischen Bolschewismus'" von einer „Universalität des Phänomens" sprechen müsse. Dieses habe „Wellen des Antisemitismus" ausgelöst, die man sogar in den Vereinigten Staaten, Frankreich und Großbritannien habe feststellen können.[18]

Angesichts der Tatsache, daß in Sowjetrußland die „militante Gottlosen" unter Führung des aus einer jüdischen Familie stammenden Atheisten und Mitglieds des Zentralkomitee Emeljan Jaroslawski (Gubelman) einen Feldzug das „Regiment von Jesus" eröffnet haben, war es unvermeidlich, daß diese Christenverfolgung weltweit Beunruhigung auslöste

7. Der Mythos von den jüdischen Drahtziehern

und viele antijüdisch reagieren ließ.[19] So ging der ungarische Superior des Jesuitenordens 1934 so weit, drohend zu behaupten, der revolutionäre Marxismus entspreche „in seinem Wesen einer bestimmten jüdischen Seelenlage und Geisteshaltung". Der „unmenschliche Schrecken, der als entsetzliche Drohung auf die gesamte nichtbolschewistische Welt" falle, würde die „Rechnung der Judenschaft" belasten.[20] Der nicht antisemitisch argumentierende Kölner Jesuit Jakob Nötges hat 1932 in seiner Schrift „Katholizismus und Kommunismus" eine „Schlachtordnung" „Rom gegen Moskau! Das ist Christus gegen den Satan" an die Wand gemalt.[21] Diese heute kaum noch bekannte sowjetische Christenverfolgung erklärt, warum der deutsche Botschafter beim Heiligen Stuhl noch 1943 nach Berlin melden konnte: „Was der Bekämpfung des Bolschewismus dient, ist der Kurie willkommen."[22]

Auf der Ebene der Agitation ist der antijüdisch-antikommunistische Verschwörungsmythos mit skrupelloser Brutalität propagiert worden. So hat Adolf Hitler das Sowjetregime als „jüdische Diktatur"[23] denunziert, wurde der Bolschewismus als „von den Juden inszeniert" hingestellt[24] und sogar – so der Reichspressechef im März 1943 – als „Vollstrecker des Judentums" diffamiert.[25] Der in die Dienste von Josef Goebbels getretene Russe Rudolf Kommoss hat dem Bolschewismus das Etikett „Judobolschewismus"[26] aufgedrückt.

Der juristische Gutachter des Nürnberger Tribunals Reinhard Maurach hat betont, daß die „Kombinationstheorie", welche das „jüdische mit dem bolschewistischen Problem" verschmelze, zur Standardausrüstung der NS-Doktrin gehörte habe. Es sei dem Nationalsozialismus gelungen, eine große Mehrheit der Deutschen davon zu überzeugen, daß eine „Identität von Bolschewismus und Judentum" vorliege.[27] Bezeichnenderweise hat der im Rundfunk als Goebbels-Chefpropagandist auftretende Hans Fritzsche vor dem Nürnberger Tribunal ausgesagt, die NS-Propaganda habe sich auf „einseitige Tatsachen" wie den „Anti-Nationalismus der Juden und die Fälle, wo Juden Kommunisten waren" gestützt, nicht aber auf „Lügen" wie die „Protokolle".[28]

In seinem Dreyfus-Buch hat der aus der Emigration zurückgekommene Siegfried Thalheimer wertvolle Einsichten

7.4. Das „jüdische Komplott"

über die Motive für das Engagement von Juden in den revolutionären Parteien präsentiert. Er gelangte zu dem Schluß, daß die den Juden als „Enterbte der bürgerlichen Gesellschaft" aufgezwungene Bundesgenossenschaft mit radikalen Parteien sie schließlich „aufs höchste" gefährdet habe. Denn der alte, religiös begründete Judenhaß sei noch lebendig gewesen und habe sich „mit der Feindschaft gegen die Revolution" verbunden, sodaß ein „doppelt genährter Haß" entstanden sei, den Hitler zum „Motor seiner revolutionären Bewegung" machen konnte.[29]

Dies verdeutlichen die brutalen antibolschewistischen Reden des Joseph Goebbels auf den Nürnberger Reichsparteitagen von 1935 und 1936. In ihnen ging er ausführlich auf die Münchener und die ungarische Räterepublik unter dem „Juden" Bela Kun ein, brandmarkte er die „Zwangskollektivierung" in der Sowjetunion, bei der „der Jude" Kaganowitsch eine führende Rolle gespielt habe und „mehr als 15 Millionen Bauern" zugrundegegangen seien.[30] Zur Goebbels-Rede von 1935 heißt es in einem geheimen Bericht der verbotenen SPD, daß sie dem Bürger „den Schrecken vor dem Bolschewismus" neu „eingeimpft" habe und solche gegen das „politische Judentum gerichtete Propaganda selbst bei den Arbeitern nicht selten verfängt."[31]

7.4. Das „jüdische Komplott" als „plutokratische" und „bolschewistische" Doppelverschwörung gegen Deutschland

Aus Anlaß des deutschen Angriffs auf die Sowjetunion, für den der „Völkische Beobachter" vom 15. Oktober 1941 eine „Kriegsschuld der Juden" erfunden hat, veröffentlichte das Reichspropagandaministerium Anfang Dezember 1941 eine Wandzeitung mit der Überschrift „Das jüdische Komplott". Dieses trug ein Diagramm mit einem jüdischen Kopf in der Mitte, an dessen rechter Seite der „Finanzjude" Baruch, auf der linken Seite jedoch der als „Mosessohn" titulierte Bolschewik Kaganowitsch platziert war. An den Strippen dieser beiden jüdischen Drahtzieher hingen rechts Roosevelt und

7. Der Mythos von den jüdischen Drahtziehern

Churchill, links hingegen Stalin. Im Begleittext wurde der Bankier Bernard Menasse Baruch als „Freund und Berater des freimaurerischen Judensöldlings" Roosevelt, Kaganowitsch hingegen als „einziger Vertrauter und Schwiegersohn von Stalin" und Churchill als „Judenfreund und Judenschwiegervater" angepöbelt. Zusammenfassend wurde eine „jüdische Verschwörung gegen das Leben des deutschen Volkes" konstatiert.[1]

Eine noch heilsgeschichtlich gegründete jüdische Verschwörung hatten die polnischen Bischöfe 1920 beim Vorrücken der Roten Armee auf Polen in ihrem von panischer Angst geprägten Hirtenbrief von 1920 an die Wand gemalt: „Das wahre Ziel des Bolschewismus ist die Welteroberung. Die Rasse, welche die Führung des Bolschewismus in ihren Händen hat ... zielt auf die endgültige Unterwerfung der Nationen ... besonders, weil jene, welche die Führer des Bolschewismus sind, den traditionellen Haß gegen das Christentum in ihrem Blut haben. Der Bolschewismus ist in Wahrheit die Verkörperung und Fleischwerdung des Antichrist auf Erden."[2]

Dieser Hirtenbrief war offensichtlich durch die 1920 auch auf polnisch erschienenen „Protokolle der Weisen von Zion" beeinflusst, die am 8. Mai 1920 in der „Times" unter der Schlagzeile „Jewish Peril" zunächst[3] zustimmend referiert worden sind. Der englische Schriftsteller Hilaire Belloc veröffentlichte wenig später sein vielgelesenes, 1927 auch auf deutsch vorgelegtes Buch „Die Juden". Ohne sich zum Verschwörungsmythos im engeren Sinn zu bekennen, etikettierte er darin den Bolschewismus als „jüdisch" und behauptete er pathetisch: „Der Jude reitet auf dem kapitalistischen Pferde und auf dem kommunistischen".[4]

Aus der Tatsache, daß die Juden in den christlichen Staaten als diskriminierte Minderheit einst auf den Kleinhandel sowie Geldgeschäfte abgedrängt worden sind, woraus einige berühmte Banken hervorgegangen sind, haben ihnen christliche Judenfeinde einen Strick gedreht. So bereits Edouard Drumont in seinem Weltbestseller „Das verjudete Frankreich" von 1886, welcher gegen jüdische Bankiers wie Rothschild agitierte, die Juden als einzige Nutznießer der Revolution verunglimpfte, Adam Weishaupt für einen Juden ausgab und

7.4. Das „jüdische Komplott"

die Freimaurerei als Instrument der Juden verunglimpfte[5] Es versteht sich, daß das spektakuläre Engagement jüdischer Intellektueller für den Sozialismus, welche Heinrich Heine als „Doktoren der Revolution"[6] bezeichnete, sich für eine Dämonisierung geradezu anbot.

Auf scheinbar widersprüchliche Weise konnte daher eine Verschmelzung der eigentlich unvereinbaren Feindbilder vom Juden als Kapitalist und als Sozialist vorgenommen werden, wie sie bereits bei Antisemiten wie Edouard Drumont und dem Fürsten zu Salm-Horstmar angelegt gewesen ist. Letzterer agitierte im Juli 1918 gleichzeitig gegen angeblich freimaurerisch-jüdische Sozialisten und die „Herrschaft Großkapitals", hinter der für ihn die „jüdisch-demokratische", westlich-kapitalistische Entente stand. Diese Konstellation begegnet uns in der paradoxen Aussage des Programm der NSDAP „Der Marxismus ist ein ausgesprochen kapitalistisches Truggebilde ... Kapitalismus und Marxismus sind eines".[7] Josef Goebbels bezeichnete 1926 als gemeinsames Ziel von „Marxismus und Börse" die „restlose Beseitigung jeder nationalen Herrschaft", hinter der für ihn das „Börsenkapitals Judas" stand.[8]

Auf einer derartigen „antikapitalistischen" Linie, bei der allerdings das nationale Moment fehlt, liegt auch der Hirtenbrief des Linzer Bischofs Gföllner vom Januar 1933. Nach diesem ist „das entartete Judentum im Bunde mit der Freimaurerei ... vorwiegend Träger des mammonistischen Hochkapitalismus und vorwiegend Gründer und Apostel des Sozialismus und Kommunismus, des Vorboten und Schrittmachers des Bolschewismus".[9]

In der kaum zu übersehenden Literatur zum Nationalsozialismus wird vielfach einseitig die rassistische und antijüdisch-antibolschewistische Komponente der NS-Ideologie hervorgehoben. Manch einem mag es im Kalten Krieg, bei dem die deutsche Bundesrepublik auf Seiten der Amerikaner stand, nicht opportun gewesen sein, die fanatische und tiefverwurzelte antiwestliche Komponente des deutschen Nationalismus herauszuarbeiten, welche keineswegs nur die Nazis geprägt hat. Das übergeordnete Feindbild von einem gleichsam doppelten „jüdischen Komplott" durch „Plutokraten"

7. Der Mythos von den jüdischen Drahtziehern

und „Bolschewisten" ist den Deutschen nicht nur mit Worten, sondern auch visuell eingehämmert worden.

Jeffry Herf, der es herausgearbeitet hat, präsentierte 2006 im Dokumententeil seines Buches „Jewish Enemy" ein farbiges Plakat des Reichspropagandaministeriums von 1943: Es zeigt einen feisten Juden mit Bowlerhut und Davidstern an einer Brustkette. Dieser steht zwischen der britischen und der amerikanischen Nationalflagge auf seiner rechten Seite, und der roten Sowjetfahne mit Hammer und Sichel sowie dem Sowjetstern auf seiner linken. Dieses Plakat trägt die Aufschrift: „Hinter den Feindmächten: der Jude". Bereits im Sommer 1941 hatte das Goebbels-Ministerium das farbige Plakat „Juden-Komplott gegen Europa!" veröffentlicht. Auf ihm reichen sich – unter einem fratzenhaft dargestellten und mit der Kipa bedeckten jüdischen Kopf – ein beleibter Brite mit „Judennase" im roten Frack und dem Union Jack als Bauchbinde und ein „jüdisch" aussehender Rotarmist die Hände. Sie stehen dabei auf einer Landkarte Europas jeweils auf ihrem Heimat-Territorium und schütteln die Hände über dem durch das „Dritte Reich" beherrschten Mitteleuropa.

Adolf Hitler hat in seinem Neujahrsaufruf vom 1. Januar 1942 vom „Kampf gegen jüdisch-kapitalistisch-bolschewistische Weltverschwörung" gesprochen[10]. Indem er am 30. Januar 1939 drohte, wenn es dem „internationalen Finanzjudentum" gelinge, einen Krieg zu entfesseln, würde das Ergebnis nicht eine „Bolschewisierung der Erde", sondern die „Vernichtung der jüdischen Rasse" sein, gewährte er einen Einblick in seine durch den Verschwörungsmythos geprägte Vorstellungswelt.[11] Josef Goebbels wurde deutlicher, als er am 25. Februar 1939 im „Völkischen Beobachter" in dem Artikel „Krieg in Sicht" so auf den Krieg einstimmte: Die Drahtzieher der internationalen Hetzkampagne gegen Deutschland seien die „Kreise des internationalen Judentums, der internationalen Freimaurerei und des internationalen Marxismus". Noch in seiner letzten Rede vom 19. April 1945 sprach er von der „perversen Koalition zwischen Plutokratie und Bolschewismus",[12] welche allerdings die Nationalsozialisten auf selbstzerstörerische Weise zusammengebracht haben.

7.4. Das „jüdische Komplott"

In seinem „politischen Testament" vom 29. April 1945 hat Adolf Hitler im Angesicht seines Untergangs geschrieben: „Wenn die Völker Europas wieder nur als Aktienpakete dieser internationalen Geld- und Finanzverschwörung" angesehen würden, dann müsse der „eigentliche Schuldige an diesem mörderischen Ringen das Judentum" zur Verantwortung gezogen werden. Gegen dieses rief der von Verfolgungswahn zerfressene Hitler als angeblichen „Weltvergifter aller Völker" zum „unbarmherzigen Widerstand" auf.[13] Nach einem für Parteiredner bestimmten Papier über den „Endkampf mit dem jüdisch-bolschewistischen Mordsystem" von 1941 wurde der zu einem quasireligiösen Glauben gewordene wahnhafte Verschwörungsmythos lapidar so formuliert: „Die Plutokratie und der Bolschewismus haben nur einen Herrn, die Juden!"[14]

Es fällt auf, daß die einstigen Hauptverschwörer, nämlich die Freimaurer, denen die Französische Revolution als ihr Komplott angelastet worden ist, nach der russischen Oktober-Revolution von 1917 durch die „jüdischen Bolschewisten", ja „die" Juden als Hintermänner nicht nur des Bolschewismus, sondern zugleich der „Plutokratie" abgelöst worden sind. Während in dem Verschwörungsmythos des 18. Jahrhunderts Juden anfänglich nur als Helfer und Nutznießer der Freimaurer in Erscheinung treten, kam es dann im 19. und 20. Jahrhundert zu einer Umkehr dieses von Ideologen konstruierten Abhängigkeitsverhältnisses. Nunmehr erscheinen die Freimaurer lediglich nur noch Stützen der jüdisch-demokratischen Plutokratie. Dieses antiwestliche Feind- und Zerrbild deutscher Nationalisten geht direkt auf den Ersten Weltkrieg zurück, der seinerseits zum Auslöser der Oktoberrevolution wurde, die wiederum der Ursprung der Hassformel vom „jüdischen Bolschewismus" ist.

Religiöse Mythen, wie der biblische vom Ursprung der Welt, sind positive Erzählungen über die Geschichte der „guten" Schöpfung. Die dargestellten Verschwörungsmythen über die Französische Revolution, den Oktoberumsturz von 1917 und die 1918 siegreiche angelsächsische „Plutokratie" stellen hingegen negative Mythen über Bösewichte, Schurken und Sündenböcke dar, welche Unheil über die Welt oder ein

7. Der Mythos von den jüdischen Drahtziehern

Volk gebracht hätten. Indem diese – wie es Adam Weishaupt ergangen ist – als „menschlicher Teufel" oder – wie die Juden – als diabolische „Weltvergifter" präsentiert worden sind, fehlte nur noch ein Schritt dazu, daß man sich solcher weltvergiftender Sozialfeinde entledigt. Solch ein Verbrechen konnte von fanatischen Gläubigen solcher Verschwörungsmythen sogar auf makabre und grauenerregende Weise als gutes Werk hingestellt werden, wie es Heinrich Himmler in seiner Posener Rede tatsächlich getan hat.

Im Jahre 1806 will der Pater Augustin Barruel einen Brief von einem gewissen Jean-Baptiste Simonini erhalten haben, wonach die „jüdische Sekte" durch ihren Reichtum eine „formidable Macht" darstelle und zusammen mit den Sekten der Freimaurer und Illuminaten, die von zwei Juden gegründet worden seien, die Auslöschung des Christentums zum Ziel habe. Bezeichnenderweise hat der christliche Geistliche Barruel gesagt, daß er über diese Information ein „tiefes Schweigen" (profond silence) verhängen wolle, denn sonst könne er „ein Judenmassaker" verursachen.[15]

Es ist Arnold Zweig gewesen, der 1920 in der von Martin Buber herausgegebenen Zeitschrift „Der Jude" im Hinblick auf die Beteiligung „breiter jüdischer Schichten am demokratischen Sozialismus und einer Anzahl führender Einzelner am Bolschewismus" dieses gesagt hat: „Der Antisemitismus kann in Haß umschlagen ... wenn er (der Jude) als Träger einer allgemeinen geistigen Bewegung oder Haltung ... hingestellt wird, die der antisemitisch gestimmten Großgruppe entgegengesetzt, feindlich, hasserregend, seinsbedrohend ist oder scheint."[16]

Eben dies hat der Verschwörungsmythos bewerkstelligt, der „den Juden" als „Weltvergifter" diabolisiert hat. Indem der Nationalsozialismus in diesem Mythos auf wahnhafte Weise den Schlüssel zum Verständnis des politischen Lebens sah, war seine bis zum Völkermord führende Radikalisierung als äußerste Konsequenz dieses Verschwörungswahns angelegt. Das 1924 in München gedruckte „Volksbuch vom Hitler" bestätigt dies. In dieser 1934 im nationalsozialistischen Eher-Verlag neu aufgelegten Schrift wird Bezug genommen auf Hitlers Verteidigungsrede vor dem Staatsgerichtshof.

7.4. Das „jüdische Komplott"

Darin hat Hitler erklärt, die Zukunft Deutschlands habe die „Vernichtung" des für ihn jüdischen Marxismus zur Voraussetzung. Der nicht näher bekannte Verfasser dieses „Volksbuches" verwies dabei auf die Klassiker unter den antisemitischen Schriften wie das „Handbuch der Judenfrage" von Theodor Fritsch, Henry Fords „Internationalen Juden" sowie die „Geheimnisse der Weisen von Zion". Schließlich spekulierte er auf bestürzende Weise darüber, wie die „endgültige Lösung der Judenfrage" durch A.(dolf) H.(itler) aussehen könnte[17].

Zu politischen Religionen gewordene und auf Seiten ihrer Gläubigen keiner rationalen Widerlegung zugänglichen Verschwörungsmythen diabolisieren politische Gegner auf hemmungslose Weise und provozieren dabei Mordphantasien. Es ist somit notwendig, solcher bis zur Mordhetze gehenden Verunglimpfung rechtliche Schranken zu setzen.

8. Anmerkungen

Vorwort

1. vol.11/1977, p.1–8.
2. Aus diesen Tagungen sind zwei Sammelbände hervorgegangen. U. Caumanns/Mathias Niendorf (Hg.): Verschwörungstheorien. Anthropologische Konstanten – historische Varianten. Osnabrück 2001; H. Reinalter (Hg.): Typologien des Verschwörungsdenkens. Innsbruck 2004.
3. In: U. Caumanns/Mathias Niendorf (Hg.): Verschwörungstheorien. Osnabrück 2001, S. 103–124.
4. In: „Aufklärung und Geheimgesellschaften. Internationale Tagung in Innsbruck 22/23. Mai 1992. Hg. Helmut Reinalter. Innsbruck 1992, S. 71–87.
5. Zeitschrift für Internationale Freimaurer-Forschung 3/2000, S. 29–73.
6. der Vf. greift dabei auf sein im Jahre 2002 in Dresden erschienenes Buch „‚Jüdischer Bolschewismus'. Mythos und Realität" zurück, dessen vierte Auflage vergriffen ist. Bedauerlicherweise ist diese Publikation, besonders durch bösartiges Weglassung der Anführungsstriche, aber auch eine – vom Vf. ausdrücklich nicht gewünschte – Instrumentalisierung in den politischen Meinungsstreit geraten, welcher bald wieder abgeflaut ist. Diese Veröffentlichung ist in renommierten Fachorganen wie in Cahiers de la Monde Russe, English Historical Review, International Review of Social History besprochen worden und hat Prof. Richard Levy von der Universität Chicago dazu animiert, den Vf. zu bitten, für die von ihm 2005 publizierte Enzyklopädie „Antisemitism. A Historical Encyclopaedia of Prejudice and Persecution" den Artikel „Jewish Bolshevism" zu verfassen.
7. Hierzu A. Pfahl-Traughber: Die antisemitisch-antifreimaurerische Verwarnungsideologie in der islamischen

Welt, in" Zeitschrift für Internationale Freimaurerforschung 12/2004, S. 89–112.

1.1. Untersuchungsgegenstand

1. Mémoires pour servir à l'histoire du jacobinisme, London 1797/98
2. Barruel 1800/03 I, 14
3. Barruel 1800/03 1, 14–16

1.2. Forschungsstand und methodologische Vorüberlegungen

1. Lennhoff 1931 I, 17
2. Heigel 1899 I, 308–19
3. Ebd., 318
4. Les Illuminés de Bavière et la francmaçonnerie allemande, Paris 1914
5. Vgl. hierzu Kap. 2.6: „Die Freimaurerei als ideologisches, organisatorisches und soziales Substrat der Verschwörungsthese", wo einschlägige Literaturhinweise aufgeführt sind.
6. Godechot 1961, 42 ff. Vgl. auch die lediglich die französische Literatur erfassenden bibliographischen Hinweise zum „complot maçonnique" in Godechot 1956 I, 38–39
7. Droz 1961
8. Epstein 1966, Chapt. 10
9. Zu nennen sind hier vor allem: Six 1938; Six 1942; Gürtler 1942; Rossberg 1942
10. Curtiss 1942
11. Cohn 1967
12. Cohn 1967, 25–30
13. Poliakov 1968 III, 289–298
14. In dem Artikel: „Ancient Conspiracy linked to Jacobins and Bolshevists" des rechtsradikalen „Councillor" vom 01.02.1965 heißt es zum Beispiel „Adam Weishaupt (der Gründer des unten zu behandelnden Illuminatenordens des 18. Jhdt., d.Vf.) is really the founder of Bolshevism – not Karl Marx ... The Jacobins of the French Revolution

were controlled by the Bavarian Illuminati ... The Conspiracy today controls communism." Zit. nach Lipset/Raab 1970, 230
15. Berger/Luckmann 1969, 137
16. Ebd.
17. Neumann 1954, 7
18. Weber 1963, 252
19. Hintze 1964, 46
20. Meinecke 1959, 6
21. Vgl. Zmarzlik 1963, 258: „Nicht geistiger Rang, sondern nachweisbare Wirkung leiten die Auswahl ... Wer hier nach dem Einfluß der Ideen auf die Taten fragt, muß vom Hochgebirge heruntersteigen ... und die Dickichte des Flachlandes durchforschen, wo die kleinen Geister hausen."
22. Vgl. Mayntz 1969, 151 ff.
23. Dahrendorf 1961, 53
24. Zur informationswissenschaftlichen Seite s. Rogalla von Bieberstein 1975, Kap. 3.1: „Ursachen und Schließung von Dokumentierungslücken"

2.1. Die historische Ausgangslage

1. Hierzu Cassirer 1932, 1. Kap.: „Die Denkform des Zeitalters der Aufklärung"
2. Vgl. Diderot: „Ich höre überall das Geschrei über den Unglauben. In Asien ist der Christ der Ungläubige, in Europa der Mohammedaner, in London der Papist, in Paris der Calvinist ... Was ist also ein Ungläubiger? Ist es die ganze Welt oder niemand?" (Pensées Philosophiques, 1746). Zit. nach Goldmann 1968, 79
3. Vgl. Cassirer 1932, 2. Kap.: „Natur und Naturerkenntnis im Denken der Aufklärungsphilosophie"
4. Vgl. dazu Helvetius (1772): „In Europa haben sich die Pfaffen gegen Galilei aufgelehnt, in der Gestalt Bayles haben sie die gesunde Logik, mit Descartes die einzige Methode, etwas zu lernen vertrieben ...", zit. nach Momdshian 1959, 233
5. Vgl. Cassirer 1932, 233

6. Vgl. hierzu Albertini 1951, 140 ff.
7. Hierzu Schnur 1963
8. Vgl. Wunner 1968, 15 ff.
9. Lessing 1904, Nr. 237. Vgl. hierzu auch die bittere Klage des Fuldaer Domkapitulars Philip Anton von Bibra vom Jahre 1786, in der er konstatiert, daß man zwar die Gottheit Jesu zweifelhaft machen dürfe, es aber als Hochverrat gälte „dem Kabinette manches kleinen Sultanchen Infallibilität abzustreiten." Zit. nach Braubauch 1969, 574. Zu Bibra siehe Mühl 1961, 62 ff.
10. Zit. nach Valjavec 1951, 117
11. Vgl. Hesmivy d'Auribeau 1794 I, 243: „L'Encyclopédie ... renferme toutes les maximes de l'incrédulité, tous les principes corrupteurs de l'innocence, anéantissant toute morale et tout gouvernement."
12. Hierzu Epstein 1966, 128–141: „The Goeze – Lessing Controvers"
13. Ebd., 142–153: „The Prussian Edict of Religion"
14. Hierzu Bien 1960 and Gay 1959, 273–308
15. Hazard 1949, 24
16. Darauf hat schon Cassirer 1932 hingewiesen
17. Kiernan 1968, 18
18. Vgl. hierzu Krause 1965
19. Tocqueville 1856, 7 ff.
20. Hierzu Maier 1965
21. Vgl. Strauss 1953, 330
22. Zit. nach Monod 1916, 479. In diesem Zusammenhang muß auch die von Rousseau im „Contrat Social" (1762) entworfene „religion civile" (Kap. VIII) gesehen werden

2.2. Vernunft wider Offenbarung

1. Diderot 1969, 343 ff.
2. In einer Rezension der Schrift: „Wer sind die Aufklärer? Beantwortet nach dem ganzen Alphabeth", Augsburg 1787 im: Journal historique et littéraire 1788 I, 167 f. wird von einem ungenannten Prälaten folgendes kolportiert: „Entendant nommer ce siècle éclairé, soit, dit-il, mais il faut convenir que c'est le diable qui tient la chandelle."

8. Anmerkungen

3. Vgl. Krause 1965
4. Zit. nach Oelmüller 1969, 53
5. Zit. nach Wolff 1841, 18 f. (Anm. 1)
6. Vgl. Hegel 1964, 414
7. Flygt 19638
8. Vgl. Bahrdt 1791 III, 64, wo von der „albernen Lehre der Erbsünde" gesprochen wird
9. Bahrdt 1789, 81
10. Ebd., 81
11. Ebd., 167
12. Ebd., 238 f. Auf diese Mahnung des Apostels Paulus (1. Tess. 5, 21) berief sich die protestantische Aufklärungstheologie vielfach. Vgl. Krause 1965, 26
13. Vgl. Bahrdt 1787, 38 f.: „Menschen! Freyheit zu denken und zu urteilen, unabhängig von Autorität, unabhängig von Ansprüchen der Priester, der Mönche, des Papstes, der Konsistorien, der Kirche – ist das heiligste, unverletzlichste Recht der Menschheit."
14. Hierzu Brunner 1968, 172, welcher das ältere Gottesgnadentum von dem hier gemeinten „Jure-Divino-Königtum" auch terminologisch abzugrenzen sucht. Vgl. auch Albertini 1951, 22 f.
15. Vgl. Voltaire an d'Alembert (Febr. 1762): „Ich habe beim Lesen derselben vor Schrecken gebebt …" Zu Meslier siehe Dommanget 1965
16. Meslier 1908, 26
17. Ebd., 118
18. Ebd., 121
19. Ebd., 120
20. Zit. nach Lenk 1967, 22
21. Hierzu Krause 1965
22. Flygt 1963, 152
23. Im „Plan der deutschen Union" heißt es u.a. programmatisch: „Wir haben uns vereinigt, den großen Zweck des erhabensten Stifters des Christenthums, Aufklärung der Menschheit und Dethronisierung des Aberglaubens und des Fanatismus durch eine stille Verbrüderung aller, die Gottes Werk lieben, durchzusetzen." Zit. nach Hoffmann 1796 a, 26

8. Anmerkungen

24. Bahrdt 1791 IV, 125
25. Neueste Arbeiten 1794, 60 und 72
26. Vgl. Krause 1965, 72–80: „Jesus als bloßer Weisheitslehrer"
27. Illuminaten-Grade 1794, 27 ff. Vgl. den aufschlußreichen Brief Adam Weishaupts an „Cato": „Sie können nicht glauben, wie unser Priestergrad bey den Leuten Auf- und Ansehen erweckt. Das wunderbarste ist, daß große protestantische und reformierte Theologen, die vom Orden sind, noch dazu glauben, der darin ertheilte Religionsunterricht enthalte den wahren und ächten Sinn der christlichen Religion. O Mensch! Zu was kann man euch bereden. Hätte nicht geglaubt, daß ich noch ein neuer Glaubensstifter werden sollte." Zit. nach Illuminaten-Grade 1794, 27
28. Voltaire zit. nach Maier 1965, 103. Vgl. hierzu die aufschlußreichen Äußerungen Lockes aus: „The Reasonableness of Christianity": „Der sicherste und einzige Weg, Tagelöhner und Händler, Jungfern und Milchmädchen ... zu tätigem Gehorsam anzuhalten, besteht darin, ihnen klare Gebote zu geben. Der größte Teil der Menschen kann nicht wissen und muß daher glauben." Zit. nach Macpherson 1967, 254
29. Vgl. Laski 1962, 138 f. Zwar beanspruchten die Illuminatenoberen auch eine elitäre Führungsrolle, diese aber wurde als eine Art Erziehungsdiktatur wie folgt legitimiert: „Aufklärung des einen, um den anderen im Irrthum zu erhalten, gibt Macht, und führet in Knechtschaft ein. Aufklärung, um andere wieder aufzuklären, gibt Freyheit." Neueste Arbeiten 1794, 40
30. Hierzu Aulard 1925 und Maier 1965
31. Vgl. Erdmann 1949, 76 f.
32. Barruel 1789, 123: „L'esprit démocratique s'est montré jusque dans les ministres des autels. Les pasteurs secondaires ont semblé conspirer contre les pasteurs du premier ordre."
33. Die neuere Literatur zum „Cercle Social" ist aufgeführt in Dalin 1969, wo auch die Vorbehalte der Jakobiner und „Voltairianer" gegenüber dieser schwärmerischen religiösen Vereinigung behandelt werden

34. Le Harival 1923
35. Bonneville 1792 I, 80
36. Ebd., II, 118 f.
37. Ebd., II, 119
38. In seinem „Second discours sur la liberté" vom 31.08.1789 heißt es u.a.: „Dieu est la liberté. Jesus Christus n'est que la Divinité Concitoyenne du Genre Humain." Zit. nach Maier 1965, 115
39. Ebd., zit 119
40. Zit. nach Guérin 1946 I, 274
41. Zit. nach d'Ester 1936/37 II, 101 f.
42. In der royalistischen „Gazette de Paris" vom 31.05.1792 heißt es: „Répétons la formule: une foi, une loi, un roi." Zit. nach Walter 1948, 236 f.
43. Zit. nach Ramm 1955 1, 196

2.3. Gegenaufklärerische Reaktion

1. Bahrdt 1789, 239
2. Kant 1912, 167
3. Vgl. Wetzel 1913, Kap. 4: „Die aufklärungsfeindliche katholische Publizistik"
4. Zu diesem Journal siehe Hompesch 1923, 101 sowie Wetzel 1913, 47 f.
5. Feller 1787, 1: „Demande: Quelle est la première de toutes les connaissances, et la plus importante à l'homme? Réponse: La connaissance du souverain maître du monde, du principe et de la fin de toute chose"
6. An dieser Stelle sei daran erinnert, daß die um die „Fragmente des Ungenannten" zwischen Lessing und Goeze geführte Fehde, die zu den erbittertsten literarisch-politischen Fehden der Neuzeit gehört, um eben diese Problematik kreiste. Im Verlaufe des Fragmentenstreites warf ein orthodoxer Lizentiat aus Wittenberg Lessing vor, er sei „einer der frechsten Störer des öffentlichen Friedens, der die Grundfesten des heiligen römischen Reiches wankend zu machen" versuche. Dabei drückte er seine Hoffnung aus, daß das Reichs-Hofraths-Tribunal sich mit dieser Angelegenheit beschäftigen

8. Anmerkungen

würde, wohl wissend, daß die Strafandrohung für die Lessing zur Last gelegten Delikte in der Todesstrafe bestand. Zit. nach Schwarz 1854, 130
7. Zit. nach Ritschl 1880 I, 530 f.
8. Vgl. folgende Fußnote zur Vorrede der 1. Ausgabe der Kantschen „Kritik der reinen Vernunft": „Unser Zeitalter ist das eigentliche Zeitalter der Kritik, der sich alles unterwerfen muß. Religion durch ihre Heiligkeit, und Gesetzgebung durch ihre Majestät, wollen sich gemeiniglich derselben entziehen. Aber alsdann erregen sie gerechten Verdacht wider sich und können auf unverstellte Achtung nicht Anspruch machen, die die Vernunft nur demjenigen bewilligt, was ihre freie und öffentliche Prüfung hat aushalten können." Kant 1956, 7
9. Hierzu Braubach 1929, 274 ff; sowie Mühl 1961, 75 ff.
10. Jung-Stilling 1843 I, 561 f.
11. Vgl. Huber 1904
12. Das Geheimnis der Bosheit des Stifters des Illuminatenordens
13. Stattler 1788 I, 425
14. Ebd., I, Vorrede
15. Ebd., II, 425
16. Vgl. die mit dem provokativen Titel: „Religion innerhalb der Grenzen der bloßen Vernunft" (1794) versehene Schrift Kants, welche diesem eine demütigende öffentliche Maßregelung eintrug und in der es u.a. heißt: „Eine Religion, welcher der Vernunft unbedenklich den Krieg ankündigt, wird es auf die Dauer gegen sie nicht aushalten." Kant 1923, 149
17. Vgl. hierzu Tieftrunk 1789, 32: „Gerade zu einer Zeit, da alle Künste und Wissenschaften zu einer Höhe steigen, die wir bewundern, sinkt die Religion und verliert je mehr und mehr von ihrem Ansehen und ihrer Würde ... Überall tönt die Stimme der Aufklärung, und wirkt mit unwiderstehlicher Macht, aber je mehr sie sich ins Gebiet der Religion wagt, bringt sie Verwirrung und Gährung."
18. Vgl. Schultze 1929
19. Zit. nach Philippson 1880, 200

8. Anmerkungen

20. Im Prospekt des vom Abbé Royou redigierten und erstmals am 07.06.1790 publizierten „Ami du Roi" heißt es etwa: „Eine entsetzliche Verschwörung gegen Thron und Altar ist entstanden ... Ihre Hirnverbranntheit ist klar ersichtlich die Folge jener falschen und arglistigen Philosophie." Zit. nach Cunow 1908, 97
21. Dafür ist insbesondere die Instruktion der Gesetzgebenden Kommission Kaiserin Katharinas II. von Rußland vom Jahr 1765 charakteristisch. Darin heißt es: „Le monarque doit être souverain. Sa puissance ne peut être partagée, parce qu'il n'y a que le pouvoir réuni dans sa personne qui puisse agir conséquamment à l'étendue d'un aussi grand Empire, auquel tout autre gouvernement non seulement seroit nuisible, mais aussi même destructif." Zit. nach Sacke 1940, 64
22. Vgl. Brunner 1968, 179
23. Diese Maxime wurde zuerst 1759 von F.K. Moser formuliert. Zit. nach Schlenke 1963, 31
24. Hier sei auf das protestantische Institut des Summepiskopats verwiesen sowie darauf, daß der französische König als „évêque de dehors" (weltlicher Bischof) galt und daß Hanotaux über das Frankreich des Ancien Régime gesagt hat: „Es genügt nicht zu behaupten, daß es eine Staatsreligion gab: die Religion war der Staat selber." Zit. nach Gurian 1929, 1. Vgl. auch Figgis 1914, 51, wo es über die Theorie des Königstums heißt, sie sei „essentially one of obedience, and of obedience from motives based upon religion"
25. Göchhausen 1786, 205
26. Zit. nach Graßl 1968, 264
27. Zit. nach Proyart 1800, 154
28. Vgl. auch den oft zitierten Brief Voltaires an d'Alembert vom 12.12.1757, in dem es heißt: „La moindre ambition de la philosophie ne peut être que de renverser, tôt ou tard, le Trône et les Autels." Ebd., zit. 91 sowie auch den Brief Diderots an die russische Fürstin Daskov vom Jahre 1771, in dem es u.a. heißt: „Une fois que les hommes ont osé d'une manière quelconque donner l'assault à la barrière de la religion, cette barrière la plus formidable qui

existe comme la plus respectée, il est impossible de s'arrêter. Dès qu'ils ont tourné des regards menaçants contre la majesté du ciel, ils ne manqueront pas le moment d'après de les diriger contre la souveraineté de la terre." Zit. nach Koselleck 1959, 144
29. Struß 1955
30. Zit. nach Graßl 1968, 320
31. Ebd., zit. 325
32. Zit. nach Graßl 1968, 264
33. Vgl. den Überblick über den Forschungsstand von E. Schmitt 1972 sowie das 1973 von E. Schmitt hg. Sammelwerk: Die Französische Revolution
34. Eckartshausen 1791, 76

2.4. Die These von der „philosophischen Conjuration"

1. Stattler 1791, 69
2. Barruel 1800/03 I, 14
3. Gentz an Garve am 05.12.1790. Gentz 1909, Nr.41
4. Vgl. Hegel, Rechts-Philosophie § 209: „weil er Mensch ist, nicht weil er Jude, Protestant, Katholik, Deutscher, Italiener usf. ist."
5. Hegel 1961 XI, 557
6. Vgl. Wittram 1969, 18 f. und 103
7. Maistre 1924, 59
8. Artikel in „L'Ami du Peuple", zit. nach Marat 1954, 107
9. Epstein 1966, 506
10. Starck 1803 I, 1 f. Diese pathetischen Worte Starcks wecken Assoziationen an das im „Kommunistischen Manifest" auf die Bourgoisie angestimmte Loblied, in dem Marx/Engels freilich nicht abstrakte Ideen, sondern eine Klasse als Ursache der geschichtlichen Dynamik ansehen: „Sie (die Bourgoisie, d.Vf.) hat ganz andere Wunderwerke vollbracht als ägyptische Pyramiden, römische Wasserleitungen und gothische Kathedralen, sie hat ganz andere Züge ausgeführt als Völkerwanderungen und Kreuzzüge."
11. Hierzu Traeger 1963; Grab 1966; Schlumbohm 1975, Kap. V

8. Anmerkungen

12. Vgl. Epstein 1966, 441–458: „Was there a revolutionary danger in Germany?"
13. So ein sächsischer Bauer im Mai 1790 zu seinem Gutsherrn, zit. nach Stulz/Opitz 1956, 46
14. Nr. 39, S. 328
15. Barruel 1800/03 IV, 457 f.
16. Zit. nach Cunow 1908, 97
17. Zit. nach „Bibliothèque Historique" XII (1819), 343
18. Abgedruckt in Bibliothèque Historique XII (1819), 346 ff. In diesem Manifest heißt es u.a.: „... faire cesser l'anarchie dans l'intèrieur de la France, d'arrêter les attaques portées au trône et à l'autel, de rétablir le pouvoir légal, de rendre au roi la sûreté et la liberté dont il est privé, et de mettre en état d'exercer l'autorité légitime qui lui est due ..." Vgl. Heigel 1902
19. Eckartshausen 1791, 76
20. Le Franc 1792, 135
21. Hervas y Panduro 1943, 11
22. Vgl. Beik 1956, 109: „The most popular elements used by members of the Right in explaining the coming of the revolution were, in order of importance, (1) the enlightenment, (2) conspirators, (3) Providence, and (4) changing material conditions accompanied by changed idea." Vgl. auch Heising, 1971, Kap. 1.: „Die traditionalistische Revolutionshistoriographie"
23. D'Ester 1936/37. Das einzig erhalten gebliebene Exemplar dieses im folgenden als „Politische Gespräche" bzw. „Geheimer Briefwechsel" zitierten Journals, welches zum Teil auch unter dem Titel „Geheimer Briefwechsel zwischen den Lebendigen und den Todten" herausgekommen ist, befindet sich im Dortmunder Zeitungsinstitut. In einer Eingabe an den Kaiser vom 07.12.1790 hat Tonder um ein kaiserliches Privileg ersucht, und zwar mit der Begründung, daß die Presse besonders in jenen Tagen eine gewaltige Macht darstelle, „wo die Zeitungen den Opinionen neue Formen geben. Die Opinionen aber modeln das Urteil, und das Urteil zeugt Handlungen hervor." Zit. nach d'Ester 1936 I, 26
24. Politische Gespräche, 02.07.1790

25. Geheimer Briefwechsel, 10.08.1790
26. Politische Gespräche, 10.07.1791
27. Magazin II, 65–67
28. Stattler 1795, 168 f. Vgl. dazu: „Noch etwas über P. Stattler und die Jesuiten", in „Berlinische Monatsschrift" 25, 1795, 66–96
29. Eckartshausen 1791, 98
30. Zu Eckartshausn siehe Struß 1955 und Graßl 1968, 319–335
31. Eckartshausen 1791, 8
32. Ebd., 96
33. Ebd.
34. Ebd., 1791, 25 f.
35. Ischer 1893 und Valjavec 1951, 297 f.
36. Dieses Mémoire ist auszugsweise abgedruckt in Valjavec 1951, 516–521
37. Ebd., 518
38. Ebd., 519
39. Valjavec 1959
40. Zit. nach Valjavec 1951, 520
41. Sommer 1932
42. WZ I. H. 1, 3
43. In dem Artikel „Über einige schon vorhandene und noch bevorstehende Folgen der katholisch-protestantischen Religionsfegerei in Deutschland" WZ IV (1792) 337–73, Zitat 338
44. WZ IV, 369
45. WZ IV, 370
46. WZ IV, 371
47. Barruel 1800/03 IV, 585. Vgl. Duvoisin 1798, 211: „Auteur, protecteur, chef suprême de la société, Dieu établit le prince son lieutenant, il lui met le glaive en main."
48. In der von Jefferson entworfenen „Declaration of Independence" vom 4. Juli 1776 heißt es: „We hold these truths to be self-evident, that all men are created equal, that they are endowed by their creator with certain unalienable Flights, that among these are Life, Liberty and the pursuit of Happiness. – That to secure these rights,

Governments are instituted among them, deriving their just powers from the consent of the governed."
49. Hoffmann 1795/96 II, 2
50. Dalberg 1793, 15
51. Kästner 1793, 18
52. Ebd., 18
53. Zu Geich siehe Hansen 1935 III, 28
54. Hansen 1935 Ill, 20–28
55. Ebd., 22
56. Ebd., 28
57. Ebd., 22
58. Knigge 1792, 96
59. Knigge 1795, 33 f. Vgl. dazu das Urteil des liberalkonservativen hannoverschen Staatsmannes August Wilhelm Rehberg: „Ein Volk von dreyßig Millionen läßt sich nicht mit einem Zauberschlag in fanatische Wuth für abstracte Ideen versetzen." Rehberg 1831 II, 32
60. Knigge 1795, 34
61. Bd. 26, 1795, 468–478
62. Ebd., 478 f.
63. Abgedruckt in Engels 1971, Nr.98
64. Hierfür ist besonders das 8. Kapitel („De la religion, dans ses rapports avec l'ordre social") von Abbé Duvoisin 1798 charakteristisch
65. Hansen 1935 III, 1189–1194
66. Ebd., 1191 f.
67. „Der politische Thierkreis oder die Zeichen unserer Zeit" 1796 und 1800; hinter dem Verfasser-Pseudonym „Huergelmer" verbirgt sich vermutlich A.G.G. Rebmann oder E.F. Albrecht; vgl. Grab 1966, 180
68. Zit. nach Grab 1966, 184
69. In den illuminatischen „Neuesten Arbeiten" 1794, 38, heißt es beispielsweise in einem um 1780 zu datierenden Text: „Fürsten und Nationen werden ohne Gewaltthätigkeit von der Erde verschwinden, das Menschengeschlecht wird dereinst eine Familie und die Welt der Au-fenthaltsort vernünftiger Menschen werden. Die Moral wird diese Veränderung unmerklich herbeyführen."
70. Hierzu Grünhagen 1897

71. Zit. nach Feßler 1804, 154 ff. Vgl. hierzu auch Erhard 1795, 91: „Unter einer Revolution des Volkes ließe sich nichts anderes denken, als daß sich das Volk durch Gewalt in die Rechte der Mündigkeit einzusetzen und das rechtliche Verhältnis zwischen sich und den Vornehmen aufzuheben hätte."
72. Vgl. die folgende Äußerung eines Evergeten: „Ein anderer schlug vor, den ganzen Bund als einen höheren Grad, unter die Freimaurerei, ad modum des Illuminatismus, zu verstehen. Noch ein anderer wollte mehrere Grade eingeführt und organisiert haben." Zit. nach Feßler, 139
73. Ebd., zit. 156

2.5. Absolutistisch-ständesstaatliche Gesellschaft und „geheime Gesellschaften"

1. Bahrdt 1795, 249
2. Knigge 1962, 185 f.
3. „Ueber die Gefahr, die den Thronen, den Staaten und dem Christenthume den gänzlichen Verfall drohet, durch das Sistem der heutigen Aufklärung, und die kec-ken Anmaßungen sogenannter Philosophen, geheimer Gesellschaften und Sekten"
4. Hierzu Habermas 1962
5. Vgl. Gierke 1868 I, 837
6. Vgl. Kosellek 1959, 13
7. Müller 1965, 198
8. Zit. nach Loening 1928, 547, Sp.1
9. Justi 1756, 269
10. In diesem Zusammenhang muß auf das auf Turgot zurückgehende Edikt vom 05.02.1776 hingewiesen werden, welches die „corps de métiers" im Namen des Naturrechts verdammte und abschaffte. Vgl. Coornaert 1941, 176
11. Bereits im loi „Le Chapelier" vom 14. Juni 1791 war programmatisch erklärt worden: „L'anéantissement de toutes espèces de corporations du même état ou profession étant l'une des bases de la Constitution, il est défendu de les rétablir sous quelque prétexte que ce soit." Zit. nach Coornaert 1941, 183

8. Anmerkungen

12. Vgl. die Stellungnahme von Saint-Just: „Die Volkssouveränität erfordert, daß sie einzig sei ... sie steht im Widerspruch zu Faktionen. Jede Faktion ist daher ein Anschlag auf die Souveränität." Zit. nach Talmon 1961, 105
13. Tocqueville 1835, 37
14. Vgl. Griewank 1955, 41
15. Vgl. hierzu Kluxen 1956; Lenk/Neumann 1968
16. Hume 1953, 31
17. Hierzu Schnur 1963 und Kosellek 1959, 5 ff.
18. In der anonymen Flugschrift: „Unterredung zwischen einem Deutschen Reichsfürsten und einem seiner Räthe ..." 1794, 5, werden dem „Rath" zum Beispiel folgende Worte in den Mund gelegt: „Ich habe mich von Jugend auf gewöhnt, nichts für so heilig zu halten, daß es nicht dem Richterstuhl der Vernunft ... unterworfen wäre."
19. Koselleck 1959, 46
20. Das Reichsgesetz vom 16.08.1731 beraubte den Gesellenverbänden ihre eigene Gerichtsbarkeit. Darüber hinaus stipulierte es in § 53: „Ohne Vorwissen des vom Handwerk (d.h. vom ‚Arbeitgeber', d.Vf.) für die Zusammenkünfte der Gesellen verordneten Beysitzers, dürfen die Gesellen unter keinem Vorwand eine Zusammenkunft veranstalten," und in § 55: „Ein durchaus verbotener Mißbrauch ist es, wenn bey diesen Zusammenkünften die Handwerksgesellen Gesetze vorschreiben oder sonst sich anmaßen, ihnen gebieten zu wollen." Zit. nach Ortloff 1803, §§ 53 und 55. Vgl. hierzu auch Fis-cher 1955, 26 ff.
21. Vgl. Constitutionen-Buch 1741, 283 II. Pflicht: „Ein Maurer ist ein friedlicher Untertan, der sich niemals in Rotten und Empörungen wider den Staat einlässet, noch die Ehrerbietung gegen Unter-Obrigkeiten aus den Augen setzt."
22. Zit. nach Barton 1969, 149
23. Habermas 1969, 48
24. Kant 1914 VI, 389
25. Politische Annalen IV, 1793, 28–42
26. Ebd., 29
27. Starck 1803 II, 361

28. Weishaupt 1788, 49
29. Vgl. ebd., 82: „Wir fordern Unterwürfigkeit und Gehorsam; aber nicht um den Menschen zu mißbrauchen, willkürlich zu behandeln und ihre Freyheit ohne Not zu beschränken. Wir fordern vielmehr beides, weil wir Führer sind durch unbekannte Länder und Gegenden; weil man uns Einsicht und Erkenntnis zutrauet, und solche von uns erwartet."
30. Von der neueren Literatur zu den „deutschen Jakobinern" seien hier genannt: Scheel 1962; Traeger 1963; Grab 1966 und 1967; Braubach 1954
31. Hierzu Vierhaus 1967
32. Théorie des Conspirations 1797, 6

2.6. Die Freimaurerei als Subjekt

1. Hoffmann 1796, Vorspruch
2. Le Franc 1791, 62
3. Fay 1935, 7
4. Vgl. Fay 1935, 92 ff.
5. Constitutionen-Buch 1741, 1 ff.
6. Schatten und Licht 1786, 30; auf der gleichen Seite heißt es weiter: „Eine Gesellschaft, welche die Menschen wieder einander näher bringt, ist allein aus diesem Gesichtspunkt schätzbar. Dieß that die Maurerei. Sie vereinigt Leute aus allen Nationen, von allen Religionen, von allen Ständen ... die Meinungen aller Sekten werden wechselseitig geduldet, die Ideen aller Stände werden gegeneinander umgesetzt; man schleift Gehirn an Gehirn und daraus entsteht ein allgemeines Gesellschaftsband, aus Nachsicht, Duldung, Offenheit und Achtung gewebt."
7. Constitutionen-Buch 1741, 2338
8. In Frankreich gab es 1785 bei 21 Millionen Einwohnern etwa 30.000 Freimaurer. Vgl. Martin 1926, XVII. Starck schätzte die Zahl der deutschen Freimaurer 1782 „nach der geringsten Berechnung" auf über 20.000. Starck 1782, 305
9. Bonneville 1788, 1 f.

8. Anmerkungen

10. Vgl. Larudan 1780 II, 99: „Dieser Tempel Salomons, diese Freyheit und Gleichheit gehet blos die Loge an, und erstreckt sich nicht weiter."
11. Zit. nach Steffens 1964, 21
12. Vgl. Grab 1967, 35–59
13. Schütz 1824, 16
14. Schatten und Licht 1786, 31. Vgl. dazu das Aufnahmegesuch Goethes, welches dieser nach seiner Rückkehr aus der Schweiz an den Stuhlmeister der Weimarer Loge „Amalia" richtete: „Schon lange habe ich Veranlassung zu wünschen, daß ich mit zur Gesellschaft der Freimaurer gehören möchte; dies Verlangen ist auf der Reise viel lebhafter geworden. Es hat mir nur an diesem Titel gefehlt, um mit Personen, die ich schätzen lernte, in nähere Verbindung zu treten – und dies gesellige Gefühl ist es allein, was mich um Aufnahme nachsuchen läßt." Zit. nach Freimaurer-Lexikon 1932, Artikel: Goethe Sp. 616
15. Bergmann 1965, 39
16. Zit. nach Lantoine 1935, 217
17. Vgl. Koselleck 1959, 64: „Die Logen wurden zum stärksten Sozialinstitut der moralischen Welt im achtzehnten Jahrhundert."
18. Ter Meulen 1917 II, 1, 37
19. Constitutionen-Buch 1741, 233
20. Dieser Brief ist abgedruckt in Luquet 1963, Nr.50
21. Zit. nach Braubach 1952, 82. Vgl. auch die Einschätzung der Freimaurer durch Napoleon: „Ces sont les enfants qui s'amusent, laissez-les faire et surveillez-les", zit. nach Lantoine 1935, 212
22. Für Deutschland hat dies herausgearbeitet Valjavec 1951, 231 und 266 ff.
23. So Fay 1935, 255 f.
24. Lindner 1819, 189
25. Lessing 1897 XIII, 344
26. Vgl. ebd., 351: „Falk: Ordnung muß also doch ohne Regierung bestehen können. Ernst: Wenn jedes einzelne sich selbst zu regieren weiß: warum nicht?"
27. Koselleck 1959, 71

28. Lessing 1897 XIII, 398
29. Entsprechendes trifft für die freimaurerischen Vorlesungen Fichtes von 1800 zu, in denen dieser dafür plädierte, die Freimaurerei in den Dienst der „höchstmöglichen Ausbildung" der Menschheit zu stellen. Fichte 1923, 11
30. Bauer 1863, 6
31. Vgl. die überspitzte These Bauer's, daß die freimaurerische Phrase vom „reinen Menschen" eine „Kriegserklärung gegen die Welt" enthielt. Ebd., 4
32. Projekte der Ungläubigen 1791, 5
33. Graf Mattheus Vieregg, zit. nach Du Moulin-Eckart 1894, 197
34. Mounier 1801 b, 102: „Es würde ein trauriges Leben seyn, wenn man alle die widersinnigen Behauptungen widerlegen wollte, die gesagt und gedruckt werden. Wir würden die Unwissenden nicht überzeugen, welche die Geschichte nur aus den Schriften des Abbé Barruel kennen."
35. Vgl. Mornet 1967, 386: „Aucun document digne de foi ne prouve qu'une maçonnerie aveugle ait été l'instrument inconscient de chefs occultes, l'exécutrice d'un complot ourdi par une minoritè sournoise et redoutable."
36. So Rebmann im Jahr 1796, zit. nach Wrasky 1907, 37
37. Mounier 1801 b, 168
38. „Historisches Journal" 1799, 42
39. Vgl. hierzu die bibliographischen Angaben in Godechot 1956 I, 37–41; Ligou 1964 sowie die „Discussion" einschlägiger Beiträge von P. Barra! und A. Bouton in AHRF 41, (1969) 500–504
40. Vgl. Martin 1926, 296: „Elle (la franc-maçonnerie, d.Vf.) à été le levain qui transforma en action créatrices des virtualités d'émancipation qui sans elle seraient demeurées latentes, ou auraient avortés dans l'incoordinations et l'impuissance d'efforts spasmodiques et divergents."
41. Zu Six siehe Kapitel 6
42. Fay, Franc-maçonnerie 1935, 223
43. Palou 1964, 182 f.
44. Cochin 1921 und 1922
45. Cochin 1922, S. XLIV

46. Ebd., S. XLVII
47. Ebd., S. XLV
48. Palou 1964, 182 f.
49. Barruel 1797 II, 266 ff.
50. Bouton 1958
51. Vgl. Lefebvre 1953, 361–363
52. Koselleck 1959, 65 f.
53. Dierickxs 1968, 12: „Hat man einige Dutzend Werke katholischer Autoren durchgearbeitet, dann kann man sich erst ein konkretes Bild von den unvorstellbaren Vorurteilen katholischer Kreise machen und ist, offen gesagt, als Katholik auf diese Schmähschriften nicht sehr stolz."
54. Aubert 1971, 19
55. Vgl. Lefebvre 1955, 93
56. Godechot 1961, 276
57. Sie ist enthalten in dem Art.: „La Révolution Française fut-elle le résultat d'un complot maçonnique?", aus: „Le Quotidien" Nr. 25. vom 25.08.1925, zit. nach Lantoine 1935, 109. Vgl. auch Bouton 1958, 246: „En résumé, à la veille de la Révolution, l'engoument pour les idées philosophiques partagées par les loges qui ont, autant, sinon plus, que les sociétés de pensées, contribué à les repandre, en préconisant l'égalité civile, la tolérance religieux, la libération de la personne humaine opprimé, a abouti à un zèle ardant pour les faire passer dans la pratique, pour réaliser cette monarchie constitutionelle et éclairée considérée comme un progrès."
58. Auf diesem Hintergrund ist die vielzitierte und durch taktische Erwägungen diktierte Erklärung des Herzogs von Orléans, des einstigen Großmeisters des französischen Grand Orient, vom 22.03.1793 zu interpretieren, der im Dezember 1792 aus der Freimaurerei ausgetreten ist: „Hier ist meine Maurergeschichte: Zu einer Zeit, wo gewiß niemand die Revolution vorher sah, hatte ich mich zu den Freimaurern gesellt, welche eine Art von Gleichheit darbieten, so wie ich ein Mitglied der Parlamenter geworden bin. Nachher habe ich den Schatten für die Wirklichkeit fahren lassen." Zit. nach „Politische Annalen" II (1793), 531

59. Vgl. die vielzitierte Äußerung Lamartine's vom 10.03. 1848: „Ich hege die Überzeugung, daß aus dem Schoß der Freimaurerei die großen Ideen entsprungen sind, welche den Volksbewegungen in den Jahren 1789, 1830 und 1848 zum Grund gelegen haben." Zit. nach Bauer 1863, 19
60. Zit. nach Sée 1928, 338. Diese Rede ist abgedruckt in Luquet 1963, Nr.51
61. Zit. nach Bouton 1958, 249
62. WZ V (1793), 3–31
63. WZ V, 1793, 15 ff. – Vgl. auch Barruel 1800/03 I, 4 f.: „Sobald die Sekte auf die bürgerliche Gesellschaft, und auf das Reich der Gesetze, eben diese Grundsätze der Freyheit und Gleichheit anwendete, und sich einfallen ließ, daraus den Schluß herzuleiten, daß man mit den Altären auch alle Thronen stürzen müsse ..."

2.7. Die Sprengung der freimaurerischen Esoterik: Der Illuminatenorden 1776–1785

1. Vgl. Literarisches Wochenblatt IV Nr. 3, Juli 1819, 18, wo die „öffentliche Meinung" als „Surrogat einer staatsrechtlichen Verfassung" bezeichnet wird
2. Vgl. Habermas 1962, 49
3. Zitat aus einer Berliner Freimaurerrede vom Jahre 1777, zit. nach Mannheim 1933, 99
4. Herder 1888 XV, 173
5. Weishaupt 1795, 566
6. Ebd., 566
7. Weishaupt 1795, 5668
8. Gentz an Adam Müller, Wien 19.04.1819, zit. nach Gentz 1857, 275
9. Vgl. Schubarts Kommentar von 1791: „Der Boden bebte vom Sturz dieses Kolossenbildes. Der Pöbel glaubte, nun sei der jüngste Tag vorhanden und die Gelehrten zimmerten Erziehungspläne." Zit. nach Graßl 1968, 71. Vgl. auch Dülmen 1969
10. Zu seinem publizistischen Widerhall in Deutschland siehe Gallinger 1900

8. Anmerkungen

11. Vgl. die Ode „Die Freiheit Amerikas" aus der „Berlinischen Monatsschrift" von 1783, in der es u.a. heißt: „Europa, hebe das Haupt empor! Einst kommt auch dir der Tag, wo die Kette bricht, Du Edle frei wirst, deine Fürsten scheuchst, und, ein glücklicher Volksstaat grünet ..." Zit. nach Sauer 1913, 3
12. Condorcet 1847. Vgl. hierzu Palmer 1970: Kap. IX „Europa und die amerikanische Revolution", und Dippel 1972
13. Vgl. Fay 1935, 221 ff.
14. Lessing 1897 XIII, 400
15. Zur Geschichte des Illuminatenordens siehe Engel 1906; Le Forestier 1914; Wolfram 1899/1900; Hofter 1956; Epstein 1966, 87–104
16. Zit. nach Engel 1906, 25
17. Engel 1906, 62 f.
18. Ebd., 85 und Hofter 1956, 1 ff.
19. „Befehle der Obern haben allzeit die Vermuthung vor sich, daß sie zum Zwecke führen, denn Obere sehen weiter, tiefer in die Sisteme ein, und darum, und aus keiner anderen Ursache sind sie Obere." Zit. nach Engel 1906, 92
20. Der von Ludz aufgeworfenen Frage nach der Korrespondenz der sich komplementär zueinander verhaltenden Faktoren Ideologie und Organisation kann hier nicht näher nachgegangen werden. Ludz 1964
21. Hierzu jetzt auch van Dülmen 1975, Kap. III
22. Zit. nach Engel 1906, 75
23. Ebd., zit. 76
24. Diese von Knigge gegenüber dem Landgrafen Carl zu Hessen in einem Schreiben vom Juni 1779 erhobene Forderung bezieht sich auf die von Knigge angestrebte Reform des „Ordens zur strikten Observanz" (s.u.), welchen Orden Knigge 1780 wegen seines Eintritts in den ihm programmatisch näher stehenden Illuminatenorden verließ. Zit. nach Kneisner 1917, 51
25. Zit. nach Rossberg 1942, 35
26. Neueste Arbeiten 1794, 46
27. Ebd., 24
28. Ebd., 38

8. Anmerkungen

29. Ebd.
30. Koselleck 1959, 75
31. Scheel 1962, 13
32. Vgl. dazu Wolfram 1899 I, 28. Da dieser Plan nur andeutungsweise in dieser obskuren und überdies wissenschaftlich unzureichenden Publikation erwähnt ist, ist er bislang in der Literatur zum utopischen Sozialismus nicht berücksichtigt worden.
33. Neueste Arbeiten 1794, 6
34. Ebd., 14 f.
35. Ebd., 160
36. Burggraf 1966, 145
37. Ebd., zit. 145
38. Spengler 1931
39. So die „Politischen Gespräche" vom 18.08.1791: „Da schrie ein Basedow Mirackel ... Rousseau ließ seinen Emil in einem Walde unter wilden Thieren erziehen. Es war ein Edukationskrieg in Europa."
40. Zit. nach Hoffmann 1795/96 1, 181
41. Vgl. Weishaupts tiefsinnige Formulierung: „Aus Nichts etwas zu machen, ist das Meisterstück der mit der Moral vereinigten Politik." Zit. nach Koselleck 1959, 78
42. Neueste Arbeiten 1794, 18
43. Zit. nach Spengler 1931, 25
44. Neueste Arbeiten 1794, 76 ff.
45. Die beiden wichtigsten Publikationen sind: „Einige Originalschriften des Illuminatenordens", München 1787; „Die neuesten Arbeiten des Spartacus (= Weishaupt) und Philo (= Knigge) in den Illuminatenorden", 1794
46. Vgl. den folgenden Kommentar Weishaupts zum illuminatischen „Priestergrad": „Wenn dieser Grad sonderbare und etwas kühnere Gedanken enthält: so muß man bedenken, 1. daß er nicht in dieser Form ausgetheilt worden sey, 2. daß es in einer geheimen Gesellschaft erlaubt sein müsse, vorbereiteten gegen Mißbrauch gesicherten Menschen, etwas mehr ins Ohr zu sagen, als in unseren Compendien enthalten ist." Zit. nach „Illuminaten-Grade" 1794, 63

8. Anmerkungen

47. Nach der Mitgliederliste in: van Dülmen 1975, 439–453, beträgt die Zahl der gesicherten Mitglieder 366, bei weiteren 89 ist die Mitgliedschaft unsicher. Schätzungen, die weit darüber liegen–Epstein 1966, 94, spricht von 2.000 bis 4.000 Mitgliedern – müssen nunmehr als überholt gelten.
48. Hierzu Runkel 1932 I und II
49. Vgl. Barruel 1800/03 IV, 164: „In gewissem Maaße waren es alle Elemente des Freymaurer-Chaos in einer Hölle vereinigt."
50. Starck 1782, 372
51. Der moderne Tempelritterorden ist durch C.G. Marschall von Bieberstein von Frankreich nach Deutschland importiert worden (vgl. Rijnberk 1935 I, 81), wo er unter dem Namen der „Strikten Observanz" durch den Sachsen C.G. Baron von Hund mit großem Erfolg verbreitet worden ist. Vgl. Runkel 1932 I, 195 ff.
52. Vgl. den fragmentarischen Überblick über diesen Orden in Epstein 1966, 104–111, sowie die ebd. auf S. 679 zusammengestellte Bibliographie
53. So der Hamburger Freimaurer von Exter am 28.12.1782. Zit. nach Steffens 1964, 181
54. Vgl. hierzu die durch die Lektüre rosenkreutzerischer Schriften veranlaßte Stellungnahme des Göttinger Philosophen und Physikers Lichtenberg: „Von Goten, Vandalen, Longobarden, Sarazenen und allen wilden Völkern haben wir nicht mehr zu befürchten, daß sie das Licht der Wissenschaft wieder auslöschen, und Finsternis über Europa verbreiten möchten. Aber ein innerer Feind ... scheint uns mit dieser Gefahr zu beschleichen. Es ist die überhand nehmende Seuche der Schwärmerei ..." Lichtenberg 1844, 72
55. Kneisner 1917, 51. Vgl. auch Hofter 1956, Kap. 3: „Eintritt Knigges und Unterwanderung der Strikten Observanz."
56. Zit. nach Engel 1906, 135
57. Munter 1787, S. XIV
58. Vgl. Valjavec 1951, 271–302: „Der Kampf gegen Aufklärung und geheime Gesellschaften", und Koselleck 1959, 106

8. Anmerkungen

3.1. Die Entstehung der Verschwörungsthese

1. So untersagte zum Beispiel in Schweden ein königlicher Erlaß vom 21.10.1738 die Versammlung der Freimaurer bei Todesstrafe; König August II. von Polen sowie König Philipp V. von Spanien erließen 1739 ein allgemeines Verbot der Freimaurerei, in Portugal wurden Freimaurer zu Galeerenstrafen und zum Feuertod verurteilt und in Hamburg untersagte der Senat mit Erlaß vom 07.03.1738 den Stadtangestellten die Teilnahme an Logenversammlungen. Vgl. dazu Steffens 1964, 49 f. Eine Vielzahl antifreimaurerischer Erlasse sind publiziert in Acta Latomorum 1815
2. Zit. nach Monod 1916, 302
3. Allerneueste Geheimnisse der Freymaurer (o.O.)
4. Ebd. I, 106
5. Ebd. I, 107
6. Ebd. I, 108
7. Ebd. II, 388
8. Ebd. II, 39
9. Zu Torrubia siehe Taute 1909, 124 f. und Dierickx 1968, 72
10. Torrubia 1786, 9
11. Ebd., 29
12. Vgl. den Art.: Bourgfontaine, in: Koch 1936
13. Graßl 1968, 58 f. vgl. hierzu Wittola 1776, 92, wo auf die „Fabel von der Zusammenkunft von Bourgfontaine" sarkastisch eingegangen wird
14. „La secte philosophique qu'on remarque depuis quelque tems être très étroitement lié avec la Franc-Maçonnerie". „Journal historique et littéraire", 1775, 411
15. Zit. nach „Vertheidigung der Freymauer" 1779, 3
16. Zit. nach Singer 1925, 37
17. Hierzu Runkel 1932 II, 210 ff.
18. Vgl. „Vertheidigung der Freymaurer wider die Verleumdung zweener Geistlichen" 1779, 45 f.: „Aber glauben sie mir, sie sind vorbey, die abscheulichen Zeiten, in denen der Mißbrauch der Religion Ihnen das Recht zu Empörungen, zu Mordthaten und zu anderen Schändlichkeiten zu geben schien, über die sich noch unsere

Enkel entsetzen werden. Das Auge der Vernunft ist durch den Schleyer, den ihm der Aberglauben sonst entgegen setzte, hindurch gedrungen"
19. Wie van Dülmen 1975, Kap. 5, dargelegt hat, spielten bei dem Verbot des Illuminatenordens hier nicht zu skizzierende und mit diesem Orden nur sehr mittelbar verbundene politische Richtungsstreitigkeiten eine Rolle
20. Zit. nach Engel 1906, 13
21. Zit. nach Du Moulin-Eckart 1795 Ill, 201
22. Zit. nach Graßl 1968, 228
23. Vgl. Fischer 1944, 18 ff. und 62–94
24. Vgl. Koselleck 1959, 196 f. (Anm. 21)
25. System und Folgen des Illuminatenordens 1787, 233
26. Über Freymaurer, Erste Warnung 1784, o.O. Zit. nach Wolfram 1900 H, 7
27. XIII, 1785, 168, zit. nach Graßl 1968, 264
28. Der Weisheit Morgenröthe. Zit. nach Nachrichten 1795, Belege 11 f.
29. Stattler 1797, 33
30. Diese Thesen werden als Kapitelüberschriften verwendet
31. VI, 355–374
32. Ebd., 357, heißt es ironisch: „Einen Lambert, einen Kant zu studieren, erfordert zu viele Prälimarkenntnisse, und eine ununterbrochene Anstrengung des Kopfes. Wir hoffen also durch den Umgang mit höheren Wesen, welche wir Geister nennen, neue Eroberungen in den Wissenschaften zu machen."
33. Ebd., 363
34. Zu Göchhausen siehe Epstein 1966, 96, sowie den Art.: Göchhausen im „Freimaurerlexikon" 1932
35. Göchhausen 1786, 431
36. Ebd., 323
37. Ebd., VII
38. Ebd., 418
39. Ebd., 176
40. Zit. nach Geiger 1963, 233
41. Marées 1788 III, 139
42. Vgl. Nicolai 1788, 52: „Von einer Absicht, eine neue Volksreligion einzuführen, den Deismus oder Natura-

lismus auszubrüten, etwas wider die christliche Religion zu unternehmen, oder Veränderungen in den Staaten zu veranlassen: davon habe ich ... nie ein Wort gehört."
43. Außer in Preußen war dies in Kursachsen und in Württemberg der Fall. Vgl. Philippson 1880 I, 198 und Valjavec 1951, 146
44. Vgl. Bailleu 1924; Epstein 1966, 356 ff.
45. Zit. nach Philippson 1880 I, 200
46. Zit. nach Häusser 1859 I, 202. Vgl. die von K.F. Bahrdt unter dem Pseudonym „Nikolai der Jüngere" vorgenommene Persiflage auf das Religionsedikt. In seinem „Religionsedikt" betitelten Stück von 1789 legte er auf S. 28 einem fiktiven Pastor und Freund Wöllners das folgende „Gebet" in den Mund: „Vor theurer Zeit, Illuminaten / Freimaurer, die beym Teufel braten, / Vor Pestilenz und Schwerenoth, / Bewahr uns lieber Herregott." Zum Religionsedikt siehe Schwarz 1925
47. Luchet 1789, 46
48. Ebd., 48
49. Vgl. Barruel 1800/03 III, 12: „Es gibt heut zu Tage Illuminaten des Atheismus und der Theosophie. Diese sind streng genommen die Martinisten." Ferner de Maistre 1883 II, 213 f. und de Stael 1815 III, 340, wo zwischen den „Illuminés mystiques" und den Anhängern Weishaupts, unterschieden wird
50. Zu Grolman siehe Braubach 1927, 330
51. Zu Starck siehe Blum 1912 und Epstein 1966, 506 ff., wo weitere Literaturhinweise aufgeführt sind
52. Zit. nach Krüger 1931, 474
53. Der Minervalgrad – nach Minerva, Göttin des Verstandes – war der erste illuminatische Grad. Vgl. Engel 1906, 117
54. Zit. nach Le Forestier 1914, 616

3.2. Cogliostro als „Chef der Illuminaten"

1. Hierzu Alméras 1904 und Günter 1919
2. Zit. nach Günter 1919, 208
3. Zit. nach Goedeke 1844, 34

8. Anmerkungen

4. Hierzu das allerdings unseriöse Werk von Lützeler 1937 II, 943. Bevor Knigge 1780 dem Illuminatenorden beitrat, gehörte er dem mit dem schottischen Hochgradsystem arbeitenden „Tempelritter-Orden" (auch „Strikte Observanz" genannt) an. Zum Arger Weishaupts suchte Knigge Elemente des Tempelritterordens in den Illuminatenorden einzubringen. Vgl. dazu den Brief Weishaupts vom 07.02.1783, in dem es heißt: „Ich wünsche, daß alle Zeremonien, die wirklich einfältig und unbedeutend sind, hinweg bleiben ... wie viel Geld geht dabey verloren! ... Philo (= Knigge) steckt voll solcher Narrheiten, welche seinen kleinen Geist verrathen ... Auf den Illuminatus major folgt der elende Schottische Rittergrad ganz von seiner Komposition." Zit. nach Illuminaten-Grade 1794, 41 f.
5. Abgedr. in Günter 1919, 323 ff.
6. Wien 5786 (= 1786) Ill, 1 H., 183–196
7. Zit. nach Günter 1919, 184
8. Zit. nach Alméras 1904, 282 f. Vgl. auch Le Forestier 1914, 658 f.
9. Zit. nach Priouret 1953, 191
10. Zit. nach Buchner 1913 IV, 1. Teil, 120 f.
11. Fabre 1952, 500
12. Zit. nach Bode 1790, 217
13. Vgl. den Artikel: „Bode" im „Freimaurerlexikon" 1932
14. Bode 1790, 216 f.
15. Ebd., 217
16. Ebd., 222 f.
17. Balsamo 1791, III–IV
18. Ebd., VIII
19. Im Artikel: „Cagliostro" des „Freimaurerlexikon" 1932 heißt es apodiktisch und wohl allzu vereinfachend: „Dieser reumütige Schwindel rettete Cagliostro den Kopf". – Das von der Inquisition am 21.03.1791 ausgesprochene Todesurteil wurde durch den Papst in lebenslängliche Haft umgewandelt
20. Alméras 1904, 93
21. Balsamo 1791, 87
22. Zu den „Illuminaten der Theosophie" siehe Viatte 1965

23. Balsamo 1791, 87 f.
24. Ebd., 118
25. Vgl. Brandes 1792, 71: „Auffallend bleibt es immer, daß Cagliostro wiederholentlich in seinem Prozesse, den Häuptern einer gewissen Parthey von Freymaurern den Plan die Thronen der Welt umzustürzen beymißt, aber auf das Zeugnis eines Cagliostro's läßt sich freylich nicht viel bauen."
26. So der Abbé Hesmivy d'Auribeau 1795 II, 907
27. Barruel 1800/03 III, 31 f.
28. Hervas y Panduro 1949, 114 f.
29. Cadet-Cassicourt 1796, 53: „Il a paru, en 1791, un extrait de le procedure instruite à Rome contre lui (Cagliostro). Cette procedure fournit de grandes lumières sur la rapport de la francmaçonnerie de stricte observance, ou des initiés avec la révolution française."
30. So Fabre 1952, 500; Kukiel 1960, 59; Fay 1960, 540 f.
31. Schneider 1947, 12, Anm. 29. Vgl. hierzu den Rechenschaftsbericht der Pariser SD-Stelle vom 16.10.1941; in: Alleau 1969, 296–299
32. Balsamo 1791, 171
33. Beispielsweise heißt es am 28.12.1790 in den konterrevolutionären „Politischen Gesprächen der Todten": „Aus Turin: Die Geschichte des Cagliostro zu Rom, seine Verhaftnehmung, seine Aussagen öffnen vielen Fürsten die Augen."
34. Zit. nach Bibl. 1938, 28. Vgl. auch Rossberg 1942, Anm. 621

3.3. Die Verdichtung der Verschwörungsthese zu einer Drahtzieher-Theorie

1. Barruel 1789, 34
2. Ferrand 1790, passim
3. So heißt es in der Vorrede des „Journal de physique" von Rosier, Paris 1790, welche in dem gegenrevolutionären Hamburger „Politischen Journal" kolportiert wurde. Zit. nach Spengler 1931, 90
4. Rossberg 1942, Anm. 497

8. Anmerkungen

5. Bd. VII, 1790, 3 ff.
6. Hempelmann 1935, 50
7. So Hansen 1931 I, 643
8. II, 833 f.
9. Zit. nach Hansen 1931 I, 643
10. Chronik Nr.77, 754, zit. nach Hansen 1931 I, 644
11. Hierzu Feldmann 1957, 52–56
12. Zit. nach Valjavec 1951, 515
13. Burke 1964 a, 152
14. Wolfstieg 1964 I, Nr.6362
15. Le Franc 1891, 154
16. Ebd., 62
17. Hierzu Défourneaux 1965, 170–174
18. Diese Behauptung konnte vom Verfasser nicht überprüft werden, es könnte sich dabei durchaus um eine Tarnung handeln
19. Projekte der Ungläubigen 1791, 3
20. Ebd., 5
21. Schulz 1913, 53
22. Über diesen Prinzen, siehe Kneisner 1917 sowie dessen Autobiographie von 1861
23. Abgedr. in Schulz 1913, 90–92
24. Abgedr. in Hansen 1931 I, Nr.416
25. Abgedr. ebd., Nr.418
26. Zit. nach Hashagen 1908, 502
27. Dieser Artikel ist abgedr. in Hansen 1931 I, S. 1049
28. Valjavec 1959; Epstein 1966, 517 ff.
29. Sommer 1952
30. Hoffmann 1786, 17
31. Ebd., 18
32. Achtzehn Paragraphen über Katholizismus, Protestantismus, Jesuitismus, geheime Orden und moderne Aufklärung. In Deutschland (= Wien), 1787, zit. nach Valjavec 1959, 171
33. Valjavec 1959, 175
34. WZ I, 1792, 5
35. Ebd., 3
36. WZ II, 1792, 232 f.
37. Ebd., 329–344

38. Ebd., 330
39. Ebd., 338
40. Ebd., 340
41. Ebd., 341
42. Magazin III, 1793, 65–77
43. Ebd., 77
44. Ebd., 71 f.
45. Beispielsweise wird in III, 1793, 327, der „Illuminatismus" als „leiblicher Bruder des Jacobinismus" bezeichnet. Vgl. auch Eklektiker 1794, 57: „Der Illuminatismus an sich ist abermals Schule des theoretischen Jakobinismus; Jakobiner hingegen sind – praktische Illuminaten."
46. WZ IV, 1792, 141
47. Zum österreichischen Jakobinismus siehe Wangermann 1966
48. Zit. nach Hansen 1933 II, 754
49. WZ 1793, 2.H., 145–158
50. Le Forestier 1914, 664 ff.
51. Vgl. den Brief Schillers an Körner vom 10.09.1787: „Weishaupt ist jetzt sehr das Gespräch der Welt ... Bode hat mich sondirt, ob ich nicht M(aurer) werden wolle. Hier hält man ihn für einen der wichtigsten Menschen im ganzen Orden. Was weißt Du von ihm?" Zit. nach Rossberg 1942, 63
52. So auch Le Forestier 1914, 667. Die auch noch von Hans Maier 1965, 114, kolportierte konterrevolutionäre Behauptung, der oben erwähnte Nicolas de Bonneville, einer der Pariser Kontaktleute Bodes und Busches, habe dem Illuminatenorden angehört, ist unbewiesen und mit hoher Wahrscheinlichkeit falsch. Wie hier nicht näher ausgeführt werden kann, spielten auch die von Mirabeau während seiner Berlin-Aufenthalte (1786–1787) mit deutschen Aufklärern geknüpften Kontakte in der konterrevolutionären Publizistik eine große Rolle. Vgl. hierzu Le Forestier 1914, 662
53. WZ 1793, 2.H., 149
54. Ebd., 152
55. Ebd.
56. Ebd., 153 f.

8. Anmerkungen

57. Ebd., 156
58. Hoffmann 1795, 3–36
59. In der nicht paginierten Vorrede; Spartacus und Philo sind illuminatische Ordensnamen; vgl. auch den „Vorbericht des Herausgebers" des Göttinger „Revolutions-Almanach" vom Jahre 1794, wo die Passage: „Nicht die Franzosen sind die Erfinder ..." aus den „Neuesten Arbeiten" zitiert wird
60. Hoffmann denunzierte nicht nur die „deutschen Jakobiner" wie etwa Georg Forster, sondern auch Männer wie Lessing und Mendelssohn, wobei er sich nicht scheute, auch antisemitische Ressentiments zu schüren. Vgl. dazu besonders den Artikel: „Einige erklärliche Unerklärlichkeiten aus Deutschland, besonders die Mainzer Vorfälle betreffend", WZ 1793, 1.H., 31–65
61. Zit. nach Sommer 1932, 141
62. Lorenz Haschka ist der Vf. der erstmals im Februar 1797 gespielten Kaiserhymne: „Gott erhalte Franz den Kaiser", deren konterrevolutionäre Zielsetzung daraus hervorgeht, daß sie von der Regierung bestellt war und daß sie in ihrer ursprünglichen Fassung die folgende Anspielung auf die Wiener „Jakobinerverschwörung" von 1794 (s.u.) enthalten hatte: „Brich der Bosheit Macht, enthülle jeden Schelm– und Bubenstreich." Bibl 1938, 74
63. Magazin II, 1793, 132–163
64. Ebd. IV 1794, 370
65. Ebd. 111793, 85
66. In Bd. II., 1794, 77–107, unter dem Titel: „Eine Rede über den Illuminatenorden, gehalten in einer Freymaurerloge im Dezember 1793, Regensburg 1794"
67. Ebd. II, 1794, 92
68. Ebd., 91
69. Ebd., 104
70. Hierzu Epstein 1966, 535 ff. und Krüger 1931
71. Zu den Mitarbeitern der „Eudämonia" gehörten u.a. Ernst August von Göchhausen; Heinrich Köster, der Herausgeber der Gießener „Neuesten Religionsbegebenheiten"; H.O. Reichhard, der Herausgeber des Göttinger „Revolutions-Almanach"; Friedrich Leopold Graf Stol-

berg und Matthias Claudius. Leopold Alois Hoffmann steuerte gleichfalls einen Beitrag bei, gehörte jedoch nicht zu dem engeren Kreis der „Eudämonisten".
72. Hierzu vor allem Erdmannsdörffer 1892 II, XXII ff., wo auch auf S. 188 f. (Nr. 242) die von einem Mitglied der „Gesellschaft patriotischer Gelehrter" Legationsrath Riese, verfaßte Denkschrift: „Untertänigstes Promemoria, die Förderung und Unterstützung antijacobinischer Schriften zur Bekämpfung der Revolution und ihrer Ideen betr. Wilhelmsbad, 1. Octob. 1794" publiziert ist
73. Eudämonia I, 1795, III f.
74. Ebd., V
75. Ebd., X
76. Eudämonia II, 1796, 9
77. Ebd., 366
78. Vgl. auch die Xenie von Goethe und Schiller: „Südwärts hinter euch heulen / der Hekate nächtliche Hunde / Eudämonia genannt, und der Professor zu Wien" (gemeint ist L.A. Hoffmann)
79. Zit. nach Braubach 1927, 320
80. Ebd., zit. 322
81. Hierzu Léon 1922, 302–310 und Braubach 1927, 320–322
82. Eudämonia II, 1796, 6
83. Wrasky 1907
84. Rebmann 1796, 9 f.
85. Plersch 1796, 140 f.
86. Hoffmann 1796 b, nicht paginierter Vorspruch

3.4. Die Entfaltung der Verschwörungsthese

1. Vgl. III (175), 1786, 498, wo die „Drey merkwürdige(n) Aussagen über die innere Einrichtung des Illuminatenordens in Bayern betreffend" (1786), angezeigt werden
2. Vgl. denim vorigen Kapitel auszugsweise zitierten und am 15.12.1791 vom „Moniteur" veröffentlichten Brief
3. So etwa von Burke, der in seinen „Reflections on the Revolution in France" auf den Illuminatenorden hingewiesen hat und der in seinen im Dezember 1791 publizierten „Thoughts on French Affairs" die labile politische

Situation in Sachsen u.a. auf Freimaurer und Illuminaten zurückführte; Burke 1964 b, 305
4. Zit. nach Illuminatenorden 1799, 76. Vgl. auch Le Forestier 1914, 656
5. Tableau de Paris, Nr. 17, 23. November 1795. Das „Tableau de Paris" beruft sich bei dieser Kolportage auf einen einschlägigen Artikel aus den „Annales patriotiques" von Mercier, welcher dem Vf. nicht vorlag
6. Eudämonia II, 363–376
7. Siehe die Übersicht über die Barruel-Ausgaben in Kap. 7.2
8. Eine Biographie über Barruel existiert nicht, die biogr. Grunddaten finden sich bei Prevost 1951
9. Barruel 1794 III, 3
10. Auch in den fünf Briefen, die der Abbé Barruel zwischen dem 14. März 1792 und dem 26. September 1792 an den Staatssekretär von Papst Pius VI., Kardinal Zelada, gerichtet hat, werden die Freimaurer mit keinem Wort erwähnt, Mellor 1961, 276
11. Barruel 1800/03 IV, 560: „Gleich im ersten Jahr meiner Emigration beehrte mich Herr Burke mit seiner Gewogenheit!" In einem Brief vom 01.05.1797 äußerte Burke sich über den 1. Bd. der „Denkwürdigkeiten" wie folgt: „The whole of the wonderful narrative is supported by documents and proofs with almost juridical regularity and exactness." Zit. nach Gould 1951 I, 8
12. Barruel 1800/03 I, 2
13. Noch im zweiten Band der „Denkwürdigkeiten" hat Barruel den „Essai sur la secte des Illuminés" des Marquis de Luchet nur beiläufig erwähnt. Barruel 1797 II, 264
14. Le Forestier 1914, 691 und Reichard 1877, 310 f.
15. Barruel 1800/03 I, 14 – vgl. den in Kapitel 1.1 zitierten Passus
16. Barruel 1800/03 I, 15 f.
17. Palmer 1964, 252
18. Mellor 1961, 277
19. Barruel 1800/03 IV, 535: „Eine Gesellschaft sehr schätzbarer Männer und sehr guter Staats-Bürger, so viel man aus

ihrem Journal Eudämonia (der gute Geist) betitelt, urtheilen kann, beeifert sich, die Fallstricke, die Prinzipien und die Gefahr der Illuminaten zu enthüllen."
20. Ebd. I, 6
21. Ebd. IV, 599
22. So zum Beispiel ebd. IV, 159: „Leopold (Kaiser Leopold II.) starb den folgenden ersten März vergiftet."
23. Ebd. III, 25
24. Ebd. III, 407 f.
25. Vor allem: „Wir wollen die wirkliche Gleichheit, oder den Tod" und: „Die französische Revolution ist die Vorläuferin einer weit größern, weit herrlichem Revolution, welche die letzte sein wird." Ebd., zit. IV, 464
26. Vgl. Dommanget 1950
27. Robert Clifford (1767–1817), der dritte Sohn des Baron Clifford of Chudley, eines prominenten englischen Katholiken, war u.a. Fellow der Royal Society. Vgl. Schilling 1943, 208, Anm. 70
28. Im Jahre 1798 in London
29. Harwood, 1844
30. Maccoby 1955, 29–50
31. Die anti-illuminatische Drahtzieher-Theorie wird im 4. Band der Barruelschen „Denkwürdigkeiten" kolportiert, und zwar im 11. Kapitel „Vierte Epoche der Secte, Deputation der Illuminaten von Weishaupt an die Freymaurer zu Paris. Aus Freymaurern und Illuminaten werden Jacobiner."
32. Ebd. IV, 356
33. Hierzu Bach 1907
34. Barruel 1800/03 IV, 536
35. Ebd. IV, 539
36. Ebd. IV, 541. – Vgl. hierzu Cantimori 1961, der die Problematik des durch Äußerungen von Heinrich Heine inspirierten Gedichts „Versaglia" (1817) von G. Carducci diskutiert. Bei der Analyse dieses Gedichts, in dem es heißt: „Immanuel Kant der Gottheit das Haupt abschlug/ Und Maximilien Róbespierre den Kopf des Königs", verweist Cantimori auch auf die oben zitierten Passagen aus Barruels „Denkwürdigkeiten"

37. Zit. nach Papcke 1970, 27
38. Barruel 1800/03 IV, 585
39. Ebd. IV, 613
40. Ebd. IV, 601
41. Ebd. III, 19
42. Zu Robison s. Epstein 1966, 505 f. und Le Forestier 1914, 676 ff.
43. Vgl. hierzu die einleitenden Bemerkungen in Robison 1800, besonders 10 ff., in denen der Vf. Rechenschaft über sein Quellenstudium ablegt
44. Vgl. die Übersicht über die Robison-Ausgaben in Kap. 7.2
45. Robison 1800, 18
46. Robison 1800, 291
47. Vgl. Barruel 1800/03 IV, 545 f.: „Ohngeachtet der Verschiedenheit ... zwischen diesem achtungswürdigen Autor" – gemeint ist Robison – „und mir, über einige Artikel, und besonders über die catholische Religion und die Jesuiten ..."
48. Maccoby, einer der besten Kenner des englischen Radikalismus, teilte dem Vf. auf eine entsprechende Anfrage mit Schreiben vom 20.03.1966 mit: „I am afraid I have rarely come across Free Masonry as such in accounts of Radical Societies."
49. Hierzu Schilling 1943, der auch auf die Wirkungsgeschichte der Barruelschen „Denkwürdigkeiten" in England eingeht
50. Monthly Review XXIII (1797), 531 f.
51. Vgl. auch die Rezension der Robisonschen „Proofs of a conspiracy" im „Monthly Review" 1798, XXV, 303–315, wo die Verschwörungsthese als „extraordinary denunciation" (303) abgetan und im übrigen bedauert wird, daß ein so verdienstvoller Wissenschaftler wie Robison ein derartiges Machwerk verfaßt habe
52. Barruel 1800/03 II, 250: „Indem wir von den Freymaurern reden, gebieten uns Wahrheit und Gerechtigkeit, mit einer Ausnahme anzuheben ... In England vorzüglich giebt es sehr viele dieser ehrlichen Männer und ausgezeichnet guten Staatsbürger."

53. Illuminatenorden 1799, 85 f.: „Man muß entweder alles, was bey der Französischen Revolution vorgegangen ist, gar nicht kennen, oder man muß ganz unbekannt mit den Geheimnissen des Illuminatismus seyn, wenn man in jener nicht die Ausführung von diesen (sic!) sichtet. Alles was in Frankreich geschehen ... sind nichts anderes als Ausführung dessen, was in den Geheimnissen des Illuminaten-Ordens projektiret war."
54. Ebd., 87
55. Germantown (= Frankfurt) 1803 – weitere, zum Teil überarbeitete Auflagen erschienen 1804 in Augsburg, 1834 in Landshut und 1847 in Regensburg
56. Zu Starck siehe Krüger 1922; Blum 1912 und Epstein 1966, 506 ff.
57. Starck 1803 II, 361
58. Ebd. II, 576 f.
59. Haller 1820 I, XLIX
60. Ebd. I, 151
61. Ebd. I, XVIII
62. Vgl. ebd. I, 142, Anm. 82
63. Ebd. I, 146
64. Ebd. I, 142

4.1. Logen im Dienste für absolutistische Ziele in Ungarn 1790–1794

1. Den hier angeschnittenen Fragenkomplex beabsichtigt der Vf. in einem separaten Aufsatz weiter zu vertiefen.
2. Larudan 1780 II, 113
3. In der Generale vom 29.06.1791, zit. nach Mack 1912, 51
4. So Greer 1951, 94 f. Laut Greer sind davon 10.000 auf die britischen Inseln, 7.000 nach Spanien, 5.000 nach Deutschland, 4.000 nach Italien und 1.000 in andere Länder ausgewandert
5. Zit. nach Hauterive 1963, Nr.806
6. Hierzu Winter 1962
7. Hierzu Palmer 1970, 366–384: „Die belgische Revolution"
8. Silagi 1961, 26 f.
9. Wandruszka 1963/65, besonders Bd. II

8. Anmerkungen

10. Zu Gotthardi siehe Silagi 1962, 53 f.
11. Zit. nach Silagi 1961, 71
12. Hierzu Silagi 1961, Kap. 12: „Leopold II. und die Freimaurerei"
13. Ebd. Kap. 13: „Die Assoziation"
14. „Entgegenarbeitung wider die französische Propaganda – den Demagogismus – den philosophischen Freiheitstaumel – die Religionslosigkeit und falsche Aufklärung dieses Zeitalters und wider alle hiermit verwickelte geheime Orden, Faktionen, Societäten usw." Ebd., zit. 108
15. So heißt es in dem von L.A. Hoffmann dem Kaiser am 21.07.1791 unterbreiteten Plan. Ebd., zit 108
16. Zu Martinovics s. Benda 1961, 421 ff; sowie Silagi 1962, 65–86
17. Hierzu Abafi 1890/93; vgl. Benda 1966, 46
18. Zit. nach Silagi 1962, 105
19. Benda 1966, 67
20. Hierzu Silagi 1962, 166–176: „Die Stiftung revolutionärer Gesellschaften in Ungarn"
21. Zu den Wiener Jakobinern siehe Wangermann 1966, Koerner 1972 und Rosenstrauch-Königsberg 1975
22. Silagi 1962, 177 ff.
23. Zu Hajnóczy siehe Benda 1961, 404 ff.
24. Hoffmann 1796, Vorspruch
25. Vgl. Silagi 1962, 182 ff.
26. WZ 1793, 2.H., 350 f.
27. Barruel 1797 IV, 503 f.

4.2. Freimaurerische politische Gesellschaften und Verschwörungen in der napoleonischen Ära

1. Zit. nach Engel 1906, 418
2. Zit. nach Hansen 1938 IV, 141
3. „Nein, nicht Selbstliebe, sondern Menschenliebe ... muß die Triebfeder, die Richtschnur, der Maßstab aller unserer Handlungen sein, und Aufopferungen und Entbehrungen können im Hinblick auf einen solchen Zweck höchster Lebensgenuß, größtes Selbstgefühl werden.

8. Anmerkungen

Nur ein solcher Satz aus Weishaupts, Bahrdts und Kants Philosophie und Moral ist imstande, große Seelen zu bilden und dem Weltzweck des Schöpfers zu befördern." Zit. nach Hansen 1938 IV, 583

4. Hansen 1938 IV, 899 ff. – Fichte zeigt übrigens ernsthaftes Interesse an dieser Berufung
5. Ebd., abgedr. 455
6. Monthly Review XXVII 1798, 509–524, Zitat S. 510
7. Ebd., 522 f.8
8. Dies geht aus den im März 1796 einsetzenden Berichten des demokratisch orientierten und für die Franzosen arbeitenden Agenten „Frey" aus München hervor, der etwa vom Illuminatenorden sagte, daß er „mit den nämlichen Artikeln im kleinen handelte, mit welchen gegenwärtig die französische Nation im großen handelt." Zit. nach Scheel 1962, 168
9. Weis 1971, Kap. 3: „Montgelas als Mitglied des Illuminatenordens"
10. Montgelas protegierte den in Gotha „im Exil" lebenden Adam Weishaupt, wo dieser bei seinem Ordensbruder Herzog Ernst Zuflucht gefunden hatte. Auf Montgelas' Initiative hin wurde Weishaupt 1808 zum Mitglied der Königlichen Bayerischen Akademie der Wissenschaften ernannt. Hierzu Engel 1906, 380–402
11. Abgedr. in Scheel 1965, 402–404
12. Abgedr. in Engel 1906, 430–443
13. Ebd., 432
14. Ebd., 430
15. Ebd., 442 f.
16. Zit. nach Rossberg 1942, 232 (Anm. 874 und 875)
17. Sommer 1932, 120
18. Zu der militärischen Opposition gegen Napoleon siehe Guillon 1894. Die Rolle der Philadelphes ist vor allem deshalb umstritten, weil die Hauptquelle zu diesem Komplex, Nodier 1815, als nicht immer glaubwürdig angesehen werden kann, worauf Guillon 1894, 192 f., näher eingegangen ist.
19. Laut dem Bericht eines österreichischen Agenten in Bayern fand die erste antinapoleonische Konspiration bei

8. Anmerkungen

den deutschen Republikanern das folgende Echo: „Mit dem Ende Bonapartes entsteht Revolution in Frankreich, das ist der Zeitpunkt der deutschen Revolution, die schon organisiert sein soll ... Preußen und Bayern sind die Organisationspunkte ... Nach der Illuminaten-Meinung steht nach drei Jahren oder früher die Revolution." Zit. nach Fournier 1885, 251

20. Nodier 1815, 11
21. Lehning 1956, 118
22. Eisenstein 1959
23. Buonarroti hat durch seine Publikation: „Conspiration pour l'Egalité dite de Babeuf" von 1828 einen nachhaltigen Einfluß auf den europäischen Frühsozialismus ausgeübt. Marx und Engels beabsichtigten, eine deutsche Ausgabe dieser Arbeit zu publizieren, die von Moses Hess übersetzt werden sollte. Hierzu Lehning 1957, 282
24. Vgl. Eisenstein 1959, 11
25. Barruel 1797 IV, 449 f.
26. Hierzu Pariset 1924
27. So Prati, zit. nach Penny Satirist vom 23.09.1837 (Nr.23)
28. Vgl. Eisenstein 1959, 11
29. Eisenstein 1959, 36; Francovich 1952, 584
30. Vgl. hierzu Askenazy 1929 I, 101 und Kukiel 1961, 114 f.
31. Zit. nach Engel 1906, 462
32. Ebd. abgedr. 447–461; vgl. hierzu Le Forestier 1914, 702 ff.
33. Zit. nach Engel 1906, 449
34. So ein ungenannter Deutscher in einem Brief vom Sommer 1809, abgedr. in: Berlinische Zeitung vom 29.02.1820 (Beilage)
35. Vgl. den Artikel: Hardenberg im „Freimaurerlexikon"
36. Abgedr. in Ranke 1877 IV, 5–100
37. Einem NS-Autor blieb es vorbehalten, auch die preußische Niederlage von 1806/07 in einem primitiven Pamphlet der Freimaurerei zur Last zu legen. Gieren 1939
38. Zit. nach Ranke 1877 IV, 8
39. So Mosqua an Beyme am 18.03.1808, zit. nach Voigt 1850, 3 f.

40. Der Vf beabsichtigt hierüber noch einen separaten Aufsatz zu publizieren.
41. Lehmann 1867, 46; vgl. auch die folgende Äußerung Friedrich Ludwig Jahns von der Jahreswende 1809/10: „Das bloß Menschliche haben alle Freundschaften, und die Maurerbrüderschaft zerfließt in solche Weitläufigkeit. Das Volkstum gibt die echte und irdische Einheit." Zit. nach Bungardt 1938, 28
42. Hierzu vor allem Pypin 1894, 516 ff.; Neckina 1947, 171; Askenazy 1929 I, 101 und 276; Pepe 1846 III, 137
43. So heißt es in einem französischen diplomatischen Bericht vom 06.06.1809. Zit. nach Stern 1884, 324
44. Vgl. den Brief Steins an Gentz vom 29.07.1809: „Der öffentliche Geist im nördlichen Deutschland hat sich ausgesprochen durch eine geheime Verbindung, den Tugendbund, der sich in Königsberg bildete, um Gemeingeist und deutschen Sinn wieder zu beleben ... Den Zustand all dieser Verbindungen müßte man untersuchen und sehen, wie sie zu benutzen wären, um auf die Volksmasse zu wirken, um sie als Werkzeuge zur provisorischen Verwaltung, als Aufsichtsanstalten gegen Egoisten, Furchtsame, Verräther in Bewegung zu setzen." Abgedr. in Stein 1931/33 III, Nr.128
45. Zit. nach Fournier 1885, 370
46. Ventzky 1966, 62
47. Raeff 1957, 174 ff.
48. Abgedr. in Stein 1931/33 IV, 50–52, Zitat 52
49. Raeff 1957, 180
50. Darin heißt es u.a.: „Quoique infiniment condamnable, ils (die Illuminaten, der Vf.) ne peuvent pas avoir fait, à beaucoup près, tout le mal qu'on leur attribue ... Si ces gens étaient d'ailleurs se redoutable avec leur aqua tophana (damit sollen die Freimaurer angeblich ihre Gegner beiseiteschaffen, d.Vf.), comment le docteur Zimmermann, l'abbé Barruel lui même et tant d'autres, ont ils pu écrire impunément contre ces Messieurs?" Zit. nach Dermenghem 1946, 85
51. So Vulliaud 1926, 174
52. Maistre 1859, III

53. St. Petersburg 1812
54. Reflections 1812, 4. Vgl. auch Velez 1812, wo es auf S. 5 f. heißt: „en toda la Europa son conocidos con los nobres de Illuminados, Materialistas, Ateos, Incrédules, Libertinos, Vracmasones (sic!), Impios, Sus doctrines contra los reyes, autoridades y religion acreditan estos titulas."
55. Zit. nach „Rheinischer Merkur" vom 08.08.1814
56. Meinecke 1891
57. Ebd., zit. 12
58. Ebd., zit. 9
59. So suchte auch die 1807 in Warschau gegründete Loge der „Vereinigten polnischen Brüder" (Bracia Polacy Zjednoczeni) auf eine Vereinigung der Teilungsgebiete und eine Wiedergeburt Polens hinzuwirken. Hierzu Zaleski 1889, 149 ff.
60. Zit. nach Meinecke 1891, 9
61. Zit. nach Pypin 1894, 420. Dieser Brief dürfte mit dem Brief Uvarovs an Stein vom 22.10./ 03.11.1813 identisch sein, dessen Original nur teilweise erhalten ist und der deshalb nur auszugsweise in der Stein-Ausgabe von E. Botzenhart IV, 1963, Nr.415, publiziert worden ist.
62. So heißt es in einer damals von dem sächsischen Gesandten am preußischen Hofe über den Tugendbund verfaßten undatierten Denkschrift. Zit. nach Engel 1906, 463
63. Zu Trunk siehe Faber 1966, 30
64. Trunk 1814, 63
65. Ebd., 66
66. Ebd., 69
67. Weil 1917, Nr.583

4.3. Das ‚Comité directeur' der europäischen Revolution 1818–1823

1. Vgl. die apologetischen Bemerkungen des Leipziger Philosophie-Professors Lindner 1819, X: „Er (der „heilige Bund" – gemeint ist die „Heilige Allianz") verdankt seine Gründung keiner maurerischen Meisterconferenz …, wohl aber der Demut der Fürsten."

8. Anmerkungen

2. Vgl. Maistre 1860 II, 167 (Schreiben vom 20.01./02.02.1816)
3. Vgl. Schaeder 1934, 96
4. Saint-Simon 1824, 158
5. Owen 1821, 31
6. Andryane 1839 I, 170
7. Ebd. II, 3
8. Zit. nach „Penny Satirist" vom 10.03.1838. Vgl. Lehning 1956, 123
9. Zit. nach „Penny Satirist" vom 10.03.1838. Zum Komplex der republikanisch-antibourbonischen Opposition siehe Spitzer, Alan B.: Old hatred and young hopes. The French Carbonaris against the Bourbon Restoration. Cambridge/Mass. 1971
10. Zit. nach Lamy 1910, 299
11. In: „Geheime Denkschrift über die Gründung eines Central-Comités der nordischen Mächte in Wien", zit. nach Metternich 1881, 595
12. Vgl. etwa Schnabel 1933, 210, wo es u.a. heißt: „Unmittelbare Beziehungen zwischen diesen einzelnen Bünden (Comuneros, Carboneria, Hetärie, Burschenschaften, d.Vf.) gab es nicht, jede nationale Bewegung schritt ihre eigene Bahn ..."
13. Dies trifft in besonderem Maße für die polnische Historiographie zu. Beispielsweise spricht M. Kukiel 1960, 67, von einer europäischen „Carbonari revolution, 1820–22"
14. Hierzu Saitta 1951; Eisenstein 1959; Lehnig 1956
15. Vgl. Prati, der 1820 in der Schweiz mit den beiden Deutschen Wilhelm Snell und Carl Folien ein „Triumvirat" mit dem Ziel gründete: „To stir up the whole continent to political action, to venture our lives in the struggle of democratical against aristocratical despotism, to let loose the fury of popular revenge aginst our oprressors." Zit. nach „Penny Satirist" vom 10.02.1838
16. „Penny Satirist" vom 10.02.1838
17. Vgl. „Penny Satirist" vom 10.02.1838: „In order to give full scope to our plans, we determined to recruit political associates in Italy, France and Germany. Accordingly, we set out in three different directions – F(ollen) for Paris,

8. Anmerkungen

S(nell) for Germany, and I (Prati) for Italy." Vgl. auch Zavala 1971, Kap. 4: „Carbonarismo europeo y republicanismo espanol."

18. Hier sei an die Friktionen zwischen der 1821 aus der polnischen „Nationalen Freimaurerei" hervorgegangenen „Patriotischen Gesellschaft" und dem Südbund der Dekabristen hingewiesen, die gleichwohl konspirative Absprachen nicht verhindert haben. Hierzu Medvedskaja, L.A.: Juznoe obscestvo dekabristov i pol'skoe patrioticeskoe obscestvo. In: Ocerki iz istorii dekabristov. Moskau 1954, 276 ff.
19. Lehning 1956, 122
20. Haupt 1907, 37 f. Vgl. auch Blesch 1917, 19; Wit 1830, 201 ff.; Münch 1873, 26
21. Guillon 1895, 140
22. Ebd., 121
23. Ebd., 144 ff.
24. Lehning 1956, 126 f.
25. Hier muß vor allem der Stuttgarter Verleger Samuel Gottlieb Lieschning genannt werden, der enge Kontakte zu Tübinger radikalen Studenten und auch zu französischen Republikanern unterhielt. Vgl. Haupt 1934, 130
26. Vgl. „Penny Satirist" vom 10.02.1838
27. Nach den Erinnerungen des „Renegaten" Wit soll Karl Folien, unter dessen Einfluß der Burschenschaftler Sand Kotzebue ermordet hat (Blesch 1917, 53 f.), den Franzosen erklärt haben, seine Freunde seien bereit, den König von Frankreich und seine Familie aus dem Wege zu schaffen, wenn die Franzosen sich verpflichteten, den Deutschen „thätige Unterstützung" zukommen zu lassen. Wit 1830, 212 f.
28. Vgl. Hase 1872, 127
29. Fränkel 1912, 282 ff.
30. Ebd., 286
31. Blesch 1917, 69
32. Fränkel 1912, 273 ff.; „Penny Satirist" vom 10.02.1838
33. Zit. nach Dylagowa 1970, 163
34. Zit. nach Schieder 1960, 106
35. Zit. nach Acta Latomorum 1815 II, 224

36. Nach Rath 1963/64, 370, schwanken die Schätzungen der Mitgliedschaft zwischen 300.000 und 642.000 Mitgliedern
37. Zur Carboneria siehe Memoirs 1821; Pepe 1846; Johnston 1904; Romani 1950; Rath 1963/64
38. Zit. nach Nicolli 1931, 24

4.4. Verschwörungen und Verschwörungsängste 1815–1825

1. Steiger 1966
2. So Reinhard an Richelieu am 18.11.1817. Zit.nach Hammer 1963, 69
3. So Bonnay an Richelieu am 25.11.1817. Ebd., zit. 69
4. Zit. nach Artz 1953, 126
5. Metternich 1881, 395
6. Vgl. Weitzel 1821, 2: „Die Fürsten scheinen mehr als je entfernt, den Deutschen das Versprechen zu halten, ih-nen freie Verfassungen zu geben, aber die Deutschen haben die Verheißungen nicht vergessen ... Auch sind ihnen jene Formen von politischen und Maurergesellschaften von Tugendvereinen noch gegenwärtig, deren man sich bedient hat, um ihren Muth zu entflammen und leiten. Weishaupt, Schill und Schneider (Eulogius Schneider, 1756–1794, Priester und Revolutionär, der unter der Guillotine endete, d.Vf.) haben zahlreiche Schüler. Das deutsche Volk, welches für unbehülflich galt und gilt, ist nur ruhig und geduldig, hat sich aber seine Geduld erschöpft, dann wird es ein Vulkan."
7. Lombard de Langres 1819, 30. Vgl. Bibliothèque Historique VII, 1819, 72: „Tout ce qui les journaux français ont rapporté depuis quelque temps sur les Illuminés en Allemagne, sur la ligue de la vertu, et sur l'association teutonique dans les univertés, est faux"; über den Tugendbund heißt es ebd., 75: „Le seul project avait électrisé tous les esprits contre l'oppression de la patrie"
8. La Minerve Française VII (1819), 58. Vgl. auch „Allgemeine Zeitung" vom 22.08.1819, wo es zu dieser Schrift heißt: „Kurz, was auf Erden Böses geschieht, das rührt von den Illuminaten her ... Wir haben dem obigen Franzosen, und denen, die ein Geschrei erheben, als wä-

8. Anmerkungen

ren wir Deutsche, insgesamt von den Netzen einer ungeheuren Verschwörung umstrickt ... wir haben allen Jakobinerriechern nur ein Argument entgegenzusetzen: In ganz Deutschland gibt es keine einzige wahrhaft tirannische Regierung, die sich Maßregeln zu Schulden kommen ließe, welche zu Verschwörungen Anlaß geben ..."

9. Lombard de Langres 1819, 204. Vgl. ebd., 201: „Profonds politiques songez, que les illuminés disposent aujourd'hui des quatres parties du monde ..."
10. Lamy 1910, 299
11. Abgedr. in Dorow 1840 IV, 212–219
12. Ebd., 212
13. Ebd., 217
14. Ebd., 218
15. Ebd., 219
16. Abgedr. in „Russkaja Starina" XVIII (1877), 455 ff.
17. Fabritius 1822, 162
18. Metternich 1881, Nr.455
19. Zit. nach Sommerfeldt 1941, 101
20. Abgedr. in Nikolaj Michailovic 1914, Nr.39
21. Zit. nach Nikolaj Michailovic 1914, 419
22. Metternich 1881, Nr.636
23. „La nationalité, les limites politiques, tout a disparu pour la secte. C'est sans doute à Paris qu'est établi aujourd'hui le Comité directeur de l'Europe entière ... Jamais le monde n'a offert des preuves d'union et de solidarité entre les grands corps politiques, comparables à celles dont la Russie, l'Autriche et la France ont donné l'exemple dans le cours de deux dernières années". Metternich 1881, 595
24. Zit. nach Kraushar 1907, 18
25. Lukasiewicz 1951, 191
26. Askenazy 1929 I, 143
27. Jablonska-Erdmanowa 1931, 99 ff.
28. Josef Jezowski an Adam Mickiewicz, zit. nach Archiwum Filomatów 1913 II, 140; Tomasz Zan war ein führender Wilnaer Burschenschaftler, der zugleich einer Freimaurerloge angehörte und enge Kontakte zur oben behandel-

ten „Patriotischen Gesellschaft" unterhielt. Vgl. Askenazy 1929 I, 308 f.
29. In seinen Erinnerungen berichtet der Pater Grivel, ein Vertrauter des Abbé Barruel, er habe Barruel 1816 gefragt: „Et vous Mémoires sur le jacobinisme ne sont ignorés de personne. Ne craignes-vous pas le poignard des francs-maçons? Ils n'oseront pas. les coquins! répondil en criant plus fort– Pourquoi? – Parce que la mort serait une preuve de la vérité de ce que j'ai écrit sur leur compte." Zit. nach Le Contemporain XVI (1878), 63
30. Vgl.Turgenev 1847, 108: „Wie oft haben sich nicht vor und während jener Zeit (Rußland, 18181822, d.Vf.) verschiedene Leute an Personen, die für Häupter der geheimen Gesellschaften galten, gewendet und um Aufnahme gebeten ... Mochte man auch dem Einen wie dem Anderen sagen, daß es keine geheimen Gesellschaften gab; die Geister waren in der Erwartung politischer Ereignisse befangen; man bildete sich ein, es müsse irgend eine große Veränderung eintreten; und niemand wollte einer solchen fremd bleiben."
31. Vgl. die aufschlußreiche Antwort, die Lord Holland dem in London im Exil lebenden neapolitanischen General Pepe gegeben hat, als dieser ihn 1822 für die Geheimgesellschaft der „Konstitutionellen Brüder von Europa" anwerben wollte: „I am not fond of hearing secret things, I am apt at the House of Lords to tell everything I know." Zit. nach Pepe 1846 III, 231
32. Vgl. Wit 1830 I, 14: „Aus dem practischen Untertan wurde ein speculativer Politiker." Zum Mythos von den geheimen Gesellschaften siehe Roberts 1974
33. Robison 1800, 263: „Der Vorwurf, daß das Volk durch dieses Buch einen förmlichen Verschwörungs-Unterricht erhielte, ist unbegründet; denn die Absicht liegt klar zu Tage."
34. Turgenev 1921, 37 f.
35. Archiwum Filomatów 1913 II, 135 (Majewski an Mickiewicz)
36. Neckina 1955 I, 346 f. Über den Umweg religiöskonterrevolutionärer Literatur, mit der er sich während

seiner Odessaer Haft 1898 notgedrungen begnügen mußte, ist später auch Trotzki auf den Illuminatenorden gestoßen. In seinen Erinnerungen stellt er fest, daß er der in der Gefängnisbibliothek befindlichen Literatur entnommen habe, daß die Freimaurerei in Süddeutschland einen „offenen revolutionären Charakter" angenommen habe. Trotzki 1930, 117
37. Hobsbawm 1962, 215
38. In Eisenstein 1959, 44 wird von der Verschwörungsthese gesagt, sie sei „of critical importance in shaping Buonarroti's conception of his own historic mission and the methods he adapted to fulfil that mission" gewesen.
39. „Penny Satirist" vom 01.09.1838
40. „Penny Satirist" vom 05.05.1838
41. Vgl. Oechsli 1912, 8
42. Hierzu Lehning 1957
43. Turgenev 1847, 67
44. Goethe an Fritz von Stein am 11.03.1819, zit. nach Goethe 1951, 18, Nr.202
45. Zit. nach „Allgemeine Zeitung" vom 26.11.1822, 630 (Beilage)
46. In „Allgemeine Literaturzeitung" 1826 III, Nr.223–233
47. Ebd., Nr.224, Sp. 131
48. Ebd., Nr.224, Sp. 1321.
49. Ebd., Nr.227, Sp. 1561.
50. Ebd., Nr.227, Sp. 156
51. Ebd., Nr.228, Sp. 164
52. Ebd., Nr.228, Sp. 161
53. Malet 1817
54. Laqueur 1966, 115. Die englische Originalausgabe erschien 1965 in London unter dem Titel: Russia and Germany. A century of conflict. Vgl. auch Epstein 1966, 229: „The eighteenth century bogey of an Illuminati conspiracy was to be supplanted (or in some cases merged with) the theory of a Jewish world conspiracy toward the end of the nineteenth century."
55. Cohn 1969, 32–40. Nachdem der Vf. Walter Laqueur mit Schreiben vom 21. November 1966 davon in Kenntnis setzte, daß ihm die oben zitierte Feststellung aufgrund

seiner Forschungen nicht haltbar erscheine, machte ihm dieser Anfang 1967 in London die proof-copy der Originalausgabe der Cohn'schen Arbeit zugänglich.
56. Poliakov 1968 III, besonders 289–298

5.1. Die Einbeziehung der Juden unter die Verschwörer

1. In Ludendorffs sieben Thesen gegen die Freimaurerei heißt es u.a.: „1. Das Geheimnis der Freimaurerei ist übe-rall der Jude; 2. Das Ziel der Freimaurerei ist die Verjudung der Völker und die Errichtung der Juden- und Jehova-Herrschaft mit Hilfe aller Völker." Zit. nach dem Art.: Ludendorff im „Freimaurerlexikon" 1932, in dem die Theorie vom „künstlichen Juden" erläutert wird
2. Zur Minderbewertung des Handels gegenüber Landwirtschaft und Handwerk in der christlichen Soziallehre siehe Troeltsch 1961, 127 ff.
3. Hierzu Katz 1970
4. Die bekannteste dieser „Winkellogen" ist der in Wien gegründete und später nach Norddeutschland verlegte „Orden der asiatischen Brüder" (1780–1791). Hierzu Katz 1970: Chapt. 3. Vgl. die aufschlußreiche Anspielung auf diesen Orden in: Briefe eines Biedermannes 1786, XIII: „Dort läßt sich ein getaufter Jude aufnehmen, weil der Orden Bekanntschaft mit dem jungen Adel verschaft, dem er dann so lang mit Geldvorschuß dienet, bis er entweder in die Sequestration verfällt, oder für Prodigus erkläret wird."
5. Constitutionen-Buch 1741, 234
6. Ebd., 233
7. Schatten und Licht 1786, 30. Vgl. auch die folgende Stellungnahme von Adam Weishaupt: „Nun braucht man bloß das Wort Christ oder Jud, Römer oder Barbar zu hören, so entstand eine Neigung für seine, und Verfolgungsswahn gegen die andere Parthey. Intoleranz war nun auf allen Seiten." Zit. nach Neueste Arbeiten 1794, 32. Die apodiktische Behauptung Cohns: „Im 18. Jahrhundert waren die Freimaurer im großen und ganzen

8. Anmerkungen

judenfeindlich (übrigens auch die bayerischen Illuminaten)", muß in dieser undifferenzierten Form als unhaltbar zurückgewiesen werden. Cohn 1969, 36
8. Zit. nach Taute 1909, 142. Diese Schrift Torrubias erschien 1786 in Würzburg in einer deutschen Übersetzung unter dem Titel „Gegen das verabscheuungswürdige Institut der Freymaurer"
9. Zit. nach Singer 1925, 38
10. Ebd., zit. 37
11. Zur Dämonisierung der Juden durch Christen siehe Cohn 1969, 19 ff.
12. Vgl. hierzu Graetz 1870 Bd. XI sowie Epstein 1966, 220–229: „The debate an Jewish Emancipation"
13. Vgl. hierzu die Autobiographie des jüdisch-polnischen Kantianers Salomon Maimon von 1792/93
14. Hesmivy d'Auribeau 1794 1, 246
15. Nr. 17, 3: „Les Juifs sont pour eux (les conspirateurs) d'utiles instruments. Ils savent mettre à profit la haine des hommes ... contre les gouvernements d'Europe."
16. Eudämonia 1795/98 II, 374
17. Proyart 1800, 130
18. Barruel 1800/03 I, 349, Anm. – Wie etwa daraus hervorgeht, daß Barruel 1800/03 I, 376 abfällig vom „Judaismus" der Seele Briennes sprach, dürfte der Antisemitismus Barruels ein traditionell christlicher gewesen sein. Vgl. auch ebd. I, 376: „Er (Voltaire) ist Philosoph wie die Synagoge der Juden, und wie ihr ganzer niedriger Pöbel, denn er schreit wie dieser gegen das Christentum: „kreuziget ihn! vernichtet die Schändliche!"
19. Zit. nach Grab 1967, 36
20. So wurden beispielsweise 1793 in Rom das Ghetto gestürmt (Roth 1946, 426), 1799 in Neapel Juden bei lebendigem Leibe verbrannt (Godechot 1961, 356) und 1809 in Tirol Juden mißhandelt und ihre Häuser geplündert (Voltelini 1909, 332 f.)
21. Roth 1946, 427
22. Hierzu Anchel 1928
23. Hierzu Lantoine 1935, 211 f.

8. Anmerkungen

24. Vgl. den Erlaß des Pariser Grand Orient vom Jahre 1809, der auf eine entsprechende Anfrage französischer Logen sowie des Badener Grand Orient zurückging und demzufolge Juden der Einlaß in Freimaurerlogen nicht versagt werden durfte. Acta Latomorum 1815 I, 248
25. Beispielsweise weigerten sich in dem für Napoleons Bruder Jérôme gegründeten Königreich Westfalen einige Logen – zum Teil mit Erfolg – gegen die Initiation von Juden. Hierzu Gürtler 1942, 55 f.
26. Vgl. hierzu E.M. Arndt 1814, 33: „Freimaurer, Illuminaten, Rosenkreuzler, Klubbisten ..., die schon in ihrem Namen fast alle auf fremde Zeichen und Zwecke hinweisen: sie sind für die Gaukeleien und Spielereien der Eitelkeit und Schwärmerei ... wir wollen einmal eine Verbindung für das Vaterland stiften, eine teutsche Gesellschaft, die keine anderen Weihen, Gelübde, und Geheimnisse hat, als die teutsche Liebe und Treue ..." Vgl. ebd., 39: „Wir müssen jenen jüdenartigen Kosmopolitismus ... bis auf den Tod hassen und bekämpfen."
27. Hierzu Brühl 1967 und Katz 1970, Kap. IV; vgl. auch Six 1938, 20 ff. und 1942, 98 f.
28. Vgl. Baron 1920, 26
29. Börne 1868, 30
30. Cohn 1969, 37 f. Vgl. auch Anchel 1928, Kap. IV
31. „L'Ambigue" vom 20. Oktober 1806, 101–117: „Grand Sanhédrin des Juifs à Paris", zit. nach Cohn 1969, 38. Auch Anhänger der protestantischen Erweckungsbewegung glaubten vielfach in Napoleon den Antichrist wiederzuerkennen. Ley 1961, 296 ff.
32. Zit. nach Dubnow 1928 VIII, 370
33. Vgl. hierzu auch Malet 1817, wo Napoleon auf S. 270 als „mannequin" der „Sekte" bezeichnet wird
34. Er wurde erstmals veröffentlicht in: „Le Contemporain, Revue Catholique", XVI (1878), 58–61 und später erneut abgedruckt in Deschamps 1881 III, 658–661 und Netchvolodov 1924, 231–234
35. Hierzu Cohn 1969, 34 f. Anm. 2
36. Zit. nach „Contemporain" XVI, 59

37. „Que les francs-maçons et les illuminées avaient été fondes par deux juifs", ebd. zit 60
38. „Que possédant les droits de citoyens comme les autres, ils achéteraient des maisons et des terres autant qu'ils pourraient et que par le moyen de l'usure ils parviendraient bien vite à dépouiller les chrétiens de leurs biens fonds et de leurs trésors ...", ebd. zit. 60 f.
39. Ebd. zit. 61. Vgl. auch den im Februar 1806 vom Marquis de Bonald verfaßten Artikel: „Sur les Juifs", in dem dieser behauptet, daß die mit der christlichen Staatsidee nicht zu vereinbarende Judenemanzipation zu einer Judenherrschaft führen müsse. Dort heißt es u.a.: „Et qu'on ne s'y trompe pas, la domination des Juifs serait dure comme celle de tout peuple, longtemps asservi." Abgedruckt in Bonald 1819 II, 248–279, Zitat 278
40. Contemporain 1878, 62
41. Maistre 1860 I, 27
42. Maistre 1859, 112. Das Memorandum trägt das Datum 16./28.12.1811
43. Ebd., 111
44. Ebd., 112: „Tout porte à croire que leur (des juifs, d.Vf.) argent, leur haine et leurs talent sont au service des grands conjurés"
45. Vgl. Anchel 1928, 14 f.
46. Bahrs 1907
47. Buchholz 1807, 164
48. Ebd., 167; vgl. Börne 1868, 31: „Denn die Juden und der Adel, daß heißt Geld und Vorherrschaft, das heißt dingliche und persönliche Aristokratie, bilden die zwei letzten Stützen des Feudalsystems. Sie halten fest zusammen ..."
49. Vgl. Arndt 1814, 39: „Wir müssen jenen jüdenartigen Kosmopolitismus ... bis auf den Tod hassen und bekämpfen"
50. Baeck 1905, 148
51. Ehrmann 1816, 4
52. Ebd., 9
53. Diesen denunziatorischen Vorwürfen kann man einen realen Hintergrund kaum ganz absprechen, denn die

8. Anmerkungen

napoleonischen Behörden verfügten über eine effektive politische Polizei, deren Beamte zum Teil auch französisch-orientierten Freimaurerlogen angehört haben. Vgl. hierzu Gürtler 1942, Kap. IV. Ebd. findet sich auf S. 47 eine aufschlußreiche Tabelle zur „nationalen" Zusammensetzung der Kasseler Loge „Des Arts et de l'Amitié": 60 % Deutsche, 30% Franzosen, 10 % Juden
54. Ehrmann 1816, 7 f.
55. Zit. nach Lamy 1910, 300. Vgl. die Tagebuchaufzeichnung Madame de Krudeners vom 23.08.1815: „M. de Bergasse nous a parlé, et nous a développé les trâmes révolutionnaires qui se préparent." Zit. nach Ley 1961, 478
56. Vgl. ebd., 312 f. Die Konzeption der „Heiligen Allianz" wird neben der Frau von Krüdener auch dem Einfluß von Nicolaus Bergasse zugeschrieben. Vgl. Geiger 1963, 342 und 371
57. „Contemporain" XVI., 67 f.
58. Cohn 1969, 40
59. Saint-Simon 1964, 48 f.
60. Vgl. hierzu Talmon 1963, 1. Teil I: „Von der Technokratie zur Theokratie"
61. Hierzu Peuckert 1928, 382; ferner die von H.-H. Holz verfaßte Einleitung zu Leibnitz 1967 II, 15
62. Leibnitz 1967 II, 21–27
63. Vgl. ebd. § 50: „Schließlich wird dann das ganze Menschengeschlecht allenthalben veredelt werden, denn bis dahin war mehr als die Hälfte von ihnen unterentwickelt. Die Sozietät wird sogar unser Schiedsrichter in Kriegen sein und leicht dem Erdkreis Sicherheit vor unrechtmäßiger Gewalt verschaffen ... O glänzender und gleichverheißender Tag für das Menschengeschlecht, an dem dies alles begonnen wird." Ebd. II, 26
64. Vgl. Dilthey 1962, 15–18
65. Torrubia 1786, 9. Vgl. Rosenstrauch-Königsberg 1975, 53: „Die Loge ‚Zur wahren Eintracht' (in Wien, d.Vf.) sollte, wie vielfach behauptet wurde, Ersatz sein für die lange angestrebte Akademie der Wissenschaften und Künste und diese Aufgabe im Geiste der Aufklärung erfüllen."

66. So der Historiker Sybel 1851, 365
67. Pfarramt 1854, 213
68. Pachtler 1876, 23
69. Garde 1872, 668
70. Hierzu Ehrlich 1961
71. Ebd., zit 149
72. Vgl. Bracher 1969, 40
73. Zit. nach Toury 1966, 271
74. Abgedruckt in Meusel 1913 II, 2. Th., 3–22
75. Ebd., 21. Für das fast überall in Europa zu beobachtende agrarisch-antisemitische Ressentiment ist keineswegs nur der grundbesitzende Adel, sondern auch das ökonomisch schwächere Bauerntum anfällig gewesen. Dieses machte die Erfahrung, daß „das Eindringen des Handels in der Regel eine Konzentration von Land in immer weniger Händen in Bewegung setzt." Moore 1969, 46. Vgl. auch Burke 1964 a, 52: „Are the church lands to be sold to Jews and robbers?" sowie Fabritius 1822, 159: „Pfarrgüter ..., nach welchen Juden und Judengenossen gewaltig lüstern sind."
76. Verjudung 1865, 23
77. Drumont 1885 I, 260. Ludendorff 1929, 35. Vgl. auch Webster 1924, 228 ff.
78. Vgl. Salm-Horstmar 09.07.1918 und Rosten 1933, 240

5.2. Die Verschwörungsthese als Erkenntnis- und Repressionsinstrument

1. So der Abbé Royou am 07.06.1790 im Prospectus des von ihm herausgegebenen „L'Ami du Roi". Zit. nach Cunow 1908, 97
2. „Politische Gespräche" vom 27.12.1793
3. Vgl. Lipset/Raab 1970, 6. Vgl. auch Greiffenhagen 1971, 79–82 und Griewank 1955, 41
4. Vgl. Metternich 1881, 405: „L'idée absurde en elle-même de l'émancipation des peuples"
5. Vgl. ebd. 409: „Ce sont les sociétés secrètes, puissance véritable, et d'autant plus dangereuse qu'elle agit dans les ténèbres, qu'elle mine toutes les parties du corps so-

ciale, et dépose partout les germes d'une gangrène morale qui ne tardera pas à se développer et à porter ses fruits. Ce fleau est l'un des plus réels que les Gouvernements amis du repos et de leurs peuples puissent surveiller et combattre." Beide Zitate sind der „Profession de foi" entnommen, welche Denkschrift Metternich Kaiser Alexander von Rußland am 15.12.1820 in Troppau ausgehändigt hat
6. Fabritius 1822, 161
7. Ebd., 177
8. So auch Valjavec 1951, 232 und Nipperdey 1972, 35. Vgl. hierzu den Aufsatz des Verfassers: „Geheime Gesellschaften als Vorläufer politischer Parteien", der 1977 in den „Wolfenbütteler Studien zur Aufklärung" Bd. 5 erschien
9. Neueste Arbeiten 1794, 18
10. Vgl. Lipset/Raab 1970, 13; vgl. auch Sée 1928, 350, wo der „idéologisme historique" als das Charakteristikum der Verschwörungsthese bezeichnet wird
11. Vgl. Lipset/Raab 1970, 15 f.
12. Torrubia 1786, 9
13. Le Franc 1791, 62: „Le régime même de l'assemblée est tout-à-fait maçonnique."
14. Hoffmann 1796 b, 24
15. Barruel 1800/03 IV, 386
16. Zit. nach Engel 1906, 463. Auch aus einem aus der Wiener Nuniatur stammenden Agentenbericht vom 18.02.1815, demzufolge ein Sekretär des Kardinals Consalvi Metternich anläßlich der Ausschließung des Kardinals von Beratungen des Wiener Kongresses als „Freimaurer" verflucht hat, geht hervor, daß dieser Terminus schon früh zu einer Diffamierungschiffre geworden ist. Fournier 1913, 396
17. Vgl. Greiffenhagen 1971, 62–70: „Die Gleichursprünglichkeit von Konservatismus und Revolution"
18. WZ IV, 1792, 338
19. „Die auf Freiheit bestimmte Denkart ist wie ein Lauffeuer, und die ganze Gehirnmasse ist damit infiziert, Gehirnkrankheiten sind schwer zu heilen." Zit. nach d'Ester 1937, 24

20. Zit. nach Braubach 1927, 338
21. WZ I, 1792, 322–355
22. Ebd. 324
23. Ebd. 323
24. Barruel 1800/03 IV, 553
25. Vgl. Burke 1964 a, 57: „Their abstract perfection is their political defect" sowie ebd. 62: „This sort of people are so taken up with their theories about the rights of man, that they have forgotten his nature." Vgl. auch Magazin II 1793, 93: „Sind es die Stubensitzer, die in Frankreich die Hauptrolle im Staate übernommen haben", sowie WZ II, 342: „Diese Schulmeister wollen an eurer Stelle regieren. Sie machen auf den Wahnwitz ihres Zeitalters Spekulationen für ihr eigenes Glück."
26. So hatte beispielsweise Göchhausen 1786, 378 erklärt, die „große Grundwahrheit, auf welcher das ganze religiöse und politische Dasein" beruhe, bestände darin, daß „der menschliche Wille eingeschränkt werden" müsse, da er „verdorben" sei
27. Hoffmann 1795/96 I, 3
28. Bertier de Sauvigny 1963, 17 f.
29. Schlegel 1929 11, 299
30. Die „Signatur des Zeitalters" ist erstmals in der von Fr. Schlegel herausgegebenen Zeitschrift „Concordia" publiziert worden, nach der hier zitiert wird
31. „Concordia" H. 1 (1820), 11
32. Ebd., 15
33. Ebd.
34. Ebd., 19. Vgl. Hendrix 1962, Kap. I: „Vom Vernunftstaat zum organischen Staat"
35. „Concordia", H.1, 1820, 15
36. Ebd. H.3, 171
37. Zur politischen Romantik s. Greiffenhagen 1971, 97 ff., wo auch die einschlägige Literatur aufgeführt ist
38. Troeltsch 1966, 6. Vgl. ebd., 14: „Auch sie (die Romantik) ist eine volle und wirkliche Revolution, eine Revolution gegen den respektablen Bürgergeist und gegen eine allgemeine gleichheitliche Moral, vor allem aber gegen den ganzen westeuropäischen mathematischen-

mechanischen Wissenschaftsgeist, den Utilitarismus und Moral verschmelzenden Begriff des Naturrechts und gegen die kahle Abstraktion einer allgemeinen und gleichen Menschheit."
39. Niebuhr 1815, 3
40. Dies trifft in besonderem Maße für den antinapoleonischen preußischen Tugendbund zu
41. Das beste Beispiel hierfür ist die Protektion, welche der preußische Generalgouverneur Justus Gruner sowie General Gneisenau den „Deutschen Gesellschaften" und dem „Hoffmannschen Bund" 1814–1815 erteilten. Hierzu Meinecke 1891
42. Grandmaison 1889
43. Montlosier 1826, 1. Zu dem feudalen Royalisten Montlosier siehe die von P.R. Rhoden verfaßte Einführung zu de Maistre 1924, 18 f.
44. Montlosier 1826, 13
45. Grandmaison 1889, 219
46. Vgl. Stattler 1795, 168: „Der Fürst muß also mit seiner ganzen Macht, die ihm Gott gegeben hat, es zu verhindern suchen, daß jeder Bösewichtsein Gift ausstreuen und Seelen verführen kann."
47. Maistre 1859, 126. Unter M.L. Magnickij, welcher 1819 zum Kurator der Universität Kazan bestellt und dessen Dekrete auf ganz Rußland ausgedehnt wurden, ist tatsä-chlich der Versuch der Realisierung derartiger Maximen gemacht worden. In dem politischen Credo dieses Mannes heißt es: „Nieder mit den Thronen, nieder mit den Altären, es lebe Tod und die Hölle – so schreit man in mehreren Ländern Europas. Sichtbarlich ist es der Fürst der Finsternis selber, der uns naht ... Das menschliche Wort überträgt seine diabolische Kraft, die Buchdruckerkunst ist ihre Waffe. Die Universitätsprofessoren brauen das abscheuliche Gift der Ungläubigkeit ..." Zitiert nach Gitermann 1965 II, 391
48. Zitiert nach Hoffmann 1795/96 II, 341
49. Im „Wurmbrand" wird beispielsweise die „Wiener Zeitschrift" als „elendes Journal" bezeichnet und ihr Heraus-

geber Hoffmann als Apologet des „Despotismus" entlarvt. Knigge 1792, S. III f. und 96
50. „Berlinische Monatsschrift", 26, 1795, 478–486: „Über die Anschuldigung des Illuminatismus", Zitat 478 f.
51. Vgl. die positive Besprechung des 1. Bandes der Barruelschen „Denkwürdigkeiten" („Verschwörung gegen das Christentum") in „Neueste Religionsbegebenheiten", 1797, 20. Jg. 377–402
52. Nachrichten 1795, 66 f. Vgl. Habermas 1962, 96: „Sobald die Theorie die sich behauptende Welt einer solchen Negativität überführen kann, gewinnt sie stets praktische Gewalt. Dann kommt nämlich der Idee das Interesse entgegen." Vgl. auch Mallet du Pan 1793, 5: „La réforme politique du gouvernement française, n'a été que le prélude et le véhicule de la révolution sociale qui menace de terminer le 18me siècle."
53. Duvoisin 1798, 229
54. Ebd., 125
55. WZ IV 1792, H.4, 115
56. WZ 11792, 2.H., 161–177
57. Vgl. Schlumbom 1975, 127–132: „Die Tendenz zum Bündnis des ‚Dritten Standes' mit dem Absolutismus"
58. Die „Association de Saint-Joseph". Hierzu Grandmaison 1889, 213 f.
59. WZ 11792, 2.H., 166
60. Ebd. IV 1792, H.12, 339
61. Ebd., 370
62. Vgl. Greiffenhagen 1971, 85
63. WZ IV 1792, H.12, 371
64. Vgl. Greiffenhagen 1971, 100: „Bei der konservativen Verteidigung religiöser Ursprünge für politische Formen fällt auf, daß blasse Bezeichnungen wie ‚Religiosität', ‚Religion', ‚Gläubigkeit', ‚Glaube der Väter' gegenüber stärker theologisch geprägten Begriffen wie Glaube an Gott, Glaube an Christus vorherrschen. Der Konservative ist an dem sozialen Integrationswert der Religion stärker interessiert als an den religiösen Inhalten selbst."
65. Vgl. ebd. 105–108: „Konversion – ‚die zweite Religiosität'". Vgl. auch das Urteil Heinrich Heines über Friedrich

Schlegel, der gleichfalls zum Katholizismus konvertierte und die Verschwörungsthese propagierte: „In den Schmerzen unserer Zeit sah er nicht die Schmerzen der Wiedergeburt, sondern die Agonie des Sterbens und aus Todesangst flüchtete er sich in die zitternden Ruinen der katholischen Kirche." Heine 1964, 60
66. Haller 1821, 19
67. Ebd., 21
68. Barruel 1800/03 I, 9
69. Heine 1964, 39
70. Zum Pietismus siehe Ritschl 1880 I; Troeltsch 1961, 827–832; Pinson 1968; Kaiser 1961
71. Eckartshausen an Kirchberger am 28.07.1795: „Wir nähern uns dem Zeitpunkt, in dem Er seinen heiligen Geist über die seinen senden wird. Daher der Kampf zwischen Irrthum und Wahrheit, zwischen Licht und Finsternis". Zit. nach Faivre 1966, 149, Anm. 2. Vgl. auch Kaiser 1961, 49 ff. und 171 f.
72. Struß 1955
73. Eckartshausen 1791, 96
74. Jung-Stilling las 1799 die Barruelschen „Denkwürdigkeiten". Geiger 1963, 107. Er hat unter anderem auch Kaiser Alexander von Rußland und die Konzeption der Heiligen Allianz beeinflußt. Vgl. Schaeder 1934, passim
75. Jung-Stilling 1835, 275
76. Ebd., 307. Jung-Stilling bemühte sich beispielsweise im Sommer 1814 um die Ausrechnung des Jahres des von ihm als unmittelbar bevorstehend geglaubten Jüngsten Gerichts. Schaeder 1934, 60
77. Vgl. Eckartshausen 1791, 120: „Das Christentum predigt uns die sanftesten Tugenden zur Glückseligkeit des bürgerlichen Lebens; friedfertige Liebe, gegenseitige Unterstützung, Unterwürfigkeit, Gehorsam gegen die Regenten, Ehrfurcht für die Gesetze. – Die neue Aufkläruung predigt Unruh, Empörung, Schwärmerei, Rachsucht, Verleumdung, Unterdrückung, Muthwillen."
78. Troeltsch 1961, 830
79. Kaiser 1961, 51

8. Anmerkungen

80. Hierzu Kaiser 1961, Kap.4: „Das innere Vaterland" und Pinson 1968
81. Vgl. Greiffenhagen 1971, 23. Hier sei ferner verwiesen auf Brand: „Bibliographie zur theologischen Auseinandersetzung mit der Französischen Revolution"
82. Als aufschlußreicher Beleg für die Mystifizierung der Freimaurerei sei hier ein Passus aus Anna Potocka 1899, 38 f. zitiert: „Ich wußte, daß mein Schwiegervater (Graf Stanislaw Potocki) Freimaurer war ... Mich ergriff ein unwiderstehliches Verlangen, in die Mysterien der Freimaurerei, von deren Bedeutung ich mir die seltsamsten Vorstellungen machte, einzudringen: ich war von unbezwingbarer Neugier und zitterte zugleich vor Angst, wenn ich mir die Finsterniß, wenn ich mir die Flammen vorstellte, durch die der Weg gebahnt werden ... mußte, hu! Vergeblich hatte ich versucht, meinen Schwiegervater zum Ausplaudern zu bewegen, er lachte mich aus und war und blieb verstockt – darüber wurde ich immer trostloser."
83. Vgl. die aufschlußreiche Kritik von Windischgraetz 1788, 3: „Les Moines du moins ont leur Robe à laquelle an les reconnaît; les membres des sociétés secrètes sont des ennemis invisibles."
84. Vgl. Semler 1792, 237: „Je unwissendere Menschen also, desto bessere Gläubige."
85. Zit. nach Heigel 1880
86. In einem Bericht des Intendanten Joseph von Hormayr vom 26.09.1809 heißt es: „Es ist unverkennbar, daß der Tyroler Bauer, ebenso wie der Spanier einen Religionskrieg zu führen glaubt." Zit. nach Voltelini 1909, 229
87. Voltelini 1909, 332 f.
88. Ebd, 241 f.
89. Vgl. hierzu die Schrift des katholischen Theologen Haag: „Abschied vom Teufel" (1969), in der dieser auf S. 50 konstatiert, daß die Aufnahme von Elementen des Satans- und Dämonenglaubens in das Christentum dazu geführt habe, daß dieses „die Lehre vom Satan zu einem zentralen Thema der Verkündigung erhoben und damit weithin die Frohbotschaft vom Gottesreich in eine Droh-

botschaft vom Teufel verkehrt habe." Vgl. auch die Überlegungen, die der von Kant beeinflußte und im Geruche des „Illuminatismus" stehende katholische Theologe Franz L. Zirkel 1800 in seinem Tagebuch festhielt: „Tod, Gericht, Himmel und Hölle, wie schrecklich! Welchen Einfluß haben diese Lehren seit achtzehn Jahrhunderten in kirchlicher und politischer Hinsicht gehabt in bezug auf Bekehrungen und Schenkungen an die Kirche ... auf das Ansehen der Kirche, auf Furcht gegründet ... Die Menschen sind aus Furchtfromm. Wie aber heutzutage diese Opinion, so ist die Kirche verlassen." Zit. nach Ludwig 1904!, 77
90. Eckartshausen 1791, 96
91. „Politische Gespräche" vom 26.06.1797
92. Vgl. Nolte 1963, 67–71: „Christlicher Konservatismus"; und Erhard 1795, 111: „Die Allgemeinheit des Glaubens an den Teufel beweist wenigstens, im Fall er auch nur eine Illusion wäre, er doch beinahe eine dem Menschen eigentümlich Illusion sein müsse."
93. Gottlose 1795, 23
94. Barruel 1800/03 I, 10
95. Gottlose 1795, 17
96. Maistre 1924, 55. Vgl. den Untertitel einer Schrift des Konsistorialrats Friedrich Heinrich Ranke, des Bruders des Historikers Leopold Ranke, von 1849: „Predigten aus dem Jahre 1848. Ein Zeugnis gegen den Geist der Revolution und des Abfalls von Gott"
97. Konopczynski 1936, 678
98. Olbrich 1930, bes. 57–83: „Der Teufel als Diener der Freimaurer und ihr Anleiter und Helfershelfer zu teuflischen und magischen Künsten" sowie ebd. 83–89: „Nachklänge des Hexenglaubens in Erzählungen des Volkes von den Freimaurern"
99. Ebd., 29. Vgl. auch den ebd. auf S. 25 kolportierten Bericht: „Als in Münster in Westfalen ein Logengebäude nach einer größeren Reparatur oder einem Umzuge wieder eröffnet wurde, soll zahlreiches Volk auf der Straße gestanden haben, um zu sehen, wann der Teufel aus dem Kamin fahre."

100. Dierickxs 1968, 12. Über die Wirkung Barruels urteilt Dierickxs ebd. auf S. 101 wie folgt: „Seit langem ist die Unhaltbarkeit seiner Behauptungen bewiesen, aber sein Werk inspirierte Generationen hindurch, bewußt oder unbewußt, zahllose anti-freimaurerische Schriftsteller. In der Kirchengeschichte können wir dies mit dem Buch von Cochlaeus aus dem 16. Jahrhundert vergleichen, das bis mitten in das 20. Jahrhundert zahllose gehässige Legenden über Luther lebendig gehalten hat."
101. Ebd., 102
102. Hierzu Ichheiser 1944 und Künzler 1967, 239
103. Barruel 1794, I, 2
104. Jung-Stilling 1843 IV, 577
105. Ebd., 876
106. Berlinische Monatsschrift, 27 (1796) 318
107. Vgl. Greiffenhagen 1971, 105 f.
108. Vgl. Greiffenhagen 1971, 88–93: „Die konservative Beurteilung Luthers und der Reformation" und Mannheim 1927, 121
109. Es konvertierten zum Katholizismus u.a. Friedrich Schlegel, Carl Ludwig von Haller, Johann August Starck
110. Zu Novalis siehe Kuhn 1961
111. Novalis 1957, 26
112. Zit. nach Schaeder 1934, 80
113. „Über das durch die französische Revolution herbeigeführte Bedürfnis einer neuem und innigeren Verbindung der Religion mit der Politik" lautet der Titel einer 1815 von Franz von Baader publizierten Schrift. Zu Baaders Einfluß auf die Konzeption der „Heiligen Allianz" siehe Schaeder 1934, 69 f. Vgl. auch Adam Müller 1923
114. Zur „politischen Theologie" siehe Greiffenhagen 1971, 94–102
115. Dies intendierte besonders Baader, welcher die Parole der französischen Revolution: „liberté, égalité, fraternité" in „wahre Freiheit und Gleichheit aus christlicher Liebe" umdeutete. Zit. nach Schaeder 1934, 70
116. Maistre 1859, 111, ebd. wird die Verschwörung so umrissen: „L'illuminisme s'est allié avec toutes les sectes parce

qu'elles ont toutes quelque chose que lui convient, ainsi, s'aide avec des jansénistes de France contre le pape, des jacobins contre les rois, et les juifs contre le christianisme en général."
117. Zu Lamennais siehe Maier 1965, 164–173 und 180–187
118. Lamennais 1823, 289
119. Vgl. auch Lamennais 1824, wo es auf S. 367 ff. heißt: „Da die Religion das stärkste, und jetzt vielleicht das einzige Hindernis ist, das der beabsichtigten Revolution im Wege steht ... so ist es ganz natürlich, daß sie in dem Maße gehaßt wird, als man die bestehende Ordnung der Dinge umzustürzen sich sehnt ... Es giebt nur Einen Irrtum in der Welt, die Selbstherrlichkeit des Menschen, und nur Ein Verbrechen, die Empörung gegen Gott ... Ist das Reich Gottes zu Ende? Ists das Reich des Menschen, das beginnt? Ich weiß es nicht."
120. Auf den kontroversen Totalitarismus-Begriff kann hier nicht näher eingegangen werden. Gegen eine vereinfachende, ja verzerrende Klassifizierung von Rousseau als Wegbereiter des „Totalitarismus", wie sie sich bei Talmon 1961, 34–45. findet, haben Palmer 1970, 134–143; Fetscher 1968 und auch Grebing 1971, 167–171 grundsätzliche Einwände erhoben. Zur Totalitarismus-Diskussion siehe Seidel/Jenkner 1968
121. Greiffenhagen 1971, 218. Vgl. auch Hendrix 1962, Kap. II 1: „Die Grundlagen des Staats" – „Der Glaube"
122. Zur „konservativen Revolution" siehe Greiffenhagen 1971, Kap. XII
123. Nicht zufällig hat Carl Schmitt, der bedeutendste Theoretiker des „totalen Staats", in seiner „Politische(n) Theologie" 1934, 69 und 72 erklärt: „Denn was ihre (de Maistre, Bonald, Donoso Cortes, d.Vf.) gegenrevolutionäre Staatstheorie auszeichnet, ist das Bewußtsein, daß die Zeit eine Entscheidung verlangt, und mit einer Energie, die sich zwischen den beiden Revolutionen von 1789 und 1848 bis zum äußersten Extrem steigert, tritt der Begriff der Entscheidung in den Mittelpunkt des Denkens ... steigerte sich im staatsphilosophischen Denken der Gegenrevolution die Intensität der Entscheidung.

Nur auf diese Weise kann die Entwicklung von de Maistre zu Donoso Cortes – von der Legitimität zur Diktatur – begriffen werden."
124. Hierzu Greiffenhagen, Dilemma des Konservatismus, Kapt. X, 2: „Machen, Wachsen, ‚Wachsenlassen'"
125. Zitiert nach Klemperer 1962, 14

6. Die Verwendung der Verschwörungsthese durch die kirchliche Orthodoscie und die säkulare Rechte

1. Dies behauptete zum Beispiel der Publizist Jürgen Thorwald noch 1974 im „Spiegel". Thorwald 1974, 91. Vgl. auch das „Zeit-Magazin" Nr. 44 (24.10.1975): „Wieder einmal ortete ein Paranoiker (General Franco, d.Vf.) kläglicher Verschwörungstheorien die Freimaurer dort, wo sie einst der Nazi-Ideologe Alfred Rosenberg (‚Mythus des 20. Jahrhunderts') vermutet hatte."
2. Vgl. auch Eckert: Magazin der Beweisführung für Verurtheilung des Freimaurerordens als Ausgangspunkt aller Zerstörungsthätigkeit gegen jedes Kirchenthum, Staatenthum, Familienthum und Eigenthum mittelst List, Verrath und Gewalt, 1857
3. Eckert 1852, 367
4. Pachtler 1871, 24. Vgl. dazu die von Bischof von Ketteler auf der Generalversammlung der katholischen Vereine von 1871 gehaltene Rede: „Liberalismus, Socialismus und Christentum", in der der Sozialismus als „widerspenstiger Sohn" des Liberalismus sowie als „eine der verderblichsten Verirrungen des menschlichen Geistes gekennzeichnet wird. Ketteler 1924, 244 und 251
5. Pachtler 1871, 77 f.
6. Ebd., 140
7. Ebd., 106
8. Ebd., 6
9. Ebd., 106
10. Ebd., 99
11. So Bischof v. Ketteler in seinem Brief an Kaiser Franz Josef vom 28.08.1866. Zitiert nach Vigener 1924, 493
12. Pachtler 1875 a, 4

13. Ebd., 52
14. Ebd., 61. Vgl. hierzu Hohoff: Protestantismus und Sozialismus, 1881, S. VII: „Wir halten den Sozialismus für einen ebenso verderblichen Irrtum wie den Protestantismus, dessen letzter Ausläufer und consequenteste Folge er ist."
15. Pachtler 1875 a, 83
16. Ebd., 88
17. Ebd., 99
18. Pachtler 1875, 431–442
19. Ebd., 431
20. Pachtler: Der stille Krieg gegen Thron oder Altar oder das Negative in der Freimaurerei 1876, 270
21. Birle 1876, S. IV
22. Ebd., 100. Vgl. Kap. 4: „Der Liberalismus und sein natürlicher Sohn – der Sozialismus"
23. Ebd., 76
24. Ebd., 109
25. Ebd., 112
26. Vgl. hierzu die Schrift des Jesuiten Gruber „Mazzini, Freimaurerei und Weltrevolution" von 1901, in der es auf S. 5 heißt: „Die hauptsächliche Fortsetzerin des auf allgemeine Weltrevolution abzielenden Werkes Mazzinis und Garibaldis seit 1870 ist wieder die von erklärten Mazzinisten und Garibaldinern geleitete italienische Freimaurerei."
27. Zu dem hier angesprochenen Fragenkomplex siehe das von H. Jedin hg. „Handbuch der Kirchengeschichte", Bd. VI, 1, 1971, 4. Teil: „Die katholische Reaktion gegen den Liberalismus", speziell S. 750–756: „Der Syllabus und seine Folgen". Auf die antifreimaurerischen Parolen des Kulturkampfes geht näher ein Lange 1974
28. Während der ersten Drucklegung dieser Arbeit machte Léon Poliakov dem Verfasser in dankenswerter Weise das Kapitel „La France" seiner kurz vor der Vollendung stehenden „Histoire de l'Antisémitisme" Bd. IV zugänglich. Darin wird auf die hier behandelten französischen Verschwörungsvorstellungen, insbesondere auf solche mit antisemitischer Zielsetzung, ausführlicher eingegangen

8. Anmerkungen

29. Zu Gougenot des Mousseaux siehe Cohn 1969, 51–55 und Poliakov 1976 IV, Ch. „La France"
30. Gougenot des Mousseaux 1869, bes. 342 f.
31. Deschamps 1881 I, 7
32. Contemporain XVI, 62 ff.
33. Vgl. Cohn 1969, 56
34. Drumont 1885 I, S. VI
35. Ebd., 260
36. Vgl. Byrnes 1950, 256–313
37. Meurin 1893, 195
38. Ebd., 172
39. Ebd., 134
40. Ebd., 260
41. Bertrand 1903, 32 und 58
42. Vgl. Meurin 1893, 469. „Encyclique Encyclique Humanum genus ... elle est le coup de lance de saint Georges dans le coeur du dragon infernal."
43. Hierzu Felice, 1961, 37 ff. sowie Poliakov 1976 IV, Ch. „La France", Cohn 1969, 58 f., Lehr 1974, 142–146
44. Lennhoff 1932 a, 304
45. Zu Fava siehe Braeunlich 1924, 18 f.
46. Ebd., 20
47. Zit. nach Herder-Korrespondenz 1958/59, 746
48. Zur Taxil-Affäre siehe Rieks 1897, Braeunlich 1897, Braeunlich 1924/25, Buchheim 1963, 470493, Weber 1964
49. Zit. nach Rieks 1897, 221
50. Zit. nach Braeunlich 1897, 25. Vgl. auch die selbstkritische Stellungnahme der katholischen „Kölnischen Volkszeitung" vom 21.04.1897: „Es ist eine fürchterliche Lektion, die der große Pariser Gauner denjenigen erteilt hat, die sich nicht warnen lassen wollten ... Es muß schonungslos ein Ende gemacht werden mit jener duseligen ‚Religiosität', die unbesehen alles annimmt, was Phantasten, verdrehte Köpfe ... und gewissenlose Lügner als Enthüllungen, Geheimnisse, Offenbarungen, Weissagungen usw. auszugeben beliebten." Zit. nach Rieks 1897, 228
51. Stoecker 1914, 69
52. Pachtler 1871, 105

8. Anmerkungen

53. Tilloy erhielt für sie einen von der antisemitischen Zeitschrift „Libre Parole" ausgeschriebenen Preis. Hg. dieser Zeitschrift war Eduard Drumont, der Verfasser von „La France Juive" (1885)
54. Tilloy 1897, 50
55. Ebd., 33
56. Ebd., 51
57. Ebd., 53
58. Vgl. Tilloy 1897, Kap. VI: „Les résultats de l'action judéo-maçonnique"
59. Vgl. ebd. Kap. VII: „Les catholiques sous le joug de la secte judéo-maçonnique", 93–108
60. Vgl. Tilloy 1897, Kap. VII, ebd. 128
61. Vgl. ebd., 130: „Soumettre le capitalisme, dont le Juif est le roi incontesté, à un contrôle et à une repression sévère. J'entends, sous le nom de capitalisme, un système dans lequel l'argent et la spéculation tiennent le premier rang: système funeste qui abouti par la liberté du commerce de l'argent à opprimer qui n'ont rien."
62. Vgl. Naumann 1904, 108: „Der konservative Sozialismus beruht auf der tiefen, nur aus taktischen Gründen verschleierten Gegnerschaft des agrarischen Adels gegen den modernen Kapitalismus. Da die Arbeiterklasse den Kapitalismus auch ihrerseits bekämpft, so ist es scheinbar möglich, unter der Formel des Antikapitalismus Agrarier und Proletarier zu vereinigen. Man übersieht dabei den sehr wesentlichen Umstand, daß der Proletarier den Kapitalismus nur insofern bekämpft, als er von ihm erhöhten Nutzen ... gewinnen will, daß aber der Agrarier gegen das kapitalistische Prinzip als solches streitet."
63. Tilloy 1897, 130: „On peut déja se rendre compte des ravages exercés en France par le capitalisme. Il a asservi toutes les forces de l'homme ... il provoque l'encore et la haine des dèshérités et prépare inevitablement la guerre entre les classes de la société, l'avènement du socialisme et de la liquidation sociale."
64. Vgl. hierzu E. Weber 1962; Nolte 1963, 61–191; Carsten 1968, 11–19.

65. Vgl. hierzu Pulzer 1966. Leider hat Pulzer dem „ideologischen Überbauphänomen" der Verschwörungsthese in seiner Untersuchung keine Beachtung geschenkt. Siehe ferner Bracher 1969, 35–48 und Banuls 1970
66. Vgl. Bebel 1906, bes. 26 ff.
67. Abgedruckt bei Pulzer 1966, 274 f.
68. Vgl. zu diesem hier nur angedeuteten Fragenkomplex Moore 1969 sowie Flemming 1973
69. Laqueur 1966, bes. Kap. 4, 5: „Der Nationalsozialismus und die Weisen von Zion" und 6: „Hitler und die russische Rechte"
70. Cohn 1969
71. Katz 1970
72. In dem vierten Buch seiner „Histoire de l'Antisemitisme"
72a. M. Hagemeister: Der Mythos der „Protokolle der Weisen von Zion", in: Verschwörungstheorien, Hg. U. Caumanns u. Mathias Niendorf, Osnabrück 2001, S. 89–101.
73. Hierzu Cohn 1969, besonders Kap. 4.1; Poliakov 1976 IV, Kap. „La France"
74. Zitiert nach Débidour 1909 II, 190
75. Cohn 1969, 82
76. Vgl. ebd. 142; Rogger 1964; Carsten 1968, 47–51. Laqueur 1966, 99–106
77. Zu Nilus siehe Cohn 1969, 111 ff. Vgl. auch W. Martini 1949, wo die „Protokolle" auf S. 63 als ein „für die aftermystische Mentalität des Zarenhofes gerissen berechnete(s) Buch von metaphysischer Dummheit" charakterisiert werden
78. Der russische Originaltitel lautet: Velikoe v Malom i Antichrist kak blizkaja vozmoznost. Zapiski Pravoslavnago. Carskoe Selo. 1905
79. Vgl. die Übersicht über die verschiedenen Ausgaben und Übersetzungen bei Cohn 1969, 377381
80. Katz 1970, 194 f.
81. Cohn 1969, 212
82. Katz 1970, 194
83. Lohalm 1970, 44
84. Zu Ahlwardt siehe Massing 1959, 88–92 sowie Pulzer 1966, 96–99

85. Ahlwardt 1910, 51 ff.
86. Ebd., 53
87. Vgl. Pulzer 1966, Kap. 6
88. Vgl. Gollwitzer 1971; Fischer 1969, 362–367: „Der Einbruch des Rassegedankens in den deutschen Nationalismus" und Lutzhöft 1971
89. Kruck 1954
90. So Fischer 1969, 362
91. Daim 1958
92. Vgl. ebd., 82–87: Lanz und Guido von List. Ferner Mosse 1964, 72–75
93. Vgl. die List-Bibliographie bei Daim 1958, 278 f.
94. Pulzer 1966, 196
95. Daim 1958, 70–82: „Hakenkreuz und Krukenkreuz"
96. Phelps 1963
97. Hier ist darauf hinzuweisen, daß die im folgenden abgehandelte Ausprägung der Verschwörungsthese, die man als Variante der „Dolchstoßlegende" bezeichnen könnte, in der Literatur zu dieser Legende gänzlich unberücksichtigt geblieben ist. Vgl. Hiller von Gaertringen 1963 und Petzold 1963
98. Bd. 156 (1915), 65–71
99. Weltkrieg 1915, 65
100. Ebd., 67
101. Ebd., 66
102. Ebd., 70
103. Ebd., 71. Vgl. hierzu E. Winter über die Sympathien von Pius X. von 1914 für die Mittelmächte. Winter 1960/61 II, 574: „Sah der Papst in Frankreich die ‚teuflische Dreieinigkeit' von Freimaurerei, Demokratie und Modernismus. In der deutschen Militärmaschine aber erblickte der Papst ein Werkzeug Gottes zur Bestrafung dieser verkommenen ältesten Tochter der Kirche."
104. Gruber 1917, 1
105. Ebd., 17 f.
106. Ebd., 18 f.
107. Ebd., 41
108. Zu Bley, siehe Katz 1970, 176 und 178
109. Bley 1917, 20

110. Vgl. Patemann 1964
111. Salm-Horstmar 09.07.1918, 1042–45. Zu der durch den Ersten Weltkrieg provozierten antisemitischen Welle siehe Mosse (Hg.): Deutsches Judentum in Krieg und Revolution 1916–1923. 1971
112. Moore 1969, 531
113. Angaben zur Biographie Salm-Horstmars finden sich in den einschlägigen Artikeln von: Parteien 1968
114. Hierzu Klemperer 1962, 55–63 sowie See 1975
115. Pressel 1967, 347
116. Ebd., zit 144. Wie Poliakov in seinem Kapitel „Grande Bretagne" seiner noch unveröffentlichten „Histoire de l'Antisémitisme" Bd. IV detailliert nachweist, ist zur gleichen Zeit sowie auch noch nach Kriegsende in England das bolschewistische Regime als Resultat einer deutsch-jüdischen Verschwörung hingestellt worden, welche den Interessen des deutsch-jüdischen Finanzkapitals diene.
117. Vgl. Lohalm 1970, 58 ff.
118. Fritsch 1941, 102
119. Lohalm 1970, 59
120. Phelps 1963, 248
121. Lohalm 1970, 257
122. Zitiert nach Sebottendorf 1933, 25 f.
123. Phelps 1963, 248
124. Vgl. das annotierte Namensregister in: Sebottendorf 1933 sowie die Mitgliederliste auf S. 255258 in dem wissenschaftlichen Ansprüchen kaum standhaltenden Werk von René Alleau 1969. Vgl. auch Schwarzwäller 1974, 59–67, wo dargelegt wird, daß der Leutnant a.D. und spätere Stellvertreter des „Führers", Rudolf Heß einer der wichtigsten Waffenbeschaffer dieser Terrororganisation war
125. Fenske 1969, 54
126. Sebottendorf 1933, 52
127. Bollmus 1970, 18 ff.
128. Vgl. Katz 1970, 176 ff.
129. Vgl. Plewnia 1970, 36; Cohn 1969, 165 sowie Bollmus 1970, wo es auf S. 20 heißt: „Eckart nahm von Rosenberg

Aufsätze entgegen, die der Tendenz nach den sogenannten ‚Protokollen der Weisen von Zion' entsprachen. ‚Ein Unbekannter' soll eine frühe Ausgabe des später berühmt gewordenen Falsifikats im Sommer 1917 in Moskau auf den Schreibtisch des Architekturstudenten (Alfred Rosenberg, d.Verf.) gelegt haben."
130. Cohn 1969, 213
131. Feder, NSDAP, 26
132. Zitiert nach Zechlin 1969, 558. Vgl. auch Lohalm 1970, 19 und Grieswelle 1972, 99: „Der Antimarxismus wurde zu einer Variante des Antisemitismus. Dies war Hitlers propagandistische Generallinie."

7.1. Der Verschwörungsmythos nach 1917

1. Gisela C. Lebzelter: Political antisemitism in England 1918–1939. London 1978, S. 19.
2. John D. Klier (ed.): Pogroms. Anti-Jewish violence in modern Russian history. Cambridge 1992.
3. Vgl. Michael Cohn: Churchill and the Jews. London 1985, S. 55. .
4. Jeffrey Herf: The Jewish Enemy.Nazi propaganda during World War II and the Holocaust. Cambridge, Mass. 2004, S. 105.
5. So formulierte er im September 1935 auf dem Reichsparteitag in Nürnberg .
6. Pfahl-Traughber: Verschwörungsmythos 1993, S. 33–35.
7. Zit. nach Ackermann 1970, S. 25.
8. Pfahl-Traughber: Verschwörungsmythos 1993, S. 31–33.
9. Heise 1920, S. 253 und 32 ff.
10. ebenda S. 394.
11. ebenda S. 25.
12. ebenda S. 25.
13. Vgl. J. Rogalla von Bieberstein: „Jüdischer Bolschewismus". Mythos und Realität. Dresden 2002, S. 168–175.
14. Pfahl-Traughber: Verschwörungsmythos 1993, S. 26.
15. ebenda S. 27
16. Boberach 1971, S. 679.

8. Anmerkungen

7.2. Die „Protokolle der Weisen von Zion" nach 1917

1. S.Lipset/E. Raab: Politics of Unreason 1970, S. 13.
2. Karl Schlögel (Hg.): Russische Emigration in Deutschland 1918–1941. Berlin 1995, S. 109.
3. N. Cohn: Die Protokolle der Weisen von Zion. Köln 1969, S. 157.
4. vgl. hierzu den mit Literaturhinweisen versehenen FAZ-Artikel von Lorenz Jäger: „Zarensturz und bürgerliche Revolution: Kritik der Legende von der ‚jüdisch-freimaurerischen Verschwörung' in Russland" vom 1. August 2007.
5. vgl. hierzu Helmut Neuberger: Winkelmaß und Hakenkreuz. Die Freimaurer und das Dritte Reich. München 2001, Kap. 7: Das Ende der freimaurerischen Organisationen. Ferner: Ralf Melzer: Konflikt und Anpassung. Freimaurerei in der Weimarer Republik und im „Dritten Reich". Wien 1999.
6. Sigurd von Ilsemann: Der Kaiser in Holland II. München 1968, S. 11, 87 und 134.
7. Hierzu Pfahl-Traughber: Verschwörungsmythos 1993, S. 65–68.
8. J. Rogalla von Bieberstein: Die These von der Verschwörung 1992, S. 144.
9. ebenda zit. S. 191.
10. Joseph Bendersky: The Jewish Treat. New York 2000, S.136 ff.
11. Lipset/Raab 1970, S. 252.
12. Rosten 1933, S. 240.
13. Freimaurerei 1939, S. 269 u. 267.
14. Hierzu im Einzelnen Pfahl-Traughber: Verschwörungsmythos 1993, Kap. V: Der Verschwörungsmythos im NS-Staat.
15. Zu Six s. Lutz Hachmeister: Der Gegnerforscher. Die Karriere des SS-Führers Franz Alfred Six. München 1998 – dem Vf. ist die Freimaurerproblematik und die diesbezügliche Spezialiteratur leider fremd.
16. Nesta H. Webster: Secret Societies and subversive movements (1924), Repr. Rando Palos Verdes, Calif. o.J., S. 382.

8. Anmerkungen

17. Heinz Höhne: Der Orden unter dem Totenkopf. Gütersloh 1976, S. 302.
18. Hilaire Belloc: Die Juden. München 1927, S. 118.
19. Ebenda S. 45 und 137.
20. Urs Lüthi: Der Mythos von der Weltverschwörung. Die Hetze der Schweizer Frontisten gegen Juden und Freimaurer – am Beispiel des Berner Prozesses um die „Protokolle der Weisen von Zion". Basel 1992.
21. Ernst Piper:Alfred Rosenberg. Hitlers Chefideologe. München 2005.
22. W. Meyer zu Uptrup: Kampf gegen die „jüdische Verschwörung", Berlin 2003, spricht auf S. 102 von seinem „philologischen Eklektizismus" ohne auf die antifreimaurerische Einstellung einzugehen.
23. Über diese hat der als Experte für die „Protokolle" anerkannte Slavist Michael Hagemeister auf der erwähnten Warschauer Tagung von 1999 unter dem Titel: „Der Mythos der ‚Protokolle der Weisen von Zion'" (Verschwörungstheorien. Anthropologische Konstanten – historische Varianten, Osnabrück 2001, S.89–101) detailliert berichtet. Er bezieht sich dabei besonders auf neuere Veröffentlichungen von Pierre-André Taguieff (Les protocols des Sages de Sion. Bd.1.2. Paris 1992), des Polen Janusz Tabir (Protokoly medrcow syjonu. Warschau 1992) sowie des römischen Slavisten Cesare De Michelis (Il manoscritto inesistente. Venedig 1998).
24. Franz Oppenheimer: Erlebtes, Erstrebtes, Erreichtes. Düsseldorf 1964, S. 302.
25. Walter Laqueur 1966, S. 134 f.
26. Markow 1935, S. 77 u. 117.
27. Nicholas Goodrich-Clarke: Die okkulten Wurzeln des Nationalsozialismus. Graz 1997, S. 149 f.
28. Rosenberg 1920, Kap. 12.
29. Pachtler 1875, S. 438.
30. Rosenberg 1941, S. 203.
31. Rosenberg: Die Protokolle der Weisen von Zion und die jüdische Weltpolitik. 4. Aufl. 1933, S. 44.
32. J. Rogalla von Bieberstein: „Jüdischer Bolschewismus". Mythos und Realität. Dresden 2002, S. 193 ff.

8. Anmerkungen

33. Adolf Hitler: Mein Kampf. München 1938, S. 226.
34. So der Internet-Text „The Protocols of the Learned Elders of Zion" der Anti-Defamation League mit Copyright vom Juni 2000. W. Meyer zu Uptrup: Kampf gegen die „jüdische Verschwörung" 2003, spricht auf S. 453 von Hitlers „konspirationstheoretischer Weltanschauung"
35. Zum Verhältnis von Freimaurerei und Juden s. Jacob Katz: Jews and Freemasons in Europe 1723–1939, Cambridge, Mass. 1970.
36. Adolf Hitler: Mein Kampf (1933), S. 345.
37. Hierzu W. Meyer z Uptrup: Kampf gegen die „jüdische Verschwörung" 2003, S. 91 ff.
38. Rauschning 1940, S. 24
39. Hitler 1933, 337.

7.3. Der Jude als „Weltbolschewist"

1. Leipzig-Wien 1919, S. 25.
2. Zu der Rolle von Juden in der frühen revolutionären Bewegung Russlands s. Erich E. Haberer : Jews and revolution in nineteenth-century Russia. Cambridge 1995.
3. Diese Erwartung hat der jüdische Wiener Literat Hermann Bahr 1894 formuliert, zit. nach Donald Daviau: Hermann Bahr, in: Literatur und Kritik 1988, S. 21–41 (Zitat S. 26).
4. So kennzeichnete ihn der jüdische Sozialist Alexander Parvus, d.h. Israel Helphand, zit. nach Kai-Uwe März: Die deutsche Linke und der Bolschewismus. Diss. Berlin 1990, S. 407.
5. Maxime Steinberg in:Yannis Thanassekos (Hg.): Révision de l'Histoire. Totalitarismes, crimes et génocides nazis. Paris 1990, S.184.
6. Richard Pipes: Jews and the Russian Revolution. In: Polin vol. 9/1996, S. 55–57.
7. Isaac B. Singer: Die Familie Moschkat. München 1991, S. 652 f.
8. Boris Baschanow: Ich war Stalins Sekretär. Frankfurt a.M. 1977, S. 78.

8. Anmerkungen

9. Isaac Deutscher. Der nichtjüdische Jude. Berlin 1988.
10. Hans Goslar: Jüdische Weltherrschaft, Berlin 1919, S. 32.
11. Arthur Hertzberg: Wer ist Jude? München 2000, S. 265.
12. Iosef Bikerman u.a.: Rossija i Evrei. Sbornik pervyj. Berlin 1923 (Repr. Paris 1978), S. 6. Da das Wort „Jude" (zyd) im Russischen einen negativen Beiklang hat(te), wählte Bikermann die Bezeichnung „Hebräer".
13. Geoffrey Aldermann: Antisemitism in Britain. In: Jewish Journal of Sociology (1989), S. 125–130. Zitat aus dem abstract von Sociofile.
14. Saul Friedländer: Haß war die treibende Kraft. In: Spiegel-Spezial. Juden und Deutsche. Hamburg 1992, S.37.
15. R. Landau. The Nazi-Holocaust. London 1992, S. 83.
16. So eine von J. Herf: Jewish Enemy 2006, S. 349 Anm. 130 zit. NS-Propagandaschrift.
17. Baldwin Neil: Henry Ford. The mass production of hate. New York 2001.
18. L. Poliakov: Geschichte des Antisemitismus Bd. 8. Frankfurt a.M. 1988, S. 183.
19. J. Rogalla von Bieberstein: „Jüdischer Bolschewismus". Mythos und Realität. Dresden 2002, S. 134–137: Der Verband der kämpfenden Gottlosen.
20. Bela Bangha u.a.: Klärung in der Judenfrage. Wien 1934 (mit Imprimatur des erzbischöflichen Ordinariats Wien), S. 43.
21. 2. Aufl. Köln 1932, S. 116.
22. Wigbert Benz: Das „Unternehmen Barbarossa" und der Vatikan. In: Blätter für deutsche und internationale Politik (1989), 34, S. 981–991, Zitat S. 991.
23. Robert Wistrich: Der antisemitische Wahn. Ismaning 1987, S. 85.
24. So die Flugschrift von Alois Hecker: Vor Juda's Weltherrschaft. Achern i.B. 1921, S. 7.
25. Zit nach Léon Poliakov und Joseph Wulf: Das Dritte Reich und seine Denker. Berlin 1959, S. 455.
26. Rudolf Kommoss: Juden hinter Stalin.3. Aufl. Berlin 1939, S. 21.
27. Trials of war criminals before the Nuremberg Military Tribunals . vol. IV. Washington 1949 ,S. 339–353.

28. Gustave M. Gilbert: Nürnberger Tagebuch. Frankfurt a.M. 1962, S. 262.
29. Siegfried Thalheimer: Macht und Gerechtigkeit. Ein Beitrag zur Geschichte des Falles Dreyfus. München 1958, S. 410 f.
30. Dokumente der deutschen Politik. Berlin Bd. 3(1939) S. 7, Bd.4, (1937) S. 62.
31. Deutschlandberichte der Sozialdemokratischen Partei (Sopade) 1934–1940, 2 (1935). Frankfurt a.M.1980, S. 1021.

7.4. Das „jüdische Komplott" als „plutokratische" und „bolschewistische" Doppelverschwörung gegen Deutschland

1. Herf: Jewish Enemy 2006, S. 128 f.; in dem nicht paginierten Dokumententeil bei Herf ist diese Wandzeitung wiedergegeben.
2. Zit. nach Karl H. Rengstorf (Hg.): Kirche und Synagoge Bd. 2.Stuttgart 1970, S. 479.
3. In der Artikelserie „The truth about the protocols. A forgery" vom 16. 17. und 18. August 1921 hat die „Times" diese positive Einschätzung der „Protokolle" ausdrücklich widerrufen. S. W. Meyer zu Uptrup: Kampf gegen die „jüdische Verschwörung" 2003, S. 92.
4. Hilaire Belloc: Die Juden. München 1927, S. 222.
5. Drumont 1985 I, S. 6.
6. Walter Victor: Marx und Heine. Berlin 1970, S. 86.
7. Feder: NSDAP S. 53.
8. W. Meyer zu Uptrup: Kampf gegen die „jüdische Verschwörung" 2003, S. 118.
9. Zit. nach Anton Pelinka: Stand oder Klasse?, Wien 1972, S. 216.
10. Zit. nach Pfahl-Traughber: Verschwörungsmythos 1993, S. 113.
11. Ebenda S. 112.
12. Herf: Jewish Enemy 2006, S. 135.
13. Ebenda S. 114.
14. Zit. nach Herf: Jewish Enemy 2006, S. 100 (zurückübersetzt aus dem Amerikanischen).

15. Note du P. Barruel, zit. nach « Le Contemporain. Revue Catholique » T. XVI, Paris 1878, S. 62.
16. In dem Aufsatz „Der heutige Antisemitismus", in: Der Jude (1920–21), S. 129–139 (Zitat S. 135).
17. Georg Schott: Das Volksbuch vom Hitler. München 1924, S. 105.

9. Quellen- und Literaturverzeichnis

9.1. Verzeichnis der Abkürzungen

ADB	Allgemeine Deutsche Biographie
AfSG	Archiv für Sozialgeschichte
AHR	American Historical Review
AHRF	Annales Historiques de la Révolution Francaise
ASozW	Archiv für Sozialwissenschaft und Sozialpolitik
FBPG	Forschungen zur brandenburgischen und preußischen Geschichte
HZ	Historische Zeitschrift
HJb	Historisches Jahrbuch der Görresgesellschaft
HistPolBl	Historisch-politische Blätter für das Katholische Deutschland
InfHist	Information Historique
InRevSocHist	International Review of Social History
IstZap	Istoriceskie Zapiski
JbbGO	Jahrbücher für Geschichte Osteuropas
JbfSW	Jahrbuch für Sozialwissenschaft
JMH	Journal of Modern History
JHI	Journal of the History of Ideas
KwH	Kwartalnik Historyczny
MovOp	Movimento Operaio
PoIR	Polish Review
RH	Revue Historique
VjHZG	Vierteljahreshefte für Zeitgeschichte
WZ	Wiener Zeitschrift
ZfGO	Zeitschrift für Geschichte Osteuropas
ZfG	Zeitschrift für Geschichtswissenschaft
ZfSlPh	Zeitschrift für Slawische Philologie

9.2. Übersicht über die Barruel-, Robison- und Mounier-Ausgaben

Diese wohl bisher vollständigste Aufstellung beruht teilweise auf den in: Wolfstieg, Bibliographie der freimaurerischen Literatur Nr. 6367 und 6374 sowie in: Bibliothèque de la Compagnie de Jesus, Bibliographie T. 1, Art. Barruel, enthaltenen Angaben. Bei den Barruel-Ausgaben sind die von ihm selbst besorgte Kurzfassung („Abrégé") bzw. Bearbeitungen nicht gesondert ausgewiesen.

a) BARRUEL, Augustin: Mémoires pour servir à l'histoire du Jacobinisme, 4 Bde, London 1797/98 (Erstausgabe)

französisch: London 1797/98, Hamburg 1798/99, London 1799, Augsburg 1800, Braunschweig 1800, Paris 1802, Hamburg 1803, Lyon 1803, Paris 1817, Paris 1829, Paris 1837, Chiré-en-Montreuil 1973

deutsch: Münster/Westf. und Leipzig 1800/03, Hannover 1804

englisch: London 1797, Dublin 1798, London 1799, Hartford/USA 1799, New York 1799, Lancaster 1812

italienisch: Venedig 1799–1800, Reggio 1825, Neapel 1850, Rom 1887

niederländisch: Hamburg 1800/04, Dordrecht 1801, Amsterdam 1801, Hasselt 1816

polnisch: Lemberg-Warschau 1805, Berdyczöw 1812
portugiesisch: Lissabon 1810/12
russisch: Moskau 1806/09, Moskau 1806/07
schwedisch: Strengnäs 1811
spanisch: Villfranca 1812, Palma 1813/14, Madrid 1814, Perpignan 1827

b) ROBISON, John: Proofs of a conspiracy against all the religions and governments of Europe, carried on in secret meetings of free masons, illuminati and reading societies, Edinburgh 1797 (Erstausgabe)

englisch:	Edinburgh 1797, London 1797, London 1798, Edinburgh 1798, Dublin 1798, New York 1798
französisch:	London 1798
deutsch:	Königslutter 1800
niederländisch:	Dordrecht o.J.

c) MOUNIER, Jean: De l'influence attribué aux philosophes, aux franc-macons et aux illuminés sur la révolution France, Tübingen 1801 (Erstausgabe)

französisch:	Tübingen 1801, Paris 1822, Paris 1823
deutsch:	Tübingen 1801
englisch:	Cambridge 1801 *niederländisch:* 1802

9.3. Literaturverzeichnis

Abafi, Ludwig: Geschichte der Freimaurerei in Österreich-Ungarn. 4 Bde. Budapest 1890/93

Ackermann, Josef: Heinrich Himmler als Ideologe. Göttingen 1970

Acta Latomorum ou Chronologie de la Franche-Maçonnerie française. 2 Bde. Paris 1815

Adam, Uwe Dietrich: Judenpolitik im Dritten Reich. Düsseldorf 1972

Adler, Manfred: Die antichristliche Religion der Freimaurerei. 2. verb. Auflage. Jestetten 1975

Ahlwardt, Hermann: Mehr Licht! Der Orden Jesu in seiner wahren Gestalt und in seinem Verhältnis zum Freimaurer- und Judentum. Dresden 1910

Ahrens, Liselotte: Lamennais und Deutschland. Studien zur Geschichte der Französischen Restauration. Münster/W. o.J. (1930)

Albanus, H.L.: Kurzgefaßte Charakteristik der heutigen Israeliten und ihrer Würdigung zur Freymaurerey. Leipzig 1818

Albertini, Rudolf von: Das politische Denken in Frankreich zur Zeit Richelieus. Marburg 1951

Albrecht, Heinrich Christoph: Geheime Geschichte eines Rosenkreuzers. Hamburg 1792

Alleau, René: Hitler et les sociétés secretès. Enquêtes sur les sources occultes du nazisme. Paris 1969

Almeras, Henri d': Cagliostro (Joseph Balsamo), La Franc-Maçonnerie et l'Occultisme au XVIIIe siècle. Paris 1904

9. Quellen- und Literaturverzeichnis

Amery, Carl: Die Kapitulation oder der deutsche Katholizismus heute. Reinbek bei Hamburg 1963
Amiable, Louis: La loge des Neuf Soeurs. Paris 1897
Anchel, Robert: Napoleon et les Juifs. Paris 1928
Andryane, Alexandre: Souvenirs de Genève. Complément des mémoires d'un prisonnier d'Etat. 2 Bde. Paris 1839
Aner, Karl: Die Theologie der Lessingzeit. Hildesheim 1929
Appel, Rolf / Vorgrimler, Herbert: Kirche und Freimaurer im Dialog. Frankfurt a.M. 1975
Archiwum, Filomatow: Czesc I, Korespondencya 1815–1823, wydal Jan Czubek. 4 Bde. Krakow 1913
Arendt, Hannah: Elemente und Ursprünge totalitärer Herrschaft. Frankfurt a.M. 1962
Aretin, Karl Otmar Frh. v. (Hg.): Der aufgeklärte Absolutismus. Köln 1974
Arndt, Ernst Moritz: Noch ein Wort über die Franzosen. 1814 o.O.
Aronson, Shlomo: Reinhard Heydrich und die Frühgeschichte von Gestapo und SD. Stuttgart 1971
Artz, Frederick B.: Reaction und Revoluion. 1814–1832. 10. Aufl. New York/London 1953
Askenazy, Szymon: Lukasinski. 2 Bde. Warschau 1929
Aubert, Roger: Die katholische Kirche und die Revolution. In: Handbuch der Kirchengeschichte Bd. VI, 1. Freiburg/Basel/Wien 1971, 3–104
Aulard, Alphonse: Le christianisme et la révolution française. Paris 1925
Bach, J.: Adam Weishaupt ... als Gegner des Königsberger Philosophen I. Kant. HistPolBl 127, 1907, 94–114
Baeck, Leo: Das Wesen des Judentums. Berlin 1905
Baersch, Georg: Beiträge zur Geschichte des sogenannten Tugendbundes. Hamburg 1852
Bahrdt, Carl Friedrich: Ausführungen des Plans und Zwecks Jesu. Berlin 1784
Ders.: Über Preßfreyheit und deren Grenzen. Züllichau 1787
Ders.: Ober Aufklärung und die Beförderungsmittel derselben von einer Gesellschaft. Leipzig 1789
Ders.: Geschichte seines Lebens, seiner Meinungen und Schicksale. 3.u.4. T. Berlin 1791
Bahrs, Kurt: Friedrich Buchholz. Ein preußischer Publizist, 1768–1843. Berlin 1907
Bailleu, Paul: Johann Christof Wöllner. In: „Preußischer Wille, Gesammelte Aufsätze". Berlin 1924, 138–153
Baldensberger, Fernand: Mouvement des idées dans l'émigration française (1789–1815). 2 Bde. Paris 1924

9.3. Literaturverzeichnis

Balsamo: Leben und Thaten des Joseph Balsamo, sogenannten Grafen Cagliostro ... Aus den Akten des 1790 in Rom wider ihn geführten Prozesses gehoben. Zürich 1791
Bang, Paul (d.i. Wilhelm Meister): Judas Schuldbuch. Eine deutsche Abrechnung. München 1919
Banuls, André: Das völkische Blatt „Der Scherer". Ein Beitrag zu Hitlers Schulzeit. In: VjHZG 18 (1970), S. 196–203
Baron, Salo: Die Judenfrage auf dem Wiener Kongreß. Wien/Berlin 1920
Barruel, Augustin: Le patriote véridique, oit discours sur les vraies causes de la révolution actuelle. Paris 1789
Ders.: Geschichte der Klerisey in Frankreich während der Revolution. In drey Theilen. Frankfurt/Leipzig 1794
Ders.: Mémoires pour servir à l'histoire du Jacobinisme. 4 Bde. London 1797
Ders.: Lettres d'un voyageur à l'abbé Barruel. London 1800
Ders.: Denkwürdigkeiten zur Geschichte des Jakobinismus. Nach der in London 1797 erschienenen Original-Ausgabe ins Teutsche übersetzt von einer Gesellschaft verschiedener Gelehrten. 4 Theile. Münster/Leipzig 1800–1803
Barton, Peter F.: Ignatius Aurelius Feßler. Vom Barockkatholizismus zur Erweckungsbewegung. Wien/Köln/Graz 1969
Bauer, Bruno: Freimaurer, Jesuiten und Illuminaten in ihrem geschichtlichen Zusammenhang. Berlin 1863
Bazilevskij, G.: Gosudarstvennye prestuplenija v Rossii. Sankt Petersburg 1906
Bebel, August: Sozialdemokratie und Antisemitismus. 2. Auflage. Berlin 1906
Beik, Paul H.: The French Revolution seen from the Right, Social Theories in Motion, 1789–1799. Philadelphia 1956
Bein, Alexander: Der moderne Antisemitismus und seine Bedeutung für die Judenfrage. In: VjHZG 6 (1958), 340–360
Ders.: Die Judenfrage in der Literaturdes modernen Antisemitismus als Vorbereitung der Endlösung. In: Bulletin des Leo Baeck Instituts 1963, 4–51
Benda, Kalman: Die ungarischen Jakobiner. In: Maximilien Robespierre 1758–1794. Hg. Walter Markov. Berlin 1961, 401–434
Ders.: Probleme des Josephinismus und des Jakobinertums in der Habsburgischen Monarchie. In: Südostforschungen XXV, 1966, 38–71
Berdjajew, Nikolaus: Das Neue Mittelalter. Betrachtungen über das Schicksal Rußlands und Europas. Darmstadt 1927
Berger, Peter/Luckmann, Thomas: Die gesellschaftliche Konstruktion der Wirklichkeit. Frankfurt a.M. 1969
Bergmann, Karl Hans: Babeuf. Gleich und Ungleich. Köln/Opladen 1965
Berti, Guiseppe: Russia e stati italiani nel Risorgimento. 1957 o.O.

9. Quellen- und Literaturverzeichnis

Bertier de Sauvigny, G.: La Restauration. Paris 1963
Bertrand, Isidore: La franç-maçonnerie. Secte juive. Paris 1903
Bibl, Viktor: Der Zerfall Österreichs. Bd. I. Kaiser Franz und sein Erbe. Wien 1922
Ders.: Kaiser Franz. Der letzte römisch-deutsche Kaiser. Leipzig/Wien 1938
Bibliotheque de la Compagnie de Jésus: Bibliographie t. 1. Paris/ Bruxelles 1890
Bien, D.D.: The Calas. Affair. Persecution, Toleration and Heresy in Eighteenth Century Toulouse. Princeton U.P. 1960
Bilbasoff, B. von: Katherina II. Kaiserin von Rußland im Urtheile der Weltliteratur. 2 Bde., Berlin 1897
Birle, August: Die Jakobiner und ihre Lehrmeister. Ein Spiegelbild aus der Vergangenheit für die Gegenwart. Augsburg 1876
Black, Eugene Charlton: The association. British antiparliamentary political organization. 1769–1793. Cambridge/Mass. 1963
Blanc, Louis: Histoire de dix ans, 1830–40. Paris 1841
Blesch, Josephine: Studien über Johannes Wit, genannt von Dörring. Berlin/Leipzig 1917
Bley, Fritz: Der schlimmste Feindl Von einem Deutschen (d.i. Fritz Bley). Leipzig 1917
Blühen, Hans: Deutsches Reich, Judentum und Sozialismus. Eine Rede an die Freideutsche Jugend. München 1919
Blum, Jean: J.-A. Starck et la querelle du cryptocatholicisme en Allemagne 1785–1789. Paris 1912
Blume, Heinrich: Das politische Gesicht der Freimaurerei. 4. Aufl. Braunschweig 1937
Boberach, Heinz (Bearb.): Berichte der SS und der Gestapo über Kirchen und Kirchenvolk in Deutschland 1934–1944. Mainz 1971
Bode, Johann: Ist Cagliostro der Chef der Illuminaten? Oder, das Buch: Sur la secte des illuminés. In Deutsch. Mit erklärenden Worten des deutschen Translators. Gotha 1790
Boden, August: Lessing und Goeze. Ein Beitrag zur Literatur- und Kirchengeschichte des achtzehnten Jahrhunderts. Leipzig/ Heidelberg 1862
Böckenförde, Ernst-Wolfgang: Der deutsche Katholizismus im Jahre 1933. In: Hochland, 53. Jg. (1961), H.3, S. 215 ff. Boelcke, Willi A. (Hg.): Kriegspropaganda 1939–1941. Geheime Ministerkonferenzen im Reichspropagandaministerium. Stuttgart 1966
Börne: Für die Juden. In: Schriften. Bd. II. Wien 1868
Bollmus, Reinhard: Das Amt Rosenberg und seine Gegner. Studien zum Machtkampf im nationalsozialistischen Herrschaftssystem. Stuttgart 1970
Bonald, Louis: Mélanges littéraires, politiques et philosophiques. 2 Bde. Paris 1819

9.3. Literaturverzeichnis

Bonneville, Nicolas de: Les Jésuites chassés de la Maçonnerie et leur poignard brisé par les maçons, deux parties. London 1788
Ders.: De l'esprit des religions. 2 Bde. Paris 1792
Bord, Gustave: La franc-maçonnerie française des origines à 1815. 1.1. Paris 1908
Bouton, André / Lepage, Marius: Histoire de la franç-maçonnerie dans la Mayenne, 1756–1951. Le Mans 1951
Bouton, André: Les françs-maçons manceaux et la Révolution Française, 1741–1815. Le Mans 1958
Bracher, Karl Dietrich: Die deutsche Diktatur. Entstehung, Struktur, Folgen des Nationalsozialismus. Köln, Berlin 1969
Braeunlich, Paul: Der neueste Teufelsschwindel in der römisch-katholischen Kirche. Leipzig 1897
Ders.: Leo Taxils weltgeschichtliche denkwürdige Schelmenstreiche. Bd. 1.2. Camburg/Saale 1924/25
Brammer, Karl: Das politische Ergebnis des Rathenauprozesses. Berlin 1922
Bramsted, Ernest K.: Goebbels und die nationalsozialistische Propaganda 1925–1945. Frankfurt a.M. 1971
Brandes, Ernst: Ueber einige bisherige Folgen der Französischen Revolution auf Deutschland. Hannover 1792
Brandt, Manfred: Bibliographie zur theologischen Auseinandersetzung mit der Französischen Revolution 1789–1830. In: Deutscher Katholizismus und Revolution. München 1975, 127–192
Braubach, Max: Die „Eudämonia" (1795–1798). Ein Beitrag zur deutschen Publizistik im Zeitalter der Aufklärung und der Revolution. In: HJb 47 (1927), 309–339
Ders.: Die erste Bonner Universität und ihre Professoren. Bonn 1947
Ders.: Die Lebenschronik des Freiherrn Franz Wilhelm von Spiegel zum Diesenberg. Münster/W. 1952
Ders.: Ein publizistischer Plan der Bonner Lesegesellschaft aus dem Jahre 1789. In: L. Bergsträsser-Festschrift „Aus Geschichte und Politik". Hg. Alfred Herrmann. Düsseldorf 1954
Ders.: Die kirchliche Aufklärung im katholischen Deutschland im Spiegel des „Journal von und für Deutschland" (1784–1792). In: Ges. Abhandl. Bonn 1969, S. 563–659
Breuning, Klaus: Die Vision des Reichs. Deutscher Katholizismus zwischen Demokratie und Diktatur, 1929–1934. München 1969
Brewitz, Walter: Von Abraham bis Rathenau. Berlin 1937
Briefe eines Biedermannes über die Freymaurer in Wien. München 1786
Brühl, Adolf: Zur Geschichte der Loge zur aufgehenden Morgenröthe in Frankfurt am Main. Frankfurt a.M. 1967 (Ms)
Brunner, Otto: Vom Gottesgnadentum zum monarchischen Prinzip. In: Neue Wege der Verfassungs- und Sozialgeschichte. Göttingen 1968, S. 160–168

9. Quellen- und Literaturverzeichnis

Brunner, Sebastian: Die Mysterien der Aufklärung in Österreich 1770–1800. Mainz 1869

Buchheim, Karl: Ultramontanismus und Demokratie. München 1963

Buchholz, Friedrich: Untersuchungen über den Geburtsadel und die Möglichkeit seiner Fortdauer im neunzehnten Jahrhundert. Berlin/Leipzig 1807

Buchner, Eberhard: Das Neueste von gestern. Kulturgeschichtlich interessante Dokumente aus alten deutschen Zeitungen. Bd. IV, 1. Teil (1788–1793). München 1913

Buhr, Manfred: Jakobinisches in Fichtes ursprünglicher Rechtsphilosophie. In: Markov, Walter: Maximilien Robespierre 17581794. Berlin 1961, S. 479–503

Ders.: Revolution und Philosophie. Die ursprüngliche Philosophie Johann Gottlieb Fichtes und die Französische Revolution. Berlin 1965

Bullock, Alan: Hitler. Eine Studie über Tyrannei. Düsseldorf 1969

Bungardt, Karl Matthias: Friedrich Ludwig Jahn als Begründer einer völkisch-politischen Erziehung. Würzburg 1938 Buonarroti, Philippe: Conspiration pour l'Egalité dite de Babeuf. Brüssel 1828

Burggraf, Gudrun: Christian Gotthilf Salzmann im Vorfeld der Französischen Revolution. Germering bei München 1966

Burke, Edmund: Reflections on the Revolution in France, ed. by A.J. Grieve. London 1964

Ders.: Thoughts on French Affairs. Reflections on the Revolution in France, ed. by A.J. Grieve. London 1964, S. 285–330

Byrnes, Robert F.: Anitsemitism in modern France. New Brunswick 1950

Cadet-Gassicourt, Charles Louis: Le tombeau de Jacques Molai, ou histoire secrète et abrégée des initiés, anciens et modernes, des templiers, franç-maçons, illuminés, etc. 2. Aufl. Paris 1796

Campe, Joachim Heinrich: Briefe aus Paris. Hg. Helmut König. Berlin 1961

Cantimori, Delia: Eine literarische Parallele zwischen Kant und Robespierre. In: Markov, Walter: Maximilien Robespierre 17581794. Berlin 1961, S. 469–477

Carsten, Francis L.: Der Aufstieg des Faschismus in Europa. Frankfurt a.M. 1968

Cassirer, Ernst: Die Philosophie der Aufklärung. Tübingen 1932

Cingari, Gaetano: Giacobini e Sanfedisti in Calabria nel 1799. Messina/Firenze 1957

Clifford, Robert: Application of Barruel's Memoirs of Jacobinism to the Secret Societies of Ireland and Great Britain. London 1798

Cobban, Alfred: The social interpretation of the French Revolution. Cambridge 1964

9.3. Literaturverzeichnis

Ders.: Historians and the causes of the French Revolution. London 1967

Cochin, Augustin: Les Sociétés de Pensée et la Démocratie. Etudes d'Histoire Révolutionnaire. Paris 1921

Ders.: La Révolution et la libre-pensée. Paris 1922

Ders.: Les Sociétés de Pensée et la Révolution en Bretagne (1788–1789). 2 Bde. Paris 1925

Cohn, Norman: Das Ringen um das Tausendjährige Reich, Revolutionärer Messianismus und sein Fortleben in den modernen totalitären Bewegungen. Bern/München 1961

Ders.: Warrant for Genocide. The myth of the Jewish worldconspiracy and the Protocols of the Elders of Zion. London 1967

Ders.: Die Protokolle der Weisen von Zion. Der Mythos von der jüdischen Weltverschwörung. Köln/Berlin 1969

Concordia: Eine Zeitschrift hg. von Friedrich Schlegel. 6 Hefte. Wien 1820/23

Condorcet, M.J.A.: De l'influence de la Révolution d'Amérique sur l'Europe. In: Oeuvres, t. VIII. Paris 1847

Constitutionen-Buch: Neues Constitutionen-Buch der Alten und Ehrwürdigen Brüderschaft der Freymaurer worin die Geschichten, Pflichten, Regeln etc. derselben auf Befehl der Grossen Loge ... Zum Gebrauch der Logen verfasset worden. Aus dem Englischen übersetzt. Franckfurt am Mayn 1741

Le Contemporain: Revue Catholique. t. XVI. Paris 1878

Coornaert, Emile: Les Corporations en France avant 1789. Paris 1941

Crétineau-Joly, J.: L'Eglise romaine en face de la révolution. 2 Bde. 2. Auflage. Paris 1860

Cunow, Heinrich: Die revolutionäre Zeitungsliteratur Frankreichs während der Jahre 1789–1794. Berlin 1908

Curtiss, John S.: An appraisal of the Protocols of Zion. New York 1942

Dahrendort, Ralf: Gesellschaft und Freiheit. Zur soziologischen Analyse der Gegenwart. München 1961

Daim, Wilfried: Der Mann, der Hitler die Ideen gab. Von den religiösen Verirrungen eines Sektierers zum Rassenwahn eines Diktators. München 1958

Dalberg, Karl Theodor von: Von dem Einfluß der Wissenschaften und schönen Künste in Beziehung auf öffentliche Ruhe. Erfurt 1793

Dalin, V.M.: Babeuf und der ‚Cercle Social'. In: Studien über die Revolution. Hg. von Manfred Kossok. Berlin 1969, S. 108–119

Dany, E.: Les idées politiques et l'esprit publique en Pologne à la fin du 18e siècle. La constitution du 3 mai. Paris 1901

Débidour, Antonin: L'Eglise catholique et l'etat sous la troisième république. 2 Bde. Paris 1906/09

Défourneaux, Marcelin: Complot maçonnique et complot jésuitique. In: Ahrf 37 (1965), S. 170–186

Dermenghem, Emile: Joseph de Maistre Mystique. 2. Aufl. Paris 1946

Deschamps, Nicolas: Les sociétés secrètes et la société ou philosophie de l'histoire contemporaine. 4. Aufl. Paris 1881

Deutsches Judentum in Krieg und Revolution 1919–1923. Ein Sammelband hg. von Werner E. Mosse. Tübingen 1971

Diderot, Denis: Philosophische und politische Texte. München 1969

Dierickx, Michael: Freimaurerei die große Unbekannte. Frankfurt/Hamburg 1968

Dilthey, Wilhelm: Leibnitz und sein Zeitalter. In: Gesammelte Schriften Ill. Bd. 3. Aufl. Stuttgart 1962, S. 1–80

Dimier, Louis: Les maîtres de la contre-révolution au XIX siècle. Paris 1907

Dinter, Arthur: Das Evangelium unseres Herrn und Heilands Jesu Christus. Langensalza 1923

Ders.: Ziel und Weg der deutschvölkischen Freiheitsbewegung. Weimar 1924

Dippel, Horst: Deutschland und die amerikanische Revolution. Diss. Köln 1972

Dito, Oreste: Massoneria, Carboneria et altre società segrete nella storia del Resorgimento Italiano. Rorino/Roma 1905

Domarus, Max: Hitler. Reden und Proklamationen. 1932–1945.2 Bde. Neustadt/Aisch 1962/63

Dommanget, Maurice: L'Egalitaire „L'homme sans Dieu". Sa vie son oeuvre. Paris 1950

Ders.: Le curé Meslier. Athéé, communiste, révolutionnaire. Paris 1965

Dorow, W.: Denkschriften und Briefe zur Charakteristik der Welt und Literatur. 4 Bde. Berlin 1840

Droz, Jacques: L'Allemagne et la Révolution Française. Paris 1949

Ders.: La Légende du complot illuministe et les origines du romantisme politique en Allemagne. In: RH 226 (1961), S. 313–318

Drumont, Edouard: La France Juive. Essai d'histoire contemporaine. 2 Bde. Paris 1885

Dubnow, Simon: Weltgeschichte des jüdischen Volkes Bd. VIII. Das Zeitalter der Emanzipation. Berlin 1928 Ders.: Geschichte des Chassidismus. In zwei Bänden. Berlin 1931

Dülmen, Richard van: Antijesuitismus und Katholische Aufklärung in Deutschland. In: HJb 1969, S. 52–80

Ders.: Geheimbund der Illuminaten. Darstellung, Analyse, Dokumentation. Stuttgart 1975

Du Moulin Eckart, Richard Graf: Forschungen zur Kultur- und Literaturgeschichte Bayerns. Zweites Buch: München/Leipzig 1894. Drittes Buch: Ansbach/Leipzig 1894/95

9.3. Literaturverzeichnis

Duvoisin, Jean-Baptiste: Défense de l'ordre social contre les principes de la révolution française. London 1798

Dylagowa, Hanna: Towarzystwo Patriotyczne i sad sejmowy 1821–1829. Warschau 1970

Eckart, Dietrich: Der Bolschewismus von Moses bis Lenin. Zwiegespräch zwischen Hitler und mir. München 1925

Eckartshausen, Carl von: Ueber die Gefahr, die den Thronen, den Staaten und dem Christenthume den gänzlichen Verfall drohet, durch das Sistem der heutigen Aufklärung, und die kecken Anmaßungen sogenannter Philosophen, geheimer Gesellschaften und Sekten. 1791 o.O.

Eckert, Eduard Emil: Der Freimaurer-Orden in seiner wahren Bedeutung. Dresden 1852

Ders.: Magazin der Beweisführung für Verurteilung des Freimaurerordens. 2 Bde. Schaffhausen 1857

Egret, J.: Les origines de la révolution en Brétagne. In: RH 213 (1955), S. 189–215

Ehrlich, Ernst-Ludwig: Emanzipation und christlicher Staat. In: Christen und Juden. Ihr Gegenüber vom Apostelkonzil bis heute. Hg. Wolf-Dieter Marsch und Karl Thieme. Mainz/Göttingen 1961

Ehrmann, Johann Christian: Das Judenthum in der M-y (Maurerey), eine Warnung an alle deutschen Logen. o.O. (= Frankfurt/ M) 5816 (= 1816)

Eichmann, Adolf: Adolf Eichmanns Probestück war die Vernichtung der Freimaurer. Westdeutsches Tageblatt. 16. August 1960

Eisenstein, Elizabeth L.: The first professional revolutionist: Filippo Michele Buonarroti (1761–1837). Cambridge/Mass. 1959

Eklektiker: Uiber Eklektiker und Illuminaten. Germanien 1794

Engel, Leopold: Geschichte des Illuminatenordens. Ein Beitrag zur Geschichte Bayerns. Berlin 1906

Engels, Hans-Werner: Gedichte und Lieder deutscher Jakobiner. Stuttgart 1971

Epstein, Klaus: The Genesis of German Conservatism. Princeton U.P. 1966

Erdmann, Karl Dietrich: Volkssouveränität und Kirche. Köln 1949

Erdmannsdörffer, B.: Politische Korrespondenz Karl Friedrich von Baden 1783–1806.2 Bde. (1792–1797) Heidelberg 1892

Erhard, Johann Benjamin: Über das Recht des Volkes zu einer Revolution und andere Schriften. München 1970

Esser, Hermann: Die jüdische Weltpest. Judendämmerung auf dem Erdball. 6. Auflage 1943 (1. Auflage = 1927)

Esposito, Rosario F.: Le buone opere dei laicisti, degli anticlericali e dei framassoni. Roma 1970

D'Ester, Karl: Das politische Elysium oder die Gespräche der Todlen am Rhein. Ein Beitrag zur Geschichte der deutschen Presse und des Gedankens am Rhein – Zeitung und Leben – Bde. 30 und 31. Neuwied 1936/1937

Eudämonia: Eudämonia oder deutsches Volksglück. Ein Journal für Freunde von Wahrheit und Recht. 6 Bde. Leipzig (seit 1796 Frankfurt a.M.) 1795/1798

Faber, Karl-Georg: Die Rheinlande zwischen Restauration und Revolution. Probleme der Rheinischen Geschichte von 1814 bis 1848 im Spiegel der zeitgenössischen Publizistik. Wiesbaden 1966

Fabre, Jean: Stanislaus-Auguste Poniatowski et l'Europe des Lumières. Paris 1952

Fabritius, Karl Moritz Eduard: Über den herrschenden Unfug auf teutschen Universitäten, Gymnasien und Lycäen, oder: Geschichte der akademischen Verschwörung gegen Königthum, Christenthum und Eigenthum. Mainz 1822

Faivre, Antoine: Kirchberger et l'Illuminisme du Dix-Huitième Siècle. La Haye 1966

Faul, Erwin: Der moderne Machiavellismus. Köln/Berlin 1961

Fava, Armand Joseph: Le secret de la franc-maçonnerie. Lille 1883

Fay, Bernard: La Franc-Maçonnerie et la Révolution Intellectuelle du XVIII siècle. Paris 1935

Ders.: Die Große Revolution in Frankreich 1715–1815. München 1960

Feder, Gottfried: Das Programm der NSDAP, 891–895. Tausend. München o.J.

Fehst, Hermann: Bolschewismus und Judentum. Berlin 1934

Feldmann, Josef: Propaganda und Demokratie. Eine Studie über die Beziehungen Frankreichs zu den eidgenössischen Orten vom Beginn der Französischen Revolution bis zum Sturz der Girondisten. Zürich 1957

Felice, Renzo de: Note e ricerche sugli Illuminati e il misticismo revoluzionario 1769–1800. Rorna 1960

Ders.: Storia degli ebrei italiani sotto il fascismo. Turin 1961

Feller, Franz Xaver de: Catéchisme philosophique ou recueil d'observations propre à detendre la religion chrétienne contre ses ennemis. 3 Bde. 3. Auflage. Liège 1787

Fenske, Hans: Konservatismus und Rechtsradikalismus in Bayern nach 1918. Bad Homburg v.d.H. 1969

Ferrand, Antoine F.C. Comte de: Les conspirateurs démasqués par l'auteur de Nullité et Despotisme. Turin 1790

Feßler, Ignatius A.: Actenmäßige Aufschlüsse über den Bund der Evergeten in Schlesien. Freyberg 1804

Fest, Joachim C.: Hitler. Eine Biographie. Frankfurt a.M., Berlin, Wien 1973

Fetscher, Iring: Rousseaus politische Philosophie. Zur Geschichte des demokratischen Freiheitsbegriffs. 2. Auflage. Neuwied/ Berlin 1968

9.3. Literaturverzeichnis

Fichte, Johann Gottlieb: Philosophie der Maurerei. Neu hg. von Wilhelm Flitner. Leipzig 1923

Ders.: Friedrich Nicolais Leben und sonderbare Meinungen. In: Ausgewählte Werke. Darmstadt 1962, S. 645–739

Figgis, John Neville: The devine right of kings. 2. Auflage. Cambridge 1914

Fischer, Paula: Pater Frank. Diss. München 1944

Fischer, Wolfram: Handwerksrecht und Handwerkswirtschaft um 1800. Studien zur Sozial- und Wirtschaftsverfassung vor der industriellen Revolution. Berlin 1955

Fischer, Fritz: Krieg der Illusionen. Die deutsche Politik von 1911–1914. Düsseldorf 1969

Flemming, Jens: Mittelstand und Faschismus. In: AfSG Bd. 13 (1973), S. 641–49

Flygt, Sten G.: The notorious Dr. Bahrdt. Nashville 1963

Ford, Henry: Der internationale Jude. Ein Weltproblem. 3. Auflage. Leipzig 1921

Fournier, August: Illuminaten und Patrioten. In: Historische Studien und Skizzen. Prag/Leipzig 1885, S. 211–252

Ders.: Die Geheimpolizei auf dem Wiener Kongreß. Wien/Leipzig 1913

Fränkel, Hans: Männerbund und Jünglingsbund. Politische Gedanken und Strömungen in der deutschen Burschenschaft 1821–1824. In: Quellen und Darstellungen zur Geschichte der Burschenschaft. Bd. 3. Heidelberg 1912

Francovich, Carlo: Gli Illuminati di Weishaupt e l'idea egualitaria in alcune società segrete del Risorgimento. In: Mov. Op. N.S.I V. Milano 1952, S. 553–597

Franz, Georg: Kulturkampf. Staat und katholische Kirche in Mitteleuropa. München 1954

Ders.: Munich-birthplace and center of the National Socialist Workers Party. JMH 29 (1957), S. 319–334

Franz-Willing, Georg: Die Hitlerbewegung. Der Ursprung 1919–1922. Hamburg/Berlin 1962

Franzet, Emil: Mit Zirkel und Kelle. In: Deutsche Tagespost. Würzburg, 05.07.1952

Ders.: Was hat die Loge gewonnen? In: Deutsche Tagespost, Würzburg, 08.10.1954

Freimaurerei: Gegen die Freimaurerei, Schulungsbrief. Zentrales Wochenblatt der NSDAP und der DAF. 6. Jg. 7. F. 1939

Freimaurerei und Christentum: In: Herder-Korrespondenz. 7. Jg. 1952/53, S. 520–526

Freimaurerlexikon: Internationales Freimaurerlexikon. Hg. Eugen Lennhoff und Oskar Posner. Zürich/Leipzig/Wien 1932

Freundeshand: Die Freundeshand. Ordensblatt, Jg. 1934/35, Nr. 1, S. 11–26

Frick, Karl R.H.: Die Erleuchteten. Gnostisch-theosophische und alchymistisch-rosenkreutzerische Geheimgesellschaften bis zum Ende des 18. Jahrhunderts. Graz 1973

Friedlaender, Saul (Hg.): Pius XII. und das Dritte Reich. Dokumente. Mit einem Vorwort von Alfred Grosser. Hamburg 1965

Fritsch, Theodor: Die Zionistischen Protokolle. Das Programm der internationalen Geheimregierung. Leipzig 1924

Ders.: Handbuch der Judenfrage. 46. Auflage. Leipzig 1941

Frost, Thomas: The secret societies and the European Revolution 1776–1876. 2 Bde. London 1876

Fuente, Vincente de la: Historia de las sociedades secretas antiques y modernas en Espagna y specialmente de la Francmasoneria. 3 Bde. 2. Auflage. Barcelona 1933

Funck-Brentano, Frantz: Légendes et archives de la Bastille. Paris 1898

Gallinger, Herbert P.: Die Haltung der deutschen Publizistik in dem amerikanischen Unabhängigkeitskrieg 1775–1783. Diss. Leipzig 1900

Garde: Die alte Garde der grundsätzlichen Revolution. Hist. POtB) 70 (1872), S. 667–688

Gay, Peter: Voltairé s Politics. The poet as a realist. Princeton U.P. 1959

Geiger, Max: Aufklärung und Erweckung. Beiträge zur Erforschung Johann Heinrich Jung-Stillings in der Erweckungstheologie. Zürich 1963

Gentz, Friedrich von: Briefwechsel zwischen Friedrich Gentz und Adam Heinrich Müller. Stuttgart 1957

Ders.: Briefe von und an Friedrich von Gentz. Hg. Friedrich Carl Wittichen. München/Berlin 1909

Gérard, Alice: La révolution française, mythes et interprétations, 1789–1970. Paris 1970

Gerstenberger, Heide: Der revolutionäre Konservatismus. Ein Beitrag zur Analyse des Liberalismus. Berlin 1969

Gieren, Gerhard: Der freimaurerische Kriegsverrat von 1806. München 1939

Gierke, Otto: Rechtsgeschichte der deutschen Genossenschaften. Das deutsche Genossenschaftsrecht. 1. Bd. Berlin 1868

Gitermann, Valentin: Geschichte Rußlands. Bd. 2. Frankfurt a.M. 1965

Godechot, Jacques: La Grande Nation. L'expansion révolutionnaire de la France dans le monde de 1789 à 1799. 2 Bde. Paris 1956

Ders.: Bulletin Historique. La periode révolutionnaire et impériale. In: RH 221 (1959), S. 99–141

Ders.: La Contre-Révolution 1789–1804. Paris 1961

Ders.: Les Revolutions (1770–1799). Paris 1963

9.3. Literaturverzeichnis

Göchhausen, Ernst August von: Enthüllung des Systems der Weltbürger-Republik. In Briefen aus der Verlassenschaft eines Freymaurers. Rom (= Leipzig) 1786
Goebbels, Joseph: Der Faschismus und seine praktischen Ergebnisse. Berlin 1934
Ders.: Kommunismus ohne Maske. 12. Auflage. München 1936
Goedeke, Karl: Adolph Freiherr von Knigge. Hannover 1844
Görres, Joseph: Europa und die Revolution. Stuttgart 1821
Goethe, Johann Wolfgang von: Gedenkausgabe hg. von Ernst Beutler. Bd. 18 (Briefe der Jahre 1814–1832). Zürich 1951
Goldmann, Lucien: Der christliche Bürger und die Aufklärung. Neuwied/Berlin 1968
Gollwitzer, Heinz: Zum politischen Germanismus des 19. Jahrhunderts. In: Festschrift für Hermann Heimpel. Göttingen 1971, S. 282 ff.
Gooch, George Peabody: Germany and the French Revolution. London 1965
Gorce, Pierre de la: Histoire religieuse de la Révolution Française (1909). Neudruck 1948
Gossweiler, Kurt / Schlicht, Alfred: Junker und NSDAP 1931/32. ZfG 15 (1967), S. 644–662
Gottlose: Ueber Glück und Sieg der Gottlosen. Frankfurt/Leipzig 1795
Gougenot des Mousseaux, Roger: Le juif, le judaisme et la judaisation des peuples chrétiens. Paris 1869
Ders.: Der Jude, das Judentum und die Verjudung der christlichen Völker. Aus dem Französischen von Alfred Rosenberg. München 1920
Gould: Gould's History of Freemasonry, revised, edited and brought up to date by Herbert Poole. 4 Bde. London 1951
Grab, Walter: Demokratische Strömungen in Hamburg und Schleswig-Holstein zur Zeit der Ersten Französischen Republik. Hamburg 1966
Ders.: Norddeutsche Jakobiner. Demokratische Bestrebungen zur Zeit der Französischen Revolution. Frankfurt a.M. 1967
Graetz, H.: Geschichte der Juden. Bd. XI Geschichte der Juden vom Beginn der Mendelssohn'schen Zeit bis in die neueste Zeit. Leipzig 1870
Grandmaison, Geoffroy de: La Congrégation (1801–1830). Paris 1889
Graßl, Hans: Aufbruch zur Romantik. Bayerns Beitrag zur deutschen Geistesgeschichte 1765–1785. München 1968
Grebing, Helga: Konservative gegen die Demokratie. Konservative Kritik an der Demokratie in der Bundesrepublik. Frankfurt a.M. 1971
Greer, Donald: The incidence of the emigration during the French Revolution. Harvard U.P. 1951

Greiffenhagen, Martin: Das Dilemma des Konservatismus in Deutschland. München 1971

Greive, Hermann: Theologie und Ideologie. Katholizismus und Judentum in Deutschland und Österreich 1918–1935. Heidelberg 1969

Grieswelle, Detlef: Propaganda der Friedlosigkeit. Eine Studie zu Hitlers Rhetorik 1920–1933. Stuttgart 1972

Griewank, Karl: Der neuzeitliche Revolutionsbegriff. Weimar 1955

Grolmann, L.A.C. von: Endliches Schicksal des Freimaurerordens in einer Schlußrede gesprochen von Br. X am Tage ihrer Auflösung o.O. 1794

Gruber, Hermann: Der giftige Kern oder die wahren Bestrebungen der Freimaurerei. Berlin 1899

Ders.: Mazzini. Freimaurerei und Weltrevolution. Regensburg 1901

Ders.: Freimaurerei, Weltkrieg und Weltfriede. 2. Auflage. Leipzig 1917

Grünhagen, Colmar: Zerboni und Held in ihren Konflikten mit der Staatsgewalt 1796–1802. Berlin 1897

Guenther, Johannes von: Der Erzzauberer Cagliostro. Die Dokumente über ihn nebst zwölf Bildbeilagen. München 1919

Guérin, Daniel: La lutte des classes sous la première république. Bourgois et „bras nus" (1793–1797). 2 Bde. Paris 1946

Gürtler, Heinz: Deutsche Freimaurer im Dienste Napoleonischer Politik. Die Geschichte der Freimaurerei im Königreich Westfalen. Berlin 1942

Guillon, E.: Les Complots militaires sous le Consulat et l'Empire. Paris 1894

Ders.: Les Complots militaires sous la Restauration. Paris 1895

Guinet, Louis: Zacherias Werner et l'ésoterisme maçonnique. La Hague/Paris 1962

Guizot, F.: Des conspirations et de la justice politique. Paris 1821

Gurian, Waldemar: Die politischen und sozialen Ideen des französischen Katholizismus 1789–1914. Mönchengladbach 1929

Gutmann, Robert W.: Richard Wagner. Der Mensch, sein Werk, seine Zeit. München 1970

Haacke, Wilmont: Die politische Zeitschrift, 1665–1965. Bd. I. Stuttgart 1968

Haag, Herbert: Abschied vom Teufel. Einsiedeln 1969

Haase, Amine: Katholische Presse und Judenfrage. München 1975

Haarhaus, Julius R.: Deutsche Freimaurer zur Zeit der Befreiungskriege. Jena 1913

Habermas, Jürgen: Strukturwandel der Öffentlichkeit. Untersuchungen zu einer Kategorie der bürgerlichen Gesellschaft. Neuwied 1962

Ders.: Theorie und Praxis. Sozialphilosophische Studien. Neuwied/Berlin 1963

9.3. Literaturverzeichnis

Haecker, Theodor: Tag- und Nachtbücher. 1939–1945. München 1949

Häusser, Ludwig: Deutsche Geschichte vom Tode Friedrichs des Großen bis zur Gründung des deutschen Bundes. 2 Bde. Berlin 1859/1860

Haiser, Franz: Freimaurer und Gegenmaurer im Kampf um die Weltherrschaft. München 1924

Haller, Carl Ludwig von: Restauration der Staats-Wissenschaft oder Theorie des natürlich-geselligen Zustandes der Chimäre des künstlich-bürgerlichen entgegengesetzt.

Erster Band: Darstellung, Geschichte und Critik der bisherigen falschen Systeme. Allgemeine Grundsätze der entgegengesetzten Ordnung Gottes und der Natur. 2. Auflage. Winterthur 1820

Ders.: Schreiben an seine Familie zur Erklärung seiner Rückkehr in die katholische, apostolische, römische Kirche. Stuttgart 1821.

Hammer, Karl: Die französische Diplomatie der Restauration und Deutschland 1814–1830. Stuttgart 1963

Haney, Gerhard: Maunz im Dienste des Faschismus. Jena 1964

Hansen, Joseph: Quellen zur Geschichte des Rheinlandes im Zeitalter der Französischen Revolution. Bd. I–IV. Bonn 19311938

Harwood, Philip: History of the Irish Rebellion of 1798. London 1844

Hase, Karl: Ideale und Irrtümer. Jugenderinnerungen. Leipzig 1872

Hashagen, Justus: Das Rheinland und die Französische Herrschaft. Bonn 1908

Hasselbacher, Friedrich: Entlarvte Freimaurerei. Bd. 1–4. Berlin 1936–1939

Haupt, Hermann: Karl Folien und die Gießener Schwarzen. Gießen 1907

Ders.: Zur Geschichte des Jugendbundes. Quellen und Darstellungen zur Geschichte der Burschenschaft XIV. Heidelberg 1934, S. 129–144

Hauptursache: Was war eigentlich die Hauptursache der Französischen Revolution. o.O., o.J. (1796)

Hauterive, Ernest d': La police secrète de Premier Empire, nouv. sér., 1808–1809. Paris 1963

Haym, Rudolf: Herder nach seinem Leben und seinen Werken. 2 Bde. Berlin 1877/85

Hazard, Paul: Die Herrschaft der Vernunft. Das europäische Denken im 18. Jahrhundert. Hamburg 1949

Hazen, Charles Downer: Contemporary American Opinion of the French Revolution. Baltimore 1897

Heer, Friedrich: Gottes erste Liebe. 2000 Jahre Judentum und Christentum. Genesis des österreichischen Katholiken Adolf Hitler. München/Esslingen 1967

Hegel, Georg W.F.: Sämtliche Werke Bd. XI. Hg. H. Glockner. 4. Auflage. Stuttgart 1961

Dem.: Phänomenologie des Geistes. Sämtliche Werke Hg. H. Glockner. Bd. II. Stuttgart 1964

Heigel, Karl Theodor: Andreas Hofer = Art. in: ADB, Bd.12. Leipzig 1880

Ders.: Deutsche Geschichte vom Tode Friedrichs des Großen bis zur Auflösung des alten Reichs. 2 Bde. Stuttgart/Berlin 1899/ 1911

Ders.: Das Manifest des Herzogs von Braunschweig vom 25.07.1792, Neue geschichtliche Essays. München 1902

Heine, Heinrich: Die romantische Schule. Sämtliche Werke IX. Hg. Hans Kaufmann. München 1964

Heinzel, Erwin: Lexikon historischer Ereignisse und Personen in Kunst, Literatur und Musik. Wien 1956

Heise, Karl: Entente-Freimaurerei und Weltkrieg. Ein Beitrag zur Geschichte des Weltkriegs und zum Verständnis der wahren Freimaurerei. Basel 1. Aufl. 1919, 2. Aufl. 1920

Heising, Harald: Die Deutung der französischen Revolution in der französischen Historiographie, 1815–1852. Diss. Köln 1971

Hempelmann, Franz: Die Emigranten und die französische Revolution in den Jahren 1789–1792. Diss. Hamburg 1935

Hendrix, Gerd Peter: Das politische Weltbild Friedrich Schlegels. Bonn 1962

Herder, Johann Gottfried: Glaukon und Nicias. Gespräche (über geheime Gesellschaften usw.). In: Sämtliche Werke, Hg. Bernhard Suphan. Bd. 15. Berlin 1888

Hertzberg, A.: The French Enlightenment and the Jews. New York 1968

Hervas y Panduro, Lorenzo: Causas de la Revolucion de Francia. Madrid 1943

D'Hesmivy d'Auribeau, Pierre: Mémoires pour servir à l'histoire de la persécution françoise. 2 Bde. Rom 1794/95

Hesse, Charles Prince de: Mémoires de mon temps. Copenhague 1861

Heymann, Fritz: Der Chevalier von Geldern. Eine Chronik der Abenteuer der Juden. Köln 1968

Hiller von Gaertringen, Friedrich Frh. von:‚Dolchstoß'-Diskussion und ‚Dolchstoß-Legende' im Wandel von vier Jahrzehnten. In: Festschrift für Hans Rothfels. Göttingen 1963, S. 122–160

Hillig, Franz: Haben sich die Freimaurer gewandelt? Stimmen der Zeit, Bd. 175 (1965), S. 97–106

Himmler, Heinrich: Wesen und Aufgabe der SS und der Polizei. In: Der Prozeß gegen die Kriegsverbrecher vor dem internationalen Militärgerichtshof. Bd. 29. Nürnberg 1948

Ders.: Geheimreden 1933–1945. Hg. B.S. Smith. Frankfurt a.M. 1974

Hintze, Otto: Die Hohenzollern und ihr Werk. 5. Auflage. Berlin 1915

Ders.: Rasse und Nationalität und ihre Bedeutung für die Geschichte. In: Ges. Abhandlungen. Hg. Gerhard Ostreich. Göttingen 1964, S. 46-65

Historia Polski tom II (1764-1864), czesc II (1795/1831) pod. red. St. Kieniewicza i Witolda Kuli. Warschau 1958

Historisches Journal. Hg. von Friedrich Gentz. 6 Bde. Berlin 1799/1800

Hitler, Adolf: Mein Kampf. 54. Auflage. München 1933

Hobsbawm, Eric J.: Sozialrebellen, Archaische Sozialbewegungen im 19. und 20. Jahrhundert. Neuwied 1962

Hoess, Rudolf: Kommandant in Auschwitz. Autobiographische Aufzeichnungen. Eingeleitet und kommentiert von Martin Broszat. Stuttgart 1958

Hoffmann, Leopold Alois: Kaiser Josephs Reformation der Freymaurer. Wien 1786

Ders.: Fragmente zur Biographie des verstorbenen Geheimen Raths Bode in Weimar. Rom auf Kosten der Propaganda. 1795

Ders.: Höchst wichtige Erinnerungen zur rechten Zeit, über einige der allerernsthaftesten Angelegenheiten dieses Zeitalters. 2 Theile. Wien 1795/96

Ders.: Actenmäßige Darstellung der Deutschen Union und ihrer Verbindung mit dem Illuminaten-Freimaurer- und Rosenkreutzer-Orden. Wien 1796

Ders.: Die zwo Schwestern P+++ (= Paris) und W+++ (= Wien) oder neu entdecktes Freymaurer- und Revolutionssystem. Ganz Deutschland besonders aber Osterreich aus Originalfreymaurerschriften vorgelegt. o.O. 1796

Hofstadter, Richard: The Paranoid Style in American Politics and other Essays. London 1966

Hofter, Wolfgang: Das System des Illuminatenordens und seine soziologische Bedeutung. Diss. Heidelberg 1956

Hohoff, Wilhelm: Protestantismus und Sozialismus. Paderborn 1881

Hollingworth, B.: Lancastrian Schools in Russia. In: „The Durham Research Review" vol. V. Nr. 17, 1966, S. 59-74

Hompesch, Johannes: Hermann Goldhagens Religionsjournal. Diss. Köln 1923

Horn, Wolfgang: Ein unbekannter Aufsatz Hitlers aus dem Frühjahr 1924. In: VjHfZG 1 (1968), S. 280-294

Huber, Georg: Benedikt Stattler und sein Anti-Kant. München 1904

Huber, Engelbert: Freimaurerei. Die Weltmacht hinter den Kulissen. 3. Auflage. Stuttgart (um 1934)

Huergelmer: Der politische Thierkreis oder die Zeichen unserer Zeit. 2. Auflage. Straßburg 1800

Hume, David: Of Parties in General. In: Policital Essays, ed. Charles W. Hendel. New York 1953, S. 77-84

Jablonska-Erdmanowa, Zofia: Oswiecienie i romantysm w stowarzeniach mlodziezy Wilenskiej na poczatku XIX w. Wilno 1931
Jäckel, Eberhard: Hitlers Weltanschauung. Entwurf einer Herrschaft. Tübingen 1969
Ichheiser, Gustav: Fear and Violence and Fear of Fraud. In: "Sociometry, A. Journal of Inter-Personal Relations" vol. VII (1944), S. 376–383
Jedin, Hubert (Hg.): Handbuch der Kirchengeschichte. Bd. VI, 1 = Die Kirche in der Gegenwart. Die Kirche zwischen Revolution und Restauration. Freiburg i.Br. 1971
Jellinek, Georg: Allgemeine Staatslehre. Darmstadt 1960
Iffland, August Wilhelm: Die Kokarden. In: Vollständige Ausgabe, Bd. 17, Wien 1843
Illuminatengrade: Kritische Geschichte der Illuminatengrade (= Anhang von: „Die Neuesten Arbeiten des Spartacus und Philo", München) 1794
Illuminatenorden: Ueber den Illuminatengrden 1799 o.O.
Ilsemann, Sigurd von: Der Kaiser in Holland II. Monarchie und Nationalsozialismus 1924–1941. München 1968
Jochmann, Werner: Die Ausbreitung des Antisemitismus. In: Deutsches Judentum in Krieg und Revolution. Hg. W. Mosse, Tübingen 1971
Johnston, R.M.: The Napoleonic Empire in Southern Italy and the rise of the secret societies. 2 Bde. London 1904
Jones, Mervyn: Freemasonry. In: Secret Societies. Hg. N. Mackenzie. London 1967, S. 152–177
Jouin, Ernest: Le péril judéo-maçonnique. Paris 1921
Ischer, Rudolf: J.G. Zimmermann's Leben und Werke. Bern 1893
Juden im wilhelminischen Deutschland 1890–1914. Ein Sammelband. Hg. Werner E. Mosse. Tübingen 1976
Das Judentum in der deutschen Umwelt 1800–1850. Studien zur Frühgeschichte zur Emanzipation. Hg. von Hans Liebeschütz und Arnold Paucker. Tübingen 1977
Jung, Edgar J.: Die Herrschaft der Minderwertigen. Ihr Zerfall und ihre Ablösung durch ein Neues Reich. 2. Auflage. Berlin 1930
Jung-Stilling, Johann Heinrich: Die Siegesgeschichte der christlichen Religion in einer gemeinnützigen Erklärung der Offenbarung Johannis 1799. In: Sämtliche Schriften Bd. 3. Stuttgart 1835
Ders.: Das Heimweh. In: Sämtliche Werke IV. Stuttgart 1843
Justi, Johann H.G.: Grundsätze der Policey-Wissenschaft. Göttingen 1756
Kästner, Abraham Gotthelf: Gedanken über das Unvermögen der Schriftsteller, Empörungen zu bewirken. Göttingen 1793
Kaiser, Gerhard: Pietismus und Patriotismus im literarischen Deutschland. Wiesbaden 1961

9.3. Literaturverzeichnis

Kaltenbrunner, Gerd-Klaus (Hg.): Rekonstruktion des Konservatismus. Freiburg i.Br. 1972

Kaminski, Aleksander: Polskie zwiazki mlodziezy (1804–1831). Warschau 1963

Kant, Immanuel: Beantwortung der Frage: Was ist Aufklärung? In: Werke Bd. VIII. Berlin 1912

Ders.: Über den Gemeinspruch: Das mag in der Theorie richtig sein, taugt aber nicht für die Praxis. Werke Bd. VI. Berlin 1914, S. 355–398

Ders.: Die Religion innerhalb der Grenzen der bloßen Vernunft. Werke Bd. VI. Berlin 1923, S. 139–353

Ders.: Kritik der reinen Vernunft. Hamburg 1956

Katz, Jacob: Jews and Freemasons in Europe 1723–1939. Cambridge/Mass. 1970

Kempner, Robert: SS im Kreuzverhör. München 1964

Ketteler, Wilhelm Emmanuel von: Liberalismus, Sozialismus und Christentum. Schriften Bd. II. Hg. von Johannes Mumbauer. 2. Auflage. München 1924

Kiernan, Colm: Science and the enligthement in eighteenthcentury France. Genf 1968

Kipa, Emil: Rzut oka na dzieje masonerii. Studia i Skice Historyczne. Breslau/Warschau 1959, S. 198–209

Klemperer, Klemens von: Konservative Bewegungen zwischen Kaiserreich und Nationalsozialismus. München/Wien 1962

Kloss, Georg: Bibliographie der Freimaurerei. Graz 1970

Kluckhohn, August: Die Illuminaten und die Aufklärung in Bayern. In: Vorträge und Aufsätze. München/Leipzig 1894, S. 344399

Kluxen, Kurt: Das Problem der politischen Opposition. Entwicklung und Wesen der englischen Zweiparteienpolitik im 18. Jahrhundert. Freiburg/München 1956

Kneisner, Karl: Landgraf Carl zu Hessen und seine Wirksamkeit in der deutschen Freimaurerei. Berlin 1917

Knigge, Adolph von: Joseph von Wurmbrand, kaiserlich abyssinischen Ex-Ministers, jezzigen Notarii publici in der Reichsstadt Bopfingen, politisches Glaubensbekenntnis mit Hinsicht auf die französische Revolution und deren Folgen. Frankfurt/Leipzig 1792

Ders.: Rückblick auf den, wenn Gott will, für Teutschland nun bald geendigten Krieg. Nebst einigen Erläuterungen, die Propaganda, Jacobiner und Illuminaten betreffend, Copenhagen (= Bremen) 1795

Ders.: Über den Umgang mit Menschen. Hg. I. Fetscher. Frankfurt a.M. 1962

Knoll, Joachim: Der autoritäre Staat. In: Festschrift Schoeps. Hg. von H. Diwald. Leiden/Köln 1959, S. 200–224

Koch, Ludwig (Hg.): Jesuitenlexikon. Paderborn 1936

Körner, Alfred: Die Wiener Jakobiner. Stuttgart 1972

Kotler, J.A.: Katholische Kirche und Judentum. 2. Auflage. München 1931
Kommoss, Rudolf: Juden hinter Stalin. 2. Auflage. Berlin 1939
Konopczynski, Wladislaw: Wolnomularstwo a rozbiör Polski. In: Kw. H. (1936), S. 677–695
Koselleck, Reinhard: Kritik und Krise. Ein Beitrag zur Pathogenese der bürgerlichen Welt. Freiburg/München 1959
Krause, Reinhard: Die Predigt der späten deutschen Aufklärung (1770–1805). Stuttgart 1965
Kraushar, Alexander: Panta Koine, Zwiazek z tajnej mlodziezy w Warszawie i Berlinie (1817–1822), „Miscellanea Historyczne". Warschau 1907
Ders.: Sprawa studenta Kalinowskiego. Przyczynek do historyi stowarzyczen tajnych w Polsce (1821–1825), „Miscellanea historyzne". XLVI, Warschau 1910
Kruck, Alfred: Der Alldeutsche Verband, 1890–1939. Wiesbaden 1954
Krüger, Gustav: Johann August Starck, der Kleriker. Ein Beitrag zur Geschichte der Theosophie im 18. Jahrhundert. In: Karl Müller-Festschrift. Tübingen 1922, S. 244–266
Ders.: Die Eudämonisten. Ein Beitrag zur Publizistik des ausgehenden 18. Jahrhunderts. H.Z. 143 (1931), 5.467–500
Ders.: Die Rosenkreutzer. Berlin 1932
Kühnl, Reinhard: Die nationalsozialistische Linke. Meisenheim am Glen 1966
Künzler, Erhard: Angst und Abwehr in der menschlichen Gesellschaft. In: Die politische und gesellschaftliche Rolle der Angst. Hg. Heinz Wiesbrock. Politische Psychologie. Bd. 6. Franfkurt/M. 1967
Kuhn, Hans Wolfgang: Der Apokalyptiker und die Politik. Studien zur Staatsphilosophie des Novalis. Freiburg i.Br. 1961
Kukiel, Marian: Lelewel, Mickiewicz and the underground movements of European Revolution. The Polish Review. Nr. 3 (1960), S. 59 ff.
Ders.: Dzieje Polski porozbiorowe 1795–1921. London 1961
Kupisch, Karl: Strömungen der evangelischen Kirche in der Weimarer Republik. In: AfSG Bd. 11 (1971), S. 373–415
Lammenais, Abbé de: Die Opposition. In: „Der Staatsmann". 2 Bde. (1823), S. 289–294
Ders.: Warum gewisse Leute die katholische Religion hassen. In: „Der Staatsmann". 4. Bde. (1824), S. 367–372
Lamy, Etienne: Nicolas Bergasse. Un défenseur des principes traditionels sous la révolution. Paris 1910
Landsberg, Ernst / Schmalz, Theodor A.H. = Artikel in: ADB. Leipzig 1890
Lange, Josef: Die Stellung der überregionalen katholischen deutschen Tagespresse zum Kulturkampf in Preußen. Bern 1974

9.3. Literaturverzeichnis

Lantoine, Albert: Histoire de la Franc-Maçonnerie Française. La Franc-Maçonnerie dans l'Etat. Paris 1935
Laqueur, Walter: Deutschland und Rußland. Berlin 1966
La Rive, A. de: Le juif dans la franc-maçonnerie. Paris 1895
Larudan, Abbé: Allerneueste Geheimnisse der Freimäurer, 2 Theile, 1780 o.O. (= Übersetzung von „Les francs-maçons écrasés, suite du livre intitulé: l'ordre des franc-maçons trahi, Amsterdam 1747)
Las Cases, Comte de: Journal de la vie privée et des conversations de l'empereur Napoleon à Sainte-Hélène (Memorial de Sainte-Hélène). 4 Bde. London 1823
Laski, Harold J.: The Rise of European Liberalism. London 1962
Le Bihan, Alain: Franc-maçons parisiens du Grand Orient de France. Paris 1966
Ders.: Loges et chapitres de la Grande Loge et du Grand Orient de France. Paris 1967
Leclercq, Dom Henri: La propagande révolutionnaire (juillet-décembre 1790). Paris 1931
Lefebvre, Georges: La Grande Peur de 1789. Paris 1932
Ders.: André Bouton et Marius Lepage: Histoire de la franc-maçonnerie dans la Mayenne, 1756–1951. Le Mans 1951. Ahrf 25 (1953), S. 361–363
Ders.: Roger Priouret: La franc-maçonnerie sous les lys. Paris 1953. Ahrf 140 (1955), S. 291–293
Le Forestier, R.: Les Illuminés de Bavière et la Franc-Maçonnerie allemande. Paris 1914
Ders.: La Franc-Maçonnerie occultiste au XVIIIe siècle et l'ordre des Elus Coens. Paris 1928
Le Franc, J.F.: Le Voile levé pour les Curieux ou le secret de la révolution réléve à l'aide de la franc-maçonnerie. 1791 O.O.
Ders.: Conjuration contre la Religion Catholique et les Souverains, dont le projet, conçu en France, doit s'exécuter dans l'univers entier. Ouvrage utile à tous les Français. Paris 1792
Le Harivel, Philippe: Nicolas de Bonneville, Préromantique et Révolutionnaire 1760–1828. Straßbourg 1923
Lehmann, August: Der Tugendbund. Aus den hinterlassenen Papieren des Mitstifters Hans-Friedrich Gottlieb Lehmann. Berlin 1967
Lehning, Arthur: Buonarroti and his International Secret societies. In: Int. Rev. Soc. Hist. vol. I, part 1 (1956), S. 112–140
Ders.: Buonnarrotï s ideas on communism and dictatorship. In: Int. Rev. Soc. Hist. 2 (1957), S. 266–287
Lehr, Stefan: Antisemitismus – religiöse Motive im sozialen Vorurteil. München 1974
Leibnitz, Gottfried Wilhelm: Politische Schriften. Hg. Hans Heinz Holz. 2 Bde. Frankfurt a.M./Wien 1967

Lemberg, Hans: Die nationale Gedankenwelt der Dekabristen. Köln/Graz 1963
Lenk, Kurt (Hg.): Ideologie, Ideologiekritik und Wissenssoziologie. 3. Auflage. Neuwied 1967
Lenk, Kurt /Neumann, Franz: Theorie und Soziologie der politischen Parteien. Neuwied / Berlin 1968
Lennhoff, Eugen: Politische Geheimbünde im Völkergeschehen. Berlin 1931
Ders.: Die Freimaurer. Zürich 1932
Lennhoff, Eugen / Posner, Oskar: Internationales Freimaurerlexikon. Zürich 1932
Lenning, C.: Encyclopädie der Freimaurerei. 3 Bde. Leipzig 1822/28
Léon, Xavier: Fichte et sons temps. Bd. I. Paris 1922
Léon, Abraham: Judenfrage und Kapitalismus. München 1971
Lesnodorski, Boguslaw: Polscy Jacobini, „Studia i materialy z dziejdw Polski w okresie oswiecienia". Bd. 3. Warszawa 1960
Ders.: Die polnischen Jakobiner während des Aufstandes von 1794. In: Walter Markov, Maximilien Robespierre 1758–1794. Berlin 1961
Ders.: Les jacobins polonais et leurs confrères en Europe, „Accademia polacca di Scienze e Lettere", Biblioteca di Roma, Conference Fasc. 22. Wroclaw/Warszawa/Krakdw 1964
Lessing, Gotthold Ephraim: Gespräche für Freymäurer, Ernst und Falk. In: Sämtliche Schriften, Hg. Franz Muncker Bd. XIII. Leipzig 1897, S. 341 ff.
Ders.: Sämtliche Schriften. Hg. K. Lachmann. 17 Bde. Leipzig 1904
Leti, Giuseppe: Carboneria e Massoneria net Resorgimento Italiano. Genova 1925
Ley, Francis: Madame de Krudener et son temps 1764–1824. Paris 1961
Leyser, J.: Karl Friedrich Bahrd, der Zeitgenosse Pestalozzis, sein Verhältnis zum Philantropinismus und zur neueren Pädagogik. Neustadt a.d.H. 1867
Lichtenberg, Georg Heinrich: Über die Schwärmerei unserer Zeiten (1782). In: „Vermischte Schriften" Bd. 5. Göttingen 1844, S. 71–86
Ligou, Daniel: La franc-maçonnerie française au XVIII siècle. Inf. Hist. 1964, S. 98–110
Limanowski, B.: Historia democracji Polskiej w epoce porozbiorowej 2 Teile. Warschau 1946
Lindner, Friedrich Wilhelm: Er lebet im Sohne, oder: das Positive der Freimaurerei. 3. Auflage. Leipzig 1819
Link, Eugene Perry: Democratic-republican societies, 1790–1800.2. Auflage. New York 1965
Lipset, Seymor / Raab, Earl: The Politics of Unreason, Right-wing extremism in America, 1790–1970. New York 1970

9.3. Literaturverzeichnis

Loening, O.: Vereins- und Versammlungsfreiheit. In: Handwörterbuch der Staatswissenschaften. Bd. 8 (Jena 1928), Sp. 542562

Loewenstein, Rudolf M: Psychoanalyse des Antisemitismus. Frankfurt a.M. 1967

Lohalm, Uwe: Völkischer Radikalismus. Die Geschichte des deutschvölkischen Schutz- und Trutz-Bundes, 1919–1923. Hannover 1970

Lombard de Langres, Vincent: Des sociétés secrètes en Allemagne, et en d'autres contrées, de la secte des Illuminés, du tribunal secret, de l'assassinat de Kotzebue etc. Paris 1819

Longinov, M.N.: Novikov i Moskovskie Martinisty. Moskva 1867

Lopuchin, I.V.: Zapiski I.V. Lopuchina s predisloviem Iskandera (= A. Herzen). London 1860

Luchet, Marquis de: Essai sur la secte des Illuminés. Paris 1789

Ludendorff, Erich: Vernichtung der Freimaurerei durch Enthüllung ihrer Geheimnisse. 27.–50. Tausend. München 1927

Ders.: Ludendorff auf dem Kriegspfade gegen die deutsche Freimaurerei. Eine Aufklärungsschritt der Großen National-Mutterloge „Zu den drei Weltkugeln". Berlin 1928

Ders.: Kriegshetze und Völkermorden in den letzten 150 Jahren im Dienste des „allmächtigen Baumeisters aller Welten", Vernichtung der Freimaurerei durch Enthüllung ihrer Geheimnisse. 2. Teil. München 1929

Ludendorff, Mathilde: Der ungesühnte Frevel an Luther, Lessing, Mozart, Schiller im Dienste des allmächtigen Baumeisters aller Welten. München 1929

Ludendorff, Erich und Mathilde: Das Geheimnis der Jesuitenmacht und ihr Ende. 31–35. Tausend. München 1929

Ludwig, August Friedrich: Weihbischof Franz Ludwig von Zirkel von Würzburg in seiner Stellung zur theologischen Aufklärung und zur kirchlichen Restauration. 2 Bde. Paderborn 1904/06

Ludz, Peter Christian: Ideologie, Intelligenz und Organisation. Bemerkungen über ihren Zusammenhang in der frühbürgerlichen Gesellschaft. In: JbfSW 15 (1964), S. 82–114

Lüdtke, Wilhelm: Friedrich Wilhelm II und die revolutionäre Propaganda (1789–1791). In FBPG 44, 1932, S. 70–83

Lüthy, Herbert: Le passé présent. Monaco 1965

Lützeler, Felix Franz Egon: Hinter den Kulissen der Weltgeschichte. Biologische Beiträge zur Geschichte der Geheimbünde aller Zeiten und Völker. 2 Bde. Leipzig o.J. (1937)

Lukasiewicz, Witold: Wplyw masonerii, karbonaryzmu i Jozefa Mazziniego na polska, mysl rewolucyjna w latach poprzedzajacych wiosne ludöw. In: Wiosna Ludöw w Europie. Czesc drugo. Pod. red. Gaziorowskiej. Warschau 1951, S. 161–384

Luquet, Georges H.: La Franc-Maçonnerie et l'Etat en France au XVIII. siècle. Paris 1963

9. Quellen- und Literaturverzeichnis

Lutz, Heinrich: Demokratie im Zwielicht. Der Weg der deutschen Katholiken aus dem Kaiserreich in die Republik, 1914–1925. München 1963

Lutzhöft, Hans-Jürgen: Der nordische Gedanke in Deutschland 1920–1940. Stuttgart 1971

Maccoby, S.:English Radicalism. From Paine to Cobett. London 1955

Mac Carthy, Charles: The Antimasonic Party, a study of political antimasonry in the United States, 1827–1840, American Historiai Association, Annual Report for the Year 1902

Mack, Joseph: Die Reform- und Aufklärungsbestrebungen im Erzstift Salzburg unter Hieronymus und Colloredo. Diss. München 1912

Macpherson, C.B.: Die politische Theorie des Besitzindividualismus. Frankfurt/Main 1967

Magazin für Kunst und Literatur. Wien 1793–1797

Maier, Hans: Revolution und Kirche. Studien zur Frühgeschichte der christlichen Demokratie (1789–1901). 2. Auflage. Freiburg i.Br. 1965

Maier, Harry: Soziologie der Päpste. Lehre und Wirkung der katholischen Sozialtheorie. Berlin 1965

Maimon, Salomon: Lebensgeschichte. 2 Theile. Berlin 1792/93

Maistre, Joseph de: Du pape. Anvers 1820

Ders.: Quatre Chapitres inédits sur la Russie, ed. Rudolphe de Maistre. Paris 1859

Ders.: Correspondance diplomatique de Joseph de Maistre 1811–1817. 2 Bde. Paris 1860

Ders.: Les soirées de Saint-Pétersbourg ou entretiens sur le gouvernement temporel de la Providence. 2 Bde. Paris 1883

Ders.: Considérations sur la France (1794). Lyon/Paris 1924

Ders.: Betrachtungen über Frankreich. Über den schöpferischen Urgrund der Staatsverfassungen. Hg. P.R. Rhoden. Berlin 1924

Malachowski-Lempicki, Stanislaw: Raporty sziepa Mackrotia o wolnomularstwie polskiem 1819–1822. Warschau o.J.

Ders.: Wolnomularstwo na ziemiach dawnego Wielkiego Ksiestwa Litewskiego 1776–1822. In: „Rozprawy wydzialu tow. Przyjaciöl nauk w Wilnie" t. III, z.1. o.J.

Malet, Chevalier de: Recherches politiques et historiques qui prouvent l'existence d'un secte révolutionnaire ... Paris 1817

Mallet du Pan: Considérations sur la nature de la Révolution de France, et sur les causes, qui en prolongent la durée. London 1793

Manheim, Ernst: Die Träger der öffentlichen Meinung. Studien zur Soziologie der Öffentlichkeit. Brünn 1933

Mannheim, Karl: Das konservative Denken. In: ASozW Bd. 57 (1927), S. 68–142 und S. 470–495

Mannsdorf, J.D.F.: Acten-Stücke über die aristokratischen Umtriebe in Polen. Geschichte der geheimen Verbindungen der neuesten Zeit. 8. H. Leipzig 1834

9.3. Literaturverzeichnis

Manuel, Frank E.: The New World of Henri Saint-Simon. Cambridge/Mass. 1956

Marat, Jean Paul: Ausgewählte Schriften, Vorwort, Kommentare und Anmerkungen von Claude Mossé. Berlin 1954

Marées, Simon L.E. de: Briefe über die neuen Wächter der protestantischen Kirche. H.1–3. Leipzig 1786–1788

Markow, Nikolaus: Der Kampf der dunklen Mächte. 1 nach Christus bis 1917. Historische Übersicht der menschenfeindlichen Tätigkeit des Judentums ... Erfurt 1935

Marr, W.: Der Sieg des Judentums über das Germanentum. 2. Auflage. Bern 1879

Martin, Alfred von: Weltanschauliche Motive im altkonservativen Denken. In: Deutscher Staat und deutsche Parteien. Friedrich Meinecke zum 60. Geburtstag dargebracht. Von H. Baechtold u.a. München 1922, S. 342–384

Martin, Gaston: La Franc-Maçonnerie Française et la Préparation de la Révolution. Paris 1926

Martini, Winfried: Die Legende vom Hause Ludendorff. Rosenheim 1949

Maser, Werner: Die Frühgeschichte der NSDAP. Hitlers Weg bis 1924. Frankfurt/Main 1965

Ders.: Hitlers Mein Kampf. München 1966

Ders.: Adolf Hitler. Legende, Mythos, Wirklichkeit. 4. Auflage. München, Esslingen 1972

Massing, Paul W.: Vorgeschichte des politischen Antisemitismus. Frankfurt/Main 1959

Maurras, Charles: Trois idées politiques (1898). In: Oeuvres Capitales, t. II. Paris 1954, S. 63–97

Mayniz, Renate u.a.: Einführung in die Methoden der empirischen Soziologie. Köln/Opladen 1969

Meinecke, Friedrich: Die Deutschen Gesellschaften und der Hoffmannsche Bund. Stuttgart 1891

Ders.: Die Entstehung des Historismus. Hg. Carl Hinrichs. München 1959

Mellor, Alec: Nos frères séparés. Les francs-maçons. Paris 1961

Memoirs of the secret societies of the South of Italy, particularly the Carbonari, translated from the original M.S. London 1821

Meslier, Jean: Glaube und Vernunft oder Der gesunde Menschenverstand nebst einem Anhange Mein Testament. Bamburg 1908

Metternich, Clemens Fürst: Aus Metternichs nachgelassenen Papieren. Hg. von Richard Metternich-Winneburg. 3. Bde. ZweiterTheil, Friedensära 1816–1848, I. Bd. Wien 1881

Meurin, Léon: La franc-maçonnerie, synagogue de Satan. Paris 1893

Meusel, Friedrich (Hg.): Friedrich August Ludwig von der Marwitz. Ein märkischer Edelmann der Befreiungskriege. 2 Bde. Berlin 1908/1913
Miller, K.: Francuskaja emigracja i Rossija. Paris 1931
Mirabeau, Honoré: Considérations sur l'ordre de Cincinnatus. London 1794
Mirgeler, Albert: Die Freimaurerei. Eine geistesgeschichtliche Untersuchung. In: Hochland 55 (1962/63), S. 430–447
Missalla, Heinrich: „Gott mit uns". Die deutsche katholische Kriegspredigt, 1914–1918. München 1968
Mitter, Wolfgang: Die Entwicklung der politischen Anschauungen Karamzins. Berlin 1955
Mailer, Horst: Aufklärung in Preußen. Der Verleger, Publizist und Geschichtsschreiber Friedrich Nicolai. Berlin 1974
Moeller van den Bruck, Arthur: Das Dritte Reich. 3. Auflage. Hamburg 1931
Mohler, Armin: Die konservative Revolution in Deutschland 1918–1932. Stuttgart 1950
Mohrmann, Walter: Antisemitismus. Berlin 1972
Momdshain, Ch.N.: Helvetius, ein streitbarer Atheist des 18. Jahrhunderts. Berlin 1959
Monod, Albert: De Pascal à Chateaubriand. Les défenseurs français du Christianisme de 1670 à 1802. Paris 1916
Montjoie, Felix-Louis-Christophe: Histoire de la conjuration de Maximilien Robespierre. Paris 1795
Montlosier, F.D.: Mémoire à consulter sur un système religieux et politique, tendant à renverser la religion, la société et le trône. Paris 1826
Moore, Barrington: Soziale Ursprünge von Diktatur und Demokratie. Frankfurt/Main 1969
Morawski, Kazimierz Marjan: Zrodlo rozbioru Polski. Studja i szkice z ery Sasöw i Stanislawöw. Posen 1935
Mornet, Daniel: Les origines intellectuelles de la Révolution française, 1715–1787. 6. Auflage. Paris 1967
Morse, Jedidiah: A Sermon delivered al the New North Church in Boston. Boston 1798
Musse, George L.: The crisis of german ideology. Intellectual origins of the Third Reich. New York 1964
Mounier, J.J.: De l'influence attribué aux philosophes, aux Franc-Maçons et aux Illuminés sur la Révolution de France. Tübingen 1801
Ders.: Ueberden vorgeblichen Einfluß der Philosophen, Freimaurer und Illuminaten auf die Französische Revolution. Tübingen 1801
Mühl, Werner August: Die Aufklärung an der Universität Fulda mit besonderer Berücksichtigung der philosophischen und juristischen Fakultät (1734–1805). Fulda 1961

9.3. Literaturverzeichnis

Müller, Adam: Von der Notwendigkeit einer theologischen Grundlage der gesamten Staatswissenschaften und der Staatswirtschaft insbesondere. In: Schriften zur Staatsphilosophie. Hg. Rudolf Kohler. München 1923

Müller, Friedrich: Korporation und Assoziation. Eine Problemgeschichte der Vereinigungsfreiheit im deutschen Vormärz. Berlin 1965

Müller, Hans (Hg.): Katholische Kirche und Nationalsozialismus. München 1965

Munch, Friedrich: Erinnerungen aus Deutschlands trübster Zeit. Neustadt a.d.H. 1873

Münter, Friedrich: Authentische Nachrichten von den Ritter- und Brüder-Eingeweihten aus Asien. Zur Beherzigung für Freymaurer. 1787 o.O. (Berlin)

Nachrichten von einem großen aber unsichtbaren Bunde gegen die christliche Religion. o.Vf., o.O. 2. vermehrte Auflage (Marburg) 1795

Nagy, Töhötöm: Jesuiten und Freimaurer. Wien 1969

Naumann, Friedrich: Demokratie und Kaisertum. Ein Handbuch für innere Politik. 3. Auflage. Berlin 1904 Neckina, M.V.: Sojus Spasenija. IstZap. 23 (1947), S. 137–184

Ders.: Dvizenie dekabristov. 2 Bde. Moskva 1955

Netchvolodov, A.: L'Empereur Nicolas II et les Juifs. Paris 1924

Nettl, Paul: Mozart und die königliche Kunst. Die freimaurerische Grundlage der Zauberflöte. Berlin 1932

Die Neuesten Arbeiten des Spartacus und Philo in dem Illuminaten-Orden jetzt zum erstenmal gedruckt, und zur Beherzigung bey gegenwärtigen Zeitläuften herausgegeben. 1794 o.O. (München)

Neuhäusler, Johann: Kreuz und Hakenkreuz. Der Kampf des Nationalsozialismus gegen die katholische Kirche. T.1.2. München 1946

Neumann, Franz L.: Angst und Politik. Tübingen 1954

Neurohr, Jean: Der Mythos vom Dritten Reich. Stuttgart 1957

Nicolai, Friedrich: Öffentliche Erklärung über seine geheime Verbindung mit dem Illuminatenorden. Berlin 1788

Nicolli, Pellegrino: La Carboneria a le setti affini nel Risorgimento Italiano. Vincenza 1931

Niebuhr, B.G.: Über geheime Verbindung im preußischen Staat und deren Denunziation. Berlin 1815

Nikolai der Jüngere (i.e. Karl Friedrich Bahrdt): Das Religionsedikt in fünf Aufzügen. Thenakel (= Wien?) 1789

Nikolaj Michajlovic, Velikij Knjaz: Imperator Alexsandr. Opyt istoriceskago issledovanija. 2. Auflage Petrograd 1914

Nilur, Sergej: Velikoe v malom i Antichrist, kak blizkaja vozmoznost. Zapiski pravoslavnago. 2. Auflage. Carskoe Selo 1905

9. Quellen- und Literaturverzeichnis

Nipperdey, Thomas: Verein als soziale Struktur im späten 18. und frühen 19. Jahrhundert. In: Beiträge zur Geschichte historischer Forschung in Deutschland. Von Hartmut Boockmann u.a. Göttingen 1972, S. 1–44

Nodier, Charles: Histoire des sociétés secrètes de l'armée, et des conspirations militaires qui ont eu pour l'objet la destruction du gouvernement de Bonaparte. Paris 1815

Nolte, Ernst: Eine frühe Quelle zu Hitlers Antisemitismus. HZ 192 (1961), S. 584–606

Ders.: Der Faschismus in seiner Epoche. München 1963

Novalis: Blütenstaub (1798). In: Werke und Briefe. München 1953

Ders.: Die Christenheit oder Europa. Ein Fragment. Hg. Otto Henschele. Stuttgart 1957

Oechsli, Wilhelm: Eine Denkschrift der Pariser Polizei über die geheimen Verbindungen in der Schweiz, 1824. Politisches Jahrbuch der Schweizer Eidgenossenschaft. 26 Jg. (1912), S. 3–63

Oelmüller, Willi: Die unbefriedigte Aufklärung. Frankfurt/Main 1969

Olbrich, Karl: Die Freimaurer im deutschen Volksglauben. Breslau 1930

Originalschriften: Einige Originalschriften des Illuminatenordens, welche bei dem gewesenen Regierungsrath Zwack durch vorgenommene Hausvisitation zu Landshut den 11. und 12. Oktober etc. 1786 vorgefunden wurden. München 1787

Orloff, Grégoire: Mémoires historiques, politiques et littéraires sur le royaume de Naples ... avec des notes et additions par Amaury Duval. 4 Bde. Paris 1819/21

Ortloff, Johann Andreas: Recht der Handwerker. Erlangen 1803

Owen, Robert: Report to the Country of Lanark. Glasgow 1821

Pachtler, G.M.: Die internationale Arbeiterverbindung. Essen 1871

Ders.: Der Götze der Humanität oder das Positive der Freimaurerei. Freiburg i.Br. 1875

Ders. (unter Pseudonym: Osseg, Annuarius): Der Hammer der Freimaurerei am Kaiserthrone der Habsburger. Amberg 1875

Ders.: Der stille Krieg gegen Thron und Altar oder das Negative in der Freimaurerei. 2. verm. Auflage. Amberg 1876 Palmer, R.R.: The age of democratic revolution. A political history of Europe and America, 1760–1800. The Struggle. Princeton 1964

Ders.: Das Zeitalter der demokratischen Revolution. Frankfurt/Main 1970

Palou, Jean: La franc-maçonnerie. Paris 1964

Papcke, Sven: Weltrevolution als Friede 1789 bis Vietnam. In: Weltfrieden und Revolution in politischer und theologischer Perspektive. Hg. Hans-Eckehard Bahr. Frankfurt/Main 1970

Papstthum und Freimaurerthum. Eine geschichtliche Studie von einem Katholiken. Leipzig 1886

9.3. Literaturverzeichnis

Pariset, Georges: Babouvisme et Maçonnerie. In: Faculté des Lettres de l'université de Strasbourg. Fasc. 21 (1924), S. 269–276
Parkes, J.: Antisemitismus. München 1964
Parteien: Die Bürgerlichen Parteien in Deutschland. Handbuch Bd. 1. Leipzig 1968
Patemann, Reinhard: Der Kampf um die preußische Wahlreform im Ersten Weltkrieg. Düsseldorf 1964
Pelinka, Anton: Stand oder Klasse? Die christliche Arbeiterbewegung Österreichs. Wien 1972
Pepe, Guglielmo: Memoirs of General Pepe. 3 Bde. London 1846
Petzold, Joachim: Die Dolchstoßlegende. 3. Auflage. Berlin 1963
Peuckert, Will-Erich: Die Rosenkreutzer. Zur Geschichte einer Reformation. Jena 1928
Pfarramt: Die Freimaurerei und das evangelische Pfarramt. Evang. Kirchen-Zeitung Nr.20. Berlin 11.03.1854, Sp.201–216
Phelps, Reginald H.: „Before Hitler came": Thule-Society and German-Orden. In: JMH 35 (1963), S. 245–261
Philipp, Wolfgang: Das Werden der Aufklärung in theologiegeschichtlicher Sicht. Göttingen 1957
Philippson, Martin: Geschichte des Preußischen Staatswesens vom Tode Friedrichs des Großen bis zu den Freiheitskriegen. 1. Bd. Leipzig 1880
Picker, Henry: Hitlers Tischgespräche im Führerhauptquartier, 1941–1942. Neu hg. von Percy Ernst Schramm. 2. Auflage Stuttgart 1965
Pierrard, Pierre: Juifs et catholiques francais. De Drumont à Jules Isaac. Paris 1970
Pillot, F.D. (Hg.): Oeuvres maçonniques de N.C. Des Etanges, ancien président de la Loge des Trinosophes. Paris 1848
Pinson, Koppel S.: Pietism as a factor in the rise of german nationalism. 2. Auflage. New York 1968
Pirchegger, Simon: Hitler und die katholische Kirche. Graz 1933
Plersch, Robert: Was war eigentlich die Hauptursache der Französischen Revolution? Zur ernsten Warnung für die Fürsten und Regenten Deutschlands, vorgestellt von einem Patrioten in der Schweiz. o.O., o.J. (1796)
Plewnia, Margarete: Auf dem Wege zu Hitler. Der ‚völkische' Publizist Dietrich Eckart. Bremen 1970
Poliakov, Léon: Histoire de l'antisémitisme. T. III. Paris 1968
Ders.: Le Bréviaire de la haine. Le III-e Reich et les Juifs. Paris 1974
Ders.: Histoire de l'antisémitisme. T.IV. Paris 1976 (?) – noch unveröffentlicht
Ders./Wulf: Das Dritte Reich und seine Denker. Dokumente. Berlin 1959
Poncinis, Léon de: Hinter den Kulissen der Revolution. Bd. 1.2. Berlin 1929

9. Quellen- und Literaturverzeichnis

Popper, K.R.: Falsche Propheten, Hegel, Marx und die Folgen. Die offene Gesellschaft und ihre Feinde. Bd. II. Bern 1958
Potocka, Anna: Die Memoiren der Gräfin Potocka 1794–1820. Leipzig 1899
Pouget de Saint-André, Henri: Les auteurs cachés de la révolution. Paris 1923
Pressel, Wilhelm: Die Kriegspredigt 1914–1918 in der evangelischen Kirche Deutschlands. Göttingen 1967
Prevost, M.: Augustin Barruel. Dictionnaire de Biographie Française V. 1951, Sp.627 f.
Priouret, Roger: La Franc-Maçonnerie sous les lys. Paris 1953
Projekte der Ungläubigen zur Aufhebung der Religiosen, und zur Einziehung der geistlichen Güter. o.O. (Augsburg) 1791
Proyart, Abbé: Louis XVI. detröné avant d'être Roi, ou tableau des causes nécessitantes de la Révolution Française et les ébranlement de tous les trônes. London 1800
Pulzer, Peter G.J.: Die Entstehung des politischen Antisemitismus in Deutschland und Österreich 1867–1914. Gütersloh 1966
Pypin, A.N.: Die geistigen Bewegungen in Rußland in der ersten Hälfte des XIX. Jahrhunderts. Bd. I. Die russische Gesellschaft unter Alexander I. Berlin 1894
Ders.: Russkoe Masonstro XVIII i pervaja cetvert' XIX v. „Issledovanija i Materialy po epoche Ekateriny i Aleksandra I". Petrograd 1916
Raeff, Marc: Michael Speransky. Statesman of Imperial Russia, 1772–1839. The Hague 1957
Ramm, Thilo: Die Großen Sozialisten als Rechts- und Sozialphilosophen. 1. Bd. Die Vorläufer. Stuttgart 1955
Ranke, Leopold von (Hg.): Denkwürdigkeiten des Staatskanzlers Fürsten Hardenberg vom Jahre 1806 bis zum Jahre 1813. 4. Bd. Leipzig 1877
Ratner, Lorman: Antimasonry. The crusade and the party. Englewood Cliffs, N.J. 1969
Rath, John R.: The Carbonari, their origins, initiations rites and aims. In: AHR 69 (1963/64), S. 353–370
Raumer, Kurt von: Absoluter Staat, korporative Libertät, persönliche Freiheit. In: HZ 183 (1957), S. 55–96
Rauschning, Hermann: Die Revolution des Nihilismus. 2. Auflage. Zürich 1938
Ders.: Gespräche mit Hitler. Zürich 1940
Rebmann, G.F.: Die Wächter der Burg Zion. Nachricht von einem geheimen Bunde gegen Regenten- und Völkerglück. Hamburg 1796
Recke, Graf von der: Judentum und Freimaurerei. Kolberg (1922)
Reflections d'un patriote russe sur le progrès étonnant rapide du système déstructeur du gouvernement francais. St. Pétersbourg 1912

9.3. Literaturverzeichnis

Rehberg, August Wilhelm: Die französische Revolution. In: Sämtliche Schriften. 2. Bd. Hannover 1831, S. 1–94 Reichard, H.A.O.: Seine Selbstbiographie (1751–1828). Stuttgart 1877
Reitlinger, Gerald: Die Endlösung. 4. durchges. Auflage. Berlin 1961
Ders.: Die Endlösung. Hitlers Versuch der Ausrottung der Juden Europas, 1939–1945. 4. durchges. Auflage. Berlin 1961
Reychmann, J.: Jakobini wegierscy z r. 1794 a insurekcja Kosciuszkowska, KwH. H.2. (1957), S. 139 ff.
Rieks, J.: Leo XIII. und der Satanskult. Berlin 1897
Rijnberk, Gerard van: Martinez de Pasqually au XVIII. siècle. Sa vie, son oeuvre, son ordre. 2 Bde. Lyon 1935/38
Ritschl, Albrecht: Geschichte des Pietismus in der reformierten Kirche. Bonn 1880
Ritter, Gaston (d.i. Arbogast Reiterer): Das Judentum und die Schatten des Antichrist. 3. Auflage. Graz 1938
Roberts, John M.: The mythology of the secret societies. St. Alban, Herts 1974
Robison, Johann: Über geheime Gesellschaften und deren Gefährlichkeit für Staat und Religion von Joh. Robison, Professor der Naturgeschichte, und Sekretär der Königlichen Akademie der Wissenschaften zu Edinburg. Aus der dritten und verbesserten englischen Auflage übersetzt und mit Anmerkungen versehen. Königslutter 1800
Rogalla von Bieberstein, Johannes: Der historische Hintergrund der Wahnidee von der „freimaurerisch-jüdischen Weltverschwörung". In: Bruderschaft 13 Jg. (1971), Sp. 74–78
Ders.: Archiv, Bibliothek und Museum als Dokumentationsbereiche. Pullach 1975
Ders.: Die These von der jüdisch-freimaurerischen Weltverschwörung. In: Aus Politik und Zeitgeschichte B 25/1977, S. 30–46 Ders.: Aufklärung, Freimaurerei, Menschenrechte und Judenemanzipation in der Sicht des Nationalsozialismus. In: Jahrbuch des Instituts für Deutsche Geschichte. Tel Aviv VII/1978
Rogger, Hans: Was there a Russian Fascism? JMH 36 (1964), S. 398 ff.
Rugger, Hans / Weber, Eugen: The European Right. Berkeley/Los Angeles 1965
Rollin, Henri: L'Apocalypse de Notre Temps. Les dessous de la propagande allemande. D'après des documents inédits. 6. Auflage. Paris 1939
Romani, George: The Neapolitan Revolution of 1820–1821. Evanston/III. 1950
Rosenberg, Alfred: Die Spur des Juden im Wandel der Zeiten. München 1920

Ders.: Das Verbrechen der Freimaurerei. Judentum, Jesuitismus, Deutsches Christentum. München 1922 Ders.: Die Protokolle der Weisen von Zion und die jüdische Weltpolitik. München 1923
Ders.: Der Mythos des 20. Jahrhunderts. 167.-170. Auflage. München 1941
Ders.: Tradition und Gegenwart. Reden und Aufsätze 1936–1940. IV. Band. München 1941
Rosenstock, Eugen: Die europäischen Revolutionen. Jena 1931
Rosenstrauch-Königsberg, Edith: Freimaurerei im josephinischen Wien. Wien 1975
Rossberg, Adolf: Freimaurer und Politik im Zeitalter der Französischen Revolution. Berlin 1942
Rosten, Curt: Das ABC des Nationalsozialismus. 5. Auflage. Berlin 1933
Roth, Cecil: The history of the Jews in Italy. Philadelphia 1946
Rüdiger, Karlheinz: Der Krieg der Freimaurer gegen Deutschland. 1941 (Tornistersch rift des Oberkommandos der Wehrmacht. H. 44)
Rürup, Reinhard: Emanzipation und Antisemitismus. Göttingen 1975
Rudolf, Erich: Judentum, Ritualmord und Freimaurerei. 2. erw. Aufl. Berlin 1927
Runkel, Ferdinand: Geschichte der Freimaurerei in Deutschland. 3 Bde. Berlin 1932
Sacke, Georg: Die gesetzgebende Kommission Katherinas II. Ein Beitrag zur Geschichte des Absolutismus in Rußland. JbbGO Beih. 2. Breslau 1940
Saint-Edme, M.: Constitution de organisation des Carbonari ou documents exacts sur tout ce que concerne l'existence, l'origine et le but de cette société secrète. Paris 1821
Saint-Simon, Henri de: Cetéchisme des Industriels, 2. cahier. Paris mars 1824
Ders.: Lettres d'un habitant de Genève à ses contemporains (1803). In: Oeuvres publiées par les membres du conseil institué par Enfantin. T.I. Aalen 1964
Saitta, A.: Philippo Buonarroti. Rom 1951
Salm-Horstmar, Otto zu: Rede 09.07.1918. Stenogr. Berichte und Verhandl. d. Preuß. Herrenhauses in der Session 1916/18. 34. Sitz., Sp. 1042–1045
Salomon, G.: Das Mittelalter als Ideal in der Romantik. München 1922
Sauer, Eberhard: Die französische Revolution von 1789 in zeitgenössischen Flugschriften und Dichtungen. Weimar 1913
Schaeder, Hildegard: Die dritte Koalition und die Heilige Allianz. Königsberg i.Pr./Berlin 1934

9.3. Literaturverzeichnis

Scharf-Scharfenstein, Hermann von: Das geheime Treiben, der Einfluß und die Macht des Judentums in Frankreich seit hundert Jahren, 1771–1871. Stuttgart 1872
Schatten und Licht. Epilog zu den wienerischen Maurerschritten. Wien 1786
Scheel, Heinrich: Süddeutsche Jakobiner, Klassenkämpfe und republikanische Bestrebungen im deutschen Süden. Berlin 1962
Ders.: Jakobinische Flugschriften aus dem deutschen Süden. Ende des 18. Jahrhunderts. Berlin 1965
Schick, Johannes: Der Reichstag zu Regensburg im Zeitalter des Baseler Friedens 1792–1795. Diss. Bonn 1931
Schieder, Theodor: Vom Deutschen Bund zum Deutschen Reich. In: Bruno Gebhardt, Handbuch der Deutschen Geschichte. Bd. 3.8. Auflage. Stuttgart 1960, S. 95–190
Schiel, Hubert: Johann Michael Sailer, Leben und Briefe. 1. Bd. Leben und Persönlichkeit. Regensburg 1948
Schilling, Bernard N.: The English case against Voltaire, 1789–1800. JHI IV (1943), S. 193–216
Schischkoff, Alexander: Kurzes Tagebuch während des Krieges mit Frankreich im Jahre 1812 und in den folgenden. 4. Th. Sankt Petersburg 1841
Schlegel, Friedrich von: Philosophie der Geschichte. In achtzehn Vorlesungen, gehalten zu Wien im Jahre 1828. 2 Bde. Wien 1829
Ders.: Studien zur Geschichte und Politik. Hg. E. Behler: Kritische Friedrich-Schlegel-Ausgabe. 1 Abt. Bd. 7. München / Paderborn / Wien 1966
Schlenke, Manfred: England und das friderizianische Preußen von 1740–1763. Freiburg 1963
Schlumbohm, Jürgen: Freiheit. Die Anfänge der bürgerlichen Emanzipationsbewegung in Deutschland im Spiegel ihres Leitwortes. Düsseldorf 1975
Schmalz, Theodor A.H.: Über politische Vereine und ein Wort über Scharnhorsts und meine Verhältnisse zu ihnen. Berlin 1815
Ders.: Letztes Wort über politische Vereine. Berlin 1816
Schmitt, Carl: Politische Theologie. München/Leipzig 1934
Schmitt, Eberhard: Die Französische Revolution = 2 Abt. des Art.: Revolution. In: Sowjetsystem und Demokratische Gesellschaft. Bd. V. 1972
Ders. (Hg.): Die Französische Revolution. Anlässe und langfristige Ursachen. Darmstadt 1973
Schmitt-Ott, Friedrich: Erlebtes und Erstrebtes, 1860–1950. Wiesbaden 1952
Schnabel, Franz: Deutsche Geschichte im Neunzehnten Jahrhundert. 2. Bd. Monarchie und Volkssouveränität. Freiburg/Br. 1933

Schneider, Ferd. Josef: Die Freimaurerei und ihr Einfluß auf die geistige Kultur in Deutschland am Ende des 18. Jahrhunderts. Prag 1909

Schneider, Heinrich: Quest for Mysteries. The masonic background for literature in eighteenth century Germany, Cornell U.P. Ithaca. New York 1947

Schnur, Roman: Individualismus und Absolutismus. Berlin 1963

Schoeps, Hans Joachim: Konservative Erneuerung. Stuttgart 1958

Scholem, Gershom: Ein verschollener jüdischer Mystiker der Aufklärungszeit: E.J. Hirschfeld. Publications of the Leo Baeck Institute Year Book VII, 1962

Schütz, Friedrich Wilhelm: Freie Bekenntnisse eines Veteranen der Maurerei und anderer geheimer Gesellschaften. Leipzig 1824

Schultze, Joh.: Die Rosenkreutzer und Friedrich Wilhelm II. Mitteilungen des Vereins für die Geschichte Berlins. 46 H. 2 (1929), S. 41–51

Schulz, Hans (Hg.): Aus dem Briefwechsel des Herzogs Friedrich Christian zu Schleswig-Holstein. Briefanhang zur Biograpie von 1910. Stuttgart/Leipzig 1913

Schuzschrift für Illuminaten. o.O. 1795

Schwartz, Paul: Der erste Kulturkampf in Preußen um Kirche und Schule. 1788–1798. Berlin 1925

Schwartz-Bostunitsch, Gregor: Jüdischer Imperialismus. 3000 Jahre hebräischer Schleichwege zur Erlangung der Weltherrschaft. 3. verm. und verb. Auflage. Leipzig 1937

Schwarz, Carl: G.E. Lessing als Theologe. Halle 1854

Schwarz, Dieter: Die Freimaurerei, Weltanschauung, Organisation und Politik. Berlin 1938

Schwarzwäller, Wulf: Der Stellvertreter des Führers. Rudolf Heß. Wien, München, Zürich 1974

Schweyer, Franz: Politische Geheimbünde. Blicke in die Vergangenheit und Gegenwart des Geheimbundwesens. Freiburg i.Br. 1925

Sebottendorf, Rudolf von: Bevor Hitler kam. Urkundliches aus der Frühzeit der nationalsozialistischen Bewegung. München 1933

See, Henri: Science et philosophie de l'histoire. Paris 1928

See, Klaus von: Die Ideen von 1789 und 1914. Frankfurt a.M. 1975

Seidel, Bruno / Jenkner, Siegfried: Wege der Totalitarismus-Forschung. Darmstadt 1968

Semler, Johann Salomo: Semlers letztes Glaubensbekenntnis über natürliche und christliche Religion. Königsberg 1792

Senac de Meilhan, Gabriel: Des principes et des causes de la Révolution de France. London, Paris 1790

Silagi, Denis: Ungarn und der geheime Mitarbeiterkreis Kaiser Leopolds II. München 1961

9.3. Literaturverzeichnis

Ders.: Jakobiner in der Habsburger Monarchie. Ein Beitrag zur Geschichte des aufgeklärten Absolutismus in Österreich. Wien/ München 1962
Silberner, Edmund: Sozialisten zur Judenfrage. Berlin 1962
Singer, Arthur: Der Kampf Roms gegen die Freimaurerei. Leipzig 1925
Six, Alfred: Freimaurer und Judenemanzipation. Hamburg 1938
Ders.: Das Reich und der Westen. Berlin 1940
Ders.: Studien zur Geistesgeschichte der Freimaurerei. Hamburg 1942
Soboul: Paysans, Sans-Culottes et Jacobins. Paris 1966
Sommer, Friedrich: Die Wiener Zeitschrift (1792–1793). Die Geschichte eines antirevolutionären Journals. Zeulenroda/Leipzig 1932
Sontheimer, Kurt: Antidemokratisches Denken in der Weimarer Republik. 4. Auflage. München 1970
Sorlin, Pierre: „La Croix" et les juifs (1808–1899). Paris 1967
Spann, Othmar: Die Bedeutung des ständischen Gedankens in der Gegenwart. Vortrag vom 9. Juni 1933. In: Spann: Kämpfende Wissenschaft. Jena 1934
Spengler, Karl: Die publizistische Tätigkeit des Freiherrn Adolf von Knigge während der französischen Revolution. Diss. Bonn 1931
Spitzer, Alan B: Old hatred and young hopes. The French Carbonaris against the Bourbon Restoration. Cambridge/Mass. 1971
Stael-Holstein, Germaine de: De l'Allemagne. 3 Bde. 5. Auflage. Paris 1815
Starck, Johann August: Ueber die alten und neuen Mysterien. Berlin 1782
Ders.: Der Triumph der Philosophie im Achtzehnten Jahrhundert. 2 Theile. Germantown (= Frankfurt a.M.) 1803
Stark, Werner: Wissenssoziologie. Ein Beitrag zum tieferen Verständnis des Geisteslebens. Stuttgart 1960
Stattler, Benedikt: Das Geheimnis der Bosheit des Stifters des Illuminatismus in Baiern zur Warnung der Unvorsichtigen hell aufgedeckt einem seiner alten Kenner und Freunde. München / Augsburg 1787
Ders.: Unsinn der französischen Freyheitsphilosophie im Entwurf ihrer neuen Konstitution zur Warnung und Belehrung deutscher französischer Philosophen ins helle Licht gerückt. Augsburg 1791
Ders.: Drey Fragen: I. Wie entstand die heutige Freydenkerey, Maurey etc.? II. Wie verbreitete sie sich so sehr? Ill. Wie kann sie unterdrückt werden? von einem katholischen Patrioten Deutschlands. o.O. 1795
Stauffer, Vernon: New England and the Bavarian Illuminati. New York 1918
Steffens, Manfred: Freimaurer in Deutschland. Bilanz eines Vierteljahrtausends. Flensburg 1964

9. Quellen- und Literaturverzeichnis

Steiger, G.: Das „Phantom Wartburgverschwörung" 1817. Wiss. Zs der Friedrich-Schiller-Universität Jena, Gesellschafts- und Sprachwiss. Reihe XV, 2, 1966

Stein, Freiherr vom: Briefwechsel, Denkschriften und amtliche Schriften. Hg. von Erich Botzenhart. Bd. III, IV. Berlin 1932/33.

Ders.: Briefe und amtliche Schriften. Bd. Ill, neu bearb. von W. Hubatsch. Stuttgart 1961

Sterling, Elenore: Er ist wie Du. Aus der Frühgeschichte des Antisemitismus in Deutschland (1815–1850). München 1956

Stern, Alfred: Documents sur le premier Empire. RH XXIV, 2, 1884, S. 308–329

Dem.: Der Einfluß der Französischen Revolution auf das deutsche Geistesleben. Stuttgart 1928

Stern, Fritz: Kulturpessimismus als politische Gefahr. Bern/Stuttgart 1963

Stoecker, Adolf: Reden im Reichstag. Schwerin 1914

Stökl, Günther: Russische Geschichte. Von den Anfängen bis zur Gegenwart. Stuttgart 1962

Stourdza, Alexandre: Mémoire sur l'état actuel de l'Allemagne. Paris 1818

Strange, M.M.: Russkoe obscestvo i francuzkaja revoljucija 1789–1794. gg. Moskva 1956

Strauss, Leo: Naturrecht und Geschichte. Stuttgart 1953

Struß, Dieter: Karl von Eckartshausen (1752–1803). Ein Trivialmystizist. Diss. Freiburg i.Br. 1955

Stulz, Percy / Opitz, Alfred: Volksbewegungen in Kursachsen zur Zeit der Französischen Revolution. Berlin 1956

Sybel, Heinrich von: Die christlich-germanische Staatslehre. Marburg 1851. In: Kleine Historische Schriften Bd. I. 3. Auflage. Stuttgart 1880, S. 365–414

System und Folgen des Illuminatenordens aus gedruckten Originalschriften desselben gezogen. München 1787

Talmop, J.L.: Die Ursprünge der totalitären Demokratie. Köln/Opladen 1961

Ders.: Politischer Messianismus. Die romantische Phase. Köln/Opladen 1963

Tarle, Evgenij V.: Voennaja revoljucija na zapade Evropy i dekabristy. In: Soc. t.V. 1958, S. 9–20

Taute, Reinhold: Die katholische Geistlichkeit und die Freimaurerei. 3. Auflage. Berlin 1909

Ter Meulen, Jacob: Der Gedanke der Internationalen Organisation in seiner Entwicklung. Haag 1917 ff.

Thorwald, Jürgen: Juden in Amerika. In: „Spiegel" Nr. 6 (04.02.1974), S. 90–107

9.3. Literaturverzeichnis

Tieftrunk, Johann Heinrich: Einzigmöglicher Zweck Jesu aus dem Grundgesetz der Religion entwickelt. 2. verb. Auflage. Berlin 1793

Tilloy, Anselme: Le péril judéo-maçonnique. Le mal-le remède. Paris 1897

Tilly, Charles: The Analysis of a Counter-Revolution. History and Theory 3 (1964), S. 30–58

Ders.: The Vendée. Cambridge/Mass. Harvard U.P. 1964

Tocqueville, Alexis de: De la Démocratie en Amérique. 2 Bde. 2. Auflage. Paris 1835

Ders.: L'Ancien Régime et la Révolution. Paris 1856

Tokarz, W.: Klub jakobinów w Warszawie. Rozprawy i szkice. Bd. 1. Warschau 1959, S. 167–190

Topitsch, Ernst: Sozialphilosophie zwischen Ideologie und Wissenschaft. 2. Auflage. Neuwied, Berlin 1966

Torrubia, Joseph: Gegen das verabscheuungswürdige Institut der Freymaurer ... nach der spanischen Handschrift, von Br... S+++ s. Würtzburg 1786

Toury, Jakob: Die politische Orientierung der Juden in Deutschland. Von Jena bis Weimar. Tübingen 1966

Traeger, Claus (Hg.): Mainz zwischen Rot und Schwarz. Die Mainzer Revolution 1792–1793 in Schriften, Reden und Briefen. Berlin 1963

Trélat, Ulysse: La Charbonnerie. Paris Révolutionnaire, II. Paris 1838, S. 275–341

Troeltsch, Ernst: Die Soziallehren der christlichen Kirchen und Gruppen. In: Ges. Schriften 1. Bd. Aalen 1961

Ders.: Deutscher Geist und Westeuropa. Gesammelte kulturphilosophische Aufsätze und Reden. Hg. Hans Baron. Aalen 1966 Trotzki, Leo: Mein Leben. Versuch einer Autobiographie. Berlin 1930

Trunk, Johann Jakob: Was ist bey dem hohen Kongresse der europäischen Fürsten, in Wien, oder sonstwo, noch näher zu bestimmen, und für immer vestzusetzen. In rechtlicher und politischer Hinsicht. Worms 1814

Tschirch, Otto: Geschichte der öffentlichen Meinung in Preußen (1795–1806). 2 Bde. Weimar 1933/34

Tucholsky, Kurt: Ges. Werke Bd. I–III., hg. von Mary Gerold-Tucholsky und Fritz J. Raddatz. Reinbek bei Hamburg 1961

Turgenev, Nikolas: Denkwürdigkeiten eines Geächteten. Bd. 1. Grimma 1847

Turgenev, Nikolaj Ivanovic: Dnevniki i pis'ma Nikolaja Ivanovica Turgeneva za 1816–1824 gody. T. III pod red. F.I. Tarasova, Petrograd 1921

Tzschirner, H.G.: Die Gefahr einer Deutschen Revolution. Leipzig 1823

Unterredung zwischen einem Deutschen Reichsfürsten und einem seiner Räthe, der kein Illuminat ist: veranlaßt durch den Chur-

mainzischen Antrag wegen des zwischen dem deutschen Reiche und Frankreich zu vermittelnden Friedens. Deutschland 1794
Valjavec, Fritz: Die Entstehung der politischen Strömungen in Deutschland. München 1951
Ders.: Die Anfänge des österreichischen Konservatismus. Leopold Alois Hoffmann. In: Karl-Eder-Festschrift. Innsbruck 1959, S. 169–179
Ders.: Geschichte der europäischen Aufklärung. Wien/München 1961
Velez, Rafael de: Preservatio contra la irreligion o los planes de la filosofia contra la religion y el stado realizados por la Francia para subyugar la Europa. Madrid 1812
Venturi, Franco: Roots of Russian Revolution. New York 1966
Ventzky, Gabriele: Die russisch-deutsche Legion in den Jahren 1811–1815. Wiesbaden 1966
Die Verjudung des christlichen Staats. Ein Wort zur Zeit. Leipzig 1865
Vermeil, Edmond: Hitler et le christianisme. London 1944
Vernadskij, G.: Beiträge zur Geschichte der Freimaurerei und des Mystizismus in Russland. ZfS1 Ph Bd. IV (Leipzig 1927), S. 162–178
Geheime Geschichte des Verschwörungs-Systems der Jakobiner in den österreichischen Staaten. Für Wahrheitsfreunde. London (= Heilbronn) 1795
Vertheidigung der Freimäurer wider die Verläumdung zweener Geistlichen, welche den Orden öffentlich auf der Kanzel angegriffen haben. Frankfurt /Leipzig 1779
Viatte, Auguste: Les sources occultes du romantisme, illuminisme, théosophie. 2 Bde. Paris 1965
Vierhaus, Rudolf: Politisches Bewußtsein in Deutschland vor 1789. In: „Der Staat" 6 (1967), S. 175–196
Vigener, Fritz: Ketteler. Ein deutsches Bischofsleben des 19. Jahrhunderts. München 1924
Vinatrel, Guy: Communisme et franc-maçonnerie. Paris 1961
Voigt, Johannes: Geschichte des sogenannten Tugendbundes oder des sittlich-wissenschaftlichen Vereins. Berlin 1850
Voltelini, Hans von: Forschungen und Beiträge zur Geschichte des Tiroler Aufstandes im Jahre 1809. Gotha 1909
Vuilleumier, Marc: Buonarroti et ses sociétés secrètes à Genève. In: AHRF Nr.201 (1970), S. 473–505
Vuilliaud, Paul: Joseph de Maistre franc-maçon suivi de pièces inèdits. Paris 1926
Waite, A.E.: The Life of Louis Claude de Saint-Martin. London 1901
Walter, Gérard: La révolution française vui par ses journaux. Paris 1948

9.3. Literaturverzeichnis

Wandruszka, Adam: Leopold II. 2 Bde. Wien/München 1963/65
Wangermann, Ernst: Von Joseph II zu den Jakobinerprozessen. Wien/ Frankfurt/Zürich 1966
Webb, James: The occult establishment. La Salle /111. 1976
Weber, Eugen: Action Française-Royalism and Reaction in Twentieth Century. Stanford/Cal. 1962
Ders.: Satan franc-maçon. La mystification de Léo Taxil. Paris 1964
Weber, Max: Die Wirtschaftsethik der Weltreligionen. In: Ges. Aufsätze zur Religionssoziologie. 5. Auflage. Tübingen 1963
Webster, Nesta: Secret societies and subversive movements. London 1924
Weil, M.-H.: Les Dessous du Congrès de Vienne. 1. Bd. Paris 1917
Weill, Georges: L'Ecole Saint-Simonienne, son histoire, son influence jusq'à nos jours. Paris 1896
Weis, Eberhard: Montgelas. Zwischen Revolution und Reform. München 1971
Weishaupt, Adam: Das verbesserte System der Illuminaten mit allen seinen Graden und Einrichtungen. Frankfurt/Leipzig 1788
Ders.: Ueber die geheime Welt- und Regierungskunst. Frankfurt a.M. 1795
Weitzel, J.: Hat Deutschland eine Revolution zu befürchten? Vermischte Schriften Bd. 3. Wiesbaden 1821, S. 1–143
Weltkrieg und Freimaurerei. HistPolBl 156 (1915), S. 65–71
Wetzel, Frank: Geschichte der katholischen Presse Deutschlands im 18. Jahrhundert. Diss. Heidelberg 1913
Wichtl, Friedrich: Freimaurerei, Zionismus, Kommunismus, Spartakismus, Bolschewismus. Hamburg 1921
Ders.: Weltfreimaurerei, Weltrevolution, Weltrepublik. 10. Auflage. München 1923
Ders.: Weltfreimaurerei, Weltrevolution, Weltrepublik. Eine Untersuchung über Ursprung, Verlauf und Fortsetzung des Weltkrieges und über das Wirken des Freimaurerbundes in der Gegenwart. 13. Auflage. München/Berlin 1936
Wiener Zeitschritt: Hg. von Leopold Alois Hoffmann. Wien 1792–1793
Windisch-Graetz, C.D.: Objections aux Sociétés Secrètes. London 1788
Winkler, Heinrich August: Mittelstand, Demokratie und Nationalsozialismus. Köln 1972
Winter, Eduard: Rußland und das Papsttum. 2 Teile. Berlin 1960/61
Ders.: Der Josephinismus. Die Geschichte des österreichischen Reformkatholizismus. 1740–1848.2. Auflage 1962
Wit, Johannes (gen. von Dörring): Fragmente aus meinem Leben und meiner Zeit. 3 Bde. Leipzig 1830

Wittola, Max Anton: Der Jansenismus, ein Schreckensbild für Kinder. Friedburg (= München) 1776

Wittram, Reinhard: Anspruch und Fragwürdigkeit der Geschichte. Göttingen 1969

Wolf, Walter: Faschismus in der Schweiz. Zürich 1969

Wolfenbütteler Studien zur Aufklärung Bd. V/1977: Geheime Gesellschaften

Wolff, Christian: Eigene Lebensbeschreibung. Leipzig 1841

Wolfram, Ludwig: Die Illuminaten in Bayern und ihre Verfolgung, Programm des hgl. humanistischen Gymnasiums in Erlangen zum Schlusse des Schuljahres 1998/99.2 Theile. Erlangen 1899/1900

Wolfstieg, August: Bibliographie der freimaurerischen Literatur. Bd. I–IV. Hildesheim 1964

Wrasky, Nadeschda von: G.G.F. Rebmann, Leben und Werke eines Publizisten zur Zeit der grossen französischen Revolution. Heidelberg 1907

Wunner, Sven Erik: Christian Wolff und die Epoche des Naturrechts. Hamburg 1968

Zaleski, Stanislaw: O Masonii w Polsce od r. 1742–1822 na zrödlach wylacznie masönskich. Krakau 1889 Zavala, Iris M.: Masones, Comuneros y Carbonarios. Madrid 1971

Zechlin, Egmont: Die deutsche Politik und die Juden im Ersten Weltkrieg. Göttingen 1969

Zellwecker, Edwin: Ignaz von Born. Das Urbild des Sarastro. Bad Kissingen 1956

Zimmermann, Johann Georg Ritter von: Fragmente über Friedrich den Grossen. 3 Bde. Leipzig 1790

Zmarzlik, H.-G.: Sozialdarwinismus als politisches Phänomen. VjHZG 11, 1963, S. 246–273

Zur Beek, Gottfried: Die Geheimnisse der Weisen von Zion. 23. Auflage. München 1939

10. Personen- und Sachregister

Bei Anmerkungen gibt die Zahl in Klammern die Seite an, auf der sich im Textteil die entsprechende Anmerkung findet.

Action Française 206
Akademien 36, 84, 282, 296
Albertrandi, Abbé 94
Alexander I, Kaiser von Rußland 158
Alldeutscher Verband 210
Andryane, Alexandre 147
Antraigues, Comte d' 101
Arendt, Hannah 324
Argenson, Voyer d' 149
Arndt, Ernst Moritz 294f
Aubert, Roger 70
Auf Vorposten 215
Aufgehende Morgenröthe, Loge zur 269
Aulard, Alphonse 324
Axelrod, Paul 219

Baader, Franz von 305, 363
Babeuf, Gracchus 325, 328 f.
Babouvismus 147
Baeck, Leo 173, 255, 324 f., 356
Bahrdt, Karl Friedrich 26, 28, 134, 245, 250 f., 258, 270, 324, 333, 349
Bakunin, Michail 202
Barruel, Augustin 8, 11, 13 ff., 30, 37, 46, 69, 99, 115 ff.
Baruch, Bernard Menasse 237 f.
Basedow, Johann B. 77, 266

Bauer, Bruno 66, 325
Bauer, Yehuda 3
Bayle, Pierre 36, 86
Bebel, August 311, 325
Beik, Paul 41, 255, 325
Belloc, Hilaire 227, 238, 316, 319
Bendersky, Joseph 315
Berdjajew, Nikolaus 325
Bergasse, Nicolas 174, 296
Bernis, Kardinal von 94
Bertrand, Isidore 203, 326
Bibra, Phillip Anton von 248
Bikermann, Iosef 318
Birle, August 200 f., 308, 326
Blavatsky, Helena P. 220
Bley, Fritz 312, 326
Blumhofer 134
Bocholtz, Graf 161
Bode, Johann 7, 67, 95, 108 ff., 210, 271, 274, 326, 339
Bolschewismus 9, 217 ff.
Bonald, Marquis de 295, 306, 326
Bonneville, Nicolas de 31, 251, 260, 274, 327, 343
Börne, Ludwig 169, 294 f., 326
Bouton, André 69, 262 ff., 327, 343

Breteuil 93
Bröcker, Mathias 3
Buchholz, Friedrich 172, 295, 324, 328
Buonarroti, Filippo Michele 331, 343, 354, 360
Burke, Edmund 101, 119, 122, 273, 276 f., 297, 328
Burschenschaft 149, 333, 337
Bussche, Wilhelm von dem 67, 108 f.
Butmi, G.W. 208 f.

Cadet-Cassicourt, Charles L. 272, 328
Cagliostro, Alexander 92 ff., 101, 205, 271 f., 323, 325 f., 336
Carboneria 142, 152, 156
Cercle Social 30
Charbonnerie Française 359
Churchill, Winston 11, 217 ff., 238, 314
Claudius, Matthias 276
Clemens V., Papst 96
Clifford, Robert 116, 120
Cochin, Augustin 68
Cohn, Norman 2, 9, 14, 175
Colloredo, Erzbischof 128
Condorcet, Antoine de 73
Consalvi, Kardinal 298
Constant, Benjamin 149
Contessa, Jacob Salice 50
Cortes, Donoso 306 f.
Coughlin, E. 225
Cousin, Victor 149
Cromwell, Oliver 156
Curtiss, John S. 14
Custine, General 108

Dahrendorf, Ralf 247
Daim, Wilfried 312
Dalberg, Karl Theodor von 46
Déclaration des Droits de l'homme et du Citoyen 256
Dekabristen 160, 287
Demokratie 31, 312, 327
Denikin, General 230
Descartes, René 23, 247
Deschamps, Nicolas 202, 229, 294
Deutscher, Isaac 234
Diderot, Denis 25, 247
Dierickx, Michel 268
Dinter, Arthur 330
Disraeli, Benjamin 195
Dolchstoßlegende 312
Dreyfus-Affaire 198, 206, 208, 236, 319
Droz, Jacques 14
Drumont, Edouard 4, 178, 202 f., 310
Duvoisin, Jean-Baptiste 186, 256 f.

Eckart, Dietrich 215 f., 313
Eckartshausen, Karl von 36, 41, 43 f.
Eckert, Eduard Emil 198, 202, 229
Ehlers, Erich 227
Ehrmann, Johann Christan 231
Eichmann, Adolf 226, 331
Eisenstein, Elizabeth 139, 160
Endlösung der Judenfrage 226, 233, 243, 325, 353

Engels, Friedrich 254, 283
Enzyklopädie, Große 22, 25
Epstein, Klaus 14
Erhard, Johann Benjamin 258, 304
Esser, Hermann 331
Evergeten 50

Fabritius, Karl 157, 179, 297
Fauchet, Claude 30 f.
Fava, Armand Joseph 203
Fay, Bernard 59, 67 f., 98
Feder, Gottfried 215 f.
Feller, Franz Xaver 33, 114
Ferrand, Antoine de 99
Fichte, Johann-Gottlieb 112, 120, 262, 282
Filomaten 160
Fleischhauer 227
Folien, Karl 150
Ford, Henry 9, 222 f., 235, 318
Frank, Hans 215
Frank, Pater 86 f.
Franklin, Benjamin 68
Franz II., Kaiser 110
Franz-Ferdinand von Österreich 221
Franz-Joseph, Kaiser 307
Friedländer, Saul 318
Friedrich II., König von Preußen 27
Friedrich-Wilhelm II., König von Preußen 90
Fritsch, Theodor 214, 243
Fritzsche, Hans 236

Gaultier, Abbé 83
Gaxotte, Pierre 70

Gebsattel, Konstantin 216
Gentz, Friedrich von 67, 73, 140, 284
Gerlands, H. 49
Germanen-Orden 211
Gföllner 239
Gneisenau, Neithard von 144
Godechot, Jacques 13, 246, 262
Goebbels, Joseph 218 f., 228, 236 ff.
Goechhausen, Ernst August von 89, 105, 209, 275
Goerres, Joseph 49
Goethe, Johann-Wolfgang 3, 31, 276
Goeze, Pastor 22, 251
Gorgaz, Pierre André 63
Goslar, Hans 234
Gotthardi, Franz 133
Gougenot des Mousseaux, Roger 201, 203
Grand Firmament 148 ff.
Greiffenhagen, Martin 301
Greinemann, Ludwig 85
Grivel, Pater 174, 202, 290
Gröber, Erzbischof 222
Grolmann, Adolf Christian 91, 110 f., 117
Gruber, Hermann 204, 211, 217, 308
Gruner, Justus 144

Habermas, Juergen 57
Hakenkreuz 215
Haller, Karl Ludwig 105, 124 f., 187 f.
Hardenberg, Karl August Fürst von 141, 283

Haschka, Lorenz 110, 275
Hatzfeld, Graf 142
Haugwitz, Christian August Graf von 156, 214
Hazard, Paul 248
Hebenstreit, Franz von 132
Hegel, Georg Wilhelm 38
Heigel, Karl Theodor von 13
Heilige Allianz 146, 193, 285
Heiliger Synod 285
Heine, Heinrich 239, 278, 302
Heise, Karl 220
Helvetius 247
Herder, Johann-Gottfried 72
Herf, Jeffrey 9
Hermann, Ingo 8
Hervas y Panduro, Lorenzo 41
Herzl, Theodor 208
Hesmivy d'Auribeau, Pierre 248
Hess, Moses 283
Hess, Rudolf 313
Hessen, Carl Landgraf 90
Heydrich, Reinhard 230
Himmler, Heinrich 219, 230, 242
Hintze, Otto 16
Historisch-Politische Blätter für das Katholische Deutschland 177, 211
Hitler, Adolf 4, 206, 210, 232 ff.
Hobbes, Thomas 55
Hobsbawm, Eric 160
Hoffmann, Leopold Alois 45 ff., 78, 105 ff., 129 ff., 180ff
Hofstätter, Jesuit 110

Hohoff, Wilhelm 308
Holbach, Paul von 27
Holland, Lord 290
Humanum Genus, Enzyklyka 203
Hume, David 55
Hund, Baron von 267

Ideen von 1789 11, 214
Illuminatenorden 72 ff.
In Eminenti, Enzyklyka 61
Internationale, Sozialistische 199, 229, 231, 235

Jaecker, Tobias 3
Jaeger, Lorenz 315
Jakobiner 12
Jakobiner, deutsche 39, 58
Jansenisten 85
Jaroslawski, Emeljan 235
Jefferson, Thomas 256
Jesuitenorden 34, 36, 41, 66, 73 f., 80, 85 ff., 98, 116, 203 f.
Joseph II., Kaiser 129
Jouin, Ernest 209, 216
Jünglingsbund 150
Jung-Stiling, Johann-Heinrich 33, 89, 193
Justi, Johann H.G. 53

Kaganowitsch, Lasar 237 f.
Kamptz 162
Kant, Immanuel 33 f., 57, 120 f., 134, 253
Kapitalismus 178, 197 f., 205 f., 214, 239
Kapp, Wolfgang 213
Karl-August, Herzog von Sachsen-Weimar 79

Karl-Friedrich, Markgraf von Baden 111
Karlsbader Beschlüsse 154
Kästner, Abraham Gotthelf 47
Katherina II., Kaiserin von Rußland 93
Katz, Jacob 15, 292
Kerenski, Alexander 223
Ketteler, Emmanuel von 307
Kiernan, Colm 23
Knigge, Adolph Freiherr von 2, 8, 28, 48, 52, 76 ff., 107, 134, 185
Koch, Ludwig 221
Koerner, Christian Gottfried 144, 274
Kommoss, Rudolf 236
Kosciuszko 132
Koselleck, Reinhard 261
Köster, M.G. 185
Kotzebue, August von 154 f.
Kruedener, Madame de 296
Kruschewan, P.A. 208
Kulturkampf 201
Kun, Bela 207, 227, 232
Kuschelew, Egor A. 156

Lafayette, Marquis 99, 149
Lamartine 264
Lamey, August 49
Landau, Ronnie 235
Lanz (von Liebenfels), Jörg 210
Laqueur, Walter 163, 291, 311
Larudan, Abbé 84, 127, 261
Le Forestier 13
Le Franc, Abbé 41, 102, 104

Leibnitz, Gottfried W. 176
Lenin, Vladimir I. 178, 213
Leo XIII., Papst 203 f.
Leonhardi, Peter von 92 f.
Leopold II., Kaiser 98, 129
Lessing, Gotthold E. 22, 25, 31, 65
Liberalismus 199 ff., 212, 226, 307
Lichtenberg, Georg 267
Liebknecht, Karl 218 f.
Lipset, Seymor M. 15, 247
List, Guido von 210
Lombard de Langres, Vincent 155
Luchet, Marquis de 90 f., 99, 144, 277
Ludendorff, Erich 165, 178, 224, 292
Ludwig X., Landgraf von Hessen 112
Ludwig XVI., König von Frankreich 40
Ludz, Peter Christan 265
Lukasinski, Waleryan 251
Luther, Martin 167, 305
Luxemburg, Rosa 33, 114, 218 f., 234

Maccoby 346
Magazin für Kunst und Literatur 107, 110 f.
Magnitzkij, M.C. 300
Maier, Hans 274
Maisonneuve, Joseph de 94
Maistre, Joseph de 300
Malet, Chevalier de 163
Mallet du Pan 301
Marat, Jean-Paul 38

10. Personen- und Sachregister

Marchangy 162
Marées, Simon de 89
Marie-Antoinette, Königin von Frankreich 64
Markow, Nikolaus 229
Marschall von Bieberstein 267
Martinovics, Ignaz 130ff
Marwitz, Friedrich von 177
Marx, Karl 178, 199, 224, 226 f., 283
Maurach, Reinhard 236
Max Franz, Kurfürst von Köln 64
Mazeh, Jakob 234
Mazzini, Giuseppe 308
Meinecke, Friedrich 16
Mellor, Alec 277
Mendelssohn, Moses 275
Merlin 53
Meslier, Jean 27
Metternich, Clemens Fürst von 79, 140, 148, 153 ff., 289
Meurin, Leon 202
Meyer zu Uptrup, Wolfgang 8, 317
Mirabeau, Honoré 36, 45, 202, 205, 210, 276
Molay, Jacob de 96, 98
Montgelas, Maximilian Graf von 136 f., 282
Montlosier, Comte de 300
Moore, Barrington 297
Mornet, Daniel 262
Mounier, Jean 66, 262
Müller (von Hausen), Ludwig 210, 211, 226, 230
Mulsow, Martin 8

Napoleon Bonaparte 137 ff., 261, 294
Naumann, Friedrich 310
Necker, Jacques 24, 99
Neuf Soeurs („Philosophenloge") 67
Neugebauer-Wölk, Monika 7
Newton, Isaac 23, 59, 175
Niebuhr, B.G. 183
Nikoali, Friedrich 22, 270
Nilostonski, Robert 223
Nilus, Serge 209
Nolte, Ernst 304
Nöttges, Jakob 236
Novalis (Hardenberg, Friedrich von) 193

Olbrich, Karl 304
Oppenheimer, Franz 229
Orden der Asiatischen Brüder 292
Orléans, Herzog von 94, 99, 263
Owen, Robert 146

Pachtler, G.M. 221, 231
Palou, Jean 68
Panta Koina 158
Papen, Franz von 213
Patriotische Gesellschaft (Polen) 158
Payne, Thomas 50, 134
Pepe, General 290
Pestel, Oberst 160
Peter, Herzog von Oldenburg 143
Pfahl-Traughber, Armin 8, 245
Philadelphes, Société 282

Philipp IV., König von Frankreich 96
Philippson, Martin 177
Pietismus 353
Pipes, Daniel 3
Pipes, Richard 233
Pius IX, Papst 201
Pius VI., Papst 286, 277
Pius VII., Papst 171
Pius X., Papst 312
Pius XI., Papst 216
Pius XII., Papst 334
Plersch, Robert 113
Poliakov, Léon 14, 163, 207, 235, 308
Politische Gespräche der Todten 39
Potocka, Anna 303
Prati, Joachim de 140, 149 f., 161, 286
Protokolle der Weisen von Zion 311
Proyart, Abbé 168
Pulzer, Peter 311

Raab, Earl 15
Radek, Karl 232
Ramsay, Chevalier de 63
Ranke, Friedrich H. 304
Rappaport, Moriz 233
Rathenau, Walter 217
Rauschning, Hermann 332
Rebmann, Georg Friedrich 113
Reinalter, Helmut 7
Religionsedikt 22, 90, 270
Reventlow, Ernst Graf zu 220
Rey, Joseph 149
Rittersporn, Gabor T. 5

Rivarol, Antoine de 24
Robespierre, Maximilien 278
Robison, John 15, 122 ff., 279, 288
Roosevelt, Franklin D. 221, 227, 237 f.
Rosenberg, Alfred 215 f., 228, 230
Rosenkreutzer-Orden 29, 34, 65, 80, 86, 89 ff.
Rousseau, Jean-Jacques 31, 54, 71, 134
Rosten, Curt 226
Rothschild, Mayer Amschel 238
Royou, Abbé 40, 253
Ruediger, Karlheinz 354

Saint-Just 259
Saint-Simon, Henri de 146, 175
Salm-Horstmar, Otto Fürst von 4, 212 ff., 239
Salzmann, Christian Gotthelf 77
Sand, Karl Ludwig 154, 287
Sanhedrin 169 f.
Sauvage, Jesuit 85
Schaefer-Wimmer, Sylva 8
Schill, Major von 288
Schiller, Friedrich von 31, 93, 274
Schlegel, Friedrich 182 f., 302
Schmitt, Carl 306
Schneider, Eulogius 288
Schubart, Christian 100, 26
Schüttler, Hermann 7
Schütz, Friedrich-Wilhelm von 62

Schwartz-Bostunitsch, Gregor 230
Schwarzhundertschaft 209
Schweyer, Franz 356
Sebottendorf, Rudolf von 215
Semler, Johann S. 303
Siéyès, Abbé 99, 174
Simonini, Jean-Baptiste 163, 170 f., 202, 231, 242
Singer, Isaac B. 233
Sinowjew, Grigori 232
Six, Franz Alfred 67, 315
Snell, Wilhelm 150, 286
Sozialismus 206, 231, 239, 242
Starck, Johann-August 39, 91, 111, 117, 123 ff., 140
Stattler, Benedict 34, 43, 88
Stein, Freiherr von und zu 140ff, 284
Steinberg, Maxime 233
Steiner, Rudolf 220
Stoecker, Adolf 204 f.
Stolberg, Friedrich Leopold von 138
Stricte Observanz 123
Sublimes Maîtres Parfaites 140
Swerdlow, Jakob 234
Syllabus errorum 201, 308

Taxil, Leo 204
Tempelritter-Orden 80, 96 f., 106 f., 123, 267
Testa, Päpstlicher Sekretär 171
Thalheimer, Siegfried 236
Thule-Gesellschaft 211. 215 f., 226

Tibi, Bassam 10
Tieftrunk, J. 252
Tilloy, Anselme 205, 310
Tocqueville, Alexis de 23, 54
Torrubia, Joseph 84, 166, 176, 180, 293, 296
Trenck von Tonder, Moritz 41
Troeltsch, Ernst 183, 299
Trotzki, Leo 178, 207, 213, 217, 232 ff., 291
Trunk, Johann August 145
Tucholsky, Kurt 225
Tugendbund 142 ff., 284 f., 288
Turgenev, Nikolaj 161 f., 290
Turgot 258

Uvarov, Sergej 144, 285

Vallejo 148, 174
Velez, Ratael de 285
Vinberg 216, 230
Völkischer Beobachter 215, 220
Voltaire 22, 27, 29, 50, 68, 158, 184, 249, 253

Wartburgfest 154
Weber, Max 16
Webster, Nesta 227
Weishaupt, Adam 2, 4, 8, 29, 51, 57 f., 71 ff., 177, 250, 266, 271, 282, 292
Weitzel, J. 288
Welch, Robert 225
Wellington, Herzog von 154

Wichtl, Friedrich 218
Wiener Zeitschrift 45, 71, 105 ff.
Wilhelm II., Kaiser 214, 224
Wilhelmsbad (Freimaurerkongreß von 1782) 80
Wilhelmsbader Konferenz 112
Wilson, Robert A. 4
Wilson, W. Daniel 2
Winrod, Gerald B. 222
Wöllner, Johann Christoph 86, 90
Wrangel, General 230

Zan, Tomasz 159, 289
Zelada, Kardinal 277
Zimmermann, Johann Georg von 44 f.
Zionistenkongreß (Basel 1897) 208
Zirkel, Franz L. 304
Zur Beek, Gottfried, siehe: Müller von Hausen, Ludwig 210, 230
Zweig, Arnold 242

Das maßgebliche Buch zum Einfluss des Okkulten auf Politik und Kultur im 20. Jahrhundert!

James Webb

Das Zeitalter des Irrationalen

Politik, Kultur und Okkultismus im 20. Jahrhundert

Aus dem Englischen von Michael Siefener

Herausgegeben und eingeleitet von Marco Frenschkowski

Gebunden mit Schutzumschlag
768 Seiten, Format: 14 x 21 cm
ISBN 978-3-86539-152-0

"The Occult Establishment" gilt als die wegweisende Studie über die Präsenz okkulter Ideen, Motive und Bewegungen im kulturellen und politischen Establishment des 20. Jhd. C.G. Jung und der Monte Verita, Nietzsche und die Vorgeschichte des Nationalsozialismus, die Entstehung der Esoterikszene und die vielfältigen Vernetzungen der okkulten Gruppen und Gemeinschaften werden neben vielen angrenzenden Themen detailliert analysiert, wobei sonst kaum bekanntes biographisches Material verwendet wird. Der Schwerpunkt in Webbs Darstellung liegt nicht nur auf der Ideengeschichte, sondern auf den vielschichtigen Beziehungen der relevanten Persönlichkeiten untereinander. Die internationale Einbettung nicht zuletzt der deutschen „Okkultszene" wird anschaulich sichtbar gemacht.

marixverlag

www.marixverlag.de
Email: info@marixverlag.de

P. M. C. V. - Per me coeci vident
Durch mich werden die Blinden sehend

Adolph Freiherr Knigge

Über Freimaurer, Illuminaten und echte Freunde der Wahrheit

Herausgegeben und eingeleitet von Wolfgang Fenner

Gebunden mit Schutzumschlag
224 Seiten, Format: 12,5 x 20 cm
ISBN 978-3-86539-161-2

Adolph Freiherr Knigge (1752-1796), bekannt durch sein erstmals 1788 erschienenes Werk „Über den Umgang mit Menschen", war eine zentrale Figur im Geheimbundwesen seiner Zeit. Als Gründer eines Freundschaftsordens, Mitglied eines Studentenordens, mehrerer Freimaurerlogen und des legendären Illuminatenordens war er an den wichtigen einschlägigen Bewegungen seiner Zeit beteiligt. Das Buch enthält drei zentrale Texte Knigges zum Geheimbundwesen:

- Beytrag zur neuesten Geschichte des Freymaurerordens in neun Gesprächen mit Erlaubnis meiner Obern herausgegeben (1786)
- Philos endliche Erklärung und Antwort auf verschiedene Anforderungen und Fragen, die an ihn ergangen, seine Verbindung mit dem Orden der Illuminaten betreffend (1788)
- Manifest einer nicht geheimen, sondern sehr öffentlichen Verbindung echter Freunde der Wahrheit, Rechtschaffenheit und bürgerlichen Ordnung (1795)

marixverlag

www.marixverlag.de
Email: info@marixverlag.de

Das Handbuch der Renaissance

Agrippa von Nettesheim

Die magischen Werke

*Herausgegeben und eingeleitet von
Marco Frenschkowski*

Gebunden mit Schutzumschlag
864 Seiten, Format: 14 x 21 cm
ISBN 978-3-86539-153-7

Agrippa von Nettesheim, Arzt und Philosoph, hat aus den Traditionen des Neuplatonismus heraus das gesamte Erbe der antiken und mittelalterlichen „Geheimwissenschaften" gesammelt. Sein Hauptwerk „De occulta philosophia" (endgültige Fassung 1533) ist nicht nur ein, sondern das Grundbuch der Renaissancemagie und überhaupt des neuzeitlichen Okkultismus geworden. Das komplexe Erbe der Antike und des Mittelalters zum Thema, soweit es Agrippa greifbar war, wird hier in ein System gebracht und detailliert dargestellt. Die deutsche Ausgabe bietet darüber hinaus eine Auswahl kleiner Renaissancetraktate zur Sache, so dass eine Art Handbuch der okkulten Vorstellungswelt in der Renaissance entstanden ist.

Die Neuausgabe der bewährten Übersetzung bietet ein neues Vorwort des Herausgebers, das über die jüngere Agrippa-Forschung orientiert und reiche neuere Literatur nennt.

marixverlag

www.marixverlag.de
Email: info@marixverlag.de